Gabriele Goettle
DEUTSCHE BRÄUCHE

DIE ANDERE BIBLIOTHEK
Herausgegeben
von Hans Magnus Enzensberger

Gabriele Göttle
Deutsche Bräuche

Ermittlungen in Ost und West

Mit Photographien
von Elisabeth Kmölniger

Eichborn Verlag
Frankfurt am Main 1994

© Vito von Eichborn GmbH & Co. Verlag KG,
Frankfurt am Main, 1994.

Leninstraße. Eine Magistrale ins Nichts

Nahe der Innenstadt, nur ein paar Straßen vom Karl-Marx-Platz entfernt, liegt zwischen dem Friedenspark und der orthopädischen Klinik die Russische Gedächtniskirche, umgeben von einem weißen Mäuerchen. Man erbaute sie 1913, zur Erinnerung an jene 22 000 russischen Soldaten, die hundert Jahre zuvor ihr Leben verloren in der Völkerschlacht, hier um Leipzig herum. Eigentlich wollten wir zu dieser Kirche, in der Hoffnung, dort einen zum russisch-orthodoxen Glauben konvertierten deutschen Emeritus, ehedem Hirnforscher, anzutreffen. Nun aber sind wir irrtümlicherweise statt in die Semmelweisstraße in eine andere eingebogen.

Deutsche Bräuche

Mit dieser Straße stimmt etwas nicht. Auf den ersten Blick scheint sie breit, gerade, städtisch; beim zweiten dann verlassen und still. Vor den Häusern parkt kein Auto, die Straßenbahnschienen glänzen nicht im Sonnenlicht, sie rosten. Hier scheint niemand mehr zu wohnen. Wir beschließen, das Phänomen zu Fuß zu erkunden, und spazieren an diesem hellen, klaren Sommertag an grauen, mit Stuck verzierten, bröckelnden Fassaden entlang, die sich endlos dahinziehen. Vorbei an klaffenden Haustoren und leeren Geschäften. Fast überall sind die Fensterscheiben zerschlagen, ohne daß Splitter zu sehen sind auf dem Trottoir. Was für ein Vandalismus — man hinterließ den Ort der Zerstörung besenrein!

Die Straße gibt es nicht mehr, wie es scheint. Alle Straßenschilder und Hausnummern sind abmontiert. Durch eine kleine Seitengasse gelangt man zu verlassenen Schrebergärten, die sich, durch einen Weg getrennt, an den Hinterhöfen der Häuser entlangziehen. Obwohl auch hier niemand mehr der Verwüstungslust Einhalt gebietet, blüht und gedeiht es dennoch neben den zerschlagenen Lauben. Überall verstreut liegen weiße Federn, als hätte es ein massenhaftes Geflügelschlachten gegeben. Es sind aber nur aufgeschlitzte Plumeaus und Kopfkissen, die ihren Inhalt verloren haben. Man kann allenfalls ahnen, wie lang der Tod der Hühner und Gänse schon zurückliegt, von denen all das stammt.

Von hier hinten aus erst ist der wirkliche Zustand der Häuser zu erkennen. Halboffene Dächer, verrottete Fenster und Balken, schimmelnde Hauswände: da stehen Ruinen. Die alten Waschhäuser in den Höfen sind verwüstet, die Mauern zertrümmert. Schutt- und Müllberge türmen sich auf. Über sie hinweg, in die Häuser und durch die Schrebergärten schlängeln sich schmale, festgetretene Wege, so als gäbe es einen stetigen Wildwechsel hier. Im Staub zwischen dem Gerümpel findet sich eine reiche Auswahl an Broschüren und Handbüchern zum Verständnis der Situation. In der *Direktive des XI. Parteitages der SED zum Fünfjahresplan für die Entwicklung der Volkswirtschaft der DDR in den Jahren 1986 bis 1990* sagte Günter Mittag in seinem Vorwort: »In der

Tätigkeit der SED steht der Mensch und seine allseitige Entwicklung im Mittelpunkt allen Tuns und Handelns. Diese bewährte Politik der SED wird vom Volk verstanden und durch hervorragende Arbeitsleistungen in allen Bereichen des gesellschaftlichen Lebens unterstützt.« Weiter hinten, wo vom geistig-kulturellen Lebensniveau des Volkes die Rede ist, wird das »Wohnungsbauprogramm als Kernstück der Sozialpolitik der Partei der Arbeiterklasse« gepriesen, deren Probleme bis 1990 gelöst sein werden.

Die Strafe für jahrelanges Herunterleiern der hehrsten Ziele folgte auf dem Fuße. Die Havarie, die hier stattgefunden hat, wirkt endgültig, die Havaristen sind in alle Winde zerstreut, und die Schiffbrüchigen haben sich geistig und kulturell auf die Seite des Klassenfeindes hinübergerettet. Wenn auch ohne Erfolg, wie eine ältere Frau erzählt, die gerade dabei ist, ausgegrabene Pflanzen in ihren Leiterwagen zu laden: »Na sehnse sich das doch an hier, wie das aussieht! Das sollte alles weggerissen werden und neu bebaut, aber damit ist wohl nichts. Ich hol mir für meinen Garten ein bißchen was, man kanns ja nicht mitansehn, wie alles umkommt. Und so isses doch überall, mal ehrlich gesagt, die machen uns doch kaputt und betrügen uns nebenher noch nach Strich und Faden! Reisefreiheit? Für mich nicht... Mein Mann ist Rentner, und ich bin in der Übergangsregelung, bekomme 63 Prozent vom letzten Nettoverdienst, der war 660 Mark, Sie können sichs ausrechnen. Ich hab mein Leben lang gearbeitet, 42 Jahre lang, drei Jahre hätte ich noch gehabt, ich wäre leicht auf meine 45 gekommen, wenn das alles nicht geschehen wäre. Nun leben wir mit vom Ersparten. Aber nun frage ich Sie, ist das der Sinn, daß ich das, was ich unter Honni erspart habe, nun unter Kohl gleich wieder ausgeben muß, aus Not? Man will sich ja nichts schenken lassen ... aber das kann nicht der Sinn sein! Ich sag Ihnen eins im Vertrauen, wenn der DDR-Bürger mal sein Gespartes aufgezehrt hat, und das wird bald sein, dann steht die Weimarer Republik vor der Tür! So ist das ... Na, ich wünsch Ihnen noch einen schönen Tag.«

Wir widmen uns wieder den Häusern. Die Anziehungskraft von Ruinen ist wunderbar, sie wirken so zuversichtlich

Deutsche Bräuche

und versprechen, daß alles einmal fällt: schlechte Behausungen, Grenzen — selbst der Staat. Die ganze Kulisse.

Einstweilen aber müssen wir uns mit der im Stich gelassenen Geschichte begnügen, die hier einen imposanten Anblick bietet. Passend zur vollkommen ausgebrannten Garage, in deren geschwärztem Gemäuer das ausgeglühte Wrack eines Wartburgs unter verkohlten Dachbalken herumsteht, findet sich auf dem nahe gelegenen Schutthaufen ein Taschenkalender der Feuerwehr von 1975, der, außer ein paar Stockflecken, keinerlei Beschädigungen zeigt. Da steht z. B.: »Bei der Auswahl der Löscharten sind eventuelle Sekundärschäden, die durch das Löschmittel hervorgerufen werden könnten, zu beachten.« Das klingt wie der niederträchtigste Hohn. Im Vorwort dankt man ausschweifend der mächtigen Sowjetunion für die Zerschlagung des faschistischen deutschen Imperialismus und für die im Geiste des proletarischen Internationalismus geleistete Unterstützung und Hilfe bei der demokratischen Entwicklung der DDR und bei der Abwehr imperialistischer Einmischung und Intervention. In Kinderschrift steht am 2. Januar eingetragen: »André Hening eingeliefert« und am 18. Januar: »André Hening endlassen!«. Das ist alles.

Auch im Inneren der baufälligen Häuser hat es da und dort gebrannt. Sie stammen wahrscheinlich aus der Zeit kurz nach der Jahrhundertwende. Ihre dunkelgebeizten Treppenhäuser haben schön geschwungene hölzerne Geländer, die immer noch speckig glänzen von zahllosen Berührungen. Über die finsteren Kellertreppen hinunter quillt in Kaskaden schmutzige Kleidung und Müll, von unten her dringt ein kalter, modriger Hauch. Im obersten Stockwerk steht nur noch ein schwärzlich zerbröselndes Treppengeländerskelett, die Ölfarbe an den Wänden ist zu verkohlten Blasen erstarrt. Bis zum Dachboden aber ist das Feuer anscheinend nicht gedrungen, jedenfalls nicht in unkontrollierter Form. Unter dem gewaltigen Gebälk, etwas abseits der Tür in einem geschützten Winkel, liegt ein Häuflein Asche, sorgfältig mit Mauersteinen eingefaßt, daneben Konservenbüchsen und ein Stapel *Neues Deutschland* aus dem Jahr 1989. Offenbar eine Kochstelle. Man hat sich aus der unteren Wohnung die

Sitzelemente von der Polstergarnitur geholt, ein paar schwere grüne Vorhänge zum Zudecken gefunden. Zum Bier gabs anscheinend dicke weiße Bohnen aus der Büchse, mit Senf.

Außer den Stadtstreichern trauen sich wohl nur noch Kinder hier herauf. Was im Westen die geradezu hysterische Angst vor dem Zeckenbiß im Wald, ist im Osten die vor der Taubenzecke auf den Dachböden. Seit dem Ende der Mangelwirtschaft wird von einer lawinenartigen Zunahme der Tauben berichtet, von einer gefährlichen Invasion der Taubenzecken. Westliche Schädlingsbekämpfer schreiten nun dagegen ein. An Tauben jedenfalls herrscht hier kein Mangel. Sie fliegen durchs kaputte Dach ein und aus, denselben Weg nimmt auch das Tageslicht. Jetzt weiß ich endlich, was mich schon die ganze Zeit irritierte; es ist viel zu hell auf diesem Dachboden.

Dafür findet sich ein paar Häuser weiter einer, der viel zu dunkel ist, der also ein intaktes Dach haben muß. Erst ist gar nichts zu erkennen, dann, allmählich, hebt sich eine rätselhafte Konstruktion aus dem Dunkel heraus, eine Unzahl miteinander verbundener, senkrechter Latten oder Stäbe. Sind es Hühnerställe, Käfige? Die Gebilde sind in Reihen angeordnet, durch schmale Gänge getrennt und wesentlich zahlreicher, als es Mietparteien im Hause gegeben hat. Alle Käfigtüren stehen offen, die Schlösser fehlen, es herrscht gähnende Leere und Sauberkeit. Bevor ich gehe, schaue ich noch mal genauer hin und sehe, daß die senkrechten Stangen Haselnußstangen sind, solche, wie man sie früher auch zu Skistöcken verarbeitet hat.

In den Etagen darunter finden sich die vielfältigsten Versuche, der spartanischen Dreiraumwohnung mit Außentoilette ein wenig Komfort und Chic zu verschaffen. Es gibt eingebaute Badewannen in Verschlägen, die man von der Küche abgezweigt hat, holzverschalte Zimmer und Flure, abgezogene Dielen, großblumig tapezierte Zimmer. In den Küchen gibt es hier und da Kacheln um das Spülbecken herum, die sich nicht mehr ablösen ließen und teilweise zerschlagen sind. Zurückgelassen hat man in einigen Wohnungen auch jene typischen Küchenschränke aus der Zeit des Nationalsozialismus, bei denen alles so symmetrisch ist. Aus ihnen herausgefallen, liegen Töpfe, zerbrochenes Geschirr, Glas und Aluminiumbesteck durcheinander. Immer wieder sind solide, braun emaillierte Töpfe, Kasserollen und Lavoirs zu sehen, die man wohl, in der Hoffnung auf Edelstahl, nicht mehr um sich haben wollte. Diesen Arbeiterküchen ist es noch anzusehen, daß man in ihnen nicht mit Madeira abgeschmeckt hat. Hier wurde wenig verschwendet, von der Jahrhundertwende bis zur Räumung.

Im vierten Stock scheint die Sonne ins Zimmer, eine halb abgerissene Fototapete mit Herbstwald weht leise im Wind, durchs Haus schallt das Zwitschern der Spatzen. Auf einer Holzkiste sitzend, betrachte ich den Inhalt einer zerschlissenen Schultasche: Bücher, Hefte und Ordner. Es gibt einen ganz neuen Block, als Emblem trägt er ein grün eingefaßtes weißes Dromedar, darunter steht: »Arbeitsblätter – für Schule und Berufsausbildung. 64 Bl. holzh. EVP –,65«. In einem Ordner finden sich Schul- und Hausarbeiten. Jacqueline S. schrieb im Januar 1989 über den »Charakter der gegenwärtigen Epoche« eine sechsseitige Arbeit. Unter dem Stichwort »Hunger« führt sie z. B. auf:
»1. Wodurch verursacht?: Durch Rüstung und Kriege
  2. Wer verursachte es?: Monopole/Rüstungsmonopole
  3. Wie lösbar?: Abrüstung, das Geld für nützliche
     Dinge ausgeben.«
In einem Zusatz, ganz klein dazwischengequetscht, steht zu lesen:
  »Wurzeln liegen in der Kalorienzahl!«
Dafür gabs eine Zwei. Ebenso für die Bearbeitung des Themas: »Der Imperialismus als Monopolkapitalismus, als faulender und sterbender Kapitalismus«, die mit dem kryptischen Satz endet: »KV immer mehr zu Ungunsten des Imp. (trotzdem noch große Machttendenzen — wirtschaftlich, militärisch, ideologisch!)«. Rot geschriebene Anmerkung des Lehrers: »Rand?«

Zwei Häuser weiter hat sich Thomas J. von all seinen Medaillen und Ehrenurkunden getrennt. Bei der Kinder- und

Leninstraße. Magistrale ins Nichts

Jugendspartakiade 1979 belegte er den 3. Platz im 50-Meter-Schmetterlingsschwimmen. Und da liegt sie nun, die federleichte Goldplakette am blauen Band, ebenso wie die »Urkunde für die Teilnahme am erfolgreichen wehrsportlich-touristischen Wettbewerb, Marsch der Bewährung, Rügen, Feriensommer 1979« und auch die Kontrollkarte für Gewerkschaftsmitglieder, beklebt mit bunten Wertmarken, deren letzte auf dem November 1989 haftet. Platz wäre gewesen bis zum Dezember 96. Verstreut liegen die herausgerissenen Blätter eines Fotoalbums herum, in dem besondere Momente im Leben des Thomas J., während er hier wohnte, im Bild festgehalten wurden. 1980 war er ein dunkelhaariger, leicht gelockter Knabe, der in hellem Jackett erwachsen in die Kamera blickt und drei lachsrote Gerbera umklammert hält. Daneben steht in Zierschrift: »Am Abend vor der Jugendweihe«. Die Jugendweiheurkunde findet sich nicht weit davon. In grauen Druckbuchstaben wünschte man: »Alles Gute und viel Erfolg in Deinem künftigen Schaffen für die Deutsche Demokratische Republik«. Auch dazu gibt es etwas Passendes, eine mit rotem Kunstleder bezogene Mappe, auf der in Goldprägung steht: »Zum Lehrbeginn. VEB Spezialbaukombinat, Beton- und Kühlturmbau Leipzig«. Drinnen eingeheftet eine herzzerreißende Arbeit mit dem Titel: »Erläutern Sie die politische und ökonomische Bedeutung des Schornsteinbaus in unserer Republik!« Thomas J. ging das undankbare Thema unbefangen an: »Der ökonomische Nutzen vom Schornstein ist, daß er den Rauch ableitet. Es wurden in Schornsteine Filter eingebaut. Der politische Nutzen ist, Schornsteine werden mit Braunkohle und Steinkohle beheizt. Wir stellen jetzt aber alles auf Erdöl und Erdgas um. Erstens kommt es billiger und zweitens führen wir es aus der UdSSR ein!« Der empörte Lehrer malte ein großes rotes Fragezeichen an den Rand.

Unten in den Schrebergärten treffe ich Elisabeth wieder, die inmitten duftender gelber Rosen auf einem Mäuerchen sitzt und im gefundenen *Handbuch für militärisches Grundwissen* blättert. Wir beschließen, allmählich zu gehen. Vorn auf der Straße findet sich überraschend eine geöffnete Metzgerei und gegenüber ein kleiner »Konsum«. An der Decke der Metzgerei zeigen wunderschöne alte Hinterglasmalereien das Schlachtvieh noch bei voller Gesundheit. Wir erfahren, daß man heute kein Fleisch mehr führt, statt dessen die Versorgung der Bauarbeiter übernommen hat. »Jeden Tag so 50 Essen, heute gab es Spinat, Salzkartoffeln und Setzei. Und daneben haben wir noch Kaffee und was man eben sonst alles so braucht. Im Haus gegenüber wohnen zwei alte Schwestern, die sich geweigert haben auszuziehen, hinten wohnt ein Mann mit seiner Mutter. Wir wissen nun auch nicht, was wird. Mal hieß es, hier soll alles weg und die Straße ganz verbreitert werden, dann wieder sollen wir hier stehnbleiben, auf dieser Seite. Das ist das Elternhaus meines Mannes, müssen Sie wissen.«

Von einer Frau, die hier aufgewachsen ist, erfahre ich später mehr. Wir befinden uns in der Leninstraße, die sich von der Stadtmitte aus hinzieht bis zu den Vororten und dann Hauptausfallstraße wird zur Autobahn nach Dresden. Sie führt vorbei am Messegelände und Völkerschlachtdenkmal. Ende der achtziger Jahre beschloß man, den oberen Teil bis zur Messe in eine prachtvolle Zufahrtsstraße umzuwandeln. Die ganze Häuserzeile sollte abgerissen, durch Neubauten und eine verbreiterte Straße ersetzt werden. Diese Neubauten, so sah es das Modell vor, sollten die gewohnte DDR-Norm sprengen und mit Straßencafés, Arkaden und Geschäften das Auge des internationalen Messepublikums betören.

Im Herbst 89, noch einige Zeit vor der Wende, wurde mit der Räumung begonnen. Vom Ostplatz bis zur Semmelweisstraße stehen fast alle Häuser leer. Die Straßenbahn verkehrt seit 1989 nicht mehr. Ab 1990 stagniert alles. Nur der Grund und Boden steigt ständig im Preis. »Was mit unserem Haus geschehen wird, weiß so recht keiner. An sich sollte hier alles weg«, sagt die Frau. »Auch mein Garten. Ich bin ja in der Gartensparte Thonberg. So um die 200 m² hat jeder von uns. Vom Küchenfenster aus kann ich in meinen Garten gucken. In den vierziger Jahren sind wir in diese Gegend hier gezogen. 1941 wurden wir ausgebombt in unserem Häuschen in Thekla, denn das lag nahe beim Flugzeugwerk

Erla. Wußten sie übrigens, daß es hier in Leipzig ein KZ gab? Das war in Thekla. Ein Außenkommando von Buchenwald. Dort hat man auf einem eingezäunten Lagergelände Häftlinge eingesperrt für die Zwangsarbeit im Flugzeugwerk; Hunderte sollen da gewesen sein. Ich war ja noch ein Kleinkind damals, aber meine Brüder haben es mir erzählt. Als die Amerikaner näher rückten, im April 45, hat die SS ein Massaker angerichtet unter den Häftlingen. Das weiß heute kaum noch jemand. Mein Vater war im Rotfrontkämpferbund und eingesperrt in der ›Westerburg‹. So nannte man früher das Untersuchungsgefängnis in der Beethovenstraße. Nach dem Krieg ist mein Vater gleich in den Uranbergbau gegangen zum Arbeiten, erst unter Tage, dann oben. Ich weiß noch, es gab deutschen Käse auf die Wismutmarken. Wir waren ja zehn Kinder, ich bin die Jüngste. Mein Vater ist bald gestorben an der Staublunge.

Seit Ewigkeiten wohne ich nun schon in der Leninstraße, man kannte alle, und nun sind sie weg. Das war immer eine Arbeitergegend hier, da gabs einigen Widerstand im Faschismus, in dieser Straße. Damals war sie übrigens dreigeteilt. Vom Johannisplatz bis zum Ostplatz hieß sie Talstraße, vom Ostplatz bis zur Tabaksmühle hinter der Messe Reizenhainer Straße, und von da ab Preußenstraße. Und genauso soll sie demnächst wieder heißen, das ist bereits beschlossen. Ich frage mich nur, wozu? Als Messemagistrale ist sie nicht mehr in der Planung. Es soll ja das ganze technische Messegelände von der Leninstraße weg in den Nordosten der Stadt verlagert werden, irgenwo nach Möckern, Richtung Schkeuditz. Das Konzept ist vom Mai, und endgültig entschieden wird im Oktober. Was aber mit unserer Straße werden soll, ist unklar. Sie sehen ja, wie alles mehr und mehr zerstört wird. Wenn es nach mir ginge, ich würde ja eigentlich am liebsten in meiner Wohnung bleiben, obwohl es vom vierten Stock herunter durchregnet und das hintere Zimmer nicht zu benutzen ist. So ein Dach kann ja gerichtet werden, heute, wo es Ziegel und alles gibt. Aber die Eigentumsverhältnisse sind ungeklärt, und so können wir nur abwarten und hoffen, daß es keine Herbststürme und Platzregen gibt, oder noch Schlimmeres...«

Deutsche Bräuche

Nach Einbruch der Dunkelheit liegt die Abbruchzeile Leninstraße vergessen da. Allmählich werden die beiden Schwestern, die zwei sehr, sehr schmutzige alte Damen sein sollen, verbarrikadiert hinter schweren Türen, zu Bett gehen. Ihre Fenster glimmen wie Irrlichter auf den endlosen schwarzen Häuserfronten.

Stasi-Kaufhaus

Wie in fast allen mitteleuropäischen Großstädten liegen auch in Berlin die etwas anrüchigen Institutionen stadtauswärts, in östlicher Richtung. Im Bezirk Lichtenberg herrscht traditionell dieses spezifische Gemisch aus Mietskasernen, Schrebergärten, Industriegelände, Zentralschlachthof, Häuteverwertungs- und Margarinefabrik, Seuchenviehhof, Zentralfriedhof, Städtischen Heil- und Pflegeanstalten, Städtischem Erziehungsheim, den ersten kriegswichtigen Werken von Siemens & Halske, Reichsmonopolverwaltung und Oberfinanzdirektion. Einiges davon wurde nach 1945 geschlossen oder verstaatlicht, vergrößert, in gleicher Weise oder anderweitig genutzt.

Als das Ministerium für Staatssicherheit 1950 gegründet wurde, bezog es das Gebäude der ehemaligen Oberfinanzdirektion in der Normannen-, Ecke Magdalenenstraße und errichtete dort seine Zentrale. An dem großen Eckgebäude aus den zwanziger Jahren ist nichts weiter bemerkenswert, außer vielleicht die industriell gefertigten Backsteinornamente in der Fensterumrandung. In den fünfziger Jahren erstreckten sich südwestlich hinter der Zentrale noch Schrebergärten, und die MfS-Angehörigen fuhren zu ihrem Arbeitsplatz durch die Stalinallee. Elf Jahre später, die Berliner Mauer war gerade erst errichtet worden, schleifte man in einer einzigen Nacht das Stalindenkmal am Straußberger Platz und wechselte sämtliche Straßenschilder in der Stalinallee gegen neue aus, auf denen Frankfurter Allee stand. Man orientierte sich an den Beschlüssen des XXII. Parteitages der KPdSU und beseitigte — hier wie dort — die äußeren Zeichen des Stalinismus. Fortan fuhren die MfS-Bediensteten durch die Frankfurter Allee zur Arbeit; Augenzeugen beschreiben diesen Vorgang folgendermaßen: »Wenn man da mit der U-Bahn langfuhr in der Frühe, dann waren die

Stasileute immer sofort zu erkennen. Da hatte man einfach einen Blick für. Am U-Bahhof Magdalenenstraße erhoben sich mit einmal lauter junge Männer mit grünem Parka und schwarzer Aktentasche zum Aussteigen. Die kannte man in der ganzen Stadt, diese schwarzen Aktentaschen und grünen Parkas.«

Mit ihren Aufgaben wuchs auch die Behörde, wuchs der Wohnungsbau im Bezirk. Im Verlauf von fast vierzig Jahren wurden die jungen Männer alt und grau, verschwanden Schrebergärten, Kirchen, Kneipen, Wohnhäuser und zwei Straßen, um dem MfS Platz zu machen. Auf einer etwa siebeneinhalb Hektar großen Fläche entstand, durch aneinandergeklebte Neubauten, eine Art Festung. Nach außen hin abgeschirmt und überwacht, sorgten im Innern karge Grünanlagen, mit Asbestdächern versehene Speisegaststätten für die Generalität, Konferenzsäle, Geschäfte, Kantinen und ein paar Freizeiteinrichtungen für etwas Ablenkung vom trübsinnigen Alltag in tristen Büroräumen, Archiven und Aktenkellern. Der Komplex erstreckt sich von der Frankfurter Allee — wo jetzt u.a. die sogenannte Gauck-Behörde alle Stasi-Akten untersucht — bis hinauf zur Normannenstraße, und von der Magdalenenstraße bis hinüber zur Ruschestraße. Ein paar Ecken weiter, in nördlicher Richtung, steht eine neuere große Anlage, weitere Bauten waren in Planung. Der ganze Bezirk und auch die angrenzenden Bezirke sind gekennzeichnet durch diese in Plattenbauweise gewucherte MfS-Bürokratie.

Manchmal beschert die Geschichte den einst furchterregenden und mächtigen Instanzen ein besonders armseliges Ende. Im Speisesaal jenes Eckgebäudes, in dem das MfS einstmals mit seiner Tätigkeit begann und in dem bis zuletzt die berüchtigte Hauptabteilung II (Spionageabwehr) residierte, werden nun alle seine hinterlassenen Gebrauchsgegenstände im Räumungsverkauf unters Volk gebracht.

Geöffnet ist nur donnerstags von 9–12 und 14–18 Uhr. Das »Stasi-Kaufhaus« zu finden ist nicht leicht. Nirgendwo gibt es ein Hinweisschild auf den Eingang. Während wir herumirren in der Magdalenenstraße und den Seiteneingang

Stasi-Kaufhaus

des Amtsgerichtes mit der Überwachungskamera für die gesuchte Adresse halten, kommt glücklicherweise ein älterer Herr mit Thälmannmütze und Lederjacke über die Straße und weiß Bescheid: »Am Rödeliusplatz geht es links durch die Toreinfahrt des Finanzamts in einen Innenhof, dort in der Halle findet der Verkauf statt. Aber versprechen Sie sich nicht zu viel...«

Im alten Gebäude mit dunkelgrauem, fleckigem Putz, hohen Fenstern, mehreren Eingangstüren hat sich im Souterrain eine Sauna eingemietet. Es ist kurz vor 14 Uhr. Mehrere meist ältere Leute warten schon an der Treppe zum Aufgang oder gehen im Hof umher und mustern interessiert die Fassaden. Dann wird oben geöffnet. Dem Eintretenden bietet sich ein profanes Bild. Auf langen Tischreihen sind nacheinander Bücher, Werkzeug, Skischuhe, Lampen, Gardinen, Küchengeräte, Fahnen, Bierkrüge, Wandschmuck und anderes aufgereiht. Über all dem verbreiten einige Wandleuchten ihr fahles Licht. Für den Kunden stehen die schmalen alten DDR-Einkaufswagen aus HO-Zeiten zur Verfügung. Man geht schweigend herum, der ehemalige DDR-Bürger mustert das Angebot routiniert, während die wenigen Westdeutschen erst mühsam entziffern müssen, was beispielsweise in der dekorativen Büchse mit der Aufschrift *Pulax* drin ist. Nein, mit Pullach hat das nichts zu tun, drinnen ist nichts weiter als 400 g »schonender Scheuersand«.

Langsam füllen sich die Körbe. Ein Mittvierziger hat zwei Dutzend Bierkrüge aus grauem Steingut eingeladen; ein russischer Offizier in Uniform zögert lange, ob er einen leicht durchsichtigen Plastikregenmantel vom VEB Weimar-Oberbekleidung für 5 DM kaufen soll — und nimmt ihn am Ende. Bei den Gardinen und Gardinenstoffen herrscht geradezu Kampfstimmung, zwei Hausfrauen möchten denselben Ballen haben. Für den ORWO-Farbentwickler und die große Leninbüste aus Kunststein für 750 DM hingegen interessiert sich niemand. Auch nicht für die Unmengen von 25 Watt NARVA-Glühlampen, für Besen, Schneeschieber, Fliesen aus Boizenburg und das riesige hölzerne Sauerkrautfaß mit Leiter für 200 DM, für abgeschabte Langlaufski, FDJ-Hemden oder den Schwarzweiß-Fernseher Marke Stassfurt-

Stella zu 10 DM. Sehr beliebt hingegen sind Telefone mit Tastatur, Lautsprecherboxen, Schlafanzüge, Stores, Isolierbehälter, graue Wolldecken mit rotem Streifen und diverse Möbelstücke.

Das Mobiliar ist vorwiegend schlicht, stammt offensichtlich aus Büros und Aufenthaltsräumen. Da gibt es Aktenschränke aus Metall, an denen noch die erbrochenen Siegel haften, Schreibtische, Kleiderschränke, Tische mit Resopalplatten in allen Größen, Liegen, Sessel und Sitzgruppen, mit Kunstleder oder geblümtem Stoff überzogen. Der mannshohe Reißwolf mit Riemenantrieb (und Metallwalzen wie bei einer italienischen Nudelmaschine) wirkt zugeklappt wie ein seriöses Holzschränkchen. Im Auffangbehälter ist Platz für jede Menge in Streifen geschnittener Akten. Bereits verkauft ist ein Monstrum, in dem sich alle Träume vom Westen widerspiegeln, eine spezialangefertigte Tischlerarbeit. Im unteren Teil des altarartigen Schrankes befindet sich ein mit Marmorfolie eingefaßter Kamin, in dem aufgeschichtete Holzscheite bei Stromzufuhr rötlich glimmen. Darüber, hinter dem Glasfenster des Mittelteils, können edle Trinkgefäße stehen, im rechten Flügel befindet sich der beleuchtete Musikturm mit Plattenhalterung, im linken die verspiegelte Hausbar, in der eine Drehscheibe, mit rotem Samt gepolstert, das Flaschensortiment präsentieren soll. Um das Ganze auch noch akustisch abzurunden, sind in die beiden Seitenteile riesige Lautsprecherboxen eingearbeitet. Für 250 DM eine Sensation.

Weiter geht es mit Robotron-Computern und Schreibmaschinen, Rechenmaschinen, Registrierkassen, automatischen Spannungsgleichschaltern, Diktiergeräten, Projektoren, Kompaktküchenmaschinen namens Berlinett. Sehr traurig sieht es auf dem Büchertisch aus. Die MfS-Bibliotheken scheinen für Leseratten nicht viel Vergnügliches geboten zu haben. Ein wenig belehrende Belletristik zwischen roten und blauen Bänden. Handbücher, die erklären, wie man Sport und Spiel im Ferienlager vorschriftsmäßig betreibt oder als Militärtschekist Wache fürs Vaterland schiebt. Eher selten findet sich ein Kriminalroman wie der, der mir beim Stöbern in die Hände fällt. Ein »Dienstexem-

Stasi-Kaufhaus

plar der Abteilung vier« mit dem einladenden Titel: *Die Brut der schönen Seele,* 1976 im Verlag Das Neue Berlin erschienen. Im Vorwort heißt es prophetisch: »Was haben wir falsch gemacht? Wo haben wir versagt? Wie konnte trotz sorgfältigster Sicherheitsmaßnahmen und menschenmöglicher Einsatzbereitschaft das Verbrechen dennoch geschehen?« Das daneben liegende, vollkommen abgeschabte Exemplar Marx/Engels, *Die Revolution von 1848,* Dietz Verlag 1949, hilft bei der Fehlersuche:

»Revolutionär gegen die Konservativen, konservativ gegen die Revolutionäre, ihren eigenen Stichworten mißtrauend, Phrasen statt Ideen, eingeschüchtert vom Weltsturm [...], Energie nach keiner Richtung, Plagiat nach allen Richtun-

Deutsche Bräuche

gen [...], ohne Glauben an sich selbst, ohne Glauben an das Volk ...« Probleme, die nicht nur die preußische Bourgeoisie hatte.

Ich kaufe rote Fahnen — zwei mit, drei ohne Hammer und Sichel —, 180 x 300 im Format, und ein koloriertes Wandbild von Marx nehme ich auch noch. Engels muß aus Kostengründen leider einsam zurückbleiben. Beinahe hätte ich den großen Behälter gar nicht gesehen, an dem sich einige ältere Männer zu schaffen machen. Er ist voll schwarzer Aktentaschen, jener Aktentaschen, an denen man einst die jungen Stasi-Männer erkannte.

Ich möchte noch ein paar Einzelheiten wissen, aber der freundliche graublonde Angestellte schickt mich zu seinem Kollegen: »Dort die Tür, gehn Sie einfach rein, der kann Ihnen alles sagen.«

Im weißgetünchten Raum steht ein mittelgroßer dunkelhaariger Herr mit Brille und telefoniert. Man hat sich einige der Stasi-Möbelstücke aufgestellt. Tisch mit Wachstuch, vier Stühle, Metallspinde, auf denen Reinigungsmittel stehen, an der Wand hängt eine Kuckucksuhr, die Kaffeemaschine faucht leise.

A: So, entschuldigen Sie ... was kann ich für Sie tun?
G: Nur ein paar Fragen hätte ich, ich bin von der Presse.
A: Dann ... also, da gehen Sie besser zu meinem Meister, der weiß über alles Bescheid hier.
G: Der ist beschäftigt an der Kasse, Sie können mir doch auch ein bißchen was sagen.
A: Sie kommen aber spät, Ihre Kollegen waren alle schon da!
G: Mhm, ja ... also wenn ich das richtig verstanden habe, dann sind alle diese Sachen aus den Beständen des MfS?
A: Ja, die Spanne umfaßt eigentlich alle Objekte, von der Generalsetage über Kasernen der Grenzregimenter, Bürohäuser, Ferienobjekte usw., aus diesem Spektrum werden hier Sachen verkauft. Alles, was uns zufällt — und mit uns meine ich die Treuhandanstalt, deren Angestellte wir ja sind —, was also liegenschaftsmäßig geklärt ist, das räumen wir aus, laden es auf Laster, bringen es her, laden es ab und bringen es zum Verkauf.

G: Und die Objekte selbst?
A: Das geht uns nichts mehr an. Aber soviel ich weiß, ist das Spektrum der Nachnutzer groß. Da gibts einmal Rückübertragungsansprüche und dann Neunutzer, die gekauft haben...
G: Und die wollen nichts von dem Inventar?
A: So wie das heutzutage ist, findet die Einrichtung keinen Anklang bei den Reichen und Neureichen. Ein Beispiel: In Zeuthen, da war, das kann man sagen, ein fürstliches Haus. Wir haben geräumt und mußten am Schluß auch noch die Holzvertäfelung rausreißen. Nun gut, man kann sagen, es war von Mielke, aber was kann die Vertäfelung dafür? Man hat gesagt, man will sie nicht, punktum, und wir haben sie runtergerissen mit blutendem Herzen, für BMW... Aber sowas ist die Ausnahme, in der Regel haben wir's mit ganz gewöhnlichen Objekten und Gebrauchsgütern zu tun.
G: Das ist mir aufgefallen. Sind die Käufer eigentlich enttäuscht über die Armseligkeit des Angebots?
A: Unsere Leute werden sich schon etwas gewundert haben. Allerdings hatten wir ganz am Anfang absolut hochklassige Sachen von der Generalität. Die hatten natürlich eine andere Ausstattung. Aber das alles aus den oberen Etagen, das ist sofort weggegangen. Und spezielle Sachen haben wir der ASTAK übergeben...
G: Wem?
A: Na da, der neugegründeten Antistalinistischen Forschungs- und Gedenkstätte, drüben in Haus I. Aber sonst — Luxus war das alles nicht...
G: Und Sie und andere Kollegen machen also diese Arbeit für die Treuhand?
A: Ja, die meisten. Wir kommen alle irgendwie aus dieser Ecke, möcht ich mal sagen. Ich war Polizeimajor, ein anderer hier ist bei der Parteileitung gewesen. Wir schleppen Möbel, und wir sind eigentlich alle nur deshalb hier, weil wir uns einigermaßen auskennen.
G: Worin, im MfS?
A: Nein, nein, nicht wie Sie denken. Ich persönlich z. B. habe keinerlei Stasi-Vergangenheit, ich bin zweimal durch

die Gauck-Behörde geprüft worden, ich hab nur eine DDR-Vergangenheit. Aber daß Sie so fragen, ist ja verständlich, wir haben hier natürlich jede Menge Probleme mit dem schlechten Ruf. Nur, sehnse mal, ich sage mir, ich hab schließlich meine 42 Jahre, die ich lebe, nicht im Faschismus verbracht, und das hier war nicht die Gestapo-Zentrale. Trotzdem ist die Betrachtung der DDR und des Organs hier so, als wäre das eine mit dem anderen vergleichbar. Das finde ich nicht richtig. Jeder, der dabei war, und wenn er nur Lagerhaltung oder Koch gemacht hat, steht negativ da, nur wegen seiner Zugehörigkeit, punktum! Man verdammt ihn genauso wie den General, schlimmer noch, man stößt ihn aus der Gesellschaft aus, während der General lächelnd im Fernsehen auftritt.

G: Diskutieren Sie hier untereinander über die Stasi?
A: Natürlich. Wir reden drüber. Das ist ja überall das Thema Nummer Eins, aber mal ehrlich, mir kommt es so vor, als ob man uns absichtlich damit so aufregt, damit wir unsere ganz konkreten Probleme übersehen. Man tut ja so, als wäre der DDR-Geheimdienst der einzige auf der Welt gewesen, aber in jedem anderen Staat gilt es als legitim, einen zu haben. Ich, so hört man, habe jetzt sogar vier oder fünf im eigenen Staat? Da guckt keiner hinter die Kulissen. Immerhin hatten wir eine ganz offizielle Behörde, ein Ministerium, dessen Repräsentanten jeder kannte...
G: Und haßte...
A: Auch das. Aber nun frage ich Sie mal, kennen Sie die Leiter Ihrer Dienste?
G: Da muß ich passen.
A: Sehnse. Und bei uns gabs öffentliche Veranstaltungen des MfS im Palast der Republik, Ferienheime für die FDJ, alles mögliche. Gut, das ist nur die eine Seite, und die andere, die wichtigere Seite ist, daß sich dieses Organ Staatssicherheit leider so verselbständigt hat, daß es an sich ja mächtiger war als die Staatsorgane selbst. Es hat sich in Bereiche hinein ausgebreitet, in die es so nicht gehörte, ins ganze innere Leben, es hat den Bürger zum

Stasi-Kaufhaus

Hauptobjekt seiner geheimdienstlichen Tätigkeit und Observation gemacht. Aber nun, wo ohnehin alles vollends kaputtgegangen ist, sollte man sich wenigstens ehrlich fragen, wie das gekommen ist. Hat das aus der Entwicklung dieses Staates heraus alles so kommen müssen, wann hätten wir Fehlentwicklungen vermeiden können, wann nicht. Wir haben uns das alles gefragt und nicht beantworten können. Wir wissen inzwischen aber, überall auf der Welt, vom KGB bis zum CIA, sind die Geheimdienste unkontrollierbar, ist an sie kein parlamentarisches Rankommen, machen sie Politik. Dieses Geschäft bedient sich schmutziger Methoden. Dagegen war unser MfS wahrscheinlich ganz altmodisch und lächerlich. Es hat keine Kriege angezettelt, keine Diktatoren auf den Regierungssessel gesetzt und keine Staatsoberhäupter erschossen ...

Die Tür öffnet sich heftig, und der Graublonde fragt:
Die helle Couchgarnitur, ist die schon weg?

A: Also von mir isse nicht verkauft worden! ... Wo war ich?

G: Bei den erschossenen Staatsoberhäuptern.

A: Richtig. Ja, und wenn das aber dann, so wie bei uns, alles nach innen losgeht, die ganze Energie so eines Organs, dann ist das eine Katastrophe. Die hatten ja eine Staat-im-Staate-Position und hatten sich im Grunde auch abgekoppelt von jeder Planwirtschaft. Das erkenne ich immer mehr. Grade auch Schalck-Golodkowskis Kommerzielle Koordination, die KOKO, war eine kapitalistische Enklave mitten in unserem Sozialismus. Mit ihr sollte dann die Unterlage geschaffen werden, um die Löcher mit Devisen immer wieder zu stopfen. Das System ist pervertiert worden mit der Zeit, das ist traurig ... Ich bin ja auch Ökonom und war viele Jahre Hochschullehrer. Drum weiß ich, was es bedeutet, wenn sich so ein Organ abkoppelt — nicht nur von seinem eigentlichen Schutzauftrag, sondern auch von allen Plangrundlagen. Die Ergebnisse sehen wir ja jetzt bei unserer Arbeit fast täglich ...

G: Was sehen Sie da?

A: Daß dieser Bereich, trotz knapper ökonomischer Decke im Staat, überproportional zugewiesen bekommen hat. Wir werden andauernd Zeugen dieses Überflusses, sehen übervolle Lager. Es wurde gehortet in allen MfS-Heimen. Vom Rasenmäher bis zum Stoffballen gabs vieles dutzendfach. Aus den simpelsten Ferienhäusern haben wir Hunderte von Kaffeekannen herausgeholt oder auch Kochjacken, und zwar in solchen Mengen, damit hätte man das Personal mehrerer Großküchen bekleiden können, es waren aber nie mehr als drei Köche dort. Wenn ich das jetzt so sehe und mir vorstelle, wie sich das potenziert hat im ganzen Land, dann wird mir einiges klarer. Diese Lagerwirtschaft macht die ganze Volkswirtschaft kaputt. Das MfS hat seine eigene Planwirtschaft betrieben und der Volkswirtschaft Produkte entzogen, die anderswo dringend gebraucht wurden, nur um sie zu horten. Wie es aussieht, war das nicht nur bei den Gebrauchsgütern so. Bei der NVA, das kann man ja jetzt ahnen, wo für Milliarden und Abermilliarden Gelumpe verkauft wird, da war es auch nicht besser. Das hört gar nicht mehr auf. Wenn man sich vorstellt, was das für Werte sind ... Und als Privatperson hat man es im Kleinen ganz genauso gemacht. In der DDR gabs nichts, und jeder hatte alles! Ich hatte z. B. auch immer meine drei Keilriemen, weil man wußte, daß die Dinger nach einem Jahr verschrumpeln. Aber natürlich hab ich sie der Volkswirtschaft entzogen und sie in meinem Keller nutzlos liegen lassen ...

G: Das hat aber nicht zum Zusammenbruch der DDR geführt.

A: *lacht* Natürlich nicht. Das waren ganz andere Zwänge, die kann ich nicht bewerten, über die Hintergründe ist viel zu wenig bekannt. Aber mitgewirkt an der Unterhöhlung der Fundamente unseres Staates haben sie schon.

G: Sie haben den Schock noch nicht überstanden?

A: Aber wie kann ich denn ... wo finde ich denn die Erklärungen, wem kann ich denn glauben oder widersprechen, wenn man mir sagt: ›Sei froh, daß du diese schreckliche

Diktatur hinter dir hast‹, und wer will mir denn überhaupt zuhören? Und so geht es den meisten von uns, daß sie im Grunde ihrer Seele trauern um den Verlust ihres Staates und sich nicht trauen, es zuzugeben. Aber schließlich haben wir ein Recht auf unsere Trauer, es steckt unser Leben drin, unsere Ideale, unsere Fehler... Da kann auch noch so schöner Konsum kein Trost sein. Die Konsequenz daraus ist Schweigen. Wir schweigen alle, weil wir sozusagen entmündigt sind, wir warten ab und versuchen zu verstehen, was ist.

G: Haben Sie Kinder?

A: Ja, und sehnse mal, bei denen ist das ganz anders, die haben keine Angst. Mein Großer, der ist 17, das ist ein ganz Schlimmer, der Kleine ist 16 und wird wohl auch so. Der Große ist durch die Wende vollkommen ins Trudeln geraten. Er war ein richtig guter FDJler, geht aufs Gymnasium. Nun setzt er sich hin und schreibt über Marx, und dabei weiß er doch ganz genau, daß er damit heute aneckt und vielleicht sein Abi gefährdet. Ich versuche, den beiden ein gutes Vorbild zu sein, auch jetzt noch, aber das ist fast unmöglich. Sie nehmen nichts mehr an. Die sind so revoluzzerhaft, so linksrevoluzzerhaft, das tut mir richtig weh!

G: Wieso denn? Andere werden Skinhead.

A: Insofern ... meiner Seele ist er schon näher, aber muß denn gleich derart übertrieben werden? Jedesmal, wenn ich ihn sehe, möchte ich ausreißen. Schrecklich, die Frisur — lange Haare hier, und hier nicht, ein furchtbarer Anblick ... aber ich denke mir, scheiß auf die Haare, nur wenn ich dann die Ketten seh und diese Dings ...

G: Ein ungewohnter Anblick.

A: Das können Sie sich denken. Den hätten Sie mal früher sehen müssen ... Es ist zu seinem eigenen Schutz, ich weiß. Voriges Jahr, nur ein Beispiel, war er auf einer *genehmigten* linken Demonstration in Neukölln. Da kam die Polizei sofort und hat ihm als erstes sein neues Palituch abgenommen ...

G: Sein was?

A: Sein Palästinensertuch, das hat man ihm weggenommen wegen ›passiver Bewaffnung‹ und ihm auch noch Schläge angedroht. Da kam er mit Frust heim, und sowas versteh ich ja ... aber trotzdem, ehrlich gesagt, er sieht zum Kotzen aus, mein Junge, mit seinen Bomberstiefeln und allem ... Dabei hab ich ihm dummerweise noch meine Kampfanzüge gegeben, und damit rennt er jetzt rum, immer! Na ja, ich finde natürlich auch nicht, daß die Gesellschaftsordnung, so wie sie jetzt ist, gut ist, aber ich habe einfach keine Kraft, gegen das Unrecht in dieser Gesellschaft anzugehen, keine Mittel, keine Erfahrung. Am 15. Januar, da war überhaupt kein offizieller Aufruf nötig, bin ich zur Demonstration gegangen. Ich sagte mir, ich geh am 15. auf die Straße ...
G: Weshalb?
A: *konsterniert* Der Todestag von Rosa Luxemburg und Karl Liebknecht! Jedenfalls, ich wollte demonstrieren, daß ich immer noch daran glaube, daß es sich lohnt, für einen menschenwürdigen Sozialismus, für eine gerechte Gesellschaftsordnung einzutreten ...
G: Und gleichzeitig liquidieren Sie die Überreste des vorangegangenen Fehlversuchs?
A: So muß man das wohl sehen ... ja ...
In der Stille erhebt sich ein Schnarren, dann flötet der Kuckuck melodisch viermal.
... unser Problem wird zum Beispiel auch in der Tatsache deutlich, daß wir keine Bewertungskriterien haben für den Preis dieser Waren hier. Wir haben von der Treuhand die Auflage, nichts zu verschleudern. Aber was soll denn heute eine unmoderne Kaffeekanne kosten oder eine Fahne der DDR? Wir wissen, was das bei uns wert war, mehr nicht. Machen wir also die Fahne teurer für die Sammler, die Kanne billiger für die Oma. Vieles geht heute ja weit unter dem Herstellungspreis und den Materialkosten weg, hier und überall. Aber ich sage mir, man darf doch auf keinen Fall vergessen, daß in dem, was jetzt Ramschware geworden ist, die Arbeitskraft und Lebenszeit unserer Werktätigen drinsteckt, daß Leute ihre Knochen ruiniert haben und jeden Morgen ange-

treten sind in ihrem Werk ... sowas bewegt mich schon. Und was eben noch dazukommt, als Problem ... unsere Arbeit hat ja eine schreckliche Eigendynamik. Mit jedem Tag, an dem wir unsere Arbeit verrichten, sorgen wir für ein baldiges Ende dieses Projekts. Ich weiß ja, wie das ist, ich habe vorher schon DYNAMO mit abgewickelt. Arbeitend machen wir uns selbst überflüssig. Das Ende ist unausweichlich, wir können es nicht hinauszögern, jeden Donnerstag muß die Halle neu gefüllt sein, bis nichts mehr da ist ...

Abfall. Bericht von einer Müllkippe

Es ist ein heißer Julitag, der Wind kommt von Westen, Möwen kreisen und mustern mit schräggelegten Köpfen den Unrat. Hoch aufgetürmt und grob sortiert, liegen Autoteile, Schrott, Kinderwagen, Vogelkäfige, Fahrradrahmen, Kühlschränke, Bettgestelle, Sprossenfenster, Türen, Kisten und Möbel beieinander. Im Zentrum dieser Haufen steht, mit Stahlplatten verschweißt und gewaltigem Türschloß gesichert, der Bauwagen, in dem jeder Mülltransport gemeldet und registriert werden muß. Daneben sind mächtige alte Schubraupen geparkt, mit denen die drei Arbeiter, die hier für alles verantwortlich sind, die Müllhalde planieren.

Unter diesem breit ausgewalzten Hügel, der staubbedeckt und stinkend in der Mittagshitze liegt, ruhen Schutt, Scherben, Hausrat, Kadaver, Asche, übereinandergehäuft, in dichten Schichten miteinander zugedeckt. 1959, als die Müllkippe eröffnet wurde, befand sich die DDR im letzten Jahr ihres zweiten Fünfjahresplanes; im Vergleich zur Bundesrepublik hatte man nur bescheidene Abfallmengen. Walter Ulbricht versprach der Bevölkerung, daß bis spätestens 1961 der Lebensstandard in der DDR auf Westniveau angehoben sein würde, und verfügte die Kollektivierung der Landwirtschaft. Jenseits des eisernen Vorhanges war Konrad Adenauer Bundeskanzler. Die BRD, zu Wohlstand und Ansehen gekommen, war Mitglied in NATO, Weltbank, EWG und Europäischer Atomgemeinschaft. Der Grund für die Teilung Deutschlands war dem Bewußtsein der Bürger entfallen, Heinrich Lübke wurde Bundespräsident. In Bad Godesberg trennten sich die Sozialdemokraten von ihren teuersten Idealen. Chruschtschow fuhr nach Amerika, Eisenhower kam nach Deutschland. Der kalte Krieg wurde unvermindert weitergeführt. Auf dem Fürstenberger Müllplatz bildeten sich die ersten Abfallhaufen.

Abfall. Bericht von einer Müllkippe

Hier hat sich die profane Seite der Geschichte niedergeschlagen, Schicht um Schicht, mehr als drei Jahrzehnte lang. Hier liegt all das begraben, was aus dem täglichen sozialen Leben einer Kleinstadt ausgemustert wurde, was unbrauchbar geworden war oder die öffentliche Hygiene beeinträchtigt hätte. Sozialistische Armut und Wiederverwertung fast aller wertvollen Materialien sorgten dafür, daß bis 1989 immer noch genug Platz war. Dann aber schwollen die Mengen zusehends an und wurden schließlich zu einer Müll-Lawine, die sich über den Platz und die hilflosen Arbeiter hinwegwälzte, die Abhänge hinunterstürzte bis in den alten Reichsbahngraben hinein. Durch die Schließung der Wiederverwertungsbetriebe fiel eine Unmenge von Glas, Papier, Plastik und Metall an; damit war die alte Ordnung zerstört, so daß die gewohnten Verrottungsmethoden versagen mußten und das archäologische Gedächtnis der Arbeiter den Inhalt ihrer Kippe nicht mehr fassen konnte.

Und nun stehen sie hier mitten im Schmutz als Zeugen ehemaliger Gastlichkeit, die trostlosen Polstermöbel aus der VEB-Produktion, eingetauscht gegen irgendeine westliche Sitzgruppe mit vielversprechendem Namen, auf der man schnell Platz genommen hat. Daneben türmen sich die anderen Zeugen einer entbehrungsreichen Vergangenheit: Trabanten, russische Fernsehgeräte, Sprossenfenster, Fahrräder ohne Gangschaltung, alte Waschmaschinen, der Buch- und Zeitschriftenbestand. Zudem wurde vor einiger Zeit mit den Kommandanturen der Roten Armee vereinbart, wo die einzelnen Einheiten ihren Abfall hinbringen können. Jetzt kommen täglich Militärlastwagen aus Ravensbrück und anderen umliegenden Standorten, um abzukippen, was überflüssig geworden ist.

Seither liegen zwischen dem biederen Ostmüll plötzlich grau gestrichene Türen mit kyrillischen Aufschriften, und, verteilt über den ganzen Platz, kleinere bis überlebensgroße handbemalte Pappwände, auf denen Offiziere und Soldaten in martialischen Posen abgebildet sind. Ein asiatischer Rotarmist, farbenfroh geschminkt wie für einen Bühnenauftritt, lächelt rätselhaft von seiner Rauhfaserplatte herab auf einen Stapel Munitionskisten. Eine andere Platte ist mittendurch gebrochen, die eine Hälfte des salutierenden Offiziers lehnt an alten Brettern, während die andere, abgetrennte, einige Meter weiter zwischen lauter Gummireifen liegt. Die ermahnenden und belehrenden Aufschriften der sogenannten Sichtagitation entsprechen offenbar nicht mehr den Erfordernissen der Zeit. Dem zufälligen Besucher dreht sich spätestens jetzt alles im Kopf vor dem Übermaß an Tragikomik, das die Geschichte hier großzügig ausbreitet. Auch der harmlose Begriff Abfall beginnt plötzlich in seiner anderen Wortbedeutung aufzublitzen, in der er ja Loslösung und Abkehr von einer Religion oder Partei bedeutet.

Um den Betrachter aber vollends zu verwirren, fangen die zu Unrat gewordenen Zeugnisse des Abfalls, sowohl die der Ostdeutschen als auch die der Roten Armee, wieder an zu zirkulieren, Hausrat zu werden. Ich sah einen Offizier mit zwei zarten Ordonnanzen aus einem Jeep springen und in eleganter Haltung einen Berg Waschmaschinen erklimmen. Oben angekommen, untersuchten die zwei Soldaten mit offensichtlich geübtem Blick mehrere gleiche Modelle, die dann, nachdem die Auswahl getroffen war und nach einem Wink des Offiziers, von zwei Lastwagenfahrern heruntergestemmt und auf dem LKW abtransportiert wurden.

Es ist bereits zwölf Uhr vorbei, zudem Samstag, so daß zwei der Arbeiter schon gegangen sind und das Einfahrtstor geschlossen haben. Der dritte, ein Mittfünfziger mit blauer Montur und speckglänzendem Lederkäppchen auf dem Kopf, hat sich freundlicherweise bereit erklärt, uns herumzuführen, und während meine Freundin fotografiert, steige ich neben ihm über Kisten und Schutthaufen.

A: Also die Russen bringen alles hierher, und wir müssens kontrollieren.
G: Was bringen sie denn?
A: Na—Asche, Schutt, Holz, Papier, Fische, Schrott...
G: Fische?
A: Ja ja, Fische, jede Menge!
G: Wie denn, in Konserven?
A: Nee, ach was, in großen Eichenfässern. Die kippen sie ab, dabei springen sie auf und alles liegt da.

G: Eingesalzene Fische, solche getrockneten?
A: Nich doch! In 'ner Lake liegen die drinne, die Makrelen oder sowas, heute morgen hättenses noch sehen können, aber jetzt ham wir den Ziegelschutt draufgeschoben. Man hält das ja nich aus, die Fliegen kommen ja bis in die Hosentasche! Die Möwen, die haben uns in der Früh richtiggehend angegriffen, als wir uns genähert haben. Die denken, das is ihrs. Halb achte ham wir alles zugefahren, na, da war was los. Genauso mit der Butter ...
G: Welcher Butter?
A: Das fliegt auch alles hierher, die ranzige Butter, irgendwie is die von eurer EG, die ging nach Rußland bei der Hungeraktion, die hams ihren Soldaten wieder hergeschickt, aber das kann ja keiner fressen, das Zeug, es soll jahrelang eingefroren gewesen sein, dieses Butterschmalz. Wir haben ja immer alles gleich zugedeckt, aber es nutzt nichts, die Krähen graben alles wieder aus. Also der eine Kollege, der is ja schon über zehn Jahre hier, die Kippe is jetzt vielleicht zwölf bis fünfzehn Meter hoch, was da drin is, das weiß der, aber da kanner sich nich erinnern, daß da jemals von Russen Lebensmittel hergekommen wären.
G: Haben die denn schon früher hier Müll abgeladen?
A: Ach wo! Das wurde alles innerhalb, in ihrem Gelände, irgendwie gelagert oder vergraben, das weiß keiner. Hier haben wir den Überblick. Da is jetzt alles soweit geordnet, dort die Kühlschränke und Waschmaschinen, dann der Eisenschrott, das Holz und Papier ... da solltense Montag früh mal herkommen, da könnense da langgucken und dort langgucken, da liegt alles durcheinander, so wühlen die sich hier durch. Und dort, die Gardinen, von uns, alles noch gut, nur ein bißchen drekkig, die sind weg, das garantier ich! Das is ja ganz furchtbar hier mit den Leuten, das sind ja ganz arme Schweine ...
G: Die Russen?
A: Na klar doch! Da nehmen Sie mal die, die drüben um den Schwedtsee hausen, bei der Gedenkstätte Ravensbrück. Die ham ja nich mal Gardinen, die Offiziere. Dabei is das

immer noch dieselbe Einheit, glaub ich, die is damals dort liegengeblieben nach der Befreiung vom KZ — heute sind das natürlich andre Soldaten —, aber die sitzen noch dort, und am Wochenende kommen sie her und kratzen hier metertief alles auf, mit bloßen Händen ...

G: Und was finden sie?

A: Kleidung, Stoffe, Schuhe, alles ... Koffer, Fernseher, wenn sowas kommt, da ist gleich alles weg, Schreibmaschinen, sowas alles. Und sehnse da zum Beispiel, die Kisten. Das sind Munitionskisten. Da kommt den einen Tag ein Kipper und kippt alles hier ab, am nächsten Tag kommt ein andrer und lädt alles wieder auf und nimmts mit.

G: Und weshalb?

A: Wir ham das auch lange nich kapiert, dann ham wir aber erfahren, daß da wieder ein paar abreisen. Also die einen bringen uns die Kisten, das sind die drüben vom Schießplatz, und die, die sie holen, kommen meinetwegen von Ravensbrück und wollen da ihre Klamotten reintun für die Rückreise. Ham sie die mal gesehen, die großen Blechboxen von den Offizieren? Manchmal stehn sie an der Straße, da kommt alles rein, was sie mitnehmen. Sehnse, dort sind unsre Russenmöwen! Die gehn immer noch nich weg, da drunter liegt das ganze Zeug, die leben nur von Fisch und Butter. Ratten ham wir auch, soll ich Ihnen mal eine fangen, hamse Angst?

G: Eigentlich nicht.

A: Wennse die gesehen haben, dann hamse doch Angst, dafür garantiere ich, das sind keine Hausratten mehr ... die sind hier groß und fett wie Hunde und so grau wie die Asche, in der sie rumrennen, die sind ein bißchen flundrig, quetschen sich überall durch. Neulich hab ich ein Nest mit Jungen gefunden ... ach, hier gibts allerhand, da ist auch ein schwarzer Kater ohne Schwanz und Ohren, der kennt mich schon. Jetzt zeig ich Ihnen mal unseren russischen Bären ...

G: Einen Bären?

A: Das is unser Eisbär aus Plüsch, der wandert seit Monaten immer hin und her. Eines Tages war er da und seither

Abfall. Bericht von einer Müllkippe

wandert er. Heute ham wir ihn dort unten gefunden, beim Schutt. Die gehn rum und pulen, sehn ihn und nehmen ihn mit, nach 'ner Weile lassen sie ihn wieder fallen, sehn wohl, daß er zu groß, zu schmutzig is und stinkt. So kommt er im Lauf der Zeit hier überall rum. Die meisten kennen ihn schon, das is unser Maskottchen. Manchmal kann ich die Bande nich mehr sehen, die sitzen und pulen und pulen, und wer räumt wieder auf? Und dann muß man sie immer im Auge behalten, heut beispielsweise kommen welche und kippen Asche ab, die is noch heiß. Wir müssen ja aufpassen, daß uns hier kein Brand entsteht.

G: Was ist denn das für Asche, mitten im Sommer?

A: Das wissen wir auch nich, da wird ständig irgendwas verbrannt, oben auf dem Schießplatz. Die sind aus Ungarn hierher verlegt worden, weil zu Hause hat man für sie nichts, nu leben sie dort oben in Zelten, schon die ganze Zeit. Ich versteh das nich, in Zehdenik is doch alles frei in den Kasernen, da haben sie schon geräumt, und die müssen bei der Hitze im Zelt hocken ... Dort, sehnse, das haben andre gebracht, lauter Bücher und Hefte, das war alles Schulungsmaterial vom Russen, da liegen Mengen, aber das kann ja kein Mensch lesen ... die haben das alles noch vor sich, was wir schon hinter uns haben.

G: Sie überprüfen also alle Ladungen, die kommen?

A: Ja, ja, die Russen, die müssen sich eintragen, mit Autonummer, Einheit und Kubik, Unterschrift, fertig, und wir werfen einen Blick auf die Ladung. Die Listen werden dann der Kreisverwaltung übergeben, und die rechnen letzten Endes, glaub ich, ab. Da, sehnse, da hamse uns mit den Brettern wieder Metall untergejubelt. Das müßtense direkt mal sehen, wie die nach Feierabend kommen, gegen fünfe sindse da, das Koppel um, die Mütze schief, und dann gehts los mit Pulen. Sehnse das da?

G: Die Stiefel?

A: Wolln Sie welche, wir buddeln ein Loch! Die hamse hier abgekippt, einen ganzen Anhänger voll, alle neu

Deutsche Bräuche

besohlt, was soll nu das? Und zu Hause gibts keine Schuhe! Da kommen drum gleich andre und graben alles wieder aus, was einen Wert für sie hat. Der einfache Soldat beim Russen is ja sowas von arm, das kann sich keiner vorstellen.

G: Ist das Gelände eigentlich eingezäunt?

A: Ach was, angefangen hattenses mal, vor ein paar Jahren, dann hamse hier den ganzen Draht wieder weggeklaut, sowas war Mangelware, dann hat mans aufgegeben. Und dann sollte hier ja seit Monaten Strom her, den könnte man ja abnehmen dort vom Mast. Da sollte das gesägt werden, das ganze Holz, das sich hier auftürmt, aber damit is bis jetzt auch nichts. Bei den Preisen heute, da hätten sichs die Rentner holen können. Wir könntens mit der Kreissäge gleich kleinmachen, wir hättens sogar auf den Laster geladen und ihnen in die Stadt reingebracht, man hat ja nich unbedingt ein Fahrzeug heut als Rentner, aber nix is, das is nich unsre Aufgabe, und wer soll den Strom bezahlen?... Schade drum. Wären die Russen nich, der Haufen würde immer höher werden, aber so gehts grade.

G: Haben Sie früher für die Rentner hier Holz gemacht?

A: Früher war ich nich da, Sie meinen doch vor der Wende? Aber ich weiß, daß damals solches Holz gar nich auf die Kippe kam. Genauso wie mit den ganzen andern Sachen hier, die Türen und Möbel. Gestern war Sperrmüll hier, von den Dörfern in der Umgebung. Das glauben Sie nich, was da alles zusammenkam, was da jetzt weggeschmissen wird von den Leuten. Das meiste haben sich die Russen schon weggeholt, die ganzen alten Teppiche, die Fernseher und Radios, alles weg! Und ich hab dort hinten beim Aufräumen einen kleinen braunen Koffer rumliegen sehen. Der lag da mittendrin, ich merke gleich, daß was drin is, mach ihn auf und finde so ein altes Filmdings, na, zum Abspielen und ein paar Filme in Büchsen. Da hab ich mit meinem Bengel gestern abend gesessen und Filme angeschaut, alles ging einwandfrei...

G: Was war denn zu sehen?

Abfall. Bericht von einer Müllkippe

A: Ach, Königsberg und sowas, die Ostsee, alles von früher. Mein Weib hat geschimpft, weil ich immer alles anschleppe ... So, jetzt muß ich aber allmählich Feierabend machen, sonst denken sie zu Hause noch, ich bin versackt.

G: Ich hab Sie aufgehalten ...

A: Ach was, nicht doch, man zeigt ja gerne mal was her von seiner Arbeit, das ist ja alles nicht so einfach wie es aussieht hier. Früher, vor der Wende, da war ich zwanzig Jahre lang beim ACZ und habe mich total vergiftet.

G: ACZ?

A: Agrochemisches Zentrum hieß das — heute nennen sie sich, glaub ich, anders. Da könnte ich Ihnen Geschichten erzählen ... Da war beispielsweise 3411, es vernichtet Quecken; wir sagten immer 4711 zu. Das Zeugs frißt

Deutsche Bräuche

Ihnen die Handschuhe von den Fingern und die Gummistiefel von den Füßen. Sogar die Reifen vom Fahrzeug fingen an sich abzupellen, wenn man 2000 Liter versprüht hatte... Wenns hieß *Quecke,* dann ham sich alle gedrückt, nee, das war schrecklich! Da möcht ich nicht wieder hin. Am liebsten würde ich bleiben, wo ich bin. Hier an der frischen Luft fühle ich mich sehr wohl. Lassen Sie sich mal wieder blicken, wir haben immer wieder was Neues und Interessantes, da wirds nie langweilig bei uns.

Während er sich unten vor dem Tor auf sein altes Motorrad schwingt, uns zuwinkt und knatternd davonfährt, besteigen die ersten Rotarmisten bereits von hinten die Müllhalde, auf der einsam ein Plüschbär wacht.

Hinter dem Kaninchendraht

Herr Sch. erzählt:
»Also hier zu Hause rauche ich grundsätzlich nicht in der Wohnung, sondern nur auf dem Balkon, wegen den Gardinen. Da guck ich immer mal so runter zu der Truppe, die da herumlungert. Ich hab ja schließlich einen neunzehnjährigen Sohn, der sich dort aufhält. Ich frag ihn, Junge, mit was für Leuten treibst du dich rum, sind die rechtsorientiert, oder was? Er darauf: ›Vater, du bist echt von gestern, die sind nicht rechts, nicht links. Sie sind meine Kumpels, alles andere ist Nebensache.‹

Na ja, ich muß auf alle Fälle sagen, das, was unten in den Jugendclub reingeht, sind alles sauber gewaschene Jugendliche, die ein bißchen Spaß haben wollen. Da kommen natürlich auch Glatzen rein, aber auch Bunte und die normalen Jugendlichen. Sicher, es gibt auch mal Krach, da mischen die Glatzen mal die Bunten auf, aber das war eher früher, heute ham wir an sich Ruhe. Die Punker-Szene ist mehr oder weniger abgewandert ins Zentrum, in das besetzte Haus, das sie dort haben, oder gleich weg in den Westen.

Nee, nee, mein Sohn, der ist ein Normalo, nicht rechts, nicht links, sondern geradeaus. Ich hab ihn demokratisch erzogen und nicht irgendwo in eine Ecke gedrückt, oder sowas. Seine Mutter hat ihn ein bißchen verwöhnt, gut, aber an sich ist er ein harter Bursche, ein normaler Jugendlicher, der noch Auszubildender ist in einer Maurerlehre. Dem gehts besser als seinem arbeitslosen Vater. Man hört hier vom Balkon klarerweise auch schon mal ein ›Deutschland erwache!‹ oder ein ›Sieg Heil!‹, sowas gibts, das will ich nicht bestreiten, das ist dann aber ein ganz normaler Junge, der eben ein bißchen viel gesoffen hat. Natürlich gabs früher sowas nicht, schon richtig, aber dafür hatten wir damals hier die Motorradszene, die haben sich jetzt umgestellt auf rostige Westschlitten, oder unsere alten Trabis und Wartburgs. Damit markieren sie jetzt den absoluten King. Es geht schon los, wenn sie ankommen, da muß dermaßen auf die Bremse getreten werden, daß ringsum alle auf ihre Balkons stürzen. Das stößt bei den Erwachsenen natürlich auf Erbitterung. Und dieses ewige Bum-Bum aus der Disko, auch wenns gar nicht so laut ist im ersten Moment, aber es ist immer da, so wie wenn man seinen Herzschlag im Ohr hätte, das macht mich manchmal richtiggehend fertig. Aber störender noch sind die Chaoten, die mit dem Auto ankommen und das Radio voll aufgedreht haben. Wie die das aushalten, bei diesem Krach in ihren Autos rumzuhängen, das ist mir ein Rätsel. Und alles, nur weil er denkt, damit fallen die Mädels auf die Reihe.

Aber das ist nun mal so, das ist die Jugend, und hier bei uns in der Neubausiedlung isses nicht so einfach. Da sind die Hochhäuser, wo Vierraum-, Dreiraum- und Einraumwohnungen sind. Bei uns sind viele Alte, viele alte Frauen. Die sind rein als rüstige Muttis, die sich noch was zugetraut haben, so 1960, 1965. Die sind jetzt fünfundsechzig oder siebzig Jahre alt. Daß denen das Gequietsche natürlich an den Nerven zerrt... man muß sich das mal vorstellen, also die kommen an, und dann macht es: ›Iiieenn-ienn‹. Die Muttels springen aus dem Bett, denken, unten ist ein riesengroßer Unfall passiert. Und wenn sie sich grade wieder hingelegt haben, kommt schon der nächste.

Das geht übrigens so: Man zieht die Handbremse an, gibt Vollgas, läßt die Kupplung springen... Wir haben ja hier glatten Asphalt, der eignet sich ausgezeichnet. Auf dem groben gehts zwar auch, aber nach zweimal sind die Reifen blank. Und dann natürlich die Randale nachts. Mehrmals wurde schon das Haltestellenzeichen umgeknickt, die Telefonzelle abgefackelt, im Ausländerwohnheim Fenster eingeworfen und Feuer gelegt. Und dann natürlich rundherum in den Büschen... also, sagen wir mal so, Freundschaftsszenen hats bei uns früher auch gegeben, wie wir so alt waren. Ist auch passiert. Jedenfalls in Maßen, nur haben wir uns drüben im Clubhaus unter die Treppe gestellt.

Aber wir hatten ja auch noch mehr Abwechslung, und die hat uns nichts gekostet, außer den Mitgliedsbeitrag. In der einen Einrichtung hier sitzt heute ein Wessi mit seiner Spielhölle drin, die andere ist ganz geschlossen, weil die Stadt horrende Mieten verlangt. Damals hatte die FDJ-Kreisleitung das Sagen über die Jugendzentren. Die haben zu DDR-Zeiten versucht, dort reges Jugendleben zu machen, und sie haben es auch gebracht, das muß man zugeben. Die haben das gemanagt; wenn ich mich so zurückerinnere, ist man doch immer gern dagewesen und hatte seine Freunde und war zufrieden. Jedenfalls haben sie die, die damals mit dem Blauhemd da das Sagen hatten, kaltgestellt, aber es hat keiner die Verantwortung übernommen, der den Jetzigen genehmer ist. Statt dessen haben sie der ›Jungen Gemeinde‹ Geld zugeschoben. Man hat hier für ein paar Millionen Mark mitten ins sanierungsbedürftige Neubaugebiet einen Kirchentempel hineingebaut, weil sowas uns ja dringend gefehlt hat. Aus reinem Naturholz, mit bombastischer Orgel und großer Glocke, damit wecken sie uns sonntags auf. Ob das nun nötig war in dieser Jetztzeit?«

Herr Sch. legt seinen Zigarrenstummel in den Aschenbecher aus gehämmertem Messing und lehnt sich dann auf die Balkonbrüstung, um stirnrunzelnd hinunterzuschauen auf die öden Grünflächen und biertrinkenden Glatzköpfe.

*

Das von den Punks besetzte Haus liegt in der Nähe des Zentrums an einer stark befahrenen Straße. Schon von weitem hebt sich die schwer verbarrikadierte und mit Graffiti bedeckte Vorderfront von der übrigen rußgeschwärzten Häuserzeile ab. Die meisten der Altbauten hier sind trotz ihres schlechten Zustandes noch bewohnt, Geschäfte und Kneipen hingegen gibt es schon seit Jahren nicht mehr. Alte Aufschriften und eingeschlagene oder zugenagelte Schaufenster verraten noch, wo ehemals Bäcker, Fleischerei und Milchgeschäft waren.

Die Eisentür des besetzten Hauses ist fest verschlossen. Eine Klingel gibt es nicht, und hinter den unteren zugemauerten Fenstern wird uns vermutlich auch keiner hören. Ganz abgesehen davon, daß jedes menschliche Geräusch vom Verkehrslärm unerbittlich verschluckt wird. Also bleibt uns nichts übrig, als auf die andere Straßenseite zu treten, den Kopf in den Nacken zu legen und hinaufzustarren auf die Fenster der oberen Etage, bis vielleicht jemand sich zeigt, bei dem wir uns dann bemerkbar machen können. Wir haben Glück, wenig später beugt sich ein nacktes Mädchen mit grünem Schopf aus einem der Fenster. Wir rudern heftig mit den Armen. Nun hat sie uns gesehen und macht Zeichen, daß sie uns öffnen wird.

Und tatsächlich, bald ertönen hinter der Eisentür schwere Hammerschläge, das Metall bebt, dann öffnet sie sich. Ich erkläre, woher wir kommen und was uns interessiert, daraufhin streckt uns das Mädchen ihre Hand entgegen und sagt: »Kiwi. Wie der Vogel. Kommt mit rauf, aber paßt auf, hier ist alles dunkel und feucht, wir hatten einen Wasserrohrbruch.« Sie schließt die Eisentür hinter uns und schlägt die Riegel vor. Dann folgen wir ihr durch das dunkle Treppenhaus, die ächzenden Holztreppen hinauf, vorbei an offenstehenden Wohnungstüren, aus denen ein saurer, modriger Geruch weht, der aber noch übertroffen wird vom Gestank aus den Abtritten auf halber Treppe. »Das Licht ist weg, seit wir die Überschwemmung hatten, und die Scheißhäuser sind auch übergelaufen. Wir müssen mal sehn, daß wir das wieder hinkriegen«, erklärt sie uns. Weiter oben wird es heller, hier sind die Fenster nicht mehr zugemauert, sondern nur noch mit Kaninchendraht vor eventuellen Steinwürfen geschützt. Oben angekommen, balancieren wir über die am Boden liegende Wohnungstür in einen halbrenovierten Flur und werden in ein kleines, helles Zimmer geführt. »Setzt euch, ich mach mal 'nen Tee oder was«, sagt Kiwi freundlich und verschwindet.

Die Wände sind tapeziert mit Seiten aus Mickymaus-Heften. Unter dem dünnen Überzug aus Klarlack wirken die Bildchen wie lasiert. »Bitte die Fürstensuite für uns!« rufen die Panzerknacker, die gerade Onkel Dagobert beraubt haben. Aus der Ecke unter dem Fenster ertönt ein Pfiff, es raschelt und poltert. Zwischen den Obstkisten, in denen die

Bücher stehen, taucht ein braunweißes Meerschwein auf und fixiert uns mit angehobener Vorderpfote, dann macht es kehrt und verschwindet wieder.

Wir setzen uns an den mit Frühstücksgeschirr, vollen Aschenbechern und Gläsern bedeckten Tisch. Kiwi kommt mit dem Tee, der samt Bechern auch noch irgendwo Platz findet. »Das ist M., der wohnt auch hier«, erklärt sie und deutet auf einen schlaksigen Punk, der uns die Hand reicht. Als er sich setzt, öffnen sich die modisch-fusseligen Risse in seinen Jeans wie Wundmale.

G: Wie ist denn das mit den Punks hier, zählt ihr euch zur linken Szene?

Kiwi: Gar nich, nee.
G: Aber ihr habt doch auch ein politisches Selbstverständnis, nehme ich mal an.
M: Also das ist eher so die Lebensart in erster Linie, wir wollen uns nicht schon wieder einen Kopf machen ... Zu DDR-Zeiten war die Szene größer hier.
Kiwi: Sicher. Da gabs noch Diskos, wo man hingehn konnte. Jetzt, da kannste ja nirgendwo mehr hingehn, entweder ist geschlossen, zu teuer, oder es sitzen die Faschos drin.
M: Früher war das kein Problem, abends wegzugehn, da konnte man ganz entspannt rumsitzen, quatschen, spielen, Kaffee trinken.
Kiwi: Aber daß das nicht so bleibt, das war abzusehn.
M: Nee, das stimmt nicht ...
Kiwi: Ich mein, mit der Wende wars abzusehen, einiges wenigstens.
M: Das mit den Faschos nicht!
Kiwi: Da waren weniger da, vorher, und getraut haben die sich sowieso nichts, daran wär gar nicht zu denken gewesen, an das mit den Ausländern und so.
M: Also die Glatzenszene ist jetzt wahnsinnig viel größer als früher. Am Anfang wars ja noch so 'ne Jugendboombewegung, wo faktisch jeder Jugendliche mal Skinhead gewesen sein muß, sonst isser Außenseiter. Aber heute geht das schon etwas tiefer bei vielen, da gibts richtige Organisationsstrukturen. Es ist nicht mehr so einfach: ›Früher hab ich halt mein Moped gehabt, und heute muß ich 'ne Glatze haben‹.
Kiwi: Ich seh das nich ganz so. Guck mal, die Älteren, die ham jetzt plötzlich geheiratet und mächtig Kinder gekriegt. Die waren vor 'nem Jahr noch die Knallharten. Also als richtig rechts kann man die eigentlich nicht bezeichnen. Das sind für mich immer Leute gewesen, die irgendwie geil darauf sind, Randale zu machen, was zu zerstören, den Größten zu markieren.
M: Aber sie haben schon diese Anti-Ausländer-Haltung, die sie ja auch in die Tat umsetzen.

Kiwi: Gegen irgendwas muß man ja sein!
M: Nee, das ist keine Modewelle mehr, das ist schon wie eine Partei.
Kiwi: Wo sie eben hingeschubst wird, die Modewelle, da rennen die Leute hinterher. Das ist doch alles von außen gekommen, von den Medien und so, daß man die richtig ernst genommen hat, so lang, bis die es selber geglaubt haben, und dann wars zu spät.
G: Könnte man sagen, daß die Eltern der Skins eher nicht zur ehemaligen Funktionärsschicht gehörten?
M: Das ist gemischt. Alles durcheinander, das hängt von der Clique ab, also davon, wo sie wohnen.
Kiwi: In den Neubaugebieten hängen sie alle aufeinander, das ist klar. Da sind die Probleme eben größer als in so 'nem Einfamilienhaus, in dem jeder sein eigenes Zimmer hat. Aber trotzdem gibts da genauso auch Faschos. Dort wie überall. Ich war ja regelrecht schockiert ... Also früher im IOS — so heißt diese Oberschule — da waren nirgendwo Skins dabei oder welche, die rechte Anschauungen gehabt hätten. Und dann hat das plötzlich so um sich gegriffen, auch mit den Parolen überall, ich hab meine Schule nicht wiedererkannt.
M: Bei uns wars schon früher rechts an der Penne, das war sogar bekannt, da wurde nicht mal viel gemacht, solang nichts weiter war.
Kiwi: Ich bin jedenfalls froh, daß ich mit der Schule fertig bin. Jetzt mach ich grade einen Orientierungskurs, mal sehen ...
G: Seid ihr hier alle fertig mit der Schule?
M: Alle. Wir sind alle so um Zwanzig, Einundzwanzig. Schüler halten sich hier nicht lang.
Kiwi: Andre auch nicht. Es waren mal welche aus Berlin, kurz nach der Besetzung, so aus Kreuzberg, so Exil-Kreuzberger, die kamen hier gar nicht zurecht. Einige waren gleich wieder weg, andere haben noch ein bißchen ausgehalten, wahrscheinlich hatten sie was ausgefressen. Die haben unheimlich Streß gemacht, mit Anagitieren und so, laufend Diskussionen.

M: Das war nervig. Jetzt sind wir so zwischen dreißig bis fünfzig Leute manchmal, jeder hat nicht nur sein eigenes Bett, sondern auch sein eigenes Zimmer. Größere Zimmer als dieses hier sind auch dabei.«

Während M. uns Tee nachschenkt, ertönt wieder das Pfeifen des Meerschweines. Diesmal taucht es zu seinen Füßen auf, und es ist nicht alleine gekommen. Eine schlanke Ratte mit glänzendem kastanienbraunem Fell erklimmt behende M.s Hosenbein. Sie sitzt nach wenigen Sekunden bereits auf seiner Schulter und betastet das Ohrläppchen. M. schenkt weiter Tee ein, die Ratte balanciert seine schwankenden Bewegungen aus und verschwindet dann mit einem Husch im offenen Hemdkragen.

M: Wir haben hier eine Menge Probleme gehabt mit den Glatzen. Mit den Faschos und den Langhaarigen, also den Metallern — so heißen die bei uns, nennen sich nach der russischen Band Metallista, und die sind auch ganz schön rechts — mit denen haben wir ständig Streß gehabt, momentan isses besser.
G: Langhaarige Rechte? Sowas gibts im Westen nicht.
Kiwi: Lange Haare und Lederklamotten. Aber die Glatzen sind schlimmer. Nur, irgendwann hörn sie ja auf, Glatzen zu sein, dann kriegen sie Haare und Kinder und ziehn ...
M: Sich zurück.
G: Schon in frühen Jahren?
M: Ja, ja, so mit Anfang Zwanzig.
Kiwi: Na guck mal, die Glatzen hatten auch mal so ein Haus besetzt, zeitweise. Das haben die Bullen geräumt, weil die Leute auf der Straße mit Ziegelsteinen beworfen worden sind. Es kam dann raus, daß sie dort Waffen gelagert hatten und alles. Dieselben Leute sind heute teilweise ganz normal und sitzen mit Frau und Kind brav in ihrer Datsche am Wochenende.
M: Das schon, aber dann gehn sie auch und machen Wehrsport mit der alten Clique ... Jedenfalls isses momentan relativ ruhig. Wir hier hatten mit den Bullen ja nie Streß, im Gegenteil, das war ganz gut

immer, daß die so in der Nähe sind. Wenn Überfälle waren, is einer von uns schnell rübergelaufen und hat Bescheid gesagt, sie sind dann auch meistens gekommen, wenns auch zwanzig Minuten gedauert hat. Man kanns ja verstehen. Es standen manchmal 200–300 Faschos vor der Tür. Das war zur Zeit der Fußball-WM, da waren sie total aufgeputscht.

Kiwi: Das war teilweise schon richtig gefährlich. Aber wir sind dageblieben. Wohin hätten wir denn gehn sollen — nach Hause? Mein Vater hat alles über sich ergehen lassen, die politische Lage, dann die Arbeitslosigkeit, aber daß ich so eine Entwicklung mache, das hat ihn umgeworfen. So behauptet er. Für ihn sind das alles Verbrecher, die Leute, mit denen ich hier herumhänge.

M: Meine Eltern sehn es genauso. Die haben total den Anschluß verloren, sitzen nur noch zu Hause rum, gehn kaum noch raus.

Kiwi: Ich bin damals mit Siebzehn ausgezogen, er erst nach seinem achtzehnten Geburtstag...

M: Ich war ja schon vorher kaum noch zu Hause...

Kiwi: Mein Vater hat gesagt: ›Wenn du jetzt gehst, brauchst du gar nicht mehr wiederkommen, überlegs dir also gut.‹ Ich habs gut überlegt und bin gegangen. Ich bin auf Demos mitgegangen, die waren so groß, daß ich gar nicht verstanden habe, was die Leute vorn sagen. Trotzdem fingen alle an zu jubeln. Ich hab mich immer nur gewundert, warum jubeln die, die sehn doch gar nichts und verstehn genausowenig wie ich, na also, das war eben die Stimmung, die hat jeden mitgerissen.

Die Ratte erklimmt unvermutet den Tisch, tritt sacht zwischen Tellern und Tassen hindurch, richtet sich auf und schnuppert mit bebenden Barthaaren in meine Richtung. Wenig später sitzt sie bereits auf meinem Knie, und nun beginnt eine detaillierte Untersuchung. Sie verschwindet in meinem Ärmel und kommt am Hals wieder raus. Es kitzelt kaum, so vorsichtig setzt sie die Füße auf. Die Recherche kennt kein Tabu.

Deutsche Bräuche

Kiwi: 'Ne Weile waren wir sowas wie die Lieblingskinder der Kirche, die wollten sich um uns kümmern ...
M: Ja, sie sagten: ›Wir haben ein Projekt vor, da sollen alle teilnehmen, vom Anarchisten bis zum Hooligan‹, es sollte sogar 'ne Art Disko aufgemacht werden später, eine Woche Konzerte für Punks, eine Woche für Skins. Ich mein, das konnte ja nichts werden, da gibts immer Streß bei sowas.
Kiwi: Dabei, das ist heute fast vergessen, war man ja teilweise mit denselben Leuten früher in der Krippe ...
M: Das müßt ihr nämlich wissen, bei uns in der DDR sind alle in den Kindereinrichtungen aufgewachsen.
Kiwi: 95 Prozent.
G: Würdet ihr lieber in der Familie aufgewachsen sein?
M: Nee, ich glaube, so wars schon gut.
Kiwi: Bedeutend besser! Man lernt viel mehr und viel besser Menschen einschätzen. Du mußt ja gleich von Anfang an mit einer größeren Gruppe anderer Menschen auskommen. Du lernst, wie du dich wehren mußt, und du lernst, Kompromisse zu machen.
G: Die Skins habens anscheinend nicht gelernt.
Kiwi: Doch, doch, das funktioniert ja bestens in der Gruppe, nur nach außen schlagen sie dann das Feindbild ...
G: Dann ist es vielleicht so, daß die persönliche Schwäche grade darin besteht, daß man sich nur über die starke Gruppe identifizieren kann, gewohnheitsmäßig?
M: Ja, ja, wir haben hier alle dieses Problem und die Angst, plötzlich alleine dazustehen.
Kiwi: Darüber hab ich noch gar nicht nachgedacht, das ist für uns so selbstverständlich gewesen. Wenn die Eltern rollende Schicht machen mit Nachtschicht und so, dann sind die Kinder eben die ganze Woche im Kindergarten.
G: Auch über Nacht?
Kiwi: Seltener, nur wenn die Eltern auf Montage sind oder sowas. Ich z. B. bin früh mit meinem Vater aufgestanden, immer so um fünfe. Das war ein bißchen stressig ...
M: Ich mit meiner Mutter um sechse ...

Hinter dem Kaninchendraht

Kiwi: Dann in die Krippe, später in den Kindergarten, und dann am Nachmittag, so um dreie oder viere wird abgeholt. Da hatte man oftmals nicht mal Lust mitzugehen, weil man ein Spiel noch nicht fertig hatte.
M: Manche sind auch schon allein nach Hause gegangen.

Die Ratte hat ihre Expedition auf mir beendet und ist zu Kiwi übergesprungen.

G: Und wie war das, hattet ihr über mehrere Jahre dieselbe ›Tante‹ oder wie auch immer ...
Kiwi: Da waren zwei, drei Erzieherinnen im Kindergarten — wenn du da reinkommst in die erste Gruppe. Das ist wie in der Schule, die Klassenzüge. Erste Gruppe, zweite Gruppe, dritte Gruppe ...
M: Bei uns wars kleine Gruppe, Mittelgruppe, große Gruppe.
Kiwi: Da war man dann ganz stolz, wenn man in die nächsthöhere Gruppe aufrückte. Die Erzieherin hat man meistens behalten.
M: Sie macht halt immer die drei Gruppen durch und fängt dann wieder von vorne an, bis sie alt ist.
G: Und die Eltern, sind die eher Randfiguren im Kinderleben?
M: Eigentlich wieder nicht. Man ist ja das ganze Wochenende mit denen zusammen, man ißt ihr Essen, geht mit ihnen schwimmen ...
Kiwi: Sonst haben wir ja mit der Gruppe gegessen. Da gabs 'ne Großküche, von der wurden die Kübel gebracht, so Isolierkübel.
M: Manche hatten auch 'ne eigene Küche, das waren die Einrichtungen, wo Kindergarten und Krippe in einem Komplex sind. Manche Kinder, die kriegen ja auch spezielle Diäten und sowas ...
G: Und ideologisch?
Kiwi: Ach, es ging. Da haste halt gelernt, daß wir hier ein Arbeiter- und Bauernstaat sind und wie gut das ist für alle. Jeder hat seine Arbeit und sein Brot ...
M: Unser Kindergarten hieß ›Lilo Herrmann‹; und so haben wir gelernt, wer Lilo Herrmann war.

Deutsche Bräuche

G: Wer war denn Lilo Herrmann?
M: Na, die Lilo Herrmann war 1935 verhaftet worden, weil sie Informationen über die Aufrüstung in den Süddeutschen Flugzeugwerken für die KPD in die Schweiz weitergeleitet hatte, damit die Öffentlichkeit davon erfährt. Jedenfalls hat die Gestapo ihr neugeborenes Kind beim Verhör in den Nebenraum gebracht, und da hat man sie dann zu Aussagen zwingen wollen, mit der Drohung, dem Kind was zuleide zu tun. Aber sie hat nichts ausgesagt, achtzehn Monate lang. Dann ist sie in Plötzensee hingerichtet worden. Sie war die erste zum Tode verurteilte Frau damals. Also wenn wir Lilo Herrman hörten, dann hatten wir schon die Schnauze voll.
Kiwi: An sich isse ja eine Rabenmutter gewesen, na egal, jedenfalls gabs auch Kindergärten, die hießen ›Hänsel und Gretel‹, ›Struppi‹ oder ›Sandmännchen‹, so wie meiner. Zur Abschlußfeier haben sie uns Zuckertüten angehängt, so kleine, wir mußten Fragen beantworten wie z. B.: ›Wie heißt unser Erster Vorsitzender?‹ und waren stolz auf unsere richtigen Antworten.

Für Recht und Gesetz. Ansichten eines jungen Mannes zum Schußwaffengebrauch

Tief in Sachsen, dort, wo zu Anfang des Jahrhunderts Baumwollspinnereien, Tuchwebereien, Seilereien und Maschinenbaufabriken wie Pilze aus dem Boden wuchsen, wo der Kapitalist seinen Profit und der Arbeiter seinen Lohn nach Hause trug, sitzt zum Ende des Jahrhunderts ein junger Arbeitsloser am Stausee und angelt. Laub treibt im Wasser vorbei, es regnet kaum spürbar. Früher entnahm die umliegende Textilindustrie ihr Brauchwasser aus diesem See, seit ihrer Schließung 1991/92 erholen sich Wasser und Fischbestand.

Haken und Köder fliegen dahin, reibungslos surrend rollt sich die Angeschnur ab. Der Angler befestigt die Rute im Köcher, zündet sich eine Zigarette an und schlägt den Kragen hoch.

»Sowas gabs natürlich bei uns nicht«, sagt er und tippt auf die Angel, »aber sonst ... Ich bin arbeitslos, fast alle hier in der Gegend sind arbeitslos, sowas gabs bei uns auch nicht! Seit vier Jahren geht nichts weiter. Zweimal hab ich meinen Antrag auf Arbeitslosengeld hier abgegeben, zweimal haben sie ihn verschludert. Das drittemal hab ich ihn selbst aufs Amt gebracht. Zwei Monate nichts, kein Geld. Das kümmert keinen. Dann kam was, das war aber falsch berechnet, und jetzt bearbeiten sie's immer noch. Genauso ist es mit dem Wohngeldantrag. Das dauert Monate. Wenn jemand die Miete nicht zahlen kann derweil, sieht er schnell schlecht aus. Und dann dieses Papier und jenes, man braucht eine Bescheinigung von der Polizei, das liegt ja alles entgegengesetzt. Da haben Sie lange Wege und Wartezeiten, leicht vergeht ein Tag für so ein Stück Papier, und das nur, damit es in die Akte gelegt werden kann. Sowas ist doch Wahnsinn. Und wissen Sie was, das können Sie ruhig mal schreiben, auf dem Arbeitsamt und überall, da sitzen die alten Genossen drin.

Deutsche Bräuche

Die haben ihren Arsch ins trockene gebracht, und uns lassen sie antreten mit Unterlagen. Die gehören alle an die Wand gestellt. Meine Meinung!

Ich mache ja jetzt Umschulung. Geh an sich jeden Tag auf Arbeit, so gesehen, aber Lohn gibts nicht, mein bißchen Geld zahlt das Arbeitsamt. Das Benzin geht ab, Strom, Zigaretten, mal ein Bier, schon ist man pleite. Ich wohn ja zum Glück noch bei den Eltern. Aber viel haben die auch nicht. Der Vater ist im Vorruhestand und hat Ärger wegen Arbeitsstunden, die er nicht nachweisen kann. Hat bei Bauern gearbeitet, früher mal, die existieren nicht mehr, wie soll er's da nachweisen? Der Mutter fehlen auch Zeiten, in denen sie zu Hause war, das gilt ja nicht.

Jetzt schule ich um auf Klempner. Gelernt hab ich an sich Koch. Das war auch schon nichts, die Großküche hat zugemacht damals nach der Wende, dann habe ich umgelernt auf Kesselwärter, aber die Bude ham sie auch geschlossen. Ich habe sogar eine Zeitlang gearbeitet als selbständiger Unternehmer für eine westdeutsche Speditionsfirma. Das waren vielleicht Verbrecher! Die lebten nur davon, anderen betrügerisch das Geld aus der Tasche zu ziehen. Das ging so: Ich kaufe von denen einen Transporter mit Hänger. Dafür nehme ich einen Kredit auf von 46000 Mark, und meine Eltern bürgen für mich mit ihrem Häuschen bei der Bank. Mit diesem Transporter sollte ich also Speditionsaufträge ausführen; die Firma hatte sich vertraglich verpflichtet, mir solche Aufträge zu beschaffen. Ich hab auch welche bekommen, aber fragen Sie nicht ... die warn so schlecht bezahlt, daß es grade mal für die Unkosten gereicht hat. Ein paarmal kam ich irgendwo an, da war der Auftrag schon weg, und sie sagten: ›Wer zuerst kommt, mahlt zuerst!‹, da hatten die also den Auftrag mehrfach vergeben. Bis nach Hamburg rauf bin ich gefahren, ohne daß dort ein Auftrag war. Das möchte leicht sein, daß man da einen Haß empfindet. Mit uns Ossis kann mans ja machen.

Na, und nun wollte die Bank natürlich ihr Geld haben von mir, und ich hatte keins. Also wollte ich das Auto zurückgeben an die Firma, aber die sagten nur: ›Guter Mann, so läuft das bei uns nicht, wir sind doch kein Gebrauchtwagenhandel.‹ Dann hab ich mit jemand Privatem, von uns hier, einen Überlassungsvertrag gemacht, der konnte dann aber auch nicht zahlen, weil er gleich pleite ging, der Kredit war auch noch nicht überschrieben, also ist der Wagen weg, das Geld ist weg, und den Kredit habe ich am Halse. 50000 Mark Schulden. Die Bank hats mir erst mal gestundet. Und das alles, weil ich damals zu dieser Veranstaltung gegangen bin. Die machen das nämlich so bei dieser Firma, sie bieten auf Werbeveranstaltungen diese angeblich einmalige Chance an, für wenig Einsatz selbständiger Unternehmer zu werden. Das eigentliche Geschäft aber machen sie mit dem Verkauf der Transporter. Sie verkaufen die Fahrzeuge teilweise bis 10000 Mark über Wert und sagen, da ist die Vermittlung der Speditionsaufträge gleich mit drin. Wer soll denn da drauf kommen, daß man Ihnen nur einen Transporter und einen Hänger andrehen will? Mir sagten sie damals noch ganz freundlich: ›Für Sie ham wir eine Strecke Rostock-München aufgebaut, und zwischendurch können Sie auch mal nach Mailand runter. Günstig wärs, wenn Sie gleich anfangen könnten, sonst springen uns die Kunden ab.‹ Ja, wer würde da zögern? Für eine kurze Zeit bin ich also selbständiger Unternehmer gewesen mit einem Fuhrgeschäft. Wie das klingt!

Ich bin dann zum Sozialamt, jetzt war ich ja Bettler, und habe die Sache geschildert. Aber das interessiert ja keinen, ob man ein Opfer von Betrügern ist ... im Gegenteil, mich selbst betrachtet man mit Mißtrauen. Wenn noch Eltern nachweisbar sind, muß man denen ihr Sparbuch mitbringen. Aber den Ausländern stecken sie's hinten und vorne rein! Ich will Ihnen mal was sagen, die Gesetze in Deutschland müssen geändert werden! Ich bin für Recht und Gesetz, aber es soll sein wie in Amerika. Jeder Bürger soll sich selbst mit einer Waffe schützen. Die Waffen werden registriert, und wer einen Mord damit begeht — Todesstrafe! Genauso für Vergewaltigung. Dann funktioniert das. Guckense mal, wenn hier beispielsweise ein paar Jungs Randale machen oder Autos aufbrechen, dann nimmt die Polizei sie vielleicht fest für 'ne halbe Stunde, dann läßt man sie wieder laufen. Sowas kam doch in den Jugendwerkhof früher. Es gibt keine Ruhe und Ordnung mehr seit der Wende.

Deutsche Bräuche

Wenn ich hier beispielsweise im Auto schlafe nachts, und es kommen welche und schlagen mir die Scheibe ein, bedrohen mich — wenn ich auf die schieße, sperrt man mich ein wegen unerlaubtem Waffenbesitz, Mordversuch, was weiß ich. Genauso mit dem Grundstück, was nutzt mir denn ein Grundstück — ich mach 'nen Zaun drum, alles —, kommt einer, steigt da drüber, bricht sich was, dann bin ich haftbar zu machen. Oder zu Hause, wenn ich meine ganze Wohnung unter Starkstrom setzte, dann ist das auch verboten, kommt ein Einbrecher da zu Schaden, dann bin ich dran.

Aber die Großen aus dem Westen, z. B. der Massa-Markt, die kommen her, stellen einen riesigen Supermarkt aus Blech auf die grüne Wiese, lassen die Verkäuferinnen und Lagerarbeiter für ein Butterbrot für sich schuften, machen ein paar Monate lang Kasse, bauen ab und verkrümeln sich wieder, das ist erlaubt?! Oder mein Betrieb jetzt, da kriegt er 21 000 Mark, nur dafür, daß er mich umschult. Demnächst soll ich nun drüben im Westen arbeiten, angeblich weil sie hier nicht die richtigen Maschinen haben, die Wahrheit aber ist, sie setzen uns drüben als billige Arbeitskräfte ein, verkaufen uns, wir machen für die die Arbeit, und sie kassieren für jeden von uns erst mal die 21 000 Mark vom Arbeitsamt ab, und dann noch drüben vom Auftraggeber. Löhne sehn wir keine, wir kriegen unser Geld vom Arbeitsamt. Ist das in Ordnung? Finden Sie sowas gerecht? Aber wenn ich fünf Minuten zu spät zur Arbeit komme, dann sagen sie: ›Mein Junge, die alten Zeiten sind vorbei, wenn du nicht arbeiten willst oder nicht kannst, bitte schön, vor meiner Tür stehn sie Schlange, den nächstbesten Mann brauch ich mir nur nehmen!‹ Da kommt Verbitterung auf, das können Sie vielleicht verstehen. Wenn Sie dann noch in die Kantine reinkommen und für Viermarkfünfzig einen Teller Spaghetti ohne alles kaufen sollen, dann explodieren Sie regelrecht, da könnte ich dann schon eine Schußwaffe ziehen und wumm ... den Pächter, die Küchenfrauen, den Vorarbeiter, die Kollegen ... Da kann jeder seine Wucherpreise machen, wie er will, und alle machen mit. Die kochen den Dreck zusammen, die servieren ihn, wir fressen ihn!

Oder auch draußen, da gibts Ortschaften, die sind am Arsch der Welt. Da hatten sie früher ihren kleinen HO-Laden, alles. Davon ist nichts mehr übrig heute, nu fahrn sie mit solchen Verkaufswagen herum jetzt, zweimal die Woche. Die verlangen Höchstpreise für den letzten Mist, weil sie genau wissen, es sind nur noch die Alten dorten, die haben kein Fahrzeug, haben ihre Renten gespart und müssen das Zeug kaufen. Ist das in Ordnung, soll das Recht sein?

Die stecken alle unter einer Decke; Beispiel: der Autohandel und der TÜV. Plötzlich werden rundum Mängel an Trabis beanstandet, die allesamt sehr teuer sind. Man soll nun überlegen, daß es besser ist, das Geld lieber gleich in einen Neuwagen zu stecken. Dabei, bedenken Sie mal, wie lang meine Eltern ham warten müssen auf das Fahrzeug, und der ist ja absolut noch wie neu. Aber nee, sie wollen nur die Trabis von der Straße haben, weils angeblich solche Dreckschleudern sind.

Aber um die wichtigen Sachen, da kümmern sie sich nicht, wie beispielsweise ums Altöl, das in die Landschaft gekippt wird. Das kann ich Ihnen zeigen, ich führ Sie hin, die Grube ist randvoll, bis obenhin. Stammt alles von Minol. Die dachten wohl, es liegt so versteckt, daß ihnen niemand drauf kommt. Wenns mal tüchtig regnet, dann läuft das Zeug die Wiese runter, und nicht weit davon liegt ein Tiefenbrunnen im Wald, von dem Trinkwasser entnommen wird. Sie ham jetzt Stacheldraht drumgemacht, aber wenn man einen Stein hinten reinschmeißt, ist zu sehn, wie's hochspritzt. Fässer haben sie auch draufgemacht, die sind mit Ketten verbunden. Das soll verhindern, daß die ganzen Zugvögel, die nach Süden fliegen, Gänse, Wildenten und sowas, dort landen. Was da vorher Viecher ersoffen sind, können Sie sich vorstellen. Weil — von der Luft her sehen Sie ja nichts, das Wasser schwimmt ja auf dem Öl obendrauf, und wenn Sie da landen, dann isses schon zu spät, das kriegen Sie nie mehr aus dem Gefieder... Aber darum kümmern sich jetzt ganz aktiv die Umweltschützer. Nur, die Verantwortlichen, die müssen sich keinen Kopf machen, bestraft wird von denen keiner.

Sowas gabs bei uns früher nicht, höchstens bei den Russen, was man so hört. Überhaupt hat sich alles vollkommen geändert. Auch die Leute haben sich verändert, niemand ist mehr so wie früher. Das merkt man sogar am Zeltplatz vorne. Da haben welche den ganzen Sommer über nebeneinander gesessen und haben sich nichts mehr zu sagen gehabt. Früher hat man sie den ganzen Tag miteinander quatschen sehen. Da gibts ja Leute, die haben seit Jahren einen fixen Stellplatz für ihren Wohnwagen oder ihr Zelt, kommen teilweise jetzt noch am Wochenende, aber sie haben sich verändert. Die, die Geld haben, erkennt man heute gleich an ihrem Verhalten. Jetze denkt jeder nur noch an sein eigenes Wohlergehen, und mittlerweile... Ei, da hat doch einer angebissen, nee sowas!« ruft der junge Mann und kurbelt wild, um die Beute schnellstens an Land zu holen. Und schon liegt ein glänzender Fisch mit bebenden Kiemen in seiner Hand. Im aufgerissenen Maul windet sich der Köderwurm am Haken. Mit einer plötzlichen, schnellenden Bewegung versucht das Tier vergeblich, der Hand zu entgleiten, dann scheint es zu kapitulieren. Die roten Augen und Flossen bleiben reglos, als der Angler grob den Widerhaken aus dem Fischmund dreht.

»Das ist eine Plötze, oder man sagt auch Rotauge«, erklärt der junge Mann und wirft den Fisch in den wassergefüllten Plastikkanister. Während er einen zappelnden Regenwurm wie einen Strumpf über den Angelhaken zieht, spricht er ruhig weiter: »Ich habe mich nu ja auch zurückgezogen, bin fast jedes Wochenende hier draußen und habe meinen Frieden. Was sich da oft abspielt, Samstag/Sonntag, das ist ganz schön kraß. Wir haben bei uns ja nun auch diese Glatzköpfe rumrennen mit der Bierbüchse in der Hand. Das sind doch Verbrecher, wie die sich aufführen. Gut, ich bin auch nicht dafür, daß die ganzen Ausländer hier in Deutschland rumhopsen, aber deshalb kann ich doch nicht hingehn und die Telefonzellen in Brand stecken oder in die Kaufhalle einbrechen! Früher wärs doch gleich abgegangen mit denen auf die Wache, aber heute schleicht sich der ehemalige Parteisekretär durch den Hintereingang in sein Haus. Und die Polizei? Fehlanzeige! Die steckt den Kopf in den Sand. Man läßt die lieber in Ruhe randalieren, so lange, bis niemand denen mehr Einhalt gebieten kann. Mit mir nicht! Ich hab mir 'ne Wumme besorgt. Ich bin für den Schußwaffengebrauch in der eigenen Wohnung. Wenn sich die Bürger bewaffnen könnten gegen diese Banden von Rechten, Linken und Ausländern, dann hätten wir schnell wieder Ruhe und Frieden in unserem Lande.

In medias res. Ein Amtsarzt erzählt

Als ich ihn telefonisch um einen Gesprächstermin bat, schlug er mir, ohne Umstände zu machen, sofort ein Treffen am nächsten Morgen um acht Uhr vor.

Nun stehe ich vor der weißlackierten Tür mit der Aufschrift AMTSARZT und habe bereits dreimal geklopft. Gerade als ich mich entschließe, ins Café an der Ecke zu gehen, wird geöffnet. Eine ältere Frau in weißem Kittel bittet mich einzutreten und sagt entschuldigend: »Wenn der Kopierer an ist, hört man immer nichts. Der Herr Doktor erwartet Sie schon, gehn Sie nur rein.«

Im Gegensatz zum Vorzimmer, in dem alles eierschalenfarben ist, passend zu Schreibcomputer, Telefonanlage, Kopierer und Fax, herrschen im Raum des Amtsarztes die dunkleren Farbtöne altmodischer Möblierung vor. Neben dem Bücherschrank steht die unverwüstliche DDR-Einheitssitzgruppe mit Blumenväschen auf dem Tisch. Darüber an der Wand hängt, als einzig sichtbares Zeichen veränderter Verhältnisse, ein großformatiger Kunstdruckkalender; Werbepräsent eines Pharmakonzerns. Die vergilbte Portraitfotografie von Albert Schweitzer allerdings wirkt auch nicht so recht dazugehörig. Hinter dem mit Papieren und Akten überladenen Schreibtisch sitzt ein rundlicher Mann Ende Fünfzig. Er hat schütteres Haar, trägt ein hellblaues Sommerhemd und blättert in seinen Unterlagen.

»Sie sind also der Amtsarzt«, sage ich. Er steht auf, schaut mich über den Rand seiner Brille hinweg an, reicht mir die Hand und erwidert lächelnd: »Ich bin der Amtsarzt.« Dann bittet er mich, Platz zu nehmen. Die Helferin im weißen Kittel bringt Kaffee. Er blättert weiter und erklärt: »Ich wollte Ihnen eigentlich was raussuchen, finde es aber momentan nicht. Sie müssen wissen, daß alle Fragen des öffentlichen Gesundheitswesens in die Länderkompetenz fallen, da gibts kein einheitliches Bundesrecht, bzw. es gibt schon eins, das ist von 1934/35 ...« Er hustet. »Und das ist noch rechtskräftig?« frage ich. Er hebt einen Stapel Akten hoch, läßt ihn wieder sinken und antwortet: »Ja, ja, es gibt nur einige Länder der Bundesrepublik, in denen es nicht gilt, z. B. in Sachsen, Berlin, Niedersachsen, Bayern, sonst arbeiten sie alle nach diesen hochveralteten Gesetzen ... ich hatte es doch hier hingelegt gehabt, nun find ichs nicht ... das ist nämlich interessant, wie unterschiedlich das von Land zu Land geregelt ist. Was für Berlin Rechtens ist, kann in Schleswig-Holstein ein Gesetzesbruch sein. Interessant ist auch der geschichtliche Aspekt. Das öffentliche Gesundheitswesen reicht ja bis ins 15. Jahrhundert zurück bei uns, bis zum Erlaß von Kaiser Sigismund, der auf dem Reichstag dafür den Grundstein gelegt hat, mit der Seuchenverordnung fürs Trinkwasser und die Abfallbeseitigung und auch mit der Armenfürsorge. Im Kern ist das alles bis heute erhalten geblieben. Das ist eine hübsche Geschichte ... Aber ich find sie nicht; da hab ich nämlich einen Vorruheständler, einen Verwaltungsfachmann, der langweilt sich zu Hause und hat mir das alles zusammengestellt, so eine geschichtsvergleichende und rechtsvergleichende Darstellung, wunderbar. Am Anfang mußte ich ja ständig in den einzelnen Ländergesetzen nachblättern ...« Er gibt nun die Suche auf, schenkt uns Kaffee ein und läßt sich mir gegenüber auf einem Sessel nieder. »Und Sie, was haben Sie vor der Wende gemacht, waren Sie da auch schon Amtsarzt?« frage ich. Er blickt mich wieder über die Brille hinweg an und sagt zögernd: »Nein, war ich nicht ... Das ist eine etwas komplizierte Geschichte mit mir ...« Ich ermuntere ihn: »Erzählen Sie mir die Geschichte.« Er protestiert ein wenig: »Ach, das interessiert doch niemanden ...« »Wir werden sehen«, sage ich, und er beginnt:

»Die Sache war so, an sich wollte ich Theologe werden. Bin Jahrgang 35. Nach dem Krieg hab ich erst mal die Tischlerei gelernt, denn wir waren vier Kinder zu Hause, meine Mutter war krank, und der Vater kam aus dem Krieg nicht zurück. Also hab ich diese Lehre gemacht, von 50–53 und dann bis 58 als Tischler gearbeitet. Zwischendurch hab ich auf der Abendschule in vier Halbjahreskursen das Abitur nachgemacht. Und als ich dann soweit war, hab ich doch nicht Theologie studiert, sondern Medizin. Da war ich dreiundzwanzig Jahre alt. Bis 1964 hab ich studiert. Damals wurden ja viele Ärzte gebraucht, es herrschte akuter Ärztemangel bei uns, ganze Massen sind ja in die Bundesrepublik rübergegangen ... Mittlerweile hatte ich Kind und Frau und wollte Hautarzt werden, bekam aber keine Wohnung. Da wurde damals die Stelle des Hygienearztes frei. Das wollte von den Kollegen keiner machen, also habe ich mich gemeldet. Ich machte eine Facharztausbildung als Hygienearzt, das war Lebensmittelüberwachung, Seuchenhygiene und Kommunalhygiene. So wurde ich Kreishygienearzt, hier in dieser Stadt ... und dann kam es zum politischen Eklat mit mir, 1977.

Ich hatte mich um Schutzimpfung, Seuchenbekämpfung, Wasser- und Abwasserhygiene zu kümmern; es gehörte auch noch ein großer Teil von dem dazu, was heute die Umweltschutzämter machen. Ich hatte einiges erreicht in der kommunalen Hygiene, mit Fernwärme, Abwasser usw., aber als Hygieniker ruft man immer leicht Ärger hervor, weil man ja auch die Durchsetzung der Verbesserung betreiben muß. Ich biß auf Granit. Wissen Sie, wenn man hinterm Schreibtisch sitzt, juristische Fragen erörtert, Sachverhalte begutachtet, und man weiß — alles, was wirklich wichtig wäre, geht nicht, scheitert an der Ignoranz der Herren dort oben, dann verliert man die Lust. Dafür habe ich mich nicht abgemüht. Ich war die ständigen Auseinandersetzungen mit dem Ersten Sekretär leid. Da hab ich mich abgesetzt, bin Betriebsarzt geworden und habe die Qualifikation nachgemacht.

Im Karl-Marx-Werk, das war ein Metall-Leichtbau-Kombinat, habe ich wieder Freude an meinem Beruf bekommen. Dort wollte ich bleiben und als Betriebsarzt sterben. Ich war nicht nur Arbeitsmediziner, ich habe die Leute auch behandelt ... Ach, das war schön, da gabs hervorragende Arbeitsbedingungen. Sofort hab ich 'ne Wohnung gekriegt, für mich und die zwei Kinder, die Frau blieb ja hier, aber diesen Teil der Geschichte möchte ich gerne aussparen, jedenfalls war das Berufliche nicht weiter problematisch. Ich hab dann als Arbeitsmediziner und Praktiker gewirkt bis 1989. Dann brach ja die ganze Geschichte zusammen, und ringsum die ganzen Großbetriebe hat man mit der Zeit dann auch liquidiert. Da war auch kein Wohngebiet, in dem ich hätte eine Praxis aufmachen können, mal abgesehen vom Geld, das ich sowieso nicht hatte. Wo hätte ich meine Patienten mit hinnehmen sollen, und was heißt schon *meine?* Also bin ich nach Karl-Marx-Stadt und habe mich dort erst mal um ein öffentliches Amt beworben, weil ich ja ausgebildeter Hygieniker war. Der Erfolg: Man sagte mir am Ende ab, die eigenen Leute mußten natürlich untergebracht werden.

Ich hab dann hierher geschrieben, und plötzlich sagt man mir: ›Ja, du kannst bei uns anfangen.‹ Weshalb ausgerechnet ich, das weiß ich nicht, es soll viele Bewerber gegeben haben, auch jüngere.

Und da habe ich dann hier angefangen, im Dezember 1990, als Amtsarzt, und hatte mit ganz neuen Strukturen zu tun. Ständig gibts was Neues. Die Lebensmittelüberwachung gehört nicht mehr zu mir, aber die Abfall- und Deponiefragen sind geblieben, hygienische Überwachung bestimmter Objekte auch. Na, und Gutachten spielen ja jetzt eine Riesenrolle, alles wird amtlich begutachtet — Leute, die Lastwagen fahren wollen, Taxi; Leute, die Kinder adoptieren wollen usw., und was noch dazukam, ist die öffentliche Psychiatrie. Ich habe gleich einen erfahrenen Psychiater an meine Seite genommen, obwohl ich ja damals sechs Monate lang Psychiatrie gemacht hatte in der Zusatzausbildung. Aber ein Fachmann ist besser, bei der vielen Gutachterarbeit, die hier geleistet werden muß.«

Ich nutze die Lücke und frage: »Was halten Sie eigentlich heute vom Gesundheitssystem der DDR?

Er wiegt den Kopf und denkt einen Moment nach:

»Na, ich wills mal so sagen, es war nicht das schlechteste. Es hat zweifellos seine Schwachstellen gehabt, die darf man nicht übersehen oder beschwichtigen. Ich bin mal von einer Ärztezeitung gefragt worden, was mir so als Betriebsarzt nicht gefallen hat... Also das war so: Ich konnte die Leute zwar krank schreiben, aber das war schon alles. Ich hatte z. B. keinen Zugang zur Gemeindeschwester, wenn es den Leuten mal wirklich schlechtging. Es war oft so, daß Betriebsangehörige, die 20–30 Jahre schon da waren, regelmäßig als Patienten auftauchten. Man hatte ein richtiges Arzt-Patientenverhältnis. Aber wenn da mal einer Krebs bekam und damit ausschied, und der wollte von seinem vertrauten Arzt weiterbehandelt werden, dann ging das nicht. Weiterführende menschliche Verbindungen berücksichtigte die Bürokratie nicht. Wir haben uns natürlich weiter um die Leute gekümmert. Auf eigene Kappe saß man bei denen Feierabend zu Hause, oder am Bett im Krankenhaus. Man bringt es ja nicht übers Herz, den Betreffenden einfach so sitzenzulassen in seiner Verzweiflung, nur weil die Struktur es so vorschreibt und die Arbeitszeitplanung dafür keine Sekunde zubilligt. Auch die andern Kollegen haben das so gemacht, wir alle hatten unsere alten Patienten, zu denen man, bis zum Augenzudrücken sozusagen, nach Hause gegangen ist. Solche Sachen waren eben nicht eingeplant bzw. anders geplant, und dann eben überhaupt immer der Ärger, wenn man eigene Gedanken verwirklichen wollte.

Na, und was nun das neue System betrifft, es ist natürlich ganz anderen Prinzipien verpflichtet ... und letztlich wars ja unser politischer Wille, der da in den Einigungsvertrag eingegangen ist und der uns dazu gebracht hat, die alten Strukturen abzuschaffen, dazu gehört eben auch das Gesundheitswesen. Es stand nie zur Debatte, welches das bessere ist, was man voneinander vielleicht übernehmen könnte, was sich bewähren würde im sozialen Leben. Daß das jetzt teuer wird, was man uns vorschreibt, war vorauszusehen. Aber ich sage Ihnen eins, Sie und vielleicht sogar auch ich, werden es noch erleben, daß die EG aus rein ökonomischen Gründen die Zahl der Ärzte limitieren und die Leistungen konzentrieren wird. Daß Ärzte ihre Leistungen wie Unternehmer anbieten, führt ja zwangsläufig zu Mißverständnissen über das, was Gesundheitsfürsorge zu leisten hat. Das System ist nicht nur zu teuer, es ist auch ineffizient, trotz großer Fortschritte in der medizinischen Wissenschaft und Technik. Aber nebenbei bemerkt, das war auch in unseren

Polikliniken so, daß man zu wenig Zeit hatte für den Patienten, trotz oder wegen der vielen hilfreichen Apparaturen, hauptsächlich aber, weil es immer an Ärzten mangelte.

Und sehn Sie mal, noch was macht mir Kopfzerbrechen: Zahlen, aus denen man sich wirklich ein Bild machen könnte, gibt es heute so wenig wie früher. Selbstmordrate, beispielsweise. Die wurde früher unter Verschluß gehalten, und heute läßt sichs auch nur über den Daumen peilen. Später stellt man dann fest, es gab große wissenschaftliche Arbeiten, die nicht veröffentlicht wurden. Wir haben z. B. heute den Eindruck, daß nervliche Störungen mit Krankheitscharakter stark zunehmen. Die Patienten kommen zu uns mit ganz spezifischen Symptomen, und wenn sie dann ihr Herz ausschütten, ist es immer das gleiche: Arbeitslosigkeit, keine Zukunftsvorstellungen, persönliche Probleme, Angst ... in der Regel haben sie ganz tiefe Depressionen ... und so ist es ja mehr oder weniger bei uns in jeder Stadt. Aber auch hier können wir keinerlei verbindliche Aussagen machen. Dabei gehören solche Sachen doch aufgeklärt, wie die seelischen Störungen durch die politische Gesellschaft und die materiellen Veränderungen sich auswirken. Aber will man das? — Im Grunde ist es ganz ähnlich wie früher, durch die Kassenabrechnung. Die Kassen rücken ihre Diagnosezahlen natürlich nicht raus, auch nicht an die Ärzte, das ist in ganz Deutschland so. Da können Sie nur anhand von Stichprobenuntersuchungen hochrechnen, aber das ist ja nicht beweiskräftig. Heute ist da jeder übervorsichtig, weil man aus Datenschutzgründen belangt werden kann.«

G: »Gabs eigentlich in der DDR eine Art Krebsatlas?«

A: »Und ob! Das Krebsregister war eins der vorzüglichsten der Welt. Jeder Krebskranke ist da aufgeführt worden. Heute brauchen Sie ja die Zustimmung des Kranken. So ein Register, wenn es richtig anwandt würde, könnte eine Menge Nutzen stiften. Man wüßte, welche Arzneimittel gut wirken, aber auch Art und Anzahl der berufsbedingten Krebserkrankungen. Und die, muß ich sagen, wurden früher zwar ganz genau verzeichnet, dann aber unter Verschluß gehalten. Ich sage nur Wismut Uranbergbau. Aber wie ich höre, hat der

Arbeiter im Westen auch ziemliche Probleme, seine Berufskrankheit als solche anerkannt zu bekommen?!

Um noch mal auf die Depressionen zurückzukommen, ich bin damit nicht nur hier im Amt konfrontiert, sondern auch im Bekanntenkreis. Gestern abend rief mich eine Kollegin an, Zahnärztin, und sie sagt: ›Mir gehts einfach dreckig.‹ Die ist, genau wie ich, auch schon zu alt, um sich selbständig zu machen.

Sie war Betriebsärztin bei der Reichsbahn. Immer guter Dinge, jetzt ist ihr Zustand erschütternd. Sie sagte: ›Ich bin promovierte Zahnärztin, über fünfzig jetzt, und ich beneide den Straßenbahnschaffner um seine Arbeit, um seinen Kontakt zu den Menschen, ich beobachte ihn sehnsüchtig, wenn ich mal in die Stadt fahre. Ich hab meine ganzen sozialen Zusammenhänge und Kontakte verloren, kümmere mich nur noch um Haushaltskram. Ich komme mir vor, wie zu Lebzeiten aufgebahrt.‹

Das muß man sich mal vorstellen. Diese Frau hat ihr Leben lang anständig ihre Arbeit gemacht, war beliebt, nun steht sie draußen. Da sind dann die finanziellen Vorteile auch nicht mehr interessant. Und ich denke mir oft, wenn ich die Patienten hier sehe, die eher wenig verdient haben früher, und heute ganz wenig vom Arbeits- oder Sozialamt bekommen, wie halten die das aus? Die Mieten steigen, die Preise steigen, die Ansprüche der Kinder und Enkel steigen, und die Angst steigt — vor all diesen unübersichtlichen, unkalkulierbaren Existenzbedingungen. Das beunruhigt und quält die Bürger, läßt sie Tag und Nacht nicht zu ihrer Ruhe finden. Und dieser ganze Gram, dieser Streß, wie es jetzt heißt, der nicht abgebaut werden kann, hat Folgen ... Der Magen, Krämpfe, Geschwüre, der Kreislauf, das Herz und — nach gesteigertem Alkoholkonsum — die Leber. Man weiß auch nicht, wo man zuraten soll, es gibt eine allgemeine Verdrossenheit und den Verlust jeglichen Vertrauens.

Mit der Kollegin, der Zahnärztin, habe ich auch über dieses Komitee für Gerechtigkeit gesprochen, aber da stört eben irgendwie die PDS. Allerdings, hier bei uns halten sie sich zurück, da gibts insofern auch noch kein Bürgerkomitee. Ich hab hier eine Mitarbeiterin, die ist PDS-Abgeordnete, die sagt, sie ist Abgeordnete und kann sich nicht zerreißen. Mein Sohn, der ist in Chemnitz, mit dem hab ich telefoniert neulich, der sagt, sie haben ein Komitee, und die versuchen, alle Gruppen, Unzufriedenheiten und Ungerechtigkeiten irgendwie zu koordinieren und aufzulisten.«

G: »Und Sie?«

A: »Ich? Na, die Dinge müssen artikuliert werden, unbedingt. Die Zahnärztin überlegt auch schon, sich politisch in dieser Richtung zu betätigen. Ein Bedenken hat sie aber, daß nämlich, wenn man so eine Opposition aufbaut, die Einheit wieder aufs Spiel gesetzt werden könnte. Bei uns herrscht ja immer der leise Zweifel darüber, ob das, was wir jetzt als Gerechtigkeit für uns einklagen, nicht auf sozialistischem Gedankengut von früher fußt. Woraus speist sich denn das Gerechtigkeitsempfinden? Ist es das Christliche, das Humanistische, das uns den Maßstab gibt? Zweifellos! Aber wie und wo legen wir ihn an in der neuen Wirtschafts- und Sozialordnung? Das ist das Problem, und man will ja die geistige Mauer zwischen Ost- und Westdeutschen nicht auch noch höher machen, als sie schon ist.

Ach wissen Sie, früher war das einfacher, der Westen schien weit weg zu sein, in mythischer Ferne. Ich hatte damals die Gelegenheit, einmal rüberzufahren zu meiner Schwester ins Rheinland, sie war krebskrank. Ich war furchtbar aufgeregt. Und wie es so ist, fragte sie mich, was ich denn so anschaun möchte im Westen. Da hab ich gesagt, daß ich eigentlich die ganzen Jahre nur den einen großen Wunsch hatte, noch einmal in meinem Leben den Rhein zu sehen. Meine Schwester hat sich halb totgelacht, sie konnte das nicht verstehen.

Aber für uns Deutsche ist das ja der poetischste Strom überhaupt. Auf seinem Weg vom Gletscher zum Meer fließt er durch die reichsten Länder Europas, an seinen Ufern ist europäische Geistesgeschichte entstanden...«

G: »Und die chemische Industrie...«

A: »... Na, jedenfalls haben ihn alle Großen verehrt, mit Liedern und Sagen, Gedichten, Kompositionen, Gemälden. Für mich ist dieser Fluß wie ein Symbol des menschlichen Schicksals. Eine politische und kulturelle Lebenslinie.

Dann, als zweites, wollte ich unbedingt noch nach Aachen, an die Stelle, wo zweiunddreißig Kaiser und Könige gekrönt worden sind, unsere deutschen Kaiser und Könige...«

Dem Amtsarzt treten Tränen in die Augen. Sie fließen ihm schnell über die Wangen, tropfen vom Kinn aufs Hemd. Ohne sie wegzuwischen, spricht er weiter.

»... wo Karl der Große Hof gehalten hat und beigesetzt wurde. Da möcht ich einmal in meinem Leben stehen, an der Stelle, wo der Sessel ist... Denn wer weiß, dachte ich, braucht nur meine Schwester an ihrem Krebs zu sterben, dann hab ich nie wieder die Möglichkeit, nach Westdeutschland zu kommen...«

Er schweigt und blickt auf seine Handflächen hinunter, während ihm weiterhin Tränen über die Wangen laufen. Dann holt er ein großes Taschentuch hervor und wischt sich damit zuerst die Augen trocken, bevor er akribisch die Brillengläser poliert.

»Ich wollte Ihnen nur sagen, die Einheit, auch im seelischen Begehren, war nicht mehr länger rauszuschieben. Diese Sehnsucht blieb aktiv, all die Jahre. Und das war für uns sehr hart, zu wissen, daß man die meisten Grenzen sein Lebtag nicht wird überschreiten können. Das hat die Lebenseinstellung ganz entscheidend geprägt. Deshalb ist ja auch jetzt, wo alle Grenzen offen stehn, die Situation so einschneidend für uns... Aber ich rede und rede, dabei muß ich gleich weg, zu einer Pressekonferenz der Aids-Beratungsstelle, kommen Sie mit?«

Seitenblicke

Über den Ring fährt ein Konvoi russischer Militärlastwagen voller Soldaten. Hinten auf den Ladeklappen hängen gelbe Schilder, auf die mit hohen schwarzen Lettern das Wort MENSCHEN gemalt ist.

*

Im Bahnhof bewachen zwei grobschlächtige Skulpturen aus den dreißiger Jahren den pompösen Aufgang zum zugenagelten Mitropa-Restaurant. Beköstigung findet der Reisende nun im Automaten. Unter der Skulptur des knienden Bergmannes, mit nacktem Oberkörper, Helm und Grubenlampe, steht ein Zeuge Jehovas und bietet demutsvoll die aufgefächerte Werbeschrift fürs tausendjährige Messiasreich dar. »Erwachet!« lautet die Parole, aber unter den Passanten findet sie keinen Anklang. Lediglich ein stark verwahrloster Mittfünfziger hat sich dazugestellt und erzählt dem schweigenden Zeugen in gewählter Ausdrucksweise sein Schicksal. Nebenan in der Unterführung zu den Bahnsteigen ist ein Astrofixautomat postiert, der nach Einwurf von einer Mark und dem Eintippen der persönlichen Daten sofort ein Horoskop auswirft.

*

»Mahlzeit!« ruft der PDS-Vorsitzende in den Raum hinein, tritt dynamisch vor die Essensausgabe, mustert die Schiefertafel und bestellt Krautwickel mit Stampfkartoffeln und brauner Soße. Als Nachtisch gibt es Mandarinenkompott. Er nimmt Platz am wachstuchgedeckten Tisch neben dem Fenster, wo bereits zwei Genossen speisen; einer war Offizier der Volksarmee, der andere hatte eine hohe Position bei der Wismut. Ihr Vorsitzender ist erst Mitte Dreißig. Wir befinden uns im Souterrain der ehemaligen SED-Kreisleitung. Hier scheint die Welt noch in Ordnung. Die kleine Kantine ist fast unverändert geblieben; ebenso erging es den kräftigen Küchenfrauen, die mit weißen Schürzen und Käppchen riesige Töpfe und Pfannen auf dem umfangreichen Herd hin und her wuchten, Essen ausgeben, Tische abwischen, Geschirr entgegennehmen. Sie kochen nach wie vor ihre sächsisch-thüringische Hausmannskost; lediglich die ehedem obligatorische Frischkost wurde durch — zwar vitaminloses, dafür aber hoch im Ansehen stehendes — Obst aus Konserven ersetzt.

Auf den Stockwerken weiter oben ist kaum noch etwas so, wie es war. Neben städtischen Dienststellen sind Fahrschule, Sprachlabor, Umschulungsgesellschaften eingezogen. Die PDS haust in zwei kleinen Büroräumen voller Schränke, an denen noch die Amtssiegel der letzten Aktenbeschlagnahmung haften. Hier werden z.Zt. Kampagnen gegen Arbeitslosigkeit und Mieterhöhungen vorbereitet. Im Treppenhaus steht, ohne daß bisher Beanstandungen laut geworden wären, ein großer Vitrinenschrank voll verstaubter Partei-Reliquien und Broschüren.

*

Verkehrsunfall vor der psychiatrischen Klinik. Ein Trabant mit eingedrückter Seite und zersplitterten Scheiben wird von Polizisten gesichert, der Verletzte wurde bereits mit Blaulicht und Martinshorn abtransportiert. Immer noch stehen die Kranken dicht gedrängt am Zaun, umklammern die Gitterstäbe, strecken die Zungen heraus oder schneiden Grimassen des Entsetzens.

*

Der katholische Buchladen CONCORDIA ruft per Unterschriftenliste zur Verurteilung der Abtreibungspille auf. Nebenan versichert die freikirchliche Gemeinde der Baptisten auf einem Plakat: »Gestern ist vorbei, morgen noch nicht da, Gott hilft HEUTE!«. Ein anderes Motto hat man sich auf dem Rummelplatz ausgedacht. Am Kartenhäuschen des Magic-Moonbase-Karussells steht unter der Aufschrift KASSE mit verschnörkelten Buchstaben geschrieben: »Man gönnt sich ja sonst nichts!«

*

Die modernisierte Fußgängerzone im Zentrum ist fast so etwas wie ein Fanal für den Einzug der profitorientierten Wirtschaftsweise geworden. In wenigen Wochen gelang, was jahrzehntelang unveränderbar schien und als gegeben hingenommen worden war. Das desolate mittelalterliche Kopfsteinpflaster wurde herausgerissen, und, nachdem vom Telefonkabel bis zum Fernwärmerohr alles neu verlegt war, durch ein neues Pflaster aus kleineren Steinen ersetzt. Ausgeführt wurde der Auftrag, wie es wegen höherer Subventionen und billigerer Angebote üblich ist, von Unternehmen und Arbeitern aus Westdeutschland. Nachdem dann auch die Fassaden renoviert waren und die Dächer neu gedeckt, wurden die Mieten in den alten Büro- und Geschäftshäusern in bisher unvorstellbare Höhe hinaufgetrieben. Weder das Geschäft für Aquarianer- und Anglerbedarf noch der seit drei Generationen ansässige Portraitfotograf waren in der Lage, die entsprechenden Einkünfte zu erwirtschaften. Die Karl-Marx-Buchhandlung verkleinerte sich und ihr Sortiment zur »Bücherstube«. In all diese leer gewordenen Geschäftsräume zogen Boutiquen, Backwarenshop, Drogeriemarkt, Pizzeria, Tchibo. Ins Kaufhaus Konsument zog Horten ein und läßt seitdem zehn Meter lange weiße Fahnen mit rotem Namensaufdruck vor seiner Fassade flattern. Einzig verbliebener Schandfleck ist der mobile Goldbroilergrill an der Ecke vor dem Dom. Bei jeder Umdrehung des aufgespießten Geflügels tropft das Fett aufs neue Pflaster.

Nicht weit davon drängen sich Kinder und Jugendliche vor den Kassen von McDonald's. Ein Zwölfjähriger mit einer kleinen Tüte Pommes sagt mir, was er über die Dinge so denkt:

»Heute finden die Kinder den Westen nicht mehr so toll wie am Anfang. Die ganzen Spielsachen, alles, das können wir im Schaufenster sehn. Das Geld zum Kaufen haben meine Eltern bis heute nicht. Wir können nicht mal bei Massa einkaufen, wir müssen zu Aldi gehn. Das Geld hier für die Pommes hab ich von der Oma. Drei Mark Taschengeld die Woche, damit kann man fast nix anfangen.

Eine Kugel Eis z. B., bei uns war die 15 Pfennige, heute kostet die eine Mark. Oder ein Meerschwein. Das hat mal höchstens acht Mark gekostet, sagt mein Bruder, jetzt muß man fünfundzwanzig Mark bezahlen im Zoogeschäft. Kino war mal ein Fünziger und heute wollen sie für die Karte sieben Mark.

Und die ganzen Appelle, gut, die sind zwar weggefallen, aber es war auch sehr schön, das Pionierhalstuch zu tragen, und wir haben gebastelt, das Ferienlager war prima. Der junge Pionier mußte für Recht und Ordnung eintreten. Heute ist alles grade umgekehrt. Wir dürfen die Lieder nicht mehr singen. Unsere Helden sollen nicht mehr genannt werden.«

»Welche Helden waren das denn, weißt du die Namen noch?« frage ich. Er tunkt ein Stäbchen Pommesfrites ins Ketchup, leckt es ab und sprudelt dann hervor: »Ernst Thälmann, Wilhelm Pieck, Karl Liebknecht, Rosa Luxemburg und Lenin.«

*

Weniger schnell als das Straßenbild ist offenbar der in ihm umherspazierende Fußgänger modernisierbar. Hoffnungslos deplaziert wirken Leute mit falschen Mützen, Segelohren, viel zu roten Backen, Übergewicht, merkwürdigem Gang. Die Arbeiter, die unverdrossen ihren graublauen VEB-Anorak zur braunen Hose von früher tragen, strotzen geradezu vor Desinteresse an Textilien im Sonderangebot, die aus den Geschäften heraus auf die Straße quellen. Rundliche Hausfrauen in Arbeitslosigkeit oder Vorruhestand, die statt der Plastiktüten ihre alten Einkaufsbeutel bei sich tragen, machen auch nicht gerade den Eindruck von Kundinnen im Kaufrausch. Selbst die jungen Muttis in Jeansanzug und T-Shirt sind nicht so recht *up to date*. Dafür aber sieht die Jugend aus, als wäre sie gerade einem amerikanischen Schoolbus entstiegen, mit ihren Blousons, Basketballmützen, Bluejeans und Turnschuhen. Einige Außenseiter allerdings tragen immer noch jenes streichholzdicke Zöpfchen am kurzgeschorenen Nacken, das einst, in DDR-Zeiten, zum Ritual der kleinen Verstöße gehörte.

Allen gemeinsam aber, Alt oder Jung, ist eine gewisse Unprofessionalität beim Gebrauch der neuen Gesten und Mienenspiele. Man beherrscht noch nicht jene selbstverständliche Ungerührtheit, die dem Westdeutschen zur Ausdruckslosigkeit verhilft. Und so gehen sie herum in ihrer durchgestylten Fußgängerzone, fremdeln ungeniert, sind durch schwindende Finanzkraft und das martialisch einmarschierte Überangebot enttäuscht und verschüchtert.

*

Alte, und all die anderen schlechten Kunden, bevorzugen die Seitenstraßen, in denen es langsamer oder gar nicht vorwärtsgeht mit der Modernisierung. Da gibt es beispielsweise das Backwarengeschäft — aus der ehemaligen Produktionsgenossenschaft übriggeblieben —, das noch nicht von der Tchibo-Kette übernommen wurde. Neben einem stilisierten schwarzweißen Tortenstück steht der Name FORTSCHRITT auf der Schaufensterscheibe. Hier haben sich mehrere Bäcker zusammengetan und fabrizieren im Schnellverfahren, mit Fertig-Backsubstanzen aus dem Westen, zweieinhalb Dutzend Brot- und Brötchensorten, die nach nichts schmecken, aber den »individuellen Kundenwunsch« befriedigen sollen. Acht Verkaufsstellen werden täglich beliefert. Man hofft, gegen den »Backshop« in der Fußgängerzone, in dem die gleichen minderwertigen Brötchen im gläsernen Backofen vor aller Augen gebacken werden, eine kleine Chance zu haben. Eine Greisin betritt den Laden, mustert suchend die Kuchenvitrine und sagt dann: »Ich wollte nach so 'nem kleinen Königskuchen fragen, wie's ihn hier früher immer gab.« Die Verkäuferin unterbricht das Portionieren der Tortenstücke und deutet mit der Klinge aufs Kuchenangebot: »Nur was Sie hier sehen. Königskuchen haben wir momentan nicht im Angebot.« Die Kundin dankt und entfernt sich.

*

Es schlägt ein Uhr. Ein magerer alter Mann, umschlottert von viel zu weiten Hosen, nähert sich dem Haushaltswarengeschäft. Er spitzt die Lippen, schneidet Grimassen, gestikuliert und betritt den Laden. Beim Öffnen der Tür ertönt ein Glockenspiel, und noch bevor der Kunde richtig eingetreten ist, teilt sich ein grüner Vorhang zwischen den Regalen, ist die Geschäftsfrau zur Stelle. Der Mann legt zwei zusammengerollte Tücher auf die Theke, macht mit Zeige- und Mittelfinger schneidende Bewegungen. Dazu knurrt und brummt er, befördert aus seiner Manteltasche zwei kleine Scherchen und fuchtelt damit herum. Ungerührt wickelt die Geschäftsfrau aus den Tüchern vierundsechzig Eßmesser und zehn Papierscheren. Sie sollen geschliffen und die kleinen Scheren zusätzlich gespitzt werden. So steht es auf dem Zettel, den der Mann mit seinen dürren Händen auf der Glasplatte glattstreicht. Die Geschäftsfrau zählt noch einmal die Messer durch und schreibt dann auf einen Block, was es kosten soll: 165 Mark das Schärfen der Messer und Scheren, 14 Mark das Spitzen der Scherchen. Hier protestiert der Kunde heftig und schimpft unartikuliert. »Es ist ja alles viel teurer geworden«, sagt die Geschäftsfrau sehr laut; überdeutlich die Worte mit den Lippen formend, »bezahlen muß es ja die Taubstummenanstalt.« Der Mann stößt einen empörten Schrei hervor, deutet auf die Scherchen und schlägt sich dann mit der flachen Hand auf die Brust. Es sind seine. Er braucht sie zur Verrichtung der Heimarbeit, mit der sich die Insassen der Anstalt etwas Taschengeld verdienen. »Ich mache die Preise nicht!« ruft die Geschäftsfrau zweimal und schüttelt den Kunden am Ärmel. Der steckt protestierend den Abholschein ein und verläßt den Laden. Gestikulierend geht er davon. Plötzlich wird mir klar, daß Taubstumme, wenn sie Selbstgespräche führen, das in der Taubstummensprache tun.

*

Deutsche Bräuche

Vor die Auslage des Haushaltswarengeschäftes ist eine Frau Ende Fünfzig getreten. Sie studiert das Angebot, seufzt und wendet sich dann unbefangen an mich: »Is das nich doll, was es nu alles gibt? Nä, also *alles* kaufen, das können wir auch nich, was zuviel is, das is zuviel!« Sie pocht mit dem Fingernagel aufs Glas: »Besteck hab ich noch zu Hause, für sechs Personen, nu bin ich ja alleine ... das is sogar welches von vor dem Kriege. Nich mehr so ganz blank isses, da gabs das noch nich, rostfrei, aber guter Stahl. Zeit zum Putzen hab ich ja.« Sie lacht und zeigt auf ein Gärtnermesser mit grünem Holzgriff. »Was das da für ein Messer is, kann ich Ihnen erklären. Das is zum Beschneiden der Bäume, der Obstbäume. So eins hatte mein Vater, und ich hab ihm gerne zugeschaut als Kind. Schneiden muß man immer kurz über einem guten, gesunden Auge, und das soll nach außen zeigen, damit der Trieb später Platz hat, ja, ich weiß es noch genau.« Sie tippt in Richtung der asiatischen Klappmesser (auch Butterflymesser genannt, die als gefährliche Kampfmesser gelten und heute in fast jeder Schülerhosentasche bereitgehalten werden) und sagt: »Aber für was die sind, das weiß ich nicht.«

*

Am Kiosk bei der Haltestelle versorgen sich Zeitungsleser, Raucher, Kinder und Alkoholiker mit dem Nötigsten. Hier steht seit einigen Minuten ein stämmiger Mann mit braunem Strickpullover halb auf der Fahrbahn und dirigiert weit ausholend den hupend um ihn herumflutenden Verkehr. Ein Opa mit bunt tätowierten Handrücken und blauer Pennerträne im Augenwinkel hält die Hand seiner kleinen Enkelin, in der Linken Bierbüchse und Zigarette. Gemeinsam betrachten sie das Schauspiel, er prostet dem Dirigenten zu und geht dann mit dem folgsamen Kind zur nahen Grünanlage. Seit der Wende ist hier ein Treffpunkt für altgediente und neu entstandene Randexistenzen. An schönen Tagen sind die Bänke zusätzlich bevölkert von taubenfütternden Vorruheständlern, Müttern mit Kinderwagen und finanzschwachen Arbeiterinnen, die aus den Vororten in die Stadt gekommen sind, um einzukaufen oder bei irgendeinem der

Ämter vorzusprechen wegen Arbeitslosigkeit, Rente, Wohngeld.

Durch die Fußgängerzone kommt ein laut schimpfendes Paar und ergibt einen starken Kontrast zu Design und Ambiente ringsum. Sie, etwa Ende Dreißig, wirkt auf den ersten Blick unauffällig. Mantel, Tasche und Schuhe sind jedoch stark abgetragen, am linken Auge ist ein Hämatom zu sehen. Ihm hingegen — mit strähnigem Haar, dünnen Beinen und abgezehrtem Hintern unter der schmutzigen

Hose — sieht man den Alkoholiker sofort an. Er bleibt abrupt stehen, legt den Kopf zurück, trinkt schwankend seine Bierbüchse leer und scheitert beim Versuch, sie zu zerdrücken. Weiter geht es mit den beiden so:

Sie: Gib her, ich steck das in meine Tasche ein!
Er: Hau ab du, verpiß dich, alte Fotze!
Sie: Alte Fotze sagst du zu mir?
Er: Ich sag noch ganz was anderes zu dir, Mistsau!
Sie: Ich rate dir, reiß nur nicht dein Maul so weit auf, sonst wirst du schon sehn ...
Er: Was willste damit sagen, was werde ich sehn, was! Eine auf die Schnauze kannste haben, hier ... *Er holt aus, sie tritt zur Seite, und er taumelt mit vorgestreckter Faust ins Leere. Ruft dann triumphierend aus:* So, du!
Sie: Danke nee, ich hab schon ein Veilchen.
Er: Von mir nich, du Dreckstück!
Sie: *zeigt auf ihren Oberarm* Und wer hat mir die ganzen blauen Flecken da gemacht gestern abend, das war ich wohl selbst, was?

Sie sind an der Haltestelle angekommen, wo der Bus bereits steht.

Er: Steig ein da, los, rein in den Bus!
Sie: Ich will aber noch gar nicht nach Hause fahren.
Er: Quatsch nich rum, Fotze, steig ein, los!

Beide steigen ein und gehen, ohne zu bezahlen, freundlich grüßend am Fahrer vorbei. Der kennt sie offensichtlich und grüßt mit einer knappen Handbewegung zurück. Das Paar nimmt auf der Hinterbank Platz.

Sie: *ein wenig von ihm abrückend* Was willste denn eigentlich, warum läufste denn immerzu hinter mir her? Mir geht das auf die Nerven, sowas!
Er: Ich? Ich lauf dir nicht hinterher ... guck dich doch mal an, wie du aussiehst, wie 'ne Vogelscheuche, nee danke. Da kommt einem ja alles hoch, ehrlich gesagt!
Sie: Schon gut, wenn das so ist ... *Sie steht auf und setzt sich auf einen Platz weiter vorne.*

Seitenblicke

Der Bus ist halb voll. Wir fahren durch ein ehemals gutbürgerliches Viertel. Die Mietshäuser haben, sofern noch nicht heruntergebrochen, Stuckverzierungen und breite Balkone. Neben den Eingangsportalen liegen winzige Vorgärten hinter schmiedeeisernen Zäunen. Ein Krankenwagen überholt uns mit Karacho und fährt fast in eine der zahllosen Baustellen.

Allmählich werden die Häuser kleiner und noch unansehnlicher, Fensterfluchten und Balkone verschwinden. Die meisten der kleinen Geschäfte sind aufgegeben und stehen leer. »Waren des täglichen Bedarfs« werden am Wochenende in einem der fünf Großeinkaufsmärkte geholt, die die Stadt umlagern. Hier gibt es nur noch die aus der Gründungswelle 1991 übriggebliebenen Kleinunternehmer, Handwerker und natürlich die Buden und Lädchen mit den kumpelhaften Namen: »Moni's Getränkestützpunkt«, »Peter's Imbiß«, »Walter's Videoshop«. Der Bus ist nun fast leer und fährt an den Haltestellen vorbei stadtauswärts, entlang an stillgelegten Fabrikanlagen, verrußten Lagerhäusern, Werksgeländen voll rostender Maschinenteile, einem Rangierbahnhof. Von weitem ist eine Hochhaussiedlung zu sehen, zu der dieser Bus offenbar fährt. Wie ein schneebedecktes Gebirgsmassiv zieht sie sich am Horizont entlang. Der Trinker kommt von hinten und setzt sich neben die Frau:

Er: He, Fotze, gib mir mal zehn Mark. Los, du!
Sie: *auflachend* Zehn Mark — dir? Lieber schmeiß ichs ins Klo und spüls runter. Rück mir gefälligst nicht so auf die Pelle, hau ab!
Er: Komm, sei doch nicht so, gib mir die zehn Mark, und ich geb sie dir morgen abend wieder, Ehrenwort, ich bin doch kein Schwein oder was ... mach schon!
Sie: Nix kriegste, keinen Pfennig! Ich hab die letzten Zwanzig noch nich zurück, weißte, sowas vergeß ich nich ...
Er: *ihre Hand streichelnd* Weiß ich doch, ist doch klar, das wird erledigt. Jetzt gib mir wenigstens fünf Mark, gib 'nen Fünfer, hörste, und morgen haste alles wieder, bar auf die Hand. Na sag mal, nur Fünfe! Oder haste soviel nicht?

Deutsche Bräuche

Sie: Ich hab genug! *Sie gräbt in ihrer Handtasche und reicht ihm ein Geldstück.*
Er: *vorwurfsvoll* Das sind fünf Mark!
Sie: Wirklich?! Mehr gibts nicht.
Er: Na gut. Deine Fresse merk ich mir, geiziges Luder! *Er steckt es ein und fragt nach einer Weile:* Na, von wem sind denn die, diese fünf Mark?
Sie: Von wem? Vom Sozialamt natürlich, von wem denn sonst!
Er: Ach hör uff, verlogenes Miststück, du nimmst doch von jedem Geld. Und überhaupt, du stinkst mich schon lange an, alte Fotze, weißte das?
Sie: *gelangweilt* Wieso denn das?
Er: Weil du mich liebst. Zum Kotzen ist sowas!
Sie: *verächtlich* Ich hab dich noch niemals geliebt ... andere ja, aber dich nicht!
Er: Na red mal nicht so 'nen Scheiß hier. Überleg doch mal, warum du schon zehn Jahre hinter mir herrennst und *holt das Fünfmarkstück aus der Tasche und dreht es vor ihren Augen hin und her* mir Geld gibst ...
Sie: *gelangweilt* Zehn Jahre?
Er: Genau! Und von wem sind deine Kinder?
Sie: Was weiß ich von wem, ist mir doch egal. Vom lieben Gott vielleicht, der ist auch so ein Arschloch wie du!
Er: *wütend* Laß die Kirche aus dem Spiel, du weißt, ich bin Christ, da versteh ich keinen Spaß mit, verdammte Drecksau, ich schlag dir die Zähne ein! *Er schlägt nach ihr, steht auf und setzt sich wieder nach hinten.*

Wir sind angekommen. Auf einer sechsspurigen Straße geht es durch die architektonische Öde. An den vielen Autos auf den Parkplätzen kann man sehen, daß die Arbeitslosen fast alle zu Hause sind. Drei Stationen später kommt die Endhaltestelle; das Paar steigt aus. Scheinbar friedlich streben sie über einen menschenleeren Platz dem Wohnmoloch zu, werden immer kleiner und verschwinden dann in ihm. Der Busfahrer schnippt seine Kippe weg, steigt ein, und wir fahren zurück. Lange Zeit bin ich der einzige Fahrgast.

Aufschwung der Abrißbirnen

> Die Herren machen das selber,
> daß ihnen der arme Mann feind wird.
> Thomas Müntzer

Zwickau liegt im südwestlichen Sachsen, am Fuße des Erzgebirges in einem weitläufigen Steinkohlerevier. Hier predigte Thomas Müntzer vom kommunistischen Gottesstaat, vier Jahre bevor er als Anführer im bewaffneten Kampf gegen die Obrigkeit hingerichtet wurde. Noch heute hängen in beiden Kirchen, am Tatort seines Wirkens, reformationsverherrlichende Gemälde von Lucas Cranach d.Ä. In die Stadt am Westufer des Flusses Mulde zog es auch Robert Blum und August Bebel. Robert Schumann wurde hier geboren und wuchs im Haus am Markt ins Biedermeier hinein.

Zweimal in ihrer Geschichte brachte es die Stadt durch tüchtige Ausbeutung von Mensch, Tier und Natur zu massivem Reichtum. Im 16. und 17. Jahrhundert avancierte sie mit Tuchmacherei, Fernhandel und Beteiligung am Schneeberger Silberbergbau zur »Perle Kursachsens«, Mitte des 19. Jahrhunderts warf die industrielle Nutzung der Steinkohle genügend Gewinn ab, um damit Stahl-, Seil-, Maschinen-, Grubenlampen- und Textilfabriken zu errichten.

Erst im Jahr 1977 wurde die letzte Steinkohlenzeche geschlossen. Wegen Unrentabilität im Verhältnis zum Weltmarktpreis des Erdöls. Tausende von Arbeitslosen wurden reibungslos zu Industriearbeitern umgeschult. Heute ist es genau umgekehrt.

Viel vom alten Glanz ist immer noch zu sehen in Zwickau. Entlang der Hauptverkehrsstraßen erstrecken sich ausgediente, palastartige Produktionsstätten mit eingeworfenen Fensterscheiben. In still verfallenden Seitenstraßen stehen hinter Backsteinmauern Fabrik und Fabrikantenvilla traut beisammen, so wie es sich einstmals gehörte. Aus den Freitreppen wächst Holunder, im Pförtnerhaus nisten die Tauben. Hier zerbröseln versunkene Imperien aus der Entstehungszeit der sozialen Frage, aus Jahrhundertwende und Jugendstil. Daß aber den verzierten Schornsteinen vierzig Jahre lang volkseigener Rauch entstiegen sein soll, beweisen nur die verrußten Fassaden der umliegenden Arbeiterkasernen. Den Betrachter beschleicht ein unglaublicher Verdacht: Nicht der Sozialismus, sondern der Kapitalismus geht hier unter. Seine Totengräber, eben noch werktätig gewesen, liegen zwar arbeitslos auf der Straße, sind aber zugleich Boten des künftigen Unheils. Als fortgeschrittenste Repräsentanten jener Zukunft, die den überflüssigen Arbeitskräften aller Industrieländer gewiß ist, führen sie postmoderne Verelendung vor. Armut im Seidenhemd, weil Billigeres nicht zu haben ist. Dahinvegetieren mit Fernbedienung, Farb-TV und KFZ.

In Zwickau gab es 140 größere Betriebe. Die größten davon in den Branchen Fahrzeugbau (mit dem Trabi-Produzenten Sachsenring), Textilindustrie (mit dem »Bekleidungswerk«), Maschinenbau (mit dem »Reichsbahn-Ausbesserungswerk«). Übrig geblieben sind davon nur noch Rudimente. Die Textilindustrie ist fast vollkommen liquidiert (daher die hohe Frauenarbeitslosigkeit von 68,9 Prozent). Die offizielle Arbeitslosenrate liegt bei 13,5 Prozent. Geschätzte 112 000 Einwohner hat die Stadt heute noch. Davon sind 63 Prozent vergeblich im erwerbstätigen Alter, da allein von 1991 bis 1992 32 000 Arbeitsplätze abgeschafft wurden. Wie hoch also die Zahl der Arbeitslosen tatsächlich ist, läßt sich unschwer überschlagen.

Beschönigt werden Schicksal und Statistik derzeit noch durchs Abstützen mit den »drei Säulen zur Bekämpfung der Arbeitslosigkeit«: ABM (Arbeitsbeschaffungsmaßnahme), FuU (Fortbildung und Umschulung), Kurzarbeit und Kurzarbeit null, mit oder ohne ABS-Vertrag (Arbeits-, Beschäftigungs- und Strukturaufbaugesellschaft). Zu Buche schlägt ebenso der »vorgezogene Ruhestand«. Da diese Maßnahmen zur sinnlosen Beschäftigung unbrauchbar gewordener

Arbeitskräfte natürlich Unsummen verschlingen, ist ihr drastischer Abbau bereits eingeleitet. Mittlerweile aber kassieren westliche FuU-Haie Millionen mit der massenhaften Umschulung von Facharbeiterinnen und Facharbeitern zu Bürokauffrauen, Floristinnen, Freizeitassistenten und Hotelfachgehilfen. Dazu passend wuchert der Organisations- und Verwaltungsjargon. Erhebliches, Unangemessenes, gar Unvorstellbares tritt »in Größenordnungen« auf, denen man nur »vor Ort« (was hier synonym mit dem Osten ist) entgegenwirken kann, indem »entsprechende Maßnahmen«

»angedacht« und auf »die Strecke« oder »Schiene« gebracht werden.

Nun fragt man sich natürlich, wie sieht es aus in einer solchen Stadt, bricht alles zusammen, laufen die Bürger Amok?

•

Die Glückwunschsendung im Sachsenradio gratuliert: »Dir, lieber Klaus, zum 51. Geburtstag alles Liebe und Gute, und daß Du bald einen Job bekommen mögest, das wünschen Jana und die Kinder.« Ein Punk mit blauem Haar kommt aus der Bäckerei: »Was willst du denn da groß schreiben? Zwickau ist 'ne reine Proletenstadt mit ein paar Verkäuferinnen.« Quietschend neigt sich die Straßenbahn Linie 4 gefährlich weit zur Seite, umfährt ruckelnd und im Schritttempo den Stützpfeiler der alten Eisenbahnbrücke. Keiner der Fahrgäste gerät ins Wanken, man ist es gewöhnt so.

Unter den hinteren Brückenbögen wird gebaut. Nebenan stehen unbewohnte alte Mietshäuser, an ihrer Rückfront ziehen sich Schrebergärten bis zum Marienthaler Bach hinunter. Vor einem der typischen rosafarbenen DDR-Bauwagen stecken drei neue Schaufeln im frisch aufgehäuften Sand, vom bemoosten Brückengewölbe tropft stetig Sickerwasser in eine untergestellte Zinkwanne. Zur Kühlung des Biers oder bei Bedarf zum Anrühren des Mörtels. »Sieht doch gut aus, oder nicht?« stellt ein Arbeiter mit Sonnenbrand fest und deutet auf das frisch gemauerte mannshohe Bachbett aus gelbem Sandstein, in dem ein stinkendes Rinnsal fließt. »Wir sind drei Mann in ABM hier, 'ne Weile ist noch zu tun. Aber an sich soll die Brücke gesprengt werden, wegen Verkehrsbehinderung. Dann ist unsere Arbeit auch wieder futsch, aber vielleicht fallen dabei auch mal die Buden dort zusammen. Früher waren ja Nigger drin, ein ganzer Haufen, aber die wurden ausgeräuchert, na, das war noch vor ... also zu Honeckers Zeiten. Die haben alle in der Grubenlampenfabrik gearbeitet und mit dem Geld hier den großen Max gemacht. Nach dem Brand waren sie auf einmal weg.«

Nicht weit, auf der anderen Straßenseite, passiert der Briefträger eine lange, staubige Backsteinfassade. »Was das war? Die ›Plauener Gardine‹, alles zu. Wenn Sie da durchs Fenster gucken, sehn Sie noch die Maschinen stehn. Da vorn war vom Sachsenring die Versuchsabteilung drin, da ham sie 25 Jahre lang den Trabi erfunden, wie wir immer gesagt haben. Das dort ist das Seilwerk, für Stahlseile, besonders für Schiffe und Schwerfahrzeuge. Also wenn Sie das gesehen hätten, wie sie hier früher standen, dicht an dicht, die Lastwagen aus der SU, aus Rumänien, Bulgarien und sogar aus dem Westen ... Heute ist hier alle Tage Sonntag.«

Verkaufsstelle im Fabrikgebäude. Zwei ehemalige Arbeiterinnen führen den Laden in eigener Regie. Die Gardinen haben sie in Kommission genommen. »Nee, eigentlich möchten wir Ihnen gar nichts sagen.« Und nach einer Pause: »Wissen Sie, uns hat man schon genug reingelegt, und gefragt hat man nie, ob uns das paßt. Unsere Ware ist den Herrschaften drüben auf einmal nicht mehr fein genug, dabei, sehnse mal, das ist doch Qualität! Wir haben so viel für Neckermann und Quelle produziert, aber nach der Währungsunion war dann Schluß damit. Das ist brüderlich! Zu unserem Kombinat gehörten mal 9 Werke, allein in unserem Betrieb waren 600 Beschäftigte, alles arbeitslos, und wir beide können uns auch nicht über Wasser halten. So haben wir uns das nicht vorgestellt. Sogar der Kohl hat gesagt, er ist erschüttert, wie weit sich die beiden Länder auseinanderentwickeln.«

Dienstag, zwei Uhr nachmittags. Der Parkplatz vor Massa, einem von sieben Großeinkaufsmärkten in der Umgebung, ist fast voll. König Kunde steckt seine Mark in die Halterung am Einkaufswagen, zieht ihn aus der Kette des Vorderwagens und eilt in die provisorisch aufgestellte Leichtbauhalle. Unter tropischen Temperaturen stapelt sich der Überfluß. Verhaltensgestörte Ehepaare laden Unmengen ein; es werden aber auch kleine und kleinste Mengen eingekauft. Eine Kundin entnimmt der Tiefkühltruhe zwei gefrorene Flugenten und preßt sie sich an die Schläfen. Niemand achtet auf das

Deutsche Bräuche

Werbeschild an den Einkaufswagen: »Der Kaffee, auf den Sie jahrelang verzichten mußten.«

Straßenbahnhaltestelle Schlachthofstraße. Zwei Frauen Anfang Vierzig im Gespräch: »Einesteils is man ja froh, wenn der Mann in die Wirtschaft geht. Ich kenn eine, die sagt, sie kann nich mal in Ruhe aufs Klo, schon fragt er, was is.« »Kenn ich. Das is ein Problem mit den arbeitslosen Männern, die den ganzen Tag zu Hause hocken, da kannstes ja selbst gar nich genießen, daß du auch zu Hause sitzt. Im Sommer gehts ja noch, mit dem Garten und so, aber dann?« »Ich mach überhaupt nichts mehr ein, lohnt einfach nich. Nu gehen wir den halben Tag rum, vergleichen die Preise, schreiben auf, das kostet die Ananas hier, das die Schweinefilets dort, wir haben schon den ganzen Keller und die Kühltruhe voll, schrecklich!« »Essen kann mans ja immer.« »Nu, manch einer verträgts nich. Meiner Nachbarin, der paßt schon nichts mehr, die seh ich nur noch in der alten Kittelschürze.« »Da verkommste richtig, ohne Arbeit.«

Mahn- und Gedenkstein mit verblaßten roten Winkeln im Stadtpark. Unweit davon spritzt eine übelriechende Fontäne aus dem Schwanenteich empor. Am Musikpavillon sitzt ein alter Mann mit Baskenmütze, raucht Pfeife und erklärt mir: »Hier in Zwickau war ein Konzentrationslager, ein Außenkommando von Flossenbürg. Wenn Sie den Stadtring entlanggehen, kommen Sie zum Schloß Osterstein. Dort war es. Übrigens, auch auf dem Gelände der Autofirma Horch, was ja nach dem Kriege Sachsenring wurde, war ein Zwangsarbeitslager. Für Franzosen und Ostarbeiter. Dort ist eine Gedenktafel. Aber jetzt ist das privat, ich weiß nicht mal, ob Sie reinkommen, ein Dr. Meleghy sitzt da, ein Ungar, die pressen Golf-Hauben für VW. Genau da, wo heute die Presserei steht, war früher das Lager. Ja... und dann hatten wir eine berühmte Insassin in unserem Gefängnis, die Rosa Luxemburg, wegen Majestätsbeleidigung. Sie hatte dem deutschen Kaiser praktisch vorgeworfen, die Massen an der Nase herumzuführen. Das war 1904 ein schweres Vergehen. Heute kann das über Kohl jeder straflos sagen, in aller Öffentlichkeit. Da sehen Sie, was denen da oben die Meinung des Volkes noch gilt. Jedenfalls hat die Luxemburg ihre Strafe absitzen müssen, und deshalb hieß der Platz zu DDR-Zeiten nach ihr. Und nun will die CDU, die bei uns das Sagen hat, ihn wieder umbenennen in Wettiner Platz. Ausgerechnet! Wo's doch sozusagen ein Wettiner König war, der sie ins Gefängnis hat werfen lassen. Das Denkmal muß dann auch weg. Die Sorgen unserer Herren oben — ein neuer Flugplatz muß her, auf dem dann das Kapital vom Himmel herab geflogen kommt.«

Es gibt noch Stätten, wo die DDR-Identität überlebt hat, z. B. auf den Pachttoiletten in Bahnhof und Busbahnhof. Im Licht der niedrigsten Wattstärke erhält der Kunde für eine halbe Mark drei Blatt Papier ausgehändigt und wird plaziert. Im Wasserkasten rauscht es, die Kette pendelt leicht, fast alle Gucklöcher in den Seitenwänden sind verstopft. Händewaschen, Seife und Handtuch kosten extra. Eine Kundin mit Stock sagt zur Klofrau: ». . . Also ä bissl mäa Siedfrischte, ä bissl ä Räisefräiheit un scheenere Wohnungen, däs andre hätt so bleibn könn.«

Über den nahe gelegenen Ring tost auf mehreren Spuren der Autoverkehr, nur unterbrochen durch die Intervalle, in denen die Ampel auf Rot umspringt, man die Fußgänger passieren läßt. Das Innere des Rings ist »verkehrsberuhigt« Hier liegt der Altstadtkern, mit Dom, Markt, Magistrat, Bürger- und Handelshäusern, die ältesten aus dem 15. und 16. Jahrhundert. Es gibt schöne alte Geschäfte, Buchläden, Cafés, denen aber wegen haltlos steigender Gewerbemieten bald der Garaus gemacht sein wird. Manche Ecken erinnern an Budapest oder Wien, auch das Licht ist so klar, die Farben lebhaft. Da entsteht dann jenes unverwechselbare Gefühl der Leichtigkeit — beim Anblick des stattlichen Reichtums, der beharrlich, über Jahrhunderte hinweg, wohlgefällige Architektur geworden ist. Diesem Charme sind selbst sozialistische Stadtplaner erlegen Seit Anfang der 70er Jahre wird in der Innenstadt restauriert.

Deutsche Bräuche

»Uiiiiiiiuiiiihhaaaaach!« Das Stöhnen mitten im Sommerschlußverkauf erregt keinerlei Aufsehen Die weißhaarige alte Frau, die es ausgestoßen hat, steht schwitzend mitten in der Wäscheabteilung des Kaufhauses Horten, trägt schwarze Handschuhe zum dickgesteppten Mantel und sieht auf ihre Schuhe hinab. Es sind braune Herrenschuhe, Slipper. »Aaaahh... meine Zehen, meine Zehen schmerzen so. Die Schuhe sind zu klein, das sind die Schuhe von meinem Mann, sie passen nicht, und der Verband ist auch zu dick. Die Stromrechnung ist noch nicht bezahlt, ich muß immer gehen, gehen, gehen, ich hab keine Zeit, keine Zeit, keine Zeit. Die Zehen schmerzen so schrecklich, seit ich Witwe bin. Ich hab das ganze Leben gestanden, an der Webmaschine, davon die offenen Beine... Keine Zeit, keine Zeit... Der Mann war bei der Wismut, so ein guter Mann. Eines Tages ging er in den Keller, Kohlen holen, und kam nicht mehr zurück. Tot. Lungenkrebs und Herzausfall. Das war 1990.«

Zwei Arbeiterinnen im Café am Hauptmarkt: »Da haben Sie Glück, wir sind beide Textilarbeiterinnen, gewesene, wir waren im Strumpfkombinat ESDA (Erzgebirgische Spezialdamenstrümpfe Auerbach). Bis 91. Im März gabs Kurzarbeit, im Mai die Kündigung, im Dezember durften wir unsre Spinde räumen und für immer gehn. Der Kollegin hier fehlen zwei Tage zum Vorruhestand, da is nichts zu machen, und ich mit meinen Vierzig bin auch nicht gefragt. Für uns is der Ofen aus, aber nicht für die roten Socken, nee. Unser Chef, der wurde gleich übernommen von der Fundgrube, das ist so ein Schnäppchenmarkt, der zog in unsre Fabrik rein, aber mit dem wars auch gleich wieder aus. Jetzt steht alles leer. Nu sitzen wir hier, wollen uns Brillen machen lassen, man dreht ja durch zu Hause ohne Arbeit. Sonst ging das ja jeden Morgen: umziehn und ran an die Beine. Das waren solche Beine aus Aluminium, jede von uns hatte ihren großen Plastiksack voller Strümpfe, die waren noch wie Schläuche und mußten da draufgezogen werden auf das Bein zum Formen, Wade und Ferse. Dünne Perlonstrümpfe, zu Hause hab ich noch jede Menge, und ehrlich gesagt, die sind besser als die aus dem Westen, halten länger. Du, wie viele mußten da drauf, auf 'ne große Pappe?« »Das weißt du nich mehr? 250 kamen drauf.« »Is wirklich wahr, ich hab alles vergessen, wir sind ja auch schon das zweite Jahr zu Hause ...« »Das erste Jahr isses, na sag mal!« »Ach klar, da sehnses mal, genauso mit Horten, weißt du noch, wie das noch mal hieß, unser Kaufhaus?« »Warte ... gleich hab ichs ... Konsument, ja, Konsument!« »Genau. Na jedenfalls, wir haben geschuftet wie die Kümmeltürken, tausend war die Norm. Im Winter allerdings wars schön, dauernd die heißen Beine in der Hand zu haben, aber im Sommer, nee, aber wir haben uns gewöhnt. In meinem Automat waren wir drei, wir hatten Perlon-, die anderen Makostrümpfe, für die alten Leute. Und auf einmal, so 1988, kamen neue Maschinen, aber da durfte nur die Intelligenz dran ...« »Red doch nicht so einen Quatsch! Ich war da bis zum Schluß dran. Mit denen wars nichts, oft sind die Strümpfe nicht drauf gegangen, wir haben so ein komisches Öl draufgespritzt, danach gings dann eine Weile. Aber von da an hatten wir oft Lust, uns eine andere Arbeit zu suchen. Nur — daß man uns einfach rausschmeißt ... manchmal denke ich mir, vielleicht wachste gleich auf und hast alles nur geträumt.«

Im Stadtplan von 1991 findet sich zwischen Werbung von Hotels, Bauunternehmen und Banken auch eine der Firma Life Style Dessous GmbH, für »Mode ›Dazwischen‹. Zeitgemäße Kollektionen: aufregend im Design, erstklassig in der Qualität, überzeugend im Preis-Leistungsverhältnis.« In einem Gespräch mit dem PDS-Vorsitzenden über Arbeitslosigkeit und Betriebsschließungen erfahren wir auch, daß die Firma Life Style Dessous, ehemals VEB-Sanitas Miederwarenfabrik, den Versuch macht, durch Reizwäscheproduktion dem drohenden Untergang entgegenzuwirken. Als wir dann auch noch beim Besuch der Behörden auf eine Sozialarbeiterin (in ABM-Vertrag) treffen, die nebenbei darüber klagt, sie könne sich an West-Büstenhalter einfach nicht gewöhnen, beschließen wir, der Sache nachzugehen.

Da keine telefonische Verbindung zu bekommen ist, fahren wir hinaus ins Stadtrandgebiet, vorbei an ehemaliger NVA-Kaserne, Asylantenheim, Kleingartensiedlung, Sachsenring-Betriebsgelände, um nachzusehen, was aus Fabrik und Fabrikat geworden ist. Hinter dem geschlossenen Werkstor herrscht Stille, nichts als der leere Hof, graue Betriebsgebäude und ein hoher Schornstein sind zu sehen.

Nicht weit davon liegt ein unscheinbares Friseurgeschäft. Innen herrscht sozialistische Schlichtheit. Kunden sind keine da. Die schmucklose Einrichtung vermittelt Sachlichkeit, zugleich schwebt im Raum ein Duft nach Haaren, Shampoo und Chemie. Die Meisterin, vom Lehrmädchen herbeigerufen, ist eine resolute Frau in mittleren Jahren: »Zur Sanitas wollen Sie? Da kommen Sie zu spät. Die haben zugemacht. Seit Weihnachten arbeitet da keiner mehr. Dort ham sie ja Büstenhalter genäht, Mieder, aber zum Schluß mußten sie alles mögliche zusammennähen, nur damit sie nicht schließen müssen. Aber sowas nähen die da unten in Ho-Chi-Minh-Stadt heute für ein Butterbrot. Ja, schade drum.«

Ich frage, was sie von West-BHs hält. »Schrecklich! Die ganze Form ist nichts, hier, gucken Sie mal«, ruft sie aus und knöpft ihre Bluse auf, »das is doch nichts, das drückt mir ja alles zusammen und preßt es runter. Man kriegt ja einen Hängebusen von. Früher, mit unseren, da hatte man seinen normalen Busen, aber jetzt, sehn Sie sich das doch mal an, das Teil hier ist viel zu lang, deshalb drückt es nach unten, und dieses Stück ist wieder viel zu kurz.« Das Lehrmädchen bestätigt: »Es drückt mir in der Mitte alles auseinander und am Rücken kneifts.« Die Meisterin fährt fort: »Ich möchte Sie ja nicht beleidigen, Sie sind doch aus dem Westen, ja, sowas sehe ich doch, aber Ihre Büstenhalter, die sind ... die taugen einfach nichts. Unsere, die waren elastischer, die hatten die richtige Paßform, also genau wie das Körperteil. Die Brust, möcht ich mal sagen, die hatte in unseren ihren richtigen Platz. Aber die aus dem Westen, die können Sie grade mal unter einer Bluse anziehen, unterm Pullover nicht, das sieht einfach unmöglich aus.

Ehrlich gesagt, es ist nicht alles schön, was von euch kommt, wirklich nicht, das muß man einfach mal sagen. Die paar, die noch Arbeit haben, von denen traut sich keiner mehr, den Mund aufzumachen, die kriegen immer nur zu hören, daß vor der Tür schon die Schlangen stehn. Heute ist die Existenzangst und die Angst um den Arbeitsplatz schlimmer als früher vor Bautzen. An sich, unser Sozialismus, der war gar nicht mal so schlecht auf eine Art. Der wurde nur schlecht ausgeführt, aber wie ist das mit eurem Kapitalismus, ist es da anders? Ich hab sie sitzen sehn drüben, die Bettler auf der Straße, und das mit den Drogen und alles, ich sag Ihnen was, da ist auch der Wurm drin, das wird auch wieder abgelöst werden, das westliche System. Na ja, und was die Sanitas betrifft, schaun Sie einfach immer mal, eigentlich ist der Chef noch dort, der könnte Ihnen alles genau erzählen. Wenn er da ist, dann steht immer sein Mercedes im Hof.«

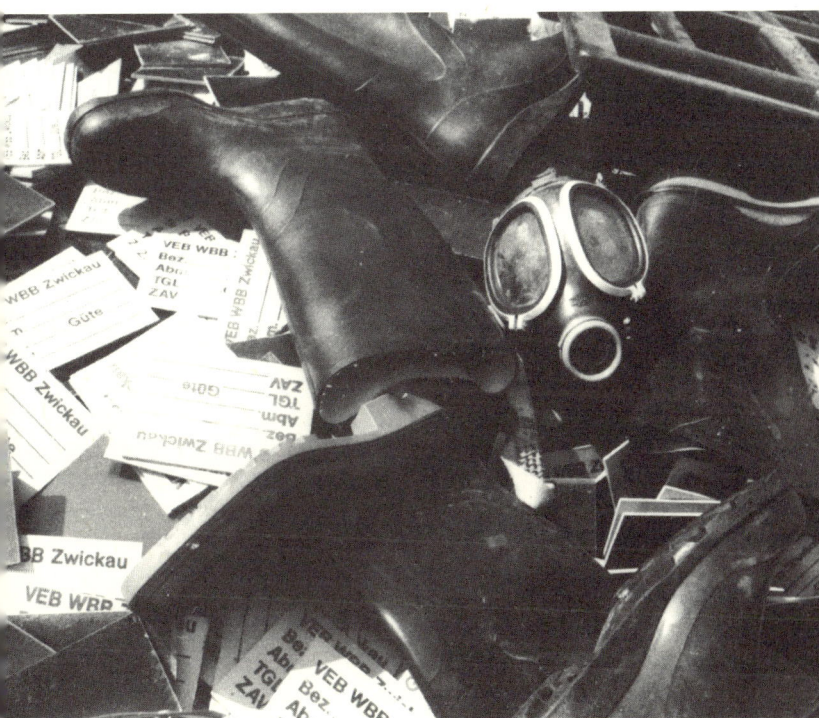

Mangel an Deckung

Endlich, nach mehreren vergeblichen Versuchen, jemanden anzutreffen, steht das Fabriktor offen, parkt im Hof ein dunkler Mercedes, von dem ich annehme, daß er dem Direktor gehört. An der verstaubten Pförtnerloge liegt der Katalog eines westdeutschen Büroartikelherstellers, adressiert noch an den alten Firmennamen »Sanitas«. Eine Weile nachdem ich geklingelt habe, erscheint der Pförtner und führt mich, auf meine Frage nach dem Direktor, umstandslos ins Haus und die Treppe hinauf zum ersten Stock. Das Treppenhaus ist holzgetäfelt, der Fußboden glänzt matt. Wir durchqueren ein Vorzimmer, wohl das der ehemaligen Chefsekretärinnen. Zwei Schreibtische, auf denen noch ein paar Utensilien liegen, ein alter Fernschreiber im dunklen Holzgehäuse mit schönen Schreibmaschinentasten, diverse Ordner, leere Regale, mehr ist nicht zu sehen. Die hohe Tür zum Direktionszimmer steht offen, der Pförtner klopft an die dicke Polsterung, deutet gelangweilt auf den Schreibtisch, hinter dem der Direktor sitzt, und geht wortlos.

Im großen, kahlen Raum ist es dämmrig, die Vorhänge an beiden Fensterfronten sind zugezogen, nur ein schmaler Lichtstrahl dringt noch ein und liegt als heller Streifen auf dem Parkettboden. An den Wänden hängen verglaste Fotografien, auf denen junge Frauen — ohne jede Anrüchigkeit — in der Unterwäsche aus vergangenen Produktionszeiten posieren. Ganz am Ende des Raumes, quer vor einer Ecke, steht verloren der Schreibtisch. Ein Herr im dunklen Anzug erhebt sich, schaltet das Kofferradio aus und begrüßt mich ein wenig irritiert. Er wirkt sehr angelsächsisch, mit Schnurrbart und tragischem Gesichtsausdruck. Auf dem verbliebenen Besuchersessel wird mir Platz angeboten. Während ich mein Anliegen vortrage, rückt er zerstreut einzelne Gegenstände auf seinem Schreibtisch zurecht; Werbegeschenke mit

Mangel an Deckung

Firmenaufdruck, einige halb beschriebene Blätter, das stark gewölbte lederne Portemonnaie. Ein Kapitän auf der Brücke seines untergehenden Schiffes.

Heftig rauchend, mit einem tief gesprochenen weichen Sächsisch, erzählt er von der Havarie:

»Sie sehen, es ist aus mit uns. Voriges Jahr im Sommer konnten wir noch hoffen und bangen, zum Jahresende mußten wir schließen aus Mangel an Aufträgen. Früher haben wir Büstenhalter, Mieder, Unterwäsche, Korsagen und solche Dinge produziert, unsere Erzeugnisse gingen in die SU, in die BRD zu Neckermann und Quelle, nach Frankreich, bis hinunter nach Bahrain. In guten Zeiten hatten wir bis zu 500 Beschäftigte hier, daneben noch weitere in Außenstellen. Wir gehörten zum ›Kombinat Trikotagen‹, das hatte seinen Sitz in Karl-Marx-Stadt und wurde am 30.6.1990 liquidiert. Unter den veränderten Bedingungen mußten wir also einen eben noch gut funktionierenden Betrieb runterfahren, viele Frauen entlassen, in Ungewißheit schweben wegen ungeklärter Eigentumsverhältnisse und, letzter Versuch, ohne Investitionsmittel umstellen auf ein anderes Produkt. Das würde wohl jedem Betrieb den Todesstoß versetzen.

Mit der Dessous-Produktion war es sehr schwierig, so als Newcomer, ohne jede werbliche Unterstützung. Die Sache selbst machte weniger Probleme, wir hatten in unserer Leiterin vom Musterbüro eine gute Designerin, sie hat uns die Modelle entworfen. Ich such Ihnen nachher mal ein paar Prospekte raus. Wir waren auch drüben in Düsseldorf damit, auf der Messe. Da sagte man uns: ›Ganz nett, aber Zwickau, wo liegt das, in der ehemaligen DDR? Danke, das ist uns zu teuer geworden.‹ Andre haben uns geraten: ›Ja, warum produzieren Sie denn das Teil nicht in drei Minuten, so wird das nie was!‹ Wir brauchten sechs Minuten. Drüben aber haben sie Maschinen, die z.B. das Gummiband automatisch mit einnähen. Unsere Frauen hatten nur die alten Maschinen, das Gummiband mußte per Hand eingelegt werden, der Saum drum. Das war beim besten Willen nicht schneller zu schaffen. Aber wozu auch, wir hatten ohnehin

Deutsche Bräuche

keine Aufträge. Wissen Sie, wenn man Treuhandbetrieb ist, da lassen viele Kunden lieber die Finger davon.

Damit Sie verstehen, was sich hier abgespielt hat, will ich Ihnen mal an unserem kleinen Beispiel zeigen, wie die Dinge ineinandergegriffen haben. Früher wurden bei uns so um die zehntausend Stück geschnitten und verarbeitet pro Tag. Das entsprach dem Plan. Jedes Erzeugnis war technologisch durchleuchtet, d.h. für jeden Arbeitsschritt, jede Naht, jedes Modell war eine bestimmte Zeit vorgegeben — ja, ja, da hat man vor brutalen kapitalistisch-tayloristischen Methoden nicht zurückgeschaudert. Der Plan, der von oben kam, war aber oft mit der betrieblichen Leistungsfähigkeit nicht in Übereinstimmung zu bringen. Sie werden sich fragen, wie haben wir den Plan erfüllt? Ganz einfach, bestimmte Modelle wurden in schlichterer Form gefertigt. Damit stößt man schnell an natürliche Grenzen, das ist das Problem.

Und die ökonomische Seite: Also für einen Büstenhalter hatten wir, sagen wir mal, acht Mark Herstellungskosten. Wir bekamen vom Außenhandelsbetrieb dafür acht Mark achtzig, davon haben wir nur behalten, was wir für Löhne, Material usw. benötigten, alles andere ging an den Staatshaushalt. Der Außenhandel aber hat unseren Büstenhalter im Westen weiterverkauft für zwei Mark, wobei die Differenz vom Staatshaushalt getragen wurde — der ganze Wahnsinn nur, um an Devisen zu kommen. Das betraf etwa 35 Prozent unserer Büstenhalterproduktion. Etwa 20 Prozent ging an den Binnenhandel für acht Mark, und der verkaufte weiter an unsere Bürger für zwanzig Mark, um so wieder einen Teil des Verlustes aus dem Außenhandel in den Staatshaushalt zurückzuführen. Die Umrechnungsrelation zwischen DDR-Binnenmark und Valutamark war Staatsgeheimnis. Und der andere Teil der Produktion ging in die SU, aber hier war die Abgabe kostendeckend. Nach der Abschaffung des Transferrubels, am 31.12.1990, haben die Russen allerdings ihre Aufträge storniert, es war ihnen ja nun nicht mehr möglich, hier weiterhin zu kaufen.

Der absolute Gewinner bei diesem Geschäft war selbstverständlich der Westen. Denn, das müssen Sie bedenken, daß aus unserem Staatshaushalt ein Teil Ihrer Büstenhalter zum Billigprodukt subventioniert wurde. Vergleichen Sie mal die Versandhauskataloge aus der Zeit vor und nach der Wende, da merken Sie, man hatte große Probleme mit dem Preisgefüge. Das können wir uns jetzt bitter auf der Zunge zergehen lassen, diese Erkenntnis, daß der von uns so viel bewunderte hohe Lebensstandard im Westen aus dem Dumpinghandel der Dritten Welt und unserem Osten resultiert. Aber die Rechnung für das gute Leben auf Kosten anderer bleibt nicht aus, so wie es jetzt scheint. Man muß nur die Wirtschaftsblätter aufschlagen.

Sicher, das war oftmals reiner Irrsinn, was die DDR-Wirtschaft veranstaltet hat, aber was heute gemacht wird, beispielsweise hier beim Abwicklungsgeschäft, stellt alles in den Schatten. Die Treuhand vergibt Liquidationsaufträge. Da kommen teure Rechtsanwälte aus dem Westen, haben keine Ahnung und machen stur ihre Arbeit. So ein durchschnittlicher Liquidator hat drei bis vier kleinere Objekte abzuwickeln, das bringt ihm mindestens 400 000 Mark. Ein Großer im Geschäft, einer dieser Star-Konkursverwalter, der kassiert zehn Millionen und hat ausgesorgt. Der Westen soll ja auch etwas am Aufschwung Ost teilhaben. Eine Universität bei ihnen drüben, in Bremen, hat eine Studie erstellt über die Stillegung der Hecker-Werke, Werkzeug- und Maschinenbau in Chemnitz. Danach würden die Stillegungskosten bis Ende 1994 363 Millionen, zuzüglich jährlich 70 Millionen für die Beschäftigten betragen, hingegen die Sanierungskosten nur 350 Millionen.

Das würde natürlich voraussetzen, daß ein Sanierungswille besteht und nicht, wie die Realität zeigt, das Gegenteil. Die Vernichtung von Konkurrenzindustrie ist ja gängige Praxis, es ist billig, zu kaufen, zu schließen, Verträge zu brechen, und die Betriebsflächen werden auch nicht gerade verschmäht. Anscheinend ist es egal, was mit den Leuten passiert. Da zerlegen Arbeiter ihre eigene moderne Fabrik für die Verschrottung. Was uns an Arbeitsplätzen vernichtet wurde, in ganz kurzer Zeit, das läßt sich in dreißig Jahren nicht wieder hier aufbauen. Ein Konzept scheint es nicht zu geben. Wo unsere Leute Arbeit nehmen sollen, bleibt ungesagt. Das ist ein unglaublicher Vorgang. Allein, wenn ichs von meinem

Bereich her sehe. Das Kombinat Trikotagen beispielsweise hatte Ende der achtziger Jahre so um die 40000 Arbeitsplätze, insgesamt sind davon noch etwa 2000 übrig, und das größte Textilkombinat, Baumwolle, hatte so 90000 Arbeitsplätze, davon sind nicht mehr als 3000 verblieben, und dieser Rest wird auch noch abgebaut. Das sind Zahlen, die kursieren unter der Hand, die sehen Sie in keiner Statistik. Natürlich verstehen wir das, daß bei der weltweit angespannten Lage auf dem Textilmarkt und anderen Märkten keine Trauer aufkommt, wenn hier alles dichtmacht. Und bei Textil kommen ja noch die ›Lohnveredelungsmaßnahmen‹ hinzu, die Auslagerung der Produktion in die Billiglohnländer, zu denen wir ja nun nicht mehr gehören.

Ich hab den Eindruck, bei uns wird jetzt Lohn und Arbeit ganz abgeschafft. Nur, so reibungslos wie bis jetzt wird die Sache nicht weitergehen. Das erste Aufzucken der sozialen Explosionen können Sie jetzt schon sehen, im Rechtstrend. Am Jahresende wird sich die Situation weiter verschärfen, zum 31.12. laufen sehr viele Verträge aus, und nur für einen Bruchteil gibt es noch ABM u. ä. Ich glaube nicht, daß sich die Leute zu Hause ruhigstellen lassen auf Sparflamme.

Arbeitslosigkeit, das klingt bei Ihnen drüben vielleicht ganz sachlich, sie wird bürokratisch verwaltet, keiner muß erst mal hungern, frieren oder ins Asyl. Aber bei uns ist schon das pure Ausscheiden aus dem Arbeitsprozeß die Katastrophe. Wir sind nämlich kein Volk von Individualisten, von Einzelkämpfern wie Sie drüben, wir sind ein Volk von Kollektiven. Unter uns ist nicht nur unser — wenn auch ungeliebter Staat — zusammengebrochen, auch das gewohnte zwischenmenschliche Gefüge ist vernichtet. Das hatte sich bei uns ganz anders entwickelt als bei Ihnen drüben, das soziale Leben. Man war aufeinander angewiesen, auf gegenseitige Hilfe. Freundschaft, Feindschaft, Geselligkeit, jeder mit seiner unverzichtbaren Eigenart war Bestandteil des alltäglichen Lebens. Zum einen hat der Staat sich um alles gekümmert: Wohnung, Ferienplatz, Krankengeld — dazu leider um vieles, was ihn nichts angeht. Heute fragen sich die Leute, wozu zahlt man dem Staat so viele Steuern, wenn man dann auch noch alles selber machen muß?

Früher, da wars doch so, daß die Frauen hier bei uns nicht nur ihren Schweiß für den Sozialismus vergossen haben. Man hat ein bißchen die rote Fahne geschwungen, und ansonsten wollte man ein möglichst angenehmes Leben, auch bei der Arbeit. Man kannte sich ja oft über zwanzig Jahre und länger, die Kinder wurden in derselben Einrichtung groß, da gabs ein soziales Geflecht aus tausend Fäden. Ob's nun das Betriebsfahrzeug für den Umzug war, die Teilnahme an Hochzeit, Taufe, Jugendweihe oder Todesfall, der Betrieb war immer dabei, war eine Heimat für den Menschen. Ich z. B. habe damals hier kistenweise Apfelsinen und Bananen organisiert für die Frauen, wenn große Aufträge kamen und zusätzliche Schichten anfielen. Da hab ich beim Betriebskollegen von Obst und Gemüse angerufen, und dann gabs ein paar Kisten Apfelsinen und Bananen für eine Kiste Büstenhalter.

Und die Brigaden, die früher so miteinander arbeiteten, feierten, stritten, sind heute aufgelöst. Jeder sitzt bei sich zu Hause und bläst Trübsal, macht ABM bestenfalls. Viele Männer stehen vor dem Kiosk und schieben sich die Flasche in den Hals. Die sozialen Beziehungen sind gekappt, man hat sich nichts mehr zu sagen, weil man nichts mehr miteinander zu tun hat. Das Problem zieht sich durch die ganze Gesellschaft, bis rauf zu den Kulturschaffenden, aber die Arbeiter trifft es am härtesten, weil sie ihm am wenigsten entgegensetzen können.

Das ist ein alptraumhaftes Gefühl, auch für mich, hier in der leeren Fabrik zu sitzen. Der Staat ist weg, die Arbeit, die Arbeiter, und ich beziehe — im Gegensatz zu früher — ein Direktorengehalt, und das auch noch für eine ausschließlich destruktive Tätigkeit. Womit soll man sich da identifizieren? Meinem Staat weine ich keine Träne nach, ich habe die Wende begrüßt damals, aber als das dann anfing mit dem Deutschland-Gebrülle, da gings mir heiß und kalt den Buckel runter. Zu Recht, wie ich heute sehe. Na, und der neue Staat, der ist mir fremd, er ist auch nicht gerade auf die Verwirklichung der Menschheitsideale erpicht. An sich bin ich heimatlos, so wie es aussieht. Mit Anfang Fünfzig bin ich ja im knackigen Alter, alles knackst und knirscht, der Arbeitsmarkt sucht händeringend nach Kräften wie mir. Demnächst muß ich Arbeitslosengeld in Anspruch nehmen. Ob ich nach zwei Jahren dann Arbeitslosenhilfe, Sozialhilfe kriege? Vermögen habe ich nicht, Frau habe ich keine mehr, Eltern sind tot, ich habe also als alleinstehender hilfsbedürftiger Herr eine echte Chance auf staatliche Unterstützung bis zum Ruhestand. Lachen Sie nicht!

Ich habe keine Idee, wie man am geschicktesten in die Startlöcher kommt, wirklich, und selbst wenn, wo ist ein Ziel? Wenn es keine Wahlmöglichkeiten gibt, braucht man sich gar nicht erst etwas vorzunehmen, scheint mir. Außerdem hat man uns bereits dermaßen disqualifiziert und demoralisiert, das hat den Eifer stark gebremst. Sie können sich das wahrscheinlich gar nicht vorstellen, mit welcher Arroganz, ja Unverschämtheit viele Leute aus dem Westen uns gegenüber auftreten. Mittlerweile versuche ich gar nicht erst zu reagieren, wenn ich in dieser herabwürdigenden Art als blöder Ossi behandelt werde.

Ich gebe Ihnen mal Beispiele: Ein Buchhalter, ein Süddeutscher, etwa in meinem Alter, fragt mich: ›Wie können Sie denn so jung schon Direktor einer Fabrik geworden sein, oder waren Sie bei der Stasi?‹, und noch bevor ich antworten kann, fügte er hinzu: ›Von euch Brüdern kriegt man ja doch nichts raus. Aber nun heißt es jedenfalls erst mal Arbeiten lernen, bei uns bekommt man nichts geschenkt. Ich mache jetzt seit dreißig Jahren die Buchhaltung und bin immer noch nicht Direktor.‹ Ich sagte nur noch: ›Das können Sie doch nicht an mir auslassen!‹ und warf die Tür hinter mir zu. Bei einer anderen Bewerbung schrieb man mir, von einer großen Firma, ich solle mich dann und dann vorstellen, und außerdem stand da noch: ›Achten Sie aber bitte auf geschäftsfähige Kleidung, ordentliche Haare und Rasur.‹ Offenbar ist man der Meinung, wir hätten unsere Arbeit im Steinzeitkostüm verrichtet. Da habe ich mich dann zu Hause hingesetzt und geschrieben, daß ich leider zum vorgeschlagenen Termin nicht kommen könne, weil es mir nicht nur am vorschriftsmäßigen Haarschnitt, sondern auch an sonst allem fehle, was mich geschäftsfähig machen könnte für diese Firma. Natürlich bekam ich nie Antwort.

Nun sagen Sie mal ehrlich, das ist doch nicht der gebräuchliche Umgangston bei Ihnen, das macht man doch nur mit uns! Mich erinnert es irgendwie, Sie müssen entschuldigen, an all die unfähigen Beamten und verschuldeten Offiziere, die als Vorposten von Zivilisation und Kultur nach Deutsch-Südwest gingen, um sich dort moralisch und materiell gesundzustoßen.

Ich hatte Gelegenheit, gut aufzupassen und einige der Finten kennenzulernen. Persönlichkeit ist man nicht, die wird kreiert, stilisiert, behängt mit teuren Dingen, umgeben von Arroganz. Wir ehemaligen DDR-Bürger müssen das sehr üben, normalerweise war bei uns der Betriebsleiter, der Wissenschaftler, der Künstler trotz der Privilegien ein ganz zugänglicher Mensch. Wir haben das mit Erstaunen festgestellt, daß bei den meisten westdeutschen Geschäftsführern usw. die Kunst der Selbstdarstellung und Beeindruckung unglaublich ausgefeilt ist; man weiß gar nicht, wen man vor sich hat. Das ist offenbar eine notwendige Überlebensstrategie. Wahrscheinlich darf niemand eine Schwäche zeigen oder gar Anlaß dafür geben, daß man ihn mit einer unwichtigen Person verwechselt. Wir kennen das an sich nur von unseren Politikern; auch, daß man mindestens 50 Prozent von dem, was gesagt wird, sofort vergessen kann. Nur — wir wissen nicht, welche 50 Prozent. Ich habe einen Liquidationsanwalt beobachten können, sein Auftreten, seine Reaktionen, das war beeindruckend, an dem Mann war alles unecht. Kleinste Erfolge hat er zu einem riesenhaften Ergebnis aufgebauscht, jenseits aller Realität; er hat Sachen, die sogar bei uns in der DDR zum Standard gehörten, als absolute Besonderheit herausgestrichen und Dinge, die wir ganz still und nebenbei erledigt haben, mit großen Posaunenstößen verkündet. Dabei hat er geredet und geredet und nie zugehört. Ich frage mich nur, wie das funktioniert, wenn alle sich gegenseitig einseifen und, wohl wissend, daß es so ist, der Schaumschläger dennoch den Zuschlag bekommt! Aber bei aller Komik, wir hier lachen schon lange nicht mehr darüber, wir sehen ja, daß es tatsächlich funktioniert, und *nur* so.

Also, ich kann da nicht mithalten. Mal abgesehen davon, daß es demütigend ist, sich so als Ware zu verkleiden, kostet das Ganze ja viel Geld. Gut, ich hab mir den Wagen zugelegt, einfache Ausführung, das ist aber schon alles. Viele übertreiben es, mit Autotelefon, Autofax, sie haben sich verschuldet, investiert in eine windige Hoffnung; viele dieser Kredite werden notleidend, und dann ist es aus. Da nutzt dann auch die Seidenkrawatte nur noch zum Erhängen.

Und selbst die aus dem Westen kommen ja nicht zurecht mit ihren eigenen Gesetzmäßigkeiten. Sehn Sie sich mal das Westsächsische Bekleidungswerk an hier in Zwickau, das geht jetzt den Bach runter. Die Dreiwochenfrist läuft. Sie haben 12 Millionen Schulden. Noch voriges Jahr im März wurde der Leiter bei uns überall als vorbildlicher westlicher Manager hingestellt, von dem wir alle eine Menge über moderne Betriebsführung lernen könnten. Der galt als einer, der hier praktisch alles aus den Tiefen reißen könnte, wenn seine Kraft reichen würde. Und jetzt? Nun hat er eine Bauchlandung hingelegt, vielleicht schlimmer, als das unsereiner gemacht hätte. Die haben immerhin einen guten Betriebsrat, der, wenns soweit ist, wenigstens die Sozialpläne für die Werktätigen einklagen wird. Aber das ist doch alles eine Katastrophe!

Unlängst war ich in Görlitz, dort war auch einer eingegangen — auch ein Westdeutscher. Der hatte noch das ganze Lager voll mit unserer Ware, die hab ich wieder geholt. Und als ich das alles sah dort, klangs mir auch gleich wieder im Ohr, wie der vorher gehöhnt hat, wenn man die ganze Sache nur richtig angehe, die Marktmechanismen verstehe ... na, und auch der hat seine Pleite hingelegt. Aber ehrlich gesagt, ein Trost ist mir das auch wieder nicht, es zeigt nur, mit welcher Rasanz diese Entwicklung der wirtschaftlichen Verwüstung hier voranschreitet; über Freund und Feind hinweg, um es mal scherzhaft zu sagen. Und von einer zugesagten EG-Stützung für die sächsische Textilindustrie hört man zwar immer wieder, aber bis jetzt ist da noch kein Pfennig angekommen.

Ach, es ist nicht einfach ... nicht einfach ... an anderer Leute Geld zu kommen. Aber das schlimmste ist die Einsamkeit, die Kälte, die überall Einzug gehalten hat. Genauso geht es dem Kollektiv — auch wenn das heute anrüchig klingt —: es wird mit seiner Auflösung seelisch einfach nicht fertig. Irgendwie ist die Situation aussichtslos, also manchmal denke ich: Nur in der Diktatur gibts Hoffnung!«

Veteranen der Arbeit

»Die zunehmende Spezialisierung des Betriebes zu einem Karosserie- und Montagewerk sowie Gelenkwellenwerk ist ein entscheidender Schritt zur Weiterentwicklung des Fahrzeugs ...«
Dr. G. Hipp, Betriebsdirektor
VEB Sachsenring, 1988

Einstmals lagen Schlacht- und Friedhof, die Spinnereifabrik und der gewaltige Gasometer außerhalb von Zwickau. Im Verlauf von fast hundert Jahren ist die Stadt dicht herangerückt, mit Industriebetrieben und Arbeitersiedlungen. Hier, in einer stillgelegten Spinnereifabrik, gründete A. Horch 1904 eine Autofabrik, in der sich Textilarbeiter, Metallarbeiter und Bergarbeiter aus den Steinkohlegruben ans ungewohnte Werk machten. Aber bereits 1909 verließ er wegen Streitereien mit der kaufmännischen Leitung die Fabrik und gründete in der Nähe eine zweite, die er, um Namensgleichheit zu vermeiden, Audi nannte (die latinisierte Imperativform seines Familiennamens Horch).

Durch Rüstungsproduktion im Ersten Weltkrieg gab es einigen wirtschaftlichen Aufschwung, der aber während der Weltwirtschaftskrise wieder dahinschwand. Demzufolge schlossen sich 1932 die vier sächsischen Automobilwerke Audi, Horch, Wanderer und DKW unter dem Zeichen der vier Ringe zur »Auto Union AG« zusammen, in der dann Großaktionäre wie Rasmussen und Thyssen bestimmten. Aus diesen Produktionshallen kamen in den folgenden zwölf Jahren die legendären Rennwagen, mit denen Deutschland internationale Rennen und viel Prestige gewann, aber auch Produkte wie Torpedos, Flammenwerfer, Panzerspähwagen und Flugzeugersatzteile. Nach 1945 wurden die Werke als

Rüstungsbetriebe eingestuft, enteignet und von der Roten Armee im Rahmen der Reparationsansprüche weitgehend demontiert. In den Restbeständen wurden Haushaltsgeräte gebaut, dann Lastwagen, Traktoren und schließlich wieder PKWs. 1948 wurde das IFA-Kombinat gebildet, 1958 schlossen sich die beiden Zwickauer Automobilwerke zum VEB Sachsenring zusammen, das Jahr zuvor war das Geburtsjahr des Trabant 500.

Das Sachsenring-Gelände, 800 000 Quadratmeter groß, in mehrere Werkteile gegliedert, auf verschiedene Areale verteilt, wirkt heute kaum noch betriebsam, eher wie ein riesiges verrottendes Ersatzteillager. Hier lief am 30. April 1991 der letzte »Trabi« vom Band. Heute sind von den 12 000 Werksangehörigen noch 1 500 in Verwaltung und Produktion beschäftigt, die übrigen wurden »sozialverträglich abgebaut«, sind in der betriebseigenen »Aufbau- und Qualifizierungsgesellschaft« untergekommen, im Vorruhestand oder beim Arbeitsamt.

Der Betrieb steht unter Treuhandverwaltung. Die besten Teile wurden bereits herausgebrochen, von Siemens, Naue, Meleghy übernommen; auf dem nördlich von Zwickau gelegenen »Moselstandort« von Sachsenring haben günstig ein britischer Investor und VW zugeschlagen. Für vier Millionen ging das neue Gelenkwellenwerk an den Engländer, VW betreibt (mit hoher Treuhandbeteiligung) das Montagewerk Mosel I, im Aufbau befindet sich Mosel II (100 Prozent VW), in dem bis 1994 angeblich 250 000 Fahrzeuge pro Jahr produziert werden sollen (mit »geringer Fertigungstiefe«, »Just-in-Time«-Zulieferindustrie), wodurch, wiederum angeblich, in der Region etwa 35 000 Arbeitsplätze entstehen sollen. Im übriggebliebenen Sachsenring-Werk versucht man mit Karosseriebau (Zulieferung für VW-Moselwerk), Motoren- und Getriebefertigung, Ersatzteilhandel und Autorecycling zu überleben. Mit 700 Millionen Mark ökologischen und finanziellen Altlasten wird man vergeblich auf einen Investor warten.

Zwischen den drei Sachsenringwerken liegt die Dieselstraße. In den grauen Nachkriegs-Wohnblocks leben Sachsenringarbeiter. Die ältesten unter ihnen haben sie eigenhändig mit aufgebaut. Vor und hinter den Häusern stehen wohlgepflegte Trabanten. Ganz in der Nähe, im Wirtshausgarten unter hohen alten Bäumen, hat sich ein Dutzend kräftiger Sachsenringer versammelt, trinkt Bier und diskutiert lautstark. Von irgendwelcher Presse, ganz gleich, ob Ost oder West, will man anfangs nichts wissen. Aber nach einer Weile erbarmt sich die Männerrunde und rückt für uns ein wenig zusammen. Einen der Älteren, mit auffallenden Augenbrauen, frage ich, ob das hier die Stammkneipe sei.

Zwirbelbraue: Wir sitzen auch oft oben im Clubhaus, im ›Weltniveau‹ ...
Zwischenrufer: Wird was gezahlt fürs Interview?
Gelächter
Zwirbelbraue: Nu laß mal. Wir hier sind alle raus, bis auf den da, und der dort war beim RAW, er hier gehört nicht zu uns, er ist Metzger. Und da sitzen wir nun am hellichten Tag in der Wirtschaft, trinken Bier. Wir sind die Arbeitslosenbrigade bei der Übererfüllung der Norm. Da hinter uns liegt das Werk in Stücken. Noch ist das Sachsenringzeichen drauf, aber damit solls auch bald Schluß sein.
Metzger: Na und? Seid froh! Das ist doch alles vorsintflutlich da drinnen, wie im Mittelalter. Hättet ihr wirklich so weiterarbeiten wollen?
Tumult bricht aus, man rät dem Metzger, das Maul zu halten.
Zwirbelbraue: *beschwichtigend* Was heißt Mittelalter, da stehn genauso auch ultramoderne Maschinen in der Halle, solche hatte selbst Wolfsburg nicht, und das neue Preßwerk, das ist verkauft worden, warum wohl?
Arbeiter A: Für billiges Geld, fürn Appel und 'n Ei.
Zwirbelbraue: Für spottbilliges Geld.
Arbeiter A: Nu denken Sie mal, das war ja alles mal volkseigen, unsers!

Veteranen der Arbeit

Dampfmacher: Und nun gehörts scheinbar der Treuhand, die verschleuderts — Hauptsache, jemand kauft und verspricht Arbeitsplätze.
Arbeiter A: Aber wer hat denn da nun seine ganzen Kräfte reingesteckt, *wir*!
Metzger: Das gehörte nie dem Volk, sondern dem Staat!
Arbeiter A: Warum dann *VEB* Sachsenring? Volk, Staat, ist doch gleich ...
höhnisches Gelächter
Metzger: Ihr hättets euch ja nicht so einfach wegnehmen lassen müssen.
Arbeiter B: *wütend* Du rede nur, was haben wir denn gemacht? Den Betrieb hatten wir besetzt gehabt, das weißt du ganz genau, und keinen hat das gestört, da hat sich absolut nichts getan als Reaktion.
Dampfmacher: Wir konnten ja nicht streiken, da gabs keine Möglichkeit der Gegenwehr.

Deutsche Bräuche

Zwirbelbraue: Die gabs schon. Aber: die Arbeiter waren nicht solidarisch; die einen haben gewußt, sie können noch weitermachen, die andern wußten, daß sie aufhören müssen, daß sie den blauen Brief kriegen, den sogenannten, und da wurde am Pfingstsonntag früh, mittag und nachts gearbeitet.
Metzger: Das war symptomatisch, find ich.
Arbeiter B: Du, irgendwann isser mal voll, der Kanal!
Arbeiter A: Und welche hatten aber auch die Werkstore besetzt.
Zwirbelbraue: Gutes Beispiel, wirklich, was war denn gewesen? Die sind ja durchgelaufen, die Werktätigen, in die Gebäude rein, zur Arbeit, *er* da, zum Beispiel.
Dampfmacher: *heftig errötend* Weil ... ich mußte ja den Dampf machen für die neuen Betriebe. Was sollte ich denn tun? Die sind draußen aus der Sache, kaufen von uns die Energie, ansonsten läuft bei denen nichts, da gibts ja Verträge mit den Privaten, alles. Deswegen haben wir ja auch den Durchlaßschein bekommen und durften rein. Für uns war offen, nur für die Produktionsarbeiter nicht, wir durften rein ...
Zwirbelbraue: Ach was, durften, durften! Grade ihr hättet ja alles lahmlegen können, da hätte sich dann was gerührt.
Dampfmacher: Ja bloß ... die haben den Vorruhestand verlängert bis Dezember, da fall ich mit rein. So. Wenn ich da aufmucke, was passiert denn dann? Dann bin ich doch draußen! Ich hab jetzt 22 Jahre Sachsenring voll, hätte so um die 16000 Abfindung vielleicht, aber damit muß ich dann bis zur Rente reichen. Wie schnell das Geld weg ist, seh ich ja rundum; wenn ich aber übernommen werde, drei Jahre länger arbeite, dann hab ich die 16000 theoretisch schon in einem Jahr wieder

	rein, hab aber noch zwei Jahre. So. Da sag ich mir doch, meine Devise ist: nicht auffallen, nicht in den Vorruhestand gehen, noch bleiben, solange es geht.
Zwirbelbraue:	Das ist es eben, jeder sieht nur noch stur das Seine.
	beifälliges Gebrumme
Dampfmacher:	Ihr habt gut reden, meine Frau kriegt keine Arbeitslosenunterstützung, keine Rente, nichts, da bin ich der alleinige Ernährer. So. Und wenn nun wieder 'ne Mieterhöhung kommt, und alles, und ich bin in Rente, wie soll ich denn dann die Kosten bestreiten?
Arbeiter A:	Ist das nicht eine Schande? Wir haben unser Lebtag gearbeitet, und nun können wir uns nicht mal mehr einen Streik leisten.
Metzger:	Aber die westlichen Konzerne tun sich hier auf unsere Kosten gesundstoßen, wollen wir doch mal ehrlich sein, uns geben sie hier maximal 70 Prozent vom Lohn drüben, aber die Preise sind dieselben.
Arbeiter A:	Schon zu DDR-Zeiten ist doch von uns alles ganz billig produziert worden für den Westen.
Metzger:	Da brauchte sich kein Westkonzern selber die Hände schmutzig machen, sogar Schokolade haben sie hier produzieren lassen in Wilkau-Haßlau.
Dampfmacher:	*triumphierend* Die Gummibärn ja auch!
Zwirbelbraue:	He, Herr Wirt, mir noch mal dasselbe ... Ja, da ist 'ne Menge gemacht worden von uns, auch VW-Motoren bei Barkas ...
Metzger:	Gucken Sie mal, so ein Lackierer heute im Moselwerk draußen, der kriegt von VW seine 2000 mit 23 Jahren, gut, aber warum hat VW Werke in Spanien stehn, in Amerika ...?
Zwirbelbraue:	In der Tschechei, noch billiger, na also!
Arbeiter B:	Ich sag nur eins, denkt mal später an meine

	Worte, die bauen Skoda aus, und Mosel wird wieder dichtgemacht, wetten? Aber erst mal lassen sie tüchtig ranklotzen, da weht ein anderer Wind.
Arbeiter A:	Wir ham auch rangeklotzt!
Zwirbelbraue:	Aber das haben wir schon auch selbst bestimmt, wieviel. Sie müssen sich das so vorstellen: Der Arbeiter hat sein Tempo vorgelegt in Maßen, und wer's konnte, nach der Uhr arbeiten — das muß nämlich gelernt sein —, der hat die Herren noch alle verarscht.
Arbeiter B:	In dem Moment, wo man ein bißchen mehr eingerechnet hat, war schon der Normer da und hat dir was abgezogen. Da war nix mit Bestarbeiter und so, man mußte ganz genau abwägen, wie weit man geht.
Zwirbelbraue:	Die Kapazität ist im Lauf der Jahre immer mehr überausgelastet worden; also, es wurde immer mehr herausgenommen: Putzbereich, Reparaturteil und anderes.
Arbeiter A:	Bei uns wurde mit einmal nur noch sonnabends geputzt, nur so.
Metzger:	Da muß man sich dann auch nicht wundern, wenn das Produkt lauter Murks ist.
Zwirbelbraue:	Unsinn! Niedergeschlagen hat sichs vor allem auf die Grundmittel, auf die Maschinen, die Gebäude, ihren schnellen Verschleiß ohne Ersatz ... und natürlich auf uns, die Arbeiter.
Arbeiter B:	Jawohl!
Metzger:	Also doch alles vorsintflutlich! *Man ignoriert ihn.*
Arbeiter A:	Oft, wenn Teile gefehlt haben, sind welche losgebrettert, um sie zu holen, durch die ganze Republik. Wir ham immer gesagt, gut, daß wir nich größer sind, sonst müßten wir bis Wladiwostok donnern.
Arbeiter B:	Hätt ich gerne gemacht.

Dampfmacher:	Das ging ja noch, aber die Herumfahrerei hier, quer durch den Betrieb. Bei uns, in Werk eins, sind sie geschliffen worden, dann gings ins Werk drei, dort wurden sie getaucht, dann ist sie geklammt worden, die Karosse, und nun kam so ein Hänger, da gingen vier drauf, mit denen gings weiter nach Werk zwei, da kam der Motor rein, die Sitze und alles, dann gings zu guter Letzt wieder nach Werk eins rüber zum Verladen. Die Kombis kamen nach Meerane und von dort wieder nach Zwickau.
Metzger:	Der Trabant 601, wissen Sie, warum der so hieß? 600 warten und einer kriegt ihn.
	keine Reaktion in der Runde
Arbeiter B:	Wenn man das betrachtet, dann war die ganze DDR das Betriebsgelände vom Sachsenring.
Dampfmacher:	Wahnsinnig umständlich haben wir produziert, und die Technologie — einfach sagenhaft, wenn man vergleicht, auch der Preis war zu teuer.
Zwirbelbraue:	So einfach ist das nicht, in den letzten Jahren hat der Staatshaushalt ja jeden Trabant mit 3000 Mark bezuschußt, damit nicht noch teurer wird. Das war von Anfang an so, der erste Trabant kostete damals 8000 Mark, und drüben war der VW für 4500 zu haben, der Käfer.
Dampfmacher:	Auf Dauer wär das alles bei uns sowieso nicht mehr gutgegangen! Mehr als arbeiten konnten wir nicht.
Zwirbelbraue:	Da können Sie auch mal sehen, daß dieses elende Vorurteil, von wegen, wir im Osten können nicht arbeiten, daß das absoluter Quatsch ist. Richtig ist: bei euch drüben im Westen, da würde kein Mensch so arbeiten können, wie wir gearbeitet haben. Nicht mal ein Ausländer, nicht mal der. Weil, was ihr

Deutsche Bräuche

da macht, den ganzen Tag in hellen, gut belüfteten Hallen, mit allem, was ihr braucht, am modernen Fließband stehen, sich keine Gedanken machen müssen, das ist keine schwere Arbeit in unseren Augen, das kann jeder Roboter. Wenn du dir aber ständig Gedanken machen mußt, woher kriege ich dies und jenes, womit ersetze ichs, wie löse ich das Problem, dann weißt du, was das heißt: Mein Arbeitsplatz ist mein Kampfplatz.
Metzger lacht ausgiebig.

Arbeiter C: Also, ich will nur mal sagen, ich bin Sachsenringer und Sachse, ich weiß, was Arbeit ist. Wenns früher in Mecklenburg nicht so recht vorwärtsgegangen ist, dann hat man uns Sachsen aus den Betrieben geholt und raufgeschickt, damit wir ihnen behilflich sind, beim Erlernen der Arbeit. Dort hat man teilweise ja noch den Mond mit der Stange hochgeschoben morgens. Aber nach einer Weile gings dann, wenn sie gemerkt haben, wie man das macht mit der Arbeit.

Dampfmacher: Bei uns hier jedenfalls war die Arbeit schlecht organisiert, und dann, das ganze Rumgewürge mit über hundert Zulieferbetrieben war auch nicht ökonomisch. Aber die Betriebsparteiorganisation und alle waren ja blind und taub.

Zwirbelbraue: Tausend, es waren über tausend Zulieferbetriebe, aber das kann es nicht gewesen sein, VW will das draußen im Moselwerk ja auch machen, 20000 Arbeitsplätze solls in der Zulieferindustrie geben, sagen sie.

Dampfmacher: Nur, die müssen auf die Minute genau ans Band liefern, ob's Eis oder Schnee hat, wenn nicht, kriegt bald ein anderer den Auftrag.

Arbeiter A: Aber wenn Stau ist?

Dampfmacher: Blaulicht und ein paar weiße Mäuse vor, und dann baun sie die Straße aus.

Veteranen der Arbeit

Zwirbelbraue: Aber hier ist das was anderes, nicht wegen besserer Organisation, damit es alle leichter haben, machen die das, nein, VW will sich den Rücken frei halten, auf Kosten vom Zulieferer, der alleine das ganze Risiko trägt mit Materialbestellung, Lagerhaltung, Fertigung, Produktionsausfällen, Transport. Ich sage euch, das ist zu unserm Schaden, wenn die ganze Region hier von *einem* großen Auftraggeber vollkommen abhängig ist.

Arbeiter B: Und überlegt mal, was, glaubt ihr, werden die Werktätigen drüben im Westen, in Wolfsburg und Emden wohl sagen, wenn sie auf Kurzarbeit gesetzt werden, und bei uns hier läufts, na?!

Zwirbelbraue: Wenn da irgendwas schiefgeht, machen die ganz schnell dicht hier. Ich hab gehört, daß der Konzern in Mexiko ein Zweigwerk hat, da wurden nach einer Woche Streik alle 15000 Arbeiter entlassen. Man hat gesagt, wenn das nicht funktioniert mit der Produktion, dann machen wir das Werk zu und verlegen es dahin, wo man Arbeitsplätze braucht.

Metzger: *höhnisch* Das ist der Kapitalismus, den wolltet ihr doch alle, dann dürft ihr jetzt auch nicht jammern.

Arbeiter B: Du warst doch schon vorher einer von denen ...

Arbeiter A: Also, für mich hat sich das alles nicht gelohnt, weiter als bis zur Lüneburger Heide war ich noch nicht drüben, die Preise kann man sich ja nicht leisten; also ich hätte verzichten können.

Metzger: Das sagst du, weil du Paris noch nicht gesehen hast, dann würdest du nicht so dummes Zeug reden.

Arbeiter B: Ist doch großer Quatsch, was hab ich vom Sehen, wenn ich dafür meine Arbeit auf-

	geben muß, meinen ruhigen Schlaf, meine niedrigen Preise, wenn ich mir nicht mal mehr meine eigene Ostsee leisten kann?
	beifälliges Brummen in der Runde
Arbeiter A:	Ja, für die Jugend vielleicht, die sowas braucht, aber ich heute nicht mehr. Wir, grade im Sachsenring, wir hatten doch mehr als 10000 Ferienplätze im Jahr, um diese Zeit war früher doch jeder von uns schon irgendwo in Ferien gewesen, und heute?
Metzger:	Sind jeden Tag Ferien.
Zwirbelbraue:	Also sagen wir's mal so: Jeder Bereich hatte seine Ferienplätze zugeteilt bekommen. Bei mir haben ungefähr sechzig Mann gearbeitet, dafür gabs dann vieleicht 6–12 Plätze. Die andern warn beim Feriendienst, bei Oma im Garten, beim Camping oder sonstwas. Also, *so* prachtvoll war das auch nicht.
Dampfmacher:	Man konnte nicht einfach sagen, ich will an die Ostsee, das wurde regelrecht überhört, man mußte immer einen Ausweichplatz angeben, und den gabs dann, wenn man Glück hatte, im nächsten Jahr. Ostsee, das war was für die anderen. Für uns gabs Erzgebirge, sowas, oder auch nichts.
Metzger:	Also das stimmt doch gar nicht! *Ich* habe ohne weiteres immer einen Ferienplatz vom Sachsenring bekommen, immer!
Dampfmacher:	Das waren Rückgabeplätze, die nicht in der Saison waren, das waren viele ...
Metzger:	Schöne Plätze.
Arbeiter B:	Was haste denn geschmiert — fünf Schinken, drei Würste, 'ne Zunge?
	schallendes Gelächter der Runde
Brigadier:	Ich habe bis jetzt nichts gesagt, ich bin ja beim RAW gewesen, aber ich hab noch ein anderes Problem. An dieser Runde sieht man es auch, daß hier eine ganze Generation abserviert wird, sogar mehrere Generatio-

Veteranen der Arbeit

	nen. Wir werden vor die Tür gestellt und mundtot gemacht. Das ist für mich so bitter, hier jeden Tag zu sitzen, wir reden, aber nutzen tut es absolut nichts. Gut, heute sitzt zufällig die Presse bei uns am Tisch, vielleicht erfährt jemand was von uns. Wir stehen mit einmal vollkommen machtlos da, das ist zum Weinen.
Arbeiter B:	Ich habe auch geweint, als der letzte Trabi vom Band ging ...
Zwirbelbraue:	Du warst nicht der einzige, der geweint hat. Wenn man Abschied nehmen muß von seiner Halle, vom Kumpel, mit dem man zwanzig, dreißig Jahre zusammengearbeitet hat, das tut weh, sowas zerreißt einem das Herz.
Brigadier:	Und dann, wenn du draußen bist, raus aus dem Produktionsprozeß, dann hast du nichts mehr zu melden. Genau wie ein Kind, ein Alter oder Kranker ist man irgendwie unmündig und auf fremde Hilfe angewiesen ...
Arbeiter B:	Man müßte sich irgendwie zusammenschließen, was ist denn eigentlich mit diesem Dings da, diesem Komitee ...
Brigadier:	Für Gerechtigkeit, meinst du das?
Arbeiter B:	Ja, also in Chemnitz gibts das schon, das weiß ich, aber hier in Zwickau ist noch nichts bekannt.
Arbeiter A:	Das ist doch das Komitee, wo der Gysi drin ist?!
Arbeiter C:	Der ist ein Jude!
Dampfmacher:	Und der Diestel ist auch drin.
Arbeiter C:	Der ist auch Jude!
Dampfmacher:	Der?
Arbeiter C:	Ja freilich!
Arbeiter B:	Das ist mir doch egal, die interessieren mich beide nicht, wir sind hier in Sachsen und können unsere eigene Sache machen.
Arbeiter C:	Sache machen, Sache machen ... wen soll denn das zum Zittern bringen, wenn wir uns

	alle hinsetzen und unsere Klagelieder singen? Das ist ja keine richtige Partei und nichts, die haben doch weder Einfluß noch sonstwas. Sowas hat doch gar keinen Zweck.
Arbeiter B:	Aber gerade mit den Parteien hats ja keinen Zweck, das haben wir jetzt am eigenen Leibe erfahren mit der CDU. Und auch die andern ... da hat sich doch dieser FDP-Politiker hingestellt und gefordert, daß die Trabis und Wartburgs weg müssen von der Straße.
Arbeiter A:	*wütend* Also ich fahr meinen Trabi, bis ich ihn eigenhändig zum Schrottplatz bringen muß. Ich hab bessere Abgaswerte wie die ganzen Gebrauchtwagen aus dem Westen, die hier rumfahren, sogar besser als der Opel Kadett mit Katalysator.
Dampfmacher:	Unsere Autos sollen deshalb weg, damit sie uns ihre verkaufen können. Was machen denn unsere Leute fast alle mit ihren Abfindungen? Sie schaffen sich Westfahrzeuge an. Und dann? Das ganze Geld ist weg!
Arbeiter A:	Ich laß mir von keiner Partei mehr was vorschreiben.
Arbeiter C:	Genau, vollkommen richtig. Deshalb brauchen Sie auch nicht zu denken, daß bei der nächsten Bundestagswahl die Partei, die jetzt von Kohl geführt wird, wieder zum Zuge kommt. Wir Sachsen wählen diesmal anders. Aber nicht nur wir, das ganze Volk wird anders wählen bei uns, und wie, das werden die da oben dann schon sehen!
Arbeiter B:	Was meinstn — rechts, oder was?
Arbeiter C:	Aber sicher!
	Allgemeines Schweigen, man greift zum Glas.
Arbeiter A:	Na, eigentlich ... man müßte denen oben schon mal eine Ditsche geben.
Arbeiter C:	Damit sie merken, was es geschlagen hat.
Arbeiter A:	Ja, dann fällt ihnen vielleicht mal was auf.

Arbeiter B:	Nix merken die, nichts fällt denen auf!
Brigadier:	Protestwahl nach rechts, das bringt doch nichts ein, Leute.
Arbeiter C:	Nach links geht schon gar nichts, davon haben wir den Hals voll bis dahin.
Zwirbelbraue:	*erregt* Jetzt müßt ihr euch aber fragen, wer ist denn dann der Geschädigte? Habt ihr euch das überlegt? Nicht der Kohl, nicht der Ministerpräsident, nicht der Bürgermeister — nein, wir sinds, die ewig Dummen, die das auslöffeln müssen. Ihr müßt bedenken, daß wir heute nicht die soziale Marktwirtschaft haben, wie sie uns immer sagen, das ist glatt fürn Arsch, was wir hier haben, das ist härtester Kapitalismus. Wir Älteren kennen den noch vom vorigen Mal. Wir wissen auch genau, daß man ihn nicht von rechts bekämpfen kann, nur fördern, ja. Die ganzen Konzerne werden euch danken und gleich mitwählen. War alles schon da, im Faschismus.
Arbeiter C:	Und ist immer noch da. Wer hat denn VW gegründet? Wer? Und wie stehn die heute da weltweit! Die sitzen hier dick bei uns drin, nicht wir bei denen. Das hat sich doch bewährt, dieses System, und nicht unseres!
Zwirbelbraue:	Unsere Wirtschaft jedenfalls ist vor allem am kapitalistischen Westen kaputtgegangen und weil wir von unseren sowjetischen Brüdern so abhängig waren, daß wir alle Rohstoffe zu überhöhten Preisen abnehmen mußten von ihnen. Man muß doch die Dinge mal auseinanderhalten! Also ich hab genug, ich gehe jetzt. *steht auf und stößt ärgerlich seinen Stuhl zurück*
Brigadier:	Bitte nicht explodieren, Freunde. Und wenn, dann in die richtige Richtung.
Dampfmacher:	Was ist die richtige Richtung?

Erotic-Shop in Meuselwitz

Meuselwitz, unauffällige Kleinstadt mit zehntausend Einwohnern, liegt mitten in einem Braunkohlerevier im nordöstlichsten Zipfel Thüringens, zwischen Sachsen und Sachsen-Anhalt. Die Gruben sind geschlossen, von den ehemaligen Industriebetrieben liegen die meisten in den letzten Zügen oder sind bereits »abgewickelt«. Es gibt noch etwas Werkzeugmaschinenbau, Eisengießerei, Gummiverarbeitung sowie einen Restbestand Textilfabrikation, die, wie zur Versinnbildlichung harter Zeiten, statt der traditionellen flauschigen Babydecken, nun Automatten und andere technische Textilien erzeugt. Neben der landesüblich hohen Arbeitslosenrate und den dazuwuchernden Billigmärkten hat die Stadt auch noch ein großes Einkaufszentrum, Fernwärme, eine in Rathausstraße umbenannte Friedrich-Engels-Straße, einen christdemokratischen Bürgermeister, ein geschlossenes Lichtspielhaus, diverse Bildungsstätten, ein als Badesee beliebtes Tagebauloch, zahlreiche wohlgepflegte Kleingartenanlagen der ehemaligen Kumpel und Fabrikarbeiter, eine Disko im Klubhaus der Kleingärtner; dann gibt es noch ein Gutshaus mit Park und barocker Orangerie, einst Altersruhesitz von Veit Ludwig von Seckendorf, einem 1682 verstorbenen und berühmt gewesenen Nationalökonomen, Staatsmann und Kirchenhistoriker, Verfasser des *Commentarius historicus et apologeticus de Lutherismo* und des Grundlagenwerkes *Der Fürstenstaat*.

In der Republik, 310 Jahre später, kann sich der Bürger allerhand herausnehmen, so auch »taufrischen Thaiimport mit dem sanft naturgeilen Verwöhnprogramm«, »zwei Polenmädel, Faustfickliebhaberinnen«, eine »junge Mutti« aus Leipzig, die für sich und den vierjährigen Sohn liebevolle Aufnahme sucht und dafür »einen Körper voller Leiden-

Erotic-Shop in Meuselwitz

schaft« eintauscht. Dietmar, blond, blauäugig, muskulös, massiert in Mecklenburg-Vorpommern Damen, Homos, Lesben, Bisexuelle und Transvestiten »ohne GV bis zum Orgasmus«; ein junges Unternehmerpaar möchte »Massage- und Bondagespiele gern wahrnehmen«, Haus und Auto vorhanden in Sachsen-Anhalt für niveauvolle bis perverse Spiele, »Sauberkeit und Gesundheit werden erwartet und geboten«; ein Unternehmerpaar aus Wittenberg hingegen bietet »tabulosem Mädchen« Taschengeld; »Klistiere im Raum Sachsen«; in Berlin winken einer Sklavin statt Kettenverlust »Spitzenverdienst und Wohnmöglichkeit«, wohingegen in der Stadt, die unlängst noch Karl-Marx-Stadt hieß, ein Ehemann dringend Maskierte sucht, die seine Frau die Treppe hinabstoßen, in den »(Party)-Keller«, wo sie dann »gefickt und angepißt« werden soll, »Diskretion wird gewahrt und erwartet«. »Sexspiele, von denen wir bisher nur träumen konnten«, jubiliert ein Paar, auch aus Chemnitz; und ein anderes berät, ob Mutti sich ein schweres Vorhängeschloß anbringen lassen soll am Genital, vom Fachmann, in Westberlin. Vorruheständler dürsten nach »NS-Spielen« was »Natursekt« heißt und nicht Nationalsozialismus. In den Osten verzogene Unternehmergattinnen suchen Peiniger zur Züchtigung ihres »Ehesklaven, GV, sonstige Besamung oder Gespräche sind unerwünscht. Nachmittagsbehandlung im Freien möglich.«

Diese reichhaltige Angebotspalette finden interessierte Neubundesbürger in einem bebilderten Kompendium zur herrschenden Ökonomie, namens *(S)EX-DDR aktuell,* hergestellt und vertrieben von einem auf Sex-Anzeigenmagazine spezialisierten westdeutschen Verlag.

An der Bundesstraße, die durch Meuselwitz führt, wirbt eine Reklametafel mit kurvenreichem Frauenbild in 50er-Jahre-Manier für den Erotic-Shop. Nach kurzer Suche in kleinstädtisch-bäuerlichen Straßen findet sich endlich ein Hinweis zur Seitengasse, wo in einem grauen Hofgebäude, das vermutlich einst Stall war, Getränkestützpunkt und Erotic-Shop residieren. Eine steile Holztreppe führt unters Dach in zwei kleine Räume. Der Bodenbelag wellt sich, die Dielen knarren, in den Regalen stehen, mit den Bildseiten zum Kunden,

Deutsche Bräuche

Videokassetten und Heftchen, Genitalien, Hintern, Brüste. Wie vom Konditor gemacht für die Auslage. Gerade als ich die ordentlich am Ständer aufgehängte Reizwäsche betrachte, betritt eine verlegen lächelnde Hausfrau in mittlerem Alter den Raum und eilt hinter ihren Verkaufstisch. Er ist überladen mit Dildos, Kondomen, Scherzartikeln. Sie vollführt mit der Hand einen Kreis in der Luft und sagt in weichem Sächsisch: »Sehn Sie sich nur um bei uns. Suchen Sie etwas Bestimmtes?«

Nach leichtem Zögern ist sie bereit zu erzählen, wie es zur Geschäftsgründung kam:

»Wir existieren seit Herbst 1990, im Oktober haben wir eröffnet. Mein Mann ist da draufgekommen, ich nicht. *lacht* Das kam so: wir sind beide arbeitslos geworden. Ich bin Friseuse, mein Mann ist Polizist, er war im Strafvollzug beschäftigt. Wir hatten da einen Bekannten, der dasselbe in Altenburg macht, mit dem hat mein Mann sich zusammengetan.

Zu Beate Uhse wollten wir nicht. In der DDR hat ja damals gleich ein Großhandel aufgemacht, bei dem haben wir für uns bestellen können, zu guten Konditionen. Aber wir ham uns geirrt, denn leben können wir nicht davon. Es war eine Fehlkalkulation, leider. Sowas geht vielleicht in der Großstadt, mag sein, aber hier in Meuselwitz...

Am Anfang war das noch anders. Als wir aufgemacht haben, da standen sie Schlange unten. Sowas kannte man ja bei uns hier in der DDR nicht. Aber allmählich ist das Interesse und die Neugier zurückgegangen, der Verkauf auch, sogar der Video-Film-Verleih. Das einzige, was immer geht, das ist ein echter Verkaufsschlager, dieses Heft hier. *Sie deutet auf einen Stapel des eingangs zitierten Sex-Anzeigenblattes.*

Aber sonst... Sie müssen bedenken, hier ist ja alles arbeitslos momentan, keiner hat mehr was. Kein Betrieb mehr, der hier ordentlich arbeitet. Und in so einer Situation überlegt man sich dann natürlich, ob man für *sowas* Geld ausgibt, das ist ja klar. Essen und Trinken muß sein, Kleidung, das Wohnen; gut, die Sexualität vielleicht auch noch,

Erotic-Shop in Meuselwitz

aber *lacht* dafür braucht man das alles hier ja eigentlich nicht, denn vorher *lächelt* sind wir auch sehr gut ohne ausgekommen, oder?

Sehnse mal, so ein Video-Film, der kostet für 24 Stunden 2,50 oder 3,50 DM bei uns, das ist ja eine ganze Menge Geld, und hinterher hat man nichts in den Händen.

Na gut, sagen wir mal so, es gibt immer welche, die wiederkommen, ein paarmal die Woche, am Wochenende. Die Stammkundschaft, die sich daran gewöhnt hat, die uns braucht und der das Geld an sich egal ist. Die sind richtiggehend darauf angewiesen. Aber der große Boom, der ist vorbei, absolut. Und ob nun irgendwas Neues kommt, das kann ich mir eigentlich nicht richtig vorstellen. Was könnte das sein? Es gibt ja nichts, was es nicht gibt auf dem Gebiet.

Am Anfang habe ich mich natürlich etwas geschämt, ich hab Bedenken gehabt, daß mich die Nachbarn nicht mehr grüßen werden, wenn erst mal bekannt ist, was wir hier anbieten. Aber was soll ich Ihnen sagen, eher das Gegenteil war der Fall. Man war ganz besonders freundlich zu mir, das war prima, fand ich. Wie soll ich das erklären, es liegt wohl teilweise auch an unserer freizügigen Erziehung hier. Man ist nicht so verklemmt wie anderswo vielleicht. Die Kirche hatte bei uns ja nichts reinzureden in die Erziehung, in die ganzen körperlichen Dinge, wie bei Ihnen drüben, so hab ich es gehört. Es ist komisch, aber ich hab immer den Eindruck, daß man drüben im Westen irgendwie prüder ist. Es war zwar das alles schon immer da, aber ich glaub, in Wirklichkeit haben die Leute im Westen Angst davor oder sowas.

Na ja ... Und was übrigens bei uns noch sehr gut geht, das sind die ganzen Scherzartikel hier. Sehnse mal, z. B. diesen Artikel verkaufen wir ununterbrochen. *Sie nimmt eine nach VEB-Produktion aussehende rote Thermoskanne aus dem Regal, schraubt die Verschlußkappe auf und weicht in gespieltem Entsetzen vor dem herausschnellenden überlebensgroßen Gummipenis zurück.* Na, die, die noch Arbeit haben, die nehmens gerne mit, das können Sie sich denken. Man weiß ja nie, wie lange noch. Sie zeigen es den Kollegen, erschrecken die Frauen im Büro, sowas halt, auch für die Freizeit, wenn man will. Aber ich sage das immer ausdrücklich dazu, damit es keine Verwechslungen gibt, das ist ein reiner Scherzartikel, den kann man anderweitig nicht verwenden, ansonsten besteht erhebliche Verletzungsgefahr. Nur zum Lachen. Und lachen müssen die Leute ja auch mal, das ist gesund. Die kostet 14 Mark, die Kanne. Gut, wir machen die Preise ja nicht, wir müssen sie selbst auch bezahlen.

Einigermaßen gut gehn auch noch die Gummipuppen, komischerweise die dunklen, die gehn immer besser als die weißen. Mich wundert das manchmal. Die sind ja nicht gerade billig, kosten so zwischen 40 und 300 Mark. Aber das sind natürlich hauptsächlich ältere Männer, alte Männer. Da hat man ja was gespart, wenn man älter ist. Die meisten Männer kenne ich natürlich von Kind auf. Die haben oft keine Frau mehr, sind einsam abends in ihren Betten. Da kommt es dann natürlich sehr auf den Preis an, was man später davon hat oder nicht ... Jugendliche, die noch kein Mädchen kennengelernt haben, kommen auch schon mal und nehmen sich die billigste mit zum Probieren.

Frauen kommen ganz selten. Deshalb war ich vorhin auch ein bißchen überrascht, als ich gesehen habe, wie Sie raufgegangen sind. Und wenn welche kommen, dann mit ihren Männern oder mehrere auf einmal, nur so, zum Gucken. Sie kaufen vielleicht mal ein Wäschestück oder auch lustige Kondome, einen Scherzartikel für den Geburtstag, mehr nicht. Wäsche und viele andere Artikel gehn Weihnachten immer am besten, da kaufen wir dann vorher verschiedenes ein.

Hard-core Sachen gehen bei uns gar nicht, nichts mit Peitschen und Fesseln und sowas; ganz selten, daß da mal eine Nachfrage kommt. Und wenn, dann ist das hier so einer, der 'ne Fabrik übernommen hat, einer von drüben, aus dem Westen. Wir machen sowas nur auf Bestellung, wenn einer sowas direkt verlangt. Im Sortiment führen wir's nicht.

Alles, was wir jetzt haben, also hier das und drüben die Puppen, Massagestäbe und so, das sind ganz normale Sachen. Bei uns gibt man sich mit dem zufrieden. Es kann natürlich sein, daß das andere hier auch noch herkommt; bis jetzt ist ja alles hergekommen. Aber heute jedenfalls ist das hier immer noch das Neue für uns.

Manchmal wollen manche dann aber doch was, was sie noch nicht kennen. Angefangen hat das mit ein paar Leuten, die nach Intimschmuck gefragt haben. Da haben wir dann einiges bestellt... *Sie zeigt mir ein Päckchen Ringe und Kettchen, zu tragen in durchbohrten Brustwarzen, von Damen und Herren.* Sehn Sie, das machen nun bei uns die Ärzte so nebenbei mit. Ist ja im Prinzip dasselbe wie bei den Ohren, und wenns einer unbedingt haben will, dann ist es doch egal, wo man das Loch hinmacht; Hauptsache, es gibt keine Infektion, hab ich nicht recht?

Sehnse mich an, ich hab mich da auch erst reinarbeiten müssen, jetzt kenne ich mich ganz gut aus. Vielleicht würde das Geschäft ja besser gehn, *lacht* wenn hier eine ganz Junge, Schnuckelige stehn würde — aber vielleicht auch nicht, wer weiß das? Wir waren mal in Holland, uns das angucken dort. Also, da habe ich schon gestaunt. Dort sind die, wie soll ich sagen, die käuflichen Frauen, gleich im Laden mit drin, und wenn da so ein Kunde sich umschaut, dann kommen sie von hinten, nehmen ihn am Arm und gehn weg. Es gibt auch Filmkabinen und natürlich ein riesengroßes Sortiment. Da habe ich Sachen gesehen, von denen wußte ich nicht, was oben und unten ist.

Sogar Kinderpornos haben sie. Aber sowas beispielsweise würde bei uns hier gar nicht gehen, das ist nicht gefragt. Dazu hat bei uns die Familie einfach ein viel zu gutes Verhältnis zu den Kindern, und die meisten kämen erst mal gar nicht auf so eine Idee. Wenn Sie das sehen, wie bei uns die Väter mit ihren Kindern nackt baden und am Strand spielen, da ist gar kein Hintergedanke dabei, nichts.

Andererseits, komischerweise, nach Tieren... also nach Sachen mit Tieren, da haben einzelne Kunden schon mal gefragt. Aber Kinder? Nee! Da hat bei uns niemand was von. Und ehrlich gesagt, das ist doch abnormal, oder? Auch das mit den Tieren. Also ich möchte sowas nicht führen. Wer's unbedingt will, soll sichs von woandersher besorgen, ich jedenfalls will solchen Schmutz hier nicht haben.

Ich persönlich bin ja ganz froh, daß es die normalen Artikel jetzt bei uns alle gibt, vielleicht läßt dann auch der Trieb nach anderen Sachen etwas nach. Und dann haben die Leute auch viel zuwenig Geld, denn das Perverse ist ja viel teurer, da vergeht manch einem die Lust.

Jedenfalls haben wir hier keinen leichten Stand. Der Umsatz ist enorm zurückgegangen, und, glauben Sie mir, wir hätten schon zugemacht, wenn wir nicht noch den Getränkestützpunkt dazugenommen hätten. Der hat zusätzlich den Vor-

teil, da fahren abends die Männer vor, holen 'nen Kasten Bier, 'nen Kasten Limo, und dabei kommen sie eben noch schnell auf einen Sprung hier rauf, schaun sich um. Irgendwas geht dann fast immer mit, ein Film, den gucken sie sich an und vergessen vielleicht ihre Sorgen für eine Weile, und die kommen dann auch immer wieder, denn trinken wollen sie ja auf jeden Fall. So haben wir uns das gedacht.

Probleme gibts eigentlich nie. Ich bin oft alleine hier. Am meisten muß ich darauf aufpassen, daß die Jungen nicht unter achtzehn sind. Da sind schon Fünfzehn-Sechzehnjährige dagewesen und wollten rein, oder manch einer versucht sich in einer Gruppe von Großen mit einzuschleichen. Die haben zu Hause vielleicht mal auf Vaters Videorecorder einen seiner Filme gesehen oder sowas, und jetzt ist in ihnen das Interesse erwacht, und sie wollen mehr sehen. Das wird dann oft schwierig. Ich lasse mir die Ausweise zeigen. Ohne Ausweis kommt mir hier kein Jugendlicher rein. Man will ja nicht die Kinder verderben, die verstehen das alles ja noch gar nicht, und außerdem ist da das Gesetz ganz streng. Es braucht nur einer herumzuprahlen, daß ich ihn reingelassen habe, schon können wir den Laden zumachen. Aber meistens sind sie ja ganz lieb, und da müssen sie eben warten, bis sie achtzehn sind. Was ich mir wünschen würde, ist, daß unsere Leute wieder ordentliche Arbeit haben, damit sie sich was leisten können, genau wie Sie drüben im Westen. Was wir jetzt hier alles mitmachen müssen, das haben wir uns so nicht vorgestellt.«

Strahlenschutz

Wer nicht gezwungen wird, der Tagesaktualität hinterherzuhecheln, hat es gut und kann in aller Ruhe den eigenen alten Recherchen noch einmal nachgehen, um zu sehen, was aus dem Gegenstand damaliger Neugier geworden ist.

Damals, im April 1990, war es noch etwas umständlich, sich dem Kraftwerksgelände zu nähern. Auf der regulären Zufahrtsstraße, neben der sich die silberfarbenen Fernwärmeversorgungsrohre für Greifswald dahinwinden, stand alle paar Meter eine große Tafel, auf der Unbefugten jede Weiterfahrt untersagt wurde. Als uns dann auch noch entgegenkommende Werkslastwagen Lichtzeichen gaben, kehrten wir um und suchten einen Schleichweg über die Dörfer. So gelangten wir von hinten her, über einen Plattenweg, der in keiner Karte verzeichnet war, direkt ans Gelände. Hinter der endlos langen Betonmauer waren damals Arbeiter zu sehen, große Rohre wurden zusammen- oder auseinandergeschweißt, weißer Wasserdampf drang aus diversen silbernen Stutzen; etwas abseits am Waldrand, auf einer Wiese, spielte die Werksfeuerwehr in voller Uniform Fußball; vor dem Haupteingang war der großflächige Parkplatz vollgestellt mit Wartburgs, Skodas und Trabanten; auf den Gleisen des gegenüberliegenden betriebseigenen Bahnhofs warteten zweistöckige Waggons auf den Schichtwechsel.

Heute, im Juli 1991, sind die Verbotsschilder abmontiert. Statt dessen weisen neue Schilder den Weg, zum »Informationszentrum«. Es hat bereits geschlossen. Auch alles andere sieht sehr geschlossen aus. Vor einem Vierteljahr wurde der letzte noch im Betrieb befindliche Block abgeschaltet. Das Werk ist im Besitz der Treuhand-Gesellschaft und soll »abgewickelt« werden, wie es in der Presse hieß. Auf dem Parkplatz vor dem Hauptportal stehen nur wenige

Strahlenschutz

Fahrzeuge, vorwiegend westlicher Bauart. Der Bahnhof ist verwaist, zwischen den Schienen siedeln bereits hier und da robuste Pflanzengesellschaften. Verwaist ist auch die Wiese am Waldrand nur noch zwei kahle Stellen zeigen, wo die Tore waren. Oben vom Verwaltungsgebäude hat man die großen roten Leuchtbuchstaben entfernt, unter ihnen ist der Verputz weiß geblieben, so daß der ehemalige Schriftzug noch zu lesen ist: VEB KERNKRAFTWERKE BRUNO LEUSCHNER GREIFSWALD. Der neue Name lautet »Energiewerke Nord AG«.

Es ist Ferienzeit. Im nahe gelegenen Ort Lubmin schlendern ein paar Urlauber herum. Vielleicht haben sie hier ihre Datsche? Die Ferienobjekte volkseigener Betriebe oder des FDGB jedenfalls scheinen leer zu stehen, sind wohl Bestandteil der Konkursmasse und Treuhandbesitz. Hinter den Zäunen hängen die Kinderschaukeln an rostenden Ketten, aber irgend jemand darf das alles noch pflegen, die Wege werden geharkt, um die Rabatten ist das Unkraut gejätet, der Rasen wurde geschoren. Am Ortsausgang hat sich unter den Bäumen ein Wanderzirkus niedergelassen. In einem winzigen überdachten Hippodrom kreisen gefleckte Ponys mit gesenkten Köpfen zu ohrenbetäubender Jahrmarktmusik langsam um die Achse, an der sie angeschirrt sind. Ein Kind wird in den Sattel gehoben und kreist mit. Die Luft riecht nach heißen Mandeln und verbranntem Fett.

Auf dem vom Vorjahr bekannten Plattenweg fahren wir durch den Wald bis zum Kraftwerksgelände, zu dem nun das Tor offensteht. Wir fahren vorbei an leeren Wellblechhallen, an Flugdächern, unter denen irgendwelche Maschinenteile lagern, an Fässern, Schienen, Baumaterial. Ein Asphaltstreifen führt in ein Fichtenwäldchen, hinter dem unmittelbar die Dünen liegen. Grobgezimmerte Tische und Bänke stehen zwischen den Bäumen. Man kann sich setzen und beim Rauchen über die spiegelnde Wasseroberfläche sehen, während die Sonne untergeht, oder aber in einer gefaßten Feuerstelle in den Dünen Tannenzapfen verbrennen, bis sich ausreichend Glut bildet zur Erwärmung einer Büchse Ravioli. Unsere Hunde sind lange Zeit verschwunden. Es gibt Kaninchen und merkwürdig viele verwilderte Katzen, von denen

Deutsche Bräuche

sich ab und zu eine zeigt, wohl angelockt vom Essensgeruch. Bei einem kleinen Spaziergang am Strand wird klar, wir befinden uns auf dem Gelände der ehemaligen Feriensiedlung »FDJ Jugendobjekt Großbaustelle«. Vor einem Jahr noch standen wir auf der anderen Seite des Zaunes, fotografierten die Absperrungen und Warntafeln, fanden es seltsam, daß sich die Jugend ausgerechnet hier in Sand und Wasser tummeln sollte, zur Erholung von der Arbeit.

In letzter Zeit allerdings scheint kein Mensch hier gewesen zu sein. Keinerlei Westmüll liegt am Strand, nur Treibholz und vertrockneter Tang. Eine bis weit ins Wasser hineingehende Barriere aus eng nebeneinander in den Sand gerammten Eisenpfählen steht immer noch abwehrend da. Aber nun muß niemand mehr davon abgehalten werden, hinüberzuschwimmen in den Bereich, wo der Sog der Turbinen den Badegast womöglich hätte irgendwo hineinreißen können. Auch von den Schwänen ist nichts mehr zu sehen, die damals zu mehreren Hundertschaften angeflogen kamen, um in der warmen Kühlwasserströmung stundenlang reglos dahinzutreiben. Der Abend ist warm und der Himmel klar, das Wasser plätschert vielversprechend ans Ufer, aber wir

wollen lieber nicht schwimmen hier. Von Rügen blinkt das Licht eines Leuchtturms herüber.

Am nächsten Vormittag gehe ich zur Informationsstelle, Mein Weg führt durch ein Tor, an leeren Flachbauten vorbei und an einem Häufchen Streusand, das man wohl zur Hand haben wollte; bei Eisesglätte oder Ernstfall. Hier drinnen ist alles gegeneinander abgeschottet und eingezäunt. Das äußerst umfangreiche Gelände scheint aus einer Vielzahl geschlossener Zonen bestanden zu haben oder noch zu bestehen. Auch das Gebäude der Informationsstelle liegt hinter einer solchen Betonmauer. Im Hof stehen Streifenwagen, hier residiert eine Polizeistation.

Im Treppenhaus des Informationszentrums steht — offensichtlich abgestellt — ein großer, blauer, verstaubter Leuchtglobus, auf dem man wohl ursprünglich per Knopfdruck sämtliche KKWs der Welt aufglühen lassen konnte. Ein wirklich schönes Stück. Oben im Flur herrscht Stille. Über den Exponaten knistert und flackert blauweißes Neonlicht, der Boden glänzt und riecht unverwechselbar nach jenem Reinigungsmittel, nach dem zu DDR-Zeiten auch die Grenzübergangsstelle Friedrichstraße roch. Auf einem Tisch liegen, ordentlich aufgereiht, kleine Stapel mit Broschüren, die dem Besucher kostenlos zur Verfügung stehen und seine vorgefaßten Bedenken zerstreuen sollen. Neben farbigem Hochglanzmaterial aus dem Westen gibt es einige wenige Eigenerzeugnisse in Schwarzweiß, mit schlecht fotokopiertem Bild auf dem Titelblatt, in denen über die »Energiewerke Nord« informiert wird. Während ich blättere, tritt aus der gegenüberliegenden Tür ein Mann Anfang Fünfzig. Noch bevor er sich erschreckt zurückziehen kann — offenbar meldet man sich hier vorher an —, habe ich ihn schon angesprochen:

G: Guten Tag, ich möchte mich informieren ...
I: Aha ... Sie sind ganz alleine?
G: Ja, ich bin von der Presse, und eigentlich komme ich hier nur zufällig vorbei.
I: Ach, Presse ... Das ist schlecht momentan ... Sie könnten höchstens da mal reingucken ...

G: Gucken wollte ich eigentlich gar nicht, ich möchte nur kurz mit jemandem sprechen.
I: Das ist wirklich sehr ungünstig momentan ... Da müßten Sie mal ...
G: Ach was, ich habe ja nur zwei harmlose Fragen, z. B. seit wann gibt es denn dieses Informationszentrum? Als ich voriges Jahr hier war, gabs noch keines.
I: Das ... das gibts seit ungefähr einem Jahr. Wann waren Sie denn da?
G: Im April 90.
I: Ja sehn Sie, da war schon alles in Vorbereitung, am 9. Mai 1990 haben wir eröffnet. Früher gabs hier nur ein technisches Kabinett für Fachspezialisten, eben ganz normal, bis dann nach der Wende beschlossen wurde, ein Öffentlichkeitskabinett einzurichten. Jetzt, seit einiger Zeit, kommen immer mehr Gruppen zu uns, Schulklassen, Lehrlinge, letztens waren zwanzig Personen da, vorher fünfzig. Es waren Dänen bei uns und Schweden, auch aus dem Westen gabs Besucher.
G: Kommen denn auch mal ehemalige Arbeiter vom Werk hierher?
I: Ja, da waren auch schon mal welche da. Aus Halle kam einer, der war 85 hier auf der Baustelle, hatte jetzt hier Urlaub gemacht und sich ein bißchen umgeschaut. Der war ganz enttäuscht ...
G: Was ich noch fragen wollte, wie ist das denn nun eigentlich gelöst mit der Energieversorgung von Greifswald, wenn alle Blöcke abgeschaltet sind?
I: Daran hatte man schon frühzeitig gedacht. Als klar war, daß wir stillegen mußten, wurde sofort mit dem Bau einer Ersatzwärmeversorgungsanlage begonnen, mit der Errichtung von Ölheizwerken. Das wurde damals so entschieden, daß die hierher kommen, weil wir ja technologisch dazu teilweise schon ausgerüstet waren. Es hat dann Siemens — der Hauptauftragnehmer und technologischer Hauptlieferant war — zusammen mit unserer Starkstromanlagenbau Rostock und verschiedenen Bauunternehmen die ganze Sache pünktlich zum November 1990 hingestellt.

Strahlenschutz

G: Sind das die silbrigen Gebäude?
I: Ja, die zwei Schornsteine da und weiter hinten nochmal einer ...
G: Das wollte ich wissen!
I: Ach so, *das* wollten Sie wissen, na dann ... Nee, nee, die werden nach wie vor voll versorgt von uns, energiemäßig, da gibts keinerlei Abstriche. An uns hängen ja nicht nur die Siedlungen dran, sondern auch Industrieanlagen, Krankenhäuser, Schulen ... Andererseits, im Grunde ist das natürlich ein Rückfall in die Steinzeit, wenn man bedenkt, daß wir vom Reaktor auf den Ölheizkessel umgestiegen sind ...
G: Ach ja, noch was: Wie ist denn eigentlich das ganze radioaktive Material, das im Abklingbecken liegt — nehme ich mal an —, und das alte, im Zwischenlager, wie ist das eigentlich gesichert? Ich habe das Gefühl, man kann jetzt hier überall rein- und rausspazieren?
I: Nein, nein, da kommt keiner ran! Wachschutzkommandos mit Hunden patrouillieren, das wird rund um die Uhr schärfstens gesichert von der WAKO, das ist eine Wachschutzgesellschaft mit Sitz in Hamburg, glaube ich.
G: Und was soll damit geschehen? Man kann es ja nicht ewig bewachen.
I: Ja sehn Sie ... das steht noch nicht fest. Es hieß mal, daß man die Brennelemente von hier und von Rheinsberg in die Sowjetunion verbringen könnte, aber das ist heute ganz unklar ... Das wird alles sicherlich erst mal zugeschweißt werden müssen für sieben Jahre, und dann sieht man weiter ...
G: Und was ist Ihre Funktion hier?
I: Ich? Ich war Meßingenieur. Nach der Stellenausschreibung bin ich — man kann sagen glücklicherweise — auf diesem kleinen Posten hier gelandet. Vielleicht kann ich, wenn alles gutgeht, eine Weile hier bleiben ... Schön wären so zehn Jahre, dann könnte ich in den Vorruhestand übertreten.
G: Was genau haben Sie denn vorher hier im Werk gemacht?
I: Na, wie soll ich das erklären ... Ich habe hier die Generalinstandsetzung und Instandhaltung mit vorbereitet, die

Konstruktionspartner gesucht und angewiesen, für Materialbeschaffung gesorgt. Wir haben ja hier alles selbst gemacht, von der Lösung wissenschaftlich-technischer Aufgaben, über Projektierung, Konstruktion, Fertigung bis hin zu allen Prüf- und Instandhaltungsaktivitäten. Für alles war das Betriebskollektiv zuständig und qualifiziert. Im Westen wird das ja weitgehend an Fremdfirmen in Auftrag gegeben. Anfangs habe ich auch den Rheinsberger Block mit aufgebaut; da war ich für Temperaturmessung im Reaktor zuständig. Hier habe ich später dann die Vormontage geleitet bei Block eins und zwei. Ich bin schon seit 1973 im Werk.

G: Da haben Sie ja eine komische Karriere gemacht.

I: Ja ... na ja. *lacht* Dann war ich damals noch FDJ-Sekretär — stellvertretender —, aber in die Partei bin ich nie eingetreten, denn als ich damals anfing, nach dem Studium, da hieß es: ›Wir haben so viel Intelligenz in der Partei als Genossen, was wir brauchen, sind Arbeiter!‹ Dann, später, sagten sie wieder: ›Jetzt mußt du aber eintreten, ein Leiter müßte eigentlich schon Genosse sein!‹ —, und da wollte ich nicht mehr. Irgendwie hat man mich dann vergessen.

G: Und heute erklären Sie den Besuchern in einem stillgelegtem Atomkraftwerk die Vorzüge der Kernenergie.

I: Na ja, da werde ich natürlich oft gefragt nach den Risiken, die es gab, und nach den Gefahren der Kernenergie überhaupt ... Was das KKW-Greifswald angeht, so waren unsere kraftwerksbedingten Radioaktivitätsabgaben sehr gering, und sie verursachten Strahlenbelastungen in der Umgebung, die um mehrere Größenordnungen unterhalb der natürlichen Strahlenbelastung lagen und somit weit unterhalb des in der Strahlenschutzverordnung festgelegten Grenzwertes. Aber mal meine persönliche Meinung dazu, sehnse mal, das ist doch eine ganz feine und runde Sache, man schmeißt einmal im Jahr den Reaktor voll Brennstoff — legt ihm sozusagen ein Bündelchen Brennstäbe vor —, und schon läufts von alleine. Alle Unfälle, die passiert sind, waren rein subjektiv verschuldet. Wenn die Havarievorsorge stimmt und das Personal seine Sache versteht, ist das die sicherste und sauberste Energie der Welt. Übrigens, wir haben auch ein Kabinett zum Thema Sicherheit, in dem wir alle diese Fragen darstellen und erläutern können für fachlich vorgebildete Gruppen... und draußen im Vorhof dann noch die Exponate ›Kernenergie zum Anfassen‹...

G: Haben Sie die Ausstellung aufgebaut?

I: Nein, nein, das waren meine Vorgänger. Ich hatte ja immer noch die Instandhaltung. Dann mußten unsre Leute gehn... mehr als 3 000 Mann sind wir jetzt weniger, etwa 1000 sind noch da und werden gehalten, viele sind so um 45–50 rum, schwer vermittelbar. Und ich hatte, wie gesagt, das Glück, hier diese Stelle zu bekommen. Aber vielleicht wird ja mal auch wieder was besser bei uns. Wir — die Energiewerke Nord — haben uns als Standort für ein internationales Fusionsforschungsvorhaben beworben, aber ob wir gegen Frankreich, Italien, die Westdeutschen konkurrieren können, weiß ich nicht. Jedenfalls haben wir eine Menge Standortvorteile, wissenschaftlich, technisch, personell, verwaltungsmäßig; nicht mal Kühltürme müßten gebaut werden. Da wären schon mal für fast tausend Leute Arbeitsplätze in Aussicht, dann kommt hier wieder etwas Leben auf...

G: Ich hab gesehen, es steht alles leer hier hinten.

I: Ein Teil des Geländes ist bereits vermietet, an Fremdfirmen, die nutzen die Lagerhallen. Ringsum haben sich Westfirmen angesiedelt. Die hoffen, Aufträge zu bekommen von der ›Verwertungs-GmbH‹ und ›Stillegungs-GmbH‹.

G: Und weshalb gibt es so viele Katzen hier?

I: Das haben Sie bemerkt? Ja, die leben rund ums KKW. Ursprünglich wurden sie mal angeschafft von den Arbeitern in den Baubaracken, dann hat unser Betriebsarzt angefangen, sich dafür zu interessieren. Der hat sie genau beobachtet, ihr Verhalten, ihren Gesundheitszustand, Fell; er benutzte sie sozusagen als Indikatoren für radioaktive Belastung, beziehungsweise Nichtbelastung. Die glänzten immer, die Tierchen, und waren kerngesund; der hatte sein Vergnügen dran, wurde nachher nur noch

›Katzendoktor‹ genannt. Ja, und dann war alles aus ...
Wie viele es in der Zwischenzeit geworden sind oder wie
viele verhungern mußten, das weiß keiner ... hier hatte
man ja andere Sorgen, da konnte sich niemand drum kümmern. Und nun, es ist erst ein paar Tage her, hat der
Greifswalder Tierschutz angefangen, sich zu kümmern;
zweimal in der Woche kommen sie füttern. Ich habe
gehört, daß man sogar zwei von Bonn bezahlte ABM-
Kräfte dafür bekommen hat, einer soll Ingenieur sein, der
andere ein ehemaliger Polizist ...
*Während des Redens hebt er zerstreut ein paarmal den Berst-
schutzdeckel eines AKW-Pappmodells hoch und setzt ihn wieder
drauf. Innen ist die gesamte Technik farbig nachgebildet.*
G: Da hat man wohl an alles gedacht, bei diesem Modell hier ...
I: Das hier ... mhm ... das habe ich selbst gebastelt.
G: Aha, das ist interessant. Gibt es da Vorlagen, oder haben Sie es entworfen?
I: Da gibt es verschiedene Modellbogen, drüben bei Ihnen im Westen. Wir hatten sowas leider nie! Das ist kein Problem, man muß nur alles auseinanderschnippeln, zurechtbiegen und richtig zusammenkleben. Mich beruhigt das Basteln, es macht mir Freude. Da, sehn Sie, die Turbine ist drin, da ist der Reaktor, Meßstutzen und der Primärkreislauf, alles! Ich habe schon drüber nachgedacht, wir sollten eigentlich unser eigenes Modell entwickeln. Der ›WWer-440/W-230‹, unser Druckwasserreaktor auf Schnittbogen, das wäre ein Ding! Da gäbs ja auch in der SU sicherlich Interessenten. Schiffe habe ich auch schon mal gebastelt, mit Takelage und allem, aber solche Modelle hier sind mir ehrlich gesagt viel lieber, da kennt man sich wenigstens aus.
G: Und sonst, sind Sie zufrieden mit den neuen Verhältnissen?
I: Hier im Betrieb?
G: Nein, mit den gesellschaftlichen meine ich.
I: Na ja ... nicht so recht, mein hauptsächlichstes Gefühl dabei ist Angst. Alle haben jetzt diese Angst. Das ist nicht so einfach, ohne Arbeit, ohne Aussicht, plötzlich nur

noch zu Hause zu sitzen. Ich habe ja Glück gehabt, aber meine Frau ist betroffen, die ist arbeitslos.
G: Was hat sie denn gemacht?
I: Sie war Sachbearbeiterin bei der Universität Greifswald. Sie ist nun auch schon 47, da kann man ja nicht mehr groß von vorne anfangen. Momentan stehen wir finanziell noch ganz gut da, weil ich hier Arbeit habe, aber wenn das mal zu Ende ist ... Viele Kollegen sind rübergegangen und haben sich bei den Kraftwerken beworben, aber ich habe immer gehört, daß sie entweder überqualifiziert waren für die ausgeschriebenen Stellen oder zu alt. Man kann eigentlich rennen, wohin man will, immer rennt man gegen eine Wand. Aber solange hier noch alles stehen bleibt, bin ich froh und glücklich ... Man braucht uns ja, wir machen praktisch die Information für die BRD-Kraftwerke mit, haben z. B. viel bekommen aus Biblis, unten im Treppenhaus steht noch ein Globus — Sie haben ihn sicherlich gesehen —, der ist ein Geschenk aus Bonn. Wer was wissen will, der kommt ja im Prinzip zu uns, wir haben dort im Schauraum 27 m² reine Ausstellungsfläche, hier im Flur sind es 2,5 m², und im Sicherheitskabinett sind es nochmal 24 m². Wir können Filme vorspielen und Videomaterial, und wir haben einen Konferenzsaal, der faßt 70 Personen, für unseren Informationsauftrag ...
G: Sie gehen also nicht in den Westen, sondern werden hier ausharren?
I: Ich glaube, ich bin zu alt. Aber man kann ja jetzt bei uns hier auch alles bekommen, alles kaufen, überall hinreisen ... jedenfalls könnte man, wenn das Geld da wäre.
G: Die finanziellen Grenzen sind auch ziemlich undurchlässig.
I: *lacht* Das stimmt, das haben wir gemerkt. Man hat uns eine Menge versprochen, damals. Na ja, ein paar Busfahrten haben wir bereits gemacht. Einmal gings nach Paris, drei Tage übers Wochenende, für Dreihundertfünfzig, sowas. Das war interessant, muß ich sagen, obwohl wir natürlich nicht viel gesehen haben. Und jetzt waren wir noch in Venedig, Anfang März. Das ist ja eine

sehr schöne Ecke da unten. Aber das waren eben solche Werbereisen, die sind viel zu kurz und oberflächlich, deshalb waren sie auch so billig. Trotzdem, es war schon ein Erlebnis für uns.

G: Haben Sie was gekauft?

I: Na ja, selbstverständlich! Solche Decken haben wir gekauft ...

G: Lamadecken!

I: Ja, sehr warme, schöne Decken aus Lamahaar, allerdings waren sie nicht ganz billig ...

G: Im Kaufhaus hätten Sie wesentlich weniger bezahlt dafür.

I: Das ist schon klar, da ist ja dann auch keine Reise und nichts mit dabei. Wir haben uns eben gedacht, unsere Freunde und Nachbarn rechts und links, die haben schon und sind zufrieden, da versuchen wir es einfach auch mal. Über Dreitausend für zwei Garnituren haben wir dann doch ausgegeben, weil ja noch die Decken-Unterdecken dazukamen, die mit dem Magnetstreifen ...

G: Magnetstreifen?

I: Das soll irgendwie gegen Wasseradern abschirmen ...

G: Gegen Strahlen ...

I: Ja, ja, jedenfalls ... wir sind sehr zufrieden mit den Lamabetten. Sie sind weich und hygienisch, ein ganz anderes Gefühl war das. Trotzdem, irgendwie haben wir früher besser geschlafen, aber wie soll man heute wissen, woran es liegt?

Schwarzweiß-Prinzip

Nachmittags, wenn sich der Parkplatz vor dem Havarie-Markt im mecklenburgischen Hohen-Wangelin füllt, versammeln sich die Halbwüchsigen des Ortes, nach Geschlechtern getrennt, auf den Betonstufen vor dem ehemaligen Kulturhaus. Die männliche Jugend rangelt ein wenig, präsentiert das Equipment und behält die Mädchen im Auge. Einer der Knaben trägt Glatze. Hinten, zwischen den Neubaublocks, an der Straße der Deutsch-Sowjetischen Freundschaft, spielen blonde Kinder im Sandkasten, flattert Wäsche an der Leine, schneidet ein Mann in ausgebleichter blauer Montur die Rasenkanten mit der Sichel nach. Frauen stehen plaudernd vor der Haustür, ein Neunjähriger mit leuchtfarbenen Knieschonern übt verbissen auf seinem Skateboard und fährt fast in den frisch polierten Westwagen eines Nachbarn. Gepflegte Autos und gepflegte Anlagen prägen das Bild der Wohnanlage. Merkwürdig heruntergekommen und verlassen hingegen wirken die Schrebergärten nebenan.

In einem der vorderen Blocks wohnt das Ehepaar M. Beide haben, wie fast alle hier, ihren Arbeitsplatz im Rindermast-Kombinat verloren. Unangemeldet stehen wir vor der Wohnungstür und werden dennoch nach kurzer Erklärung freundlich ins Wohnzimmer geführt. Unsere Schuhe hinterlassen wir auf einem Regal im Treppenhaus, man hat neuen Teppichboden. Im Wohnzimmer glänzt alles vor Sauberkeit. Schrankwand, Sitzgruppe, Blattpflanzen, Lampen: das alles könnte so auch ein westdeutsches Wohnzimmer typisch aussehen lassen, wäre da nicht der tiefhängende honiggelbe Fliegenfänger mit ausgezogener Leimrolle, auf der es zappelt und brummt.

Herr M. trägt Trainingsanzug, wirkt ein wenig schüchtern und hat einen Sprachfehler. Während sich Frau M. zu uns setzt, geht er in die Küche, um Kaffee zu kochen.

Frau M.: »Was soll ich Ihnen schon erzählen ... es ist ja überall dasselbe Elend ... Also, seit dem 1. Januar 91 bin ich arbeitslos, und bald darauf wurde ich schon krank. Es war zuviel für mich, die ganze Umstellung und alles. Das ging nicht nur mir alleine so, viele hier sind krank geworden, es ist regelrecht eine Reaktion auf den Schock, den wir alle erlitten haben und an dem wir immer noch ... auch was das Leben insgesamt anbetrifft ...

In der KIM, die jetzt ›Müritz-Fleisch‹ heißt, war ich Sachbearbeiterin für Energie, habe alle Energieträger verwaltet, 16 Jahre lang, und dann das! Mein Vater ist 40 Jahre in der Partei gewesen, und ich habe auch das Beste geglaubt. Daß man nachher so enttäuscht wurde, das haben wir eigentlich alle nicht begriffen. Es war auch mit ein Grund für die Krankheit bei ihm, denn er hatte ihn ja mit aufgebaut, richtiggehend, den Arbeiter- und Bauernstaat.«

Herr M. kommt zurück, verteilt den Kaffee und setzt sich mit seinem Becher etwas abseits.

Frau M.: »Und sehnse mal, mein Mann hier hat im Futtermittelwerk gearbeitet, als Maschinist; nachher hat er alles machen müssen.«

Herr M.: »Habe EMS an die Außenstellen geliefert... das ist so ein Mastfutter, Eiweiß-Mais-Silage ...«

Frau M.: »Wir waren beide sozusagen von Anfang an dabei, und dann haben sie uns beide entlassen. Wie soll man das verkraften? Wenn uns das damals jemand gesagt hätte, wären wir nicht hierher Ende 1975. Wir hatten am 30.10. geheiratet und damals nur eine Einraumwohnung. Zufällig haben wir von der Neugründung hier gehört, und es hat geklappt, wir bekamen eine Zweiraumwohnung, AWG, seitdem leben wir hier. Mit den anderen ist es ganz genauso, alle eingebürgert und bei der KIM. Da können Sie sich denken, wie gedrückt die Stimmung nun ist.

Wir haben hier ja 80 Prozent und mehr Arbeitslose in Hohen-Wangelin und Umgebung. Oft, wie bei drei Familien über uns, sind beide arbeitslos, und wenn man dann noch jung ist und kleine Kinder hat, dann gibts nur eins: weg! In manchen Dörfern hier gibts nur noch alte Leute, es sind die Geschäfte zu, die Kneipen, alles. Die warten dann nur noch auf den Lebensmittelwagen und auf den Tod. Mit den Verkehrsverbindungen stehts auch schlecht, wer keine Fahrerlaubnis hat, keinen Wagen, der hat Pech. Heute haben wir hier einen Bus um 6 Uhr, zurück um 13 Uhr oder um 18 Uhr (für Schüler extra). Man munkelt schon, daß in Zukunft nur noch zwei- bis dreimal die Woche was fährt, wegen Mangel an Fahrgästen. Ja wer auch? Einmal im Monat nach Waren zu den Ämtern. Und wer arbeitet, Pendler ist, Arbeit sucht, der ist absolut angewiesen auf ein eigenes Fahrzeug hier. Manche sind täglich über vier Stunden auf der Autobahn, daher die vielen Unfälle.

Wenn man einen Ort so lange kennt, die Leute und alles, dann ist das direkt erschreckend, wie sich alles verändert. Die Arbeitslosen bei uns sind im Durchschnitt so um die Vierzig. Sie sind damals mit 25 gekommen, voller Optimismus und Tatendrang, und heute sitzen sie rum mit 10–12 000 DM Abfindung und sind zu alt für den Arbeitsmarkt. Viele sind verschuldet und würden sich sofort einstellen lassen für 7,50 DM die Stunde, nur um wieder Arbeit zu haben. Wir haben jetzt einen Stundenlohn für Landarbeiter von 9 DM das ist ja an sich auch nicht viel, bei den Preisen, aber jeder würde eine Anstellung mit Handkuß nehmen. Wer jung ist, kann sich vielleicht noch ein bißchen Hoffnung leisten, aber viele hier haben aufgegeben, saufen, haben Ärger mit der Familie und den Nachbarn...«

Herr M.: »Viele haben früher auch schon gesoffen!«

Frau M.: »Also so viele wie heute nicht. Hier herrscht Egoismus und Feindschaft zwischen den paar, die noch arbeiten, und den andern ohne Arbeit. Die einen gucken auf die andern voller Verachtung herab, gegrüßt wird nicht. Überhaupt ist es mit der Solidarität schlecht bestellt. Es gibt Streit wegen den Wasseruhren, der Heizung, dem Lärm, die Jugend wird zunehmend rüpelhafter, aggressiver...«

Herr M.: »Ich verschwinde mal kurz, bin gleich wieder da.«

Frau M.: *ohne weiter darauf zu achten* »... und die Erwachsenen ziehn sich zurück. Leute, die früher trotz der Arbeit noch ihren Haushalt sortiert und nebenbei ein Taxi gebaut haben, hat man doch jeden Tag auch im Garten werkeln sehen. Heute sind die Gärten vertrocknet, und niemand hat sich richtig dagegen gewehrt. Das Wasser bekamen wir ja immer von der KIM. Hinten an der Güllestation sind die Pumpen, und von da führen Rohrleitungen bis hierher. Das wurde aus dem Ortssee gepumpt, und Sie hätten mal sehn sollen, wie hier alles wachsen und gedeihen konnte vor der Wende, besonders ab 1982. Jetzt hat man uns nur gesagt, die Pumpen kosten Strom, das kann nicht abgerechnet werden, also kein Wasser! So ändern sich die Zeiten und die Leute. Nun gibts ja auch alles zu kaufen, Blumen, Obst, Gemüse —, wer will da noch selber ran.«

Herr M. kehrt mit einem Mann in blauem Overall zurück, den er offenbar aus irgendeiner Arbeit herausgerissen hat. Der Neuankömmling strahlt eine kaum zu bändigende Lebhaftigkeit aus und hat einen Händedruck, der bis an die Schmerzgrenze geht.

Herr M.: »Den da müssen Sie fragen, der war Betriebsrat und weiß alles!

Frau M.: *wirkt etwas irritiert, fängt sich aber gleich wieder* »Ich habe gerade erzählt, wie das mit unseren Gärten war und wie die Stimmung überhaupt so ist mit der Arbeitslosigkeit.«

Betriebsrat: Also den Namen von Frau M. haben Sie von der Bürgermeisterin? Aber meinen Namen doch nicht! Das könnte ich mir nun überhaupt nicht vorstellen. Ich hab mich ein bißchen unbeliebt gemacht, sowas ist manchmal unvermeidlich. Ja, die Stimmung ist miserabel. Aber der Zusammenhalt auch. Mit dem klassenbewußten Proletariat wars nichts!

Unheimlich kalt ist das hier alles abgelaufen, der Betriebsrat hat sich nicht mal zur Wehr gesetzt. Ich habe einiges versucht und zu meinen Betriebskollegen gesagt: ›Das ist doch beschämend, was wir hier machen, wir setzen uns hin mit unseren Mappen und reden über Tod und Teufel, dabei gehts hier um Kündigungen, um Einzelschicksale.‹ Aber von den zwölf Betriebsratsmitgliedern waren, mit mir quasi, nur vier bereit, sich ein bißchen zu engagieren. Die andern wollten nichts als ihren Arsch durchbringen, auf deutsch gesagt. Ich hatte sogar 50 Unterschriften zusammen, wegen der krummen Touren, die hier liefen, aber es war dann auch schnell wieder abgebröckelt. Im Ernst muckt keiner auf. Mit der Feigheit und Dummheit unserer Leute ist gewirtschaftet worden! Die oben haben ungestört betrogen und belogen. Die unten hatten ihren Kognak mit Kotelett.

Die Herren oben haben sich aus reiner kommunistischer Überzeugung auf unsere Kosten bereichert, haben sich ein dickes Stück herausgebrochen aus der alten DDR-Torte in den Zeiten der Not. ›Das ist unsere Aufgabe, Leute‹, sagen sie, ›daß wir die Sache in den Händen behalten, ihr müßt es einsehn, denn es könnte auch euer Vorteil sein‹. Die Dummen, die ja nur Traktorist sind oder Maschinist, die dürfen in die Röhre schaun. Die Leitungskader aber sitzen im Warmen. Der Herr Rodo Schneider von Moksel, dem Fleischkonzern aus Bayern, der schon zu DDR-Zeiten über Schalck-Golodkowski hier dick im Geschäft war und das hier übernehmen will, hat dem Direktor von unsrer KIM gleich einen Mercedes dagelassen. Denn so ein Direktor, obzwar PDS, muß doch das Unternehmen ordentlich repräsentieren können, sowas geht ja nicht mit 'nem Wartburg. Zum andern sitzt der Mann, obwohl er Geschäftsführer der Anlage ist, immer noch im Gemeinderat und übernimmt da das Sagen und Abstimmen. Seine Frau war Leiterin der Schweineproduktion. Und die beiden liebäugeln natürlich mit der Privatisierung hier. Beim erstenmal ist es schiefgegangen, der Kiechle hatte was gegen den Sozialistenstall und daß Tausende von Hektar Land an *einen* Investor gehen. Aber man hat jetzt für den zweiten Anlauf die Sache ein bißchen zurechtgefummelt, das Kind mit neuem Namen wieder losgeschickt, nun wirds klappen. Eine ganze Seilschaft hängt an diesem Brocken, bis hoch nach Berlin — und runter nach Bayern, weil nach wie vor bei uns ja der Westen mitprofitiert. Da ist einiges gelaufen, aber das wird alles nullachtfünfzehnmäßig glattgezogen. Mich hat das Spiel schlaflose Nächte gekostet. Ich hab versucht, einigen Leuten auf die Finger zu schlagen. Aber ich bin nicht der Typ, der heute abkniet und sich entschuldigt.

Ganz früher gabs hier ja mal utopische Vorstellungen, der Grüneber unser damaliger Landwirtschaftsminister, träumte von einer vollkommen durchrationalisierten Agrarfabrikstadt. Und dann sollten riesige Gewächshäuser her. Es war alles projektiert, vom Ferienobjektcenter bis zum eigenen Schlachthof, sowas wie ein Staat im Staat war wohl geplant, insgeheim.

Aber mit der Mastanlage selbst hats ja schon nicht funktioniert. Zu meiner Betriebsratszeit, da sind Unmengen von Tieren eingegangen, weil die Möglichkeit der Bewirtschaftung nicht mehr gegeben war unter den veränderten Bedingungen. Die Gülle trat schon durch die Spaltböden nach oben, so weit hat man die Schächte vollaufen lassen. Da gings drunter und drüber, was sich in einem so großen Betrieb katastrophal auswirkt.

Die Güllemassen waren natürlich nie zu bewältigen, aber *daß* es so war, wurde erst so richtig deutlich in dem Moment, als das nicht mehr einfach so verregnet werden durfte wie früher. Damit Sie sich ein Bild machen können, die ›Gülleproduktion‹ der KIM betrug bei einem Besatz von 22000 Tieren jährlich etwa 200000 Tonnen, das sind 200 Millionen Liter. Nun hatten wir bundesdeutsche Gesetze zu beachten, wurden von Umwelt- und Naturschutzbehörde beobachtet, und unsere Lagerkapazität war nicht mal halbwegs ausreichend gegeben. Das unmögliche Kunststück besteht darin, die Gülle so in der Waage zu halten, daß nichts überschwappt — jedenfalls von außen her gesehen.

Überhaupt, wie das hier mit der Anlage war, das kann sich eigentlich keiner vorstellen, das muß man gesehn haben. Da waren ja früher drei große Stallungen voll, mit über 20000 Tieren. Die Kälber wurden hier überall aufgekauft — anfangs war ja Färsenvernutzung angesagt — und dann gesondert eingestallt. Es gab drei Bereiche: Kälber, Vormast und Mast, das richtete sich jeweils nach dem Gewicht. Der ganze Bereich war unterteilt in einzelne Bereiche, da liefen so um 20 Tiere frei in einer Parzelle. Wir hatten ja das Laufprinzip und keine Sperrstrukturen. Und in der Mitte

Schwarzweiß-Prinzip

zwischen den Parzellen liegt der Futtergang, einen Kilometer lang. Die Futterverteilung ist heute computergesteuert, alles kommt über die Bänder angelaufen, aus den Silos direkt in die Stallbereiche, und wird über den Futterraufen abgestreift.

Bei den Kälbern wars wieder anders, die standen fest in Einzelboxen und brauchten eine ganz besondere Pflege. In großen Behältern wurde Trockenmilch aufgelöst, und das Füttern war dann sehr schwere Arbeit für die Frauen, die haben da gewirbelt wie die Wahnsinnigen mit den Tieren. Finger rein ins Maul und dann hopp, hopp. Jedes einzelne Kalb. Die wollten nicht, waren gewöhnt daran, sich die Milch unter dem warmen Euter selbst zu nehmen. Nun waren sie störrisch, standen ja nicht mehr bei der Mutter im warmen Stroh, sondern allein, auf dem kalten Spaltboden, kein Tageslicht, nur die Neonsonne, und alles voller Abgase. Sie bekamen gleich Lungenentzündung, Husten. Die Frauen mußten sie umstellen, hätscheln, aufpäppeln, alles. Trotzdem sind viele gestorben, besonders zum Schluß.

An sich sind so große Einheiten vom Seuchenhygienischen her unheimlich empfindlich. Da muß das ›Schwarzweiß-Prinzip‹ sorgfältig praktiziert werden. Um es ein bißchen zu verdeutlichen: der Schwarzbereich, das ist die unmittelbare Produktion, im Inneren also. Der Weißbereich ist außen, ganz von der Produktion getrennt, also die höhere Ebene, Verwaltung, Leitung usw.

Für den Schwarzbereich gabs täglich frische Arbeitskleidung, damit da ja nichts reingeschleppt wird — oder auch raus. Jedenfalls, die Veterinäre gingen mit der Spritzpistole herum und haben gekachelt den ganzen Tag, in einem Durchgang. Es waren immer Leute da. Wir haben ja auch für Dummersdorf Forschungsaufträge gemacht, mit Dings ... mit Embryonen. Ich hab da mal zugeschaut, nee, das war grauenhaft! Die gingen dann ab zum Schlachthof, die Kühe.

Die Mastbullen standen bis zur Schlachtreife 19 Monate. Dann wurden die Boxen aufgemacht, so daß quasi ein langer, durchgehender Gang entstand. Durch den wurden die Bullen dann rausgetrieben, auf die Rampe rauf und in die Fahrzeuge rein. Sowas ist natürlich kein schöner Anblick, wie diese starken Tiere vollkommen verstört unter Schlägen und

Deutsche Bräuche

Geschrei die Rampen raufstolpern, stürzen und in Panik kommen. Dann haben wir sie entweder mit unseren Fahrzeugen nach Teterow gebracht zum Schlachthof, oder zum Rostocker Hafen, wo sie eingeschifft wurden in die SU. Die Menge wurde aber in den ganzen letzten Jahren an den Westen verkauft.

Sie haben bestimmt auch schon vor 1989 Fleisch von unseren Tieren hier gegessen, mit Sicherheit von den Schweinen. Auf eine Art war die Anlage vielleicht erfolgreich, für Devisen damals, aber sonst? Obwohl sich viele Leute, und besonders die Frauen, viel, viel Mühe gegeben haben, ist das Ganze innerlich eigentlich gescheitert und allen über den Kopf gewachsen.

Und dann gabs auch noch die andere Seite. Nachts kamen die Ratten raus und haben gefressen, was zu kriegen war. Am Tag mußten die Ochsen zusehn, wie sie zurechtkommen, denn am nächsten Morgen gabs keine Reserven. Die Ratten waren lange Zeit eine solche Plage, daß jeder sich gefürchtet hat. Bevor man in den Stall reinging, mußte man erst mal kräftig Krach schlagen, Licht anmachen, sonst hätten die sich vor Schreck überall verbissen.

Oft ist die Gülle nicht abgelaufen, weil alles verstopft war durch den hohen Futteranteil, der da runterfiel durch die Spalten. Das hat dann vor sich hin gegärt und furchtbar gestunken. Da drinnen lebten die Ratten. Sie hatten unten ihr Tagquartier. Nein, es war ein Wahnsinn! Wenn man das so erzählt heute, klingt es nur halb so schlimm, aber es waren ja bestimmt über 'ne halbe Million Ratten. Man hat mal drei, vier erschlagen, aber die sind ja schlau, danach traute man sich dann nicht mehr an sie ran. Der Nachttierpfleger, der Wache hatte, dem standen die Haare zu Berge, wenn er mal reinmußte. Waren Tiere krank, so hatten die nicht allzu große Chancen, die Nacht zu überleben, so ohne Hilfe. Morgens lagen sie dann tot da, aber keins war angeknabbert oder so. Die Ratten hatten ja genug zu fressen. Hochwertiges Futter, die standen sooo im Fleisch! Das sind Zustände gewesen, unbeschreiblich! Zustände, die oben von der Leitung mitverschuldet waren, die sie aber angeblich nicht gekannt hat.

Eines Tages kam ein Wissenschaftler, der hat eine exakte Rattenanalyse gemacht. Daraufhin dann Rattenvernichtung mit gentechnischen Mitteln. Der Mann hat hier richtiggehend Schädlingsbekämpfung trainiert. Es war wie im Krieg. Da wurde dermaßen aufgeräumt, das hätte keiner für möglich gehalten. Der kam von irgendeinem Institut, wars Leipzig, Berlin, oder war der auch von Rostock? Jedenfalls sind später ein paar einzelne Exemplare wieder mal aufgetaucht, zugewandert, aber nie mehr hat man solche Massen gesehen wie vorher.«

Moksel-Vorstand unter Beschuß

Auch für 1993 keine Dividende / Kritik auf der Hauptversammlung

MÜNCHEN, 12. August (Reuter). Betrügereien bei einer Tochterfirma sowie die Diskussion um angebliche Verbindungen zu dem DDR-Devisenbeschaffer Alexander Schalck-Golodkowski und andere Unregelmäßigkeiten haben den Vorstand des Fleischkonzerns A. Moksel AG unter Beschuß gebracht. Auf der Hauptversammlung am Donnerstag in München nannten Aktionärssprecher das Management „stümperhaft", „blauäugig" und „dilettantisch". Der Vorstand gab Fehler in Verbindung mit dem Betrugsfall bei der G. u .P. Salomon zu, die Moksel 140 Mill. DM Belastungen brachten und zu einem Dividendenausfall für 1992 führten.

Nach den Worten von Vorstandsmitglied Bodo Schneider sieht sich Moksel auch im normalen Geschäft Problemen gegenüber. So rechne er für 1993 nur noch mit 3,2 bis 3,5 (Vorjahr 3,7) Mrd. DM Umsatz. Das Ergebnis der AG liege im ersten Halbjahr um weniger als 10 Mill. DM im Verlust. „Für 1993 sehe ich keine Dividende", sagte Finanzchef Alfred Freibott. Schneider glaubt jedoch, daß Moksel für 1994 wieder eine Dividende zahlen kann. Für die derzeitigen Probleme beim Ertrag sei auch die EG-Politik bei Agrargeschäften verantwortlich. Dennoch wolle Moksel in der Fleischverarbeitung weiter expandieren. Dazu trage der geplante Mehrheitserwerb bei der Eyckeler & Malt AG, Hilden bei. Das Fleischhandelsunternehmen erzielte 1992 rund 900 Mill. DM Umsatz.

Schloß Havelland

Herr von Ribbeck auf Ribbeck im Havelland

Herr von Ribbeck auf Ribbeck im Havelland,
Ein Birnbaum in seinem Garten stand,
Und kam die goldene Herbsteszeit,
Und die Birnen leuchteten weit und breit,
Da stopfte, wenns Mittag vom Turme scholl,
Der von Ribbeck sich beide Taschen voll,
Und kam in Pantinen ein Junge daher,
So rief er: »Junge, wist 'ne Beer?«
Und kam ein Mädel, so rief er: »Lütt Dirn,
Kumm man röwer, ick hebb 'ne Birn.«

So ging es viel Jahre, bis lobesam
Der von Ribbeck auf Ribbeck zu sterben kam.
Er fühlte sein Ende. 's war Herbsteszeit,
Wieder lachten die Birnen weit und breit,
Da sagte von Ribbeck: »Ich scheide nun ab.
Legt mir eine Birne mit ins Grab.«
Und drei Tage drauf, aus dem Doppeldachhaus,
Trugen von Ribbeck sie hinaus,
Alle Bauern und Büdner, mit Feiergesicht,
Sangen »Jesus, meine Zuversicht«,
Und die Kinder klagten, das Herze schwer:
»He is dod nu. Wer giwt uns nu 'ne Beer?«

So klagten die Kinder. Das war nicht recht.
Ach, sie kannten den alten Ribbeck schlecht,
Der *neue* freilich, der knausert und spart,
Hält Park und Birnbaum strenge verwahrt,
Aber der *alte,* vorahnend schon
Und voll Mißtraun gegen den eigenen Sohn,

Schloß Havelland

Der wußte genau, was damals er tat,
Als um eine Birn ins Grab er bat,
Und im dritten Jahr, aus dem stillen Haus,
Ein Birnbaumsprößling sproßt heraus.

Und die Jahre gehen wohl auf und ab,
Längst wölbt sich ein Birnbaum über dem Grab,
Und in der goldenen Herbsteszeit
Leuchtets wieder weit und breit.
Und kommt ein Jung übern Kirchhof her,
So flüsterts im Baume: »Wiste 'ne Beer?«
Und kommt ein Mädel, so flüsterts: »Lütt Dirn,
Kumm man röwer, ick gew di 'ne Birn.«

So spendet Segen noch immer die Hand
Des von Ribbeck auf Ribbeck im Havelland.

      Theodor Fontane

Ribbeck liegt vierzig Kilometer westlich vor Berlin, im sogenannten Havelland. Es ist eins der zahllosen Straßendörfer, die, umgeben von Feldern, Wäldern und Wiesen, an der Bundesstraße Fünf liegen. Die Hauptstraße des Ortes kreuzt die B 5 und ist rechter Hand neuerdings nach Fontane benannt (zuvor nach Lenin), während sie links der Bundesstraße schlicht Lindenstraße heißt. Um diese Kreuzung herum erstreckt sich das Dorf, wobei rechts, noch aus feudaler Zeit herrührend, die wesentlichen Einrichtungen residieren.
Hier liegt das architektonisch uninteressante Schloß mit preußisch-spartanischem Park, in dem die prächtigsten Gewächse eine große Eiche (glaube ich) und eine Reihe alter Pappeln sind. Am Giebel des Schlosses steht die Jahreszahl 1893, womit aber nicht Erbauungs-, sondern Umbaujahr angezeigt wird. Seit Ende der fünfziger Jahre befindet sich in diesem Gebäude das Alten- und Pflegeheim »Schloß Havelland«. Von ihm aus führt, quer über den Kirchplatz, unter hohen Kastanien ein schmaler, heller Streifen durchs

Gras, ausgetreten von all den Alten und Kranken, die jahrzehntelang diese Abkürzung nahmen, zum »Konsum« schräg gegenüber.

Um den Kirchplatz verläuft hufeisenförmig ein holpriger Weg, vorbei an der Remise mit eingestürztem Dach — dort standen ehemals die Reitpferde, die der Rittmeister von Ribbeck für preußische Kavallerieregimenter züchtete —, an Unterkünften für Landarbeiter; an Hof und Stallungen der LPG, die Milchkühe, Rinder und Schweine hält und sich im Umbau zur GmbH befindet; vorbei am Gebäude der alten Brennerei mit dem hohen Schornstein, an alten Doppelhäuschen mit blühenden Vorgärten, unter denen auch das ehemalige Pfarrhaus ist, in dem zwei alte Frauen lebten — eine der beiden wurde bereits exmittiert im Rahmen des neuen christlichen Tatendurstes. Mitten in dieser Idylle steht, unter Linden, Robinien und Kastanien, die Dorfkirche mit neuem Dach. Innen wird noch renoviert: Kirchenschiffverkleinerung und frischer Putz. Dennoch darf sich die winzige Schar gläubiger Protestanten auf triste Gottesdienste einstellen; die alte Orgel, vor fünf Jahren zu Reparaturzwecken abtransportiert, ist seither verschollen. Nicht verschollen, sondern nur verlegt sind die Gebeine der ehemaligen Herren von Ribbeck, von denen einer derjenige mit dem legendären Birnbaum gewesen sein soll. Am Ende des Parks, hinter einem rostigen schmiedeeisernen Eingangstor, stehen fünf weiße Steinkreuze auf derben Sockeln, umgeben von einer Schar wohlbeleibter Hühner, die hier nach Futter picken.

Dann gibt es noch das Gemeindeamt sowie eine Kindereinrichtung, die, seit im Schloß der Schichtdienst eingeführt wurde, ab sechs Uhr morgens geöffnet ist. Und, ebenfalls an der B5 gelegen, die Fontane-Gaststätte. Auf der linken Dorfseite hingegen sind am Waldrand nur noch ein Jugendklub und das Spartenheim der Kleintierzüchter zu finden. An diesem Dorf wäre nichts Besonderes, gäbe es nicht Fontanes Ballade vom Birnen verschenkenden Herrn von Ribbeck, dem Kinderfreund, der noch aus dem Grab heraus Früchte spendet.

Herr von Ribbeck

»Man muß den Marketing-Anschub, den Fontane gegeben hat, doch ausnutzen«, sagte Herr von Ribbeck dem *Spiegel*. Er weiß konstitutionell, daß es nun heißt, Birnen zu nehmen, und nicht, Birnen zu geben. Ganze Birnenplantagen könnten aus dem Boden schießen, wenn man ihn nur ins »Domizil seiner Ahnen« zurückkehren ließe. Dann will er sein Dorf übernehmen und umkrempeln, es auf die Höhe der neuen Zeit bringen, mit Tourismus, Reiterhof, Pizzeria, Sägewerk und Käserei. Die 1000 Hektar Wald und 700 Hektar Ackerland sind für jeden Kapitalgeber eine hervorragende Sicherheit. Das eigentliche Kleinod der von Ribbeckschen Zukunftspläne aber ist eine exklusive Manager-Schule, die im »Großen Haus« residieren soll. »Großes Haus«, so von Ribbeck, nenne er es vorläufig, denn: »Schloß klingt in der heutigen Zeit nicht mehr so gut«.

Jetzt lautet die Parole offensichtlich: »Kampf um den Grundbesitz!« Man will sich die Bodenreformregelung nicht bieten lassen, die von den Russen in den Einigungsvertrag hineindiktiert wurde. Unbeirrt kehrt der Adel Zug um Zug auf seine Güter in Ostdeutschland zurück. Getarnt als Geld oder Birnen spendende Vaterfiguren, die dem infrastrukturschwachen Land Kapital, Arbeitsplätze und modernes Knowhow bringen, nisten sich die Grafen wieder auf ihren Stammsitzen ein. Zur Erreichung dieses Ziels lassen sie sich allerhand einfallen, bis hin zur Behauptung, der damals Enteignete sei Antifaschist gewesen und als solcher »Opfer des Faschismus« geworden. Für einen Nachkommen ohne Kapital ist diese Version besonders geeignet, denn nur sie könnte in der Lage sein, den Verfassungsartikel 143, der für diese Liegenschaften gilt, außer Kraft zu setzen. Eine kostenlose und vollständige Rückübereignung wäre die Folge.

Oberschwester

»Ich bin seit Anfang der sechziger Jahre hier im Heim als Schwester tätig. Von all denen, die damals hier gearbeitet haben, bin ich als einzige übriggeblieben.

Deutsche Bräuche

Ich wohne hier im Ort, gleich vorn neben der Einfahrt zum Schloß. Gebürtig bin ich aus Polen. Bei der Umsiedlung damals kamen wir in einen Transport, der nach dem Westen gehen sollte, aber unterwegs wurde er geteilt, die eine Hälfte da hin, die andere dort. So sind wir hier hängengeblieben. Wir wurden in ein Gutsgebäude ganz in der Nähe einquartiert, bekamen Land, und meine Eltern wurden Siedler. Aber mein Vati war schwerbeschädigt aus dem Krieg heimgekehrt und konnte nicht mehr richtig, obwohl er Schmied gelernt hatte und vom Lande stammte. In die LPG sind wir dann gar nicht mehr reingegangen, wir haben vorher aufgehört.

Die Ribbecks sind wohl so 1946 oder 1947 endgültig weggegangen; ich weiß es nicht genau. Das Schloß und alles hier war ja von der Roten Armee in Besitz genommen worden, und dann hat man Platz gebraucht für die Umsiedler. Aber wie ich gehört habe, sollen die Ribbecks schon vor dem Krieg rausgewesen sein aus dem Schloß, da hat sich wohl eine Abteilung der Luftwaffe eingerichtet, die Funkwache, die sollten wohl Funksprüche abhören und entschlüsseln und vor anfliegenden Bombenflugzeugen rechtzeitig warnen. Die haben hier einiges veranstaltet, drüben auf den Feldern, die heißen ›Lange Stücken‹, da sollen sie ›Klein Berlin‹ aufgebaut haben. Die ganze Stadt in klein, ganz lebensecht, mit Reichstag und allem, sogar Straßenlicht solls gegeben haben und kleine Autos, die rumfahren. Damit sollten wohl die Flieger getäuscht werden, sie sollten denken, daß hier schon Berlin ist ... ich weiß es auch nicht.

Und da hats dann, aber das habe ich auch nur gehört, hier irgendwas gegeben mit dem Ribbeck. Er hat sich unbeliebt gemacht bei denen oben. Angeblich soll er eine Offiziersfrau mit der Peitsche geschlagen haben, weil sie durch sein frisches Feld gelaufen ist. Irgendwie hat er sich dann auch nicht entschuldigen wollen, jedenfalls hat man ihn nach Potsdam gebracht, und dann soll er nach Oranienburg gekommen sein, ins Lager, sagt man, aber irgendwas Genaueres weiß da wohl niemand.

Jedenfalls wurde das hier Bodenreformland und ein Teil davon dann an die landlosen Bauern und Siedler ausgehän-

Schloß Havelland

digt. Ende der fünfziger Jahre sollte das Schloß ein Feierabendheim werden, oder, wie man heute sagt, Seniorenheim. Aber dann kamen nicht genug Senioren zusammen, also hat man ein Pflegeheim aufgemacht. Die Zustände waren nicht die besten. Wir hatten hier lange Zeit einen sehr schlechten Ruf. Oben war eine geschlossene Abteilung. Da waren auf engstem Raum, mit vergitterten Fenstern und Türen ohne Klinken, zweiundzwanzig Leute untergebracht. Die hatte man aus den Anstalten und der Landesnervenklinik hierher abgeschoben. Einige waren gefährlich, einige hatten durch den Krieg den Verstand verloren. Da gabs immer ein Getobe

und Geschrei, einen Dreck und Gestank, das ist unbeschreiblich. Es war so schrecklich, daß alle hier fort wollten.

Später wurde es dann besser, die geschlossene Station wurde aufgelöst. Aber wir hatten hier immer sehr einfache Verhältnisse. Nicht mal einen Aufzug gabs früher, alles mußte die Treppen raufgeschleppt werden, Material und Patienten. Und als der Aufzug dann kam, war das eine sozialistische Errungenschaft, aber funktioniert hat er bis vor kurzem nie, irgendwie war die Stromspannung die falsche. Jetzt ist vieles anders geworden, man hat uns einiges gespendet vom Westen, was die Arbeit erleichtert. Wir haben schöne Farbfernseher und einen Kran, um die Patienten in die Badewanne zu heben.

Auch der Pflegeaufwand ist nicht mehr so groß, jetzt haben wir dieses Einweg-Inkontinenzmaterial. Früher mußten wir dauernd Bettlaken und Stecktücher wechseln, unsere Schwerkranken lagen auf Dauer-Gummibecken. Trotzdem, da sind wir stolz drauf, gab es kaum Dekubitusfälle, wir haben immerzu umgebettet, abgerieben und frisch gemacht.

Ich erhoffe mir eigentlich nur eins, daß unseren Alten das hier alles erhalten bleibt und sie in Ruhe und Frieden leben können.«

Bürgermeister

»Das ist also der Schlag, auf den ich so lange gewartet habe. Jetzt will der Herr von Ribbeck *alles* wiederhaben. Vorstellen kann ich mir das schon. Vom Standpunkt der Familie Ribbeck aus ist es ganz einfach. Für die war ihr Leben, das sie früher hier geführt haben, schön. Und der Dreikäsehoch, der er damals war, als sie wegmußten, hat vielleicht auch schöne Erinnerungen, mag alles sein. Aber was die Bevölkerung für Erinnerungen hat, das ist eine ganz andere Sache. Aus diesem Blickwinkel sehen die Dinge so aus, wie sie sind.

Managerschule . . . die kann er auch woanders aufmachen. Also wir hatten ihn hier eingeladen, damals, er war hier, er hat seine Ansichten dargelegt, wir haben ihm zugehört. Gesagt haben wir ihm folgendes: Wenn er hier als Investor tätig werden möchte, dann soll uns das recht sein, vorausgesetzt natürlich, daß diese Tätigkeiten auch zum Wohle der Gemeinde sind. An sich hörte sich das damals alles nach Luftschlössern an.

Sehnse mal, wir haben jetzt hier eine vernünftige Nutzung, wir haben einen Träger, der die Modernisierungsmaßnahmen durchführen wird, das ist die Arbeiterwohlfahrt. Das sind für uns hier dreißig Arbeitsplätze, und zwar Frauenarbeitsplätze, die in der Region absolut knapp sind. Und überhaupt, das ist bei uns ja nicht so wie in der Stadt, unsere Alten hier gehören mit dazu, zum öffentlichen Leben, wir sehn sie nicht nur beim gemeinsamen Erdbeerfest, ich kenn sie beim Namen. Und da kommt der Herr und will eine Managerschule in unserem Altenheim betreiben? Die Vorstellung ist ganz unmöglich. Dabei hat er, als er hier war, vor dem versammelten Gemeinderat laut und deutlich die Aussage gemacht, daß er das Schloß nicht anrühren will, solange die Alten drin sind.

Und was die Flächen betrifft, von denen er spricht, die 700 Hektar, davon lebt ganz konkret der andere große Teil unserer Leute hier. Wir sitzen hier alle mehr oder weniger auf Bodenreformland. Sie müssen das so sehen, nach dem Urteil in Karlsruhe, das ja endgültig ist, war es dann Rechtens, daß diese Sperrvermerke ›Bodenreform‹ überall rausgenommen wurden, so daß die Bauern die Eigentümer bleiben. Unsere ehemalige LPG ist ja zusammengeblieben, wir haben keine ›Wiedereinrichter‹, bei uns haben alle Bauern ihrs drin gelassen. Also, die Genossenschaft oder GmbH hat im Prinzip den Boden von ihren Bauern gepachtet und dazu noch Flächen von der Treuhandanstalt. Das wird alles bewirtschaftet, Pflanzen- und Tierproduktion. Und wir haben schon genug Sorgen, so gibt es hier in der Region noch immer nicht den im Westen üblichen Erzeugerpreis für unsere Milch und unsere Tiere; für alles, was wir selbst kaufen müssen, Maschinen usw., sollen *wir* aber den vollen Preis hinlegen.

Wir haben es schwer. Die Vermarktung von allem und jedem, das wurde bei uns früher ja etwas stiefmütterlich behandelt, zugegeben, andererseits ist es aber so, daß wir hier auf einen Herrn von Ribbeck nicht angewiesen sind, wir habens bisher auch ohne ihn gut geschafft. Beispielsweise haben wir bereits unsere Wasseraufbereitungsanlage aufgebaut, das war eine Investition von ca. 200000 Mark. Jetzt haben wir endlich eine ordentliche Trinkwasserqualität, fürs Dorf und für unsere Alten. Als nächstes steht die Kläranlage auf dem Programm. Wir stemmen uns hier keineswegs gegen den Fortschritt, wie uns der Herr Ribbeck vorwirft, aber wir möchten uns auch nicht verkaufen lassen. Denn, daß er hier ankommt, um Wohltaten zu vollbringen — also das wagen wir ganz ernsthaft zu bezweifeln.«

Heimleiterin

»Wir haben hier drei Stationen, auf denen 71 Bewohnerinnen und Bewohner leben. Die jüngste ist 20, die älteste 91 Jahre. Die Männer sind in der Minderheit, es sind nur 16. Wir haben also junge und alte Bewohner, geistig Behinderte, körperlich Behinderte, Gesunde und Kranke. Im Prinzip haben wir sogar ein Ehepaarzimmer — das ist momentan aber leider nicht belegt —, Sexualität ist ja auch im Alter noch da. Ein Einbettzimmer haben wir, da wohnt eine Patientin, die schon über dreißig Jahre im Haus ist.

Mitarbeiter haben wir etwas mehr als 30 momentan. Die meisten unserer Patienten kommen hier aus der Region. Einige kamen aus der Bezirksnervenklinik, aber die sollen wahrscheinlich langfristig rüber nach Markee, in die Rehabilitation. Denn für die ist das eigentlich hier gar nichts, es gibt ja keine ausreichende Förderung. Das zwanzigjährige Mädchen beispielsweise, Rosita, ist geistig und körperlich behindert, die hat sich hier zwar ihre Omi adoptiert und alles, aber wir können sie eben nur betreuen. So ganz allmählich ändert sich einiges zum Guten. Auch unser Aufzug geht, nur die Schwesternrufanlage funktioniert noch nicht. Irgendwie zurückgeblieben kommt man sich vor.

Andererseits, wir waren neulich im Westen, zur Besichtigung, in einer Abteilung für chronisch Kranke. Also, ich muß schon sagen, ich war richtig schockiert. Alles so vollkommen steril, modern und kalt, da war nichts Persönliches;

von denen, die dort lagen, nicht mal ein Bildchen an der Wand, nur alles abwaschbare Technik. Bei uns ist das — ehrlich, ich muß sagen, zum Glück — ganz anders. Da gibts Tapeten, normale Möbel, Blumentöpfe, die Betten stehen mal so, mal so. Und jetzt, seit wir nach dem neuen Pflegegesetz die Bettenzahl pro Zimmer verringern mußten, ist es richtig luftig. Maximal vier Betten dürfen im Pflegebereich sein. Und ein weiterer Unterschied zum Westen ist, daß bei uns die Alten in ihren Zimmern sterben dürfen und nicht abgeschirmt und abgeschoben werden. Das ist auch für die anderen wichtig, die dann ja wissen, was passiert ist mit ihrer Nachbarin.

Zum Glück hat uns jetzt die Arbeiterwohlfahrt übernommen, da habe ich ein ganz gutes Gefühl. Wir sind von Westfirmen bestürmt worden, auch von solchen, die hier die ganze Hygiene übernehmen wollten, mit einigen Putzkräften und allem; welche, die die Küche übernehmen wollten. Aber das sind ja alles Arbeitsplätze. Wir haben sogar mal einen Versuch gemacht mit Tiefkühlkost von ›Appetito‹, es aber wieder aufgegeben. Jetzt wird bei uns gekocht, und wirklich sehr gut. Überhaupt können wir Verpflegung heute reichhaltiger anbieten als früher, besonders Obst und Gemüse. Nur die bürokratische Arbeit hat sich vermehrt, alles und jedes muß jetzt festgehalten und mit Unterschriften versehen werden, die Kompetenzen sind nicht mehr dieselben, aber insgesamt können wir hier eigentlich hoffnungsvoll in die Zukunft blicken.«

Im Schloß

Von der Parkseite tritt man durch einen Windfang in die Halle ein. Hier sitzen die Raucher auf jenen plastikbezogenen Sesseln, die jedem ehemaligen DDR-Bürger vertraut sind. Auf dem Tisch liegt das obligatorische geblümte Wachstuch. Hier ist so eine Art zentraler Platz zwischen Stationen und Speiseraum. Alle kommen vorbei, Besucher, die zur Verwaltung wollen, Personal und Bewohner. Nebenan liegt der Speiseraum, mit 50er-Jahre-Interieur: spreizbeinige Sessel und Tische, weißes Wachstuch, Musiktruhe, zwei Lautsprecher an der Wand rechts und links der Tür, Fernseher,

Gummibaum und Weihnachtskaktus. Eine hohe Tür führt hinüber in die Küche. Der große Raum ist von Sonnenlicht durchflutet, die weiß gekachelten Wände und verchromten Gerätschaften funkeln. Im großen Bratbehälter schwimmen panierte Koteletts im sprudelnden Fett und werden ab und zu gewendet. Streß scheint man hier nicht zu schätzen. Die Atmosphäre wirkt altmodisch, fast behaglich.

Von der Halle aus führt eine Treppe zu den Stationen hinauf, vorbei an einem antifeudalistischen Wandbild mit Untertext: »Der harte, fette und feiste Herr läßt die Armen und Bedürftigen vor sich knien und betteln. Doch unter der Führung der Partei der Arbeiter und Bauern erhalten die Alten und Bedürftigen einen schönen und geruhsamen Lebensabend.« Die Betroffenen selbst sitzen vor ihren Zimmern, in den Fluren oder gehen umher — gestützt aufs Wandgeländer —, freundlich grüßend, zerstreut lächelnd, desinteressiert oder auch mißtrauisch einander und mich beobachtend. In den polierten Linoleumböden spiegeln sich Möbel, Menschen und die Kugeln der Deckenlampen aus Milchglas. Die Taschenlampe in der Magnethalterung an der Wand ist wohl noch ein Relikt aus jenen Zeiten, in denen manchmal der Strom ausfiel. Ebenso wie in den Fluren sind auch in den Zimmern die Wände bis zur Schulterhöhe mit hellgrauer Ölfarbe gestrichen. Darüber beginnen die Tapeten. Jeder Raum ist individuell tapeziert und möbliert, mit Betten, Sesseln, Stehlampe, Tisch, Schrank, Regal, Fernsehgerät. Es herrscht keine Krankenhausatmosphäre, alles wirkt lebendig. Am sterilsten ist wahrscheinlich das Einzelzimmer jener Frau, die es seit mehr als 30 Jahren bewohnt. Es ist ein Schmuckkästchen auf seine Weise. Strikte Ordnung und Sauberkeit herrschen im zellenförmigen Raum. Eine seidig schimmernde Tagesdecke ist über das Bett gebreitet. Knapp neben einem mit Handkantenschlag gespaltenen Zierkissen thronen mehrere große Puppen. Die Bewohnerin selbst — dunkelhaarig, groß, kräftig — sitzt steif lächelnd in einem hellen Strickkleid auf der Bettkante, so als wäre sie der Besuch.

In der Halle zeigt die Uhr über dem Speiseraum halb zwölf. Am Tisch sitzen immer noch die Raucher. Herr Flögel, das glatte dunkle Haar zurückgekämmt, den massigen Körper in Hose und Jackett gezwängt, die fahrbare Gehhilfe griffbereit neben sich, und Herr Puttlitz, schlank, mittelgroß, mit weißem Haarkranz.

Herr Flögel

»Die Karre brauch ich zum Gehen, wissen Sie, eine Lok hat mich überrollt. Aber ich hatte Glück, nur der Schuh ging verloren, das Bein war mehrmals gebrochen und blieb dran.

Seit vier Jahren bin ich hier, damals hatten wir noch die DDR. Früher war ich Eisenbahner, davon könnte ich Ihnen Geschichten erzählen ... was wir nich alles organisiert haben ... Dabei wollte ich als Junge viel lieber Schlosser werden, aber so ein Berufsberater hat mich geradezu gezwungen zur Bahn.

Dort war ich dann aber ganz gern, wir haben zusammengehalten im Kollektiv. Bei der Bahn ist jeder für den andern da. Wir konnten alles besorgen, man hat hier was abgezweigt und dort was eingetauscht. Na, ich war Heizer, und eines Tages sollte ich heizen, aber es war keine Kohle da, nichts. Das hätten Sie mal sehen sollen, wie die sich gewundert haben, als ich trotzdem mit einmal den Kessel unter Dampf hatte. Und wie habe ich das gemacht? Ich habe die Kohlen aufgesammelt, die überall zwischen den Gleisen rumlagen, die runterfielen vom Ruckeln, und schon konnte es losgehn. Da mußte man sich zu helfen wissen, bei uns früher.

Übrigens gabs mal eine Schmalspurbahn, die lief hier früher hinter Ribbeck vorbei. Eines Tages wurde stillgelegt, und da kam die Volksarmee, sie rissen die Gleise raus und haben spanische Reiter draus gemacht. Das waren unruhige Zeiten, damals Ende 1950. Ich weiß noch, die Schwellen waren begehrt, das ging nicht lange, da war alles weg.

Sie sind doch durch Wustermark gefahren. Gibt es da noch den Fleischer? Also der liegt praktisch an der Ecke zur Hauptstraße, bei dem schmeckte alles wie hausgemacht. Zum Russen konnten wir auch gehn, ins ›Haus der Offiziere‹, da gabs alles so wie im ›Delikat‹, nur billiger. Dort war ich mal, kurz vor Weihnachten, mit meinem Jungen und habs ihm gezeigt.

Deutsche Bräuche

Ich bin ja wegen dem Suff da, nur wegen dem Suff. Damals nach der Scheidung hab ich mich halb totgesoffen, ich blöder Hund. Dann war auch noch die Wohnung weg, das Geld, die Arbeitskraft. Sowas wollte man damals ja gar nicht hören: Suff, Alkohol ... das gabs offiziell gar nicht. Dann kam das kaputte Bein dazu und ich — rin ins Krankenhaus. Morgens gabs 'ne Kanne Tee, die mußte abends leer sein. Nach einer Woche war ich geheilt. Hier machen sie jetzt neuerdings Patientenberichte. Im einen Buch machen sie rote und grüne Punkte, im anderen rote und grüne Streifen. Da steht dann z. B. drin ›Volltrunkenheit‹ und sowas, nach gerade mal ein paar Bier. Aber sonst kriegen wir hier von der Wende eigentlich nicht viel mit.«

Herr Puttlitz

»Mit zwo T. Anjeblich bin ick von Adel, mein Großvater soll aber den Titel verkooft haben, wejen Jeldmangel. Det habe ick erst erfahren, als ick die Papiere für meine Kriegstrauung zusammenjesucht habe. Vorher wußte icks nich, und hinterher hat det mir ooch nischt jenützt.

Am 14. Oktober bin ick sechs Jahre hier. Jeboren bin ick 1914, am Prenzlauer Berg, in Berlin; det Haus steht nich mehr, die janze Ecke is wech. Jelernt hatte ick zuerst Schuster, denn war ick als Stahlwerker in Henningsdorf, da ham wa janz schön hart jearbeetet. Und denn war ick ooch Straßenbahnfahrer, hab den Dreier jefahren, im großen Ring janz um Berlin herum. Aber nach die Spaltung durften wa ja nich mehr rüberfahrn, die Linie wurde verlecht.

Im Krieje war ick ooch. Wurde in Graz verwundet. In Jugoslawien ham mich die Partisanen jefangen, det war mein Jlück. 47 bin ick frei jekommen, und nu sitze ick hier, habe keene Familie, keene Verwandten, jarnischt. Keenen, der mir mal 'ne Ansichtskarte schreibt. Sie! *lacht* Ick habe mir sojar mal selbst eene jeschrieben, die kam am nächsten Tag schon im Schloß hier an. Nich mal jestempelt hattense die, sowat is nich det Wahre. Aber ick mache meine Spazierjänge, immer weite Strecken, rechts Felder, links Felder und keen Mensch zu sehen. Im Herbst is hier allet voller Obst.

Manchmal, seit der Wende, da mache ick solche Tajesfahrten mit. Ick habe ja zum Jlück keen Jeld, also kann ick ooch nischt koofen. Dafür, und fürt Roochen, jeht mein janzet Jeld wech. Aber ick will ja noch wat sehn von die Welt. Am 9. wollen wa wieder 'ne Fahrt machen, von der Kirche in Brieselang bis nach Potsdam, und am Abend jehts zurück.

Ein, zwei Sachen sind seit der Wende ja besser. Früher lajen wa zu sechse im Männerzimmer, heute sind wa viere. Aber Streit jibt et trotzdem, wat Hartmut — der wohnt mit mir zusammen. Und denn jibt et noch 'nen Zuckerkranken, der sitzt den janzen Tach im Rollstuhl und hat schlechte Laune, er schreit und schreit, und det allet nur, damit die Schwester kommt und er im Mittelpunkt steht. Der andre, der noch mit drinne wohnt, hat offene Beene, die suppen und müssen immerzu jewickelt werden. Det hater vom Roochen oder wat, vom Saufen. Det is keen Wunder, der schüttet den Alkohol janz schön in sich rin, der will sich janz betäuben. Früher hatten wa mal 'nen Arzt hier, der wollte ihm die Beene immerzu abschneiden und meine jleich mit.

Na, jeder hat so seine Ansichten. Zum Beispiel, soll det Fenster nachts nu offen bleiben oder nich? Der eene so, der andere so. Und wenn ick ma nachts leise aus meine Pantoffel schlüpfe, wenn ick vom TV komme, denn jibts immer jleich Ärjer: ›Mach ma nich son Krach, da kann ja keen Mensch bei schlafen‹ und sone Reden. Aber mit die Erotikfilme kann ick mir nich befreunden, die uns der Westen jetze sendet. Da hab ick jenuch von, ick habe abjeschaltet, für mich is det zu primitiv, so sehe ick det. Ohne richtje Lebensfreude.«

Und so wandeln sie durch den Park, sitzen auf den schattigen Bänken unterm Baum oder lehnen am Zaun, plaudern mit den Vorbeikommenden und schauen den Traktoren und Pferdewagen nach. Herr Puttlitz; der dicke Hartmut mit der Gehhilfe; die Polin mit Schal und Wollmütze, die nicht Deutsch spricht und von allen »Väterchen Frost« genannt wird; Rosita, die Zwanzigjährige; Hänschen, der Schweizer; die Mongoloide, die immer ihre Puppe herumträgt und einen Freund hat; die Witwe eines Försters, der früher in Ribbecks

Diensten stand; die Frau, die seit dreißig Jahren hier ist; und der Mann mit den Krücken, der mal FDGB-Boß in Nauen war; und all die anderen.

Bauernland in Junkerhand

Wunderbar sind die schattigen Alleen, besonders die kleinen, abseits liegenden, die oft noch ihr altes Kopfsteinpflaster haben. Mit der Geschwindigkeit einer Kutsche kann man dahinrumpeln. Fasane überqueren gemächlich die Fahrbahn, die Schwalben fliegen an schwülen Tagen so nah an der Windschutzscheibe vorbei, daß jede Brustfeder zu erkennen ist. Auf den stillgelegten Flächen rund um die Seen schreiten wohlgenährte Störche auf und ab.

Hier in Mecklenburg führen solche Alleen nicht ins nächste Dorf, sondern zum nächsten Gut. So gesehen ist die Landschaft immer noch deutlich gezeichnet vom Feudalismus, vom großen Bauernlegen, bei dem sich der Adel in den Besitz riesiger Ländereien und der dazugehörenden menschlichen Arbeitskraft brachte. Damit war zugleich die Voraussetzung für großflächigen Anbau von Getreide geschaffen, der über 450 Jahre hinweg beibehalten und entsprechend modernisiert wurde. Modernisiert wurden auch die Techniken zur Hebung der Arbeitsmoral leibeigener Untertanen. Auf die 1757 eingeführte »schwere Knute, deren Lederschnur Knoten enthält, mit der die Herren, Pächter und Beamte die Leibeigenen zur Arbeit treiben ...«, folgte der »leichte Rohrstock«. In einem Edikt des Herzogs von Mecklenburg heißt es 1802 zur Züchtigung: »... in keinem Falle sich der bisher gebräuchlichen Peitsche, sondern der dünnen Röhre zu bedienen, und höchstens 50 Hiebe zu geben, die in der Regel aufs Hemd vollstreckt werden, mithin Weiber und andere schwache Personen nicht weiter entkleiden zu lassen, als nötig ist, ihnen die Strafe zweckmäßig fühlbar zu machen.« Erst 20 Jahre später wurde in Mecklenburg die Leibeigenschaft per Gesetz aufgehoben, wobei sie inoffiziell bis 1918 auf vielen Gütern weiterbestand.

Um auf die schattigen Alleen zurückzukommen: Die Güter zu denen sie heute führen, waren 40 Jahre volkseigen.

In Großenluckow, das etwas abseits zwischen Waren und Teterow liegt, sind die Dinge noch in der Schwebe. Jedenfalls bezüglich der zukünftigen Gutsherrenschaft. Anderes ist klar. Ein Großteil der landwirtschaftlichen Arbeitskräfte ist, wie überall hier, von Arbeitslosigkeit betroffen. Viele Jugendliche sind in den Westen abgewandert oder auch ins Ausland. Der Ort macht einen melancholischen Eindruck mit seinen kleinen, über alle Maßen gepflegten Eigenheimen, den älteren Wohnblocks, Reihenhäuschen, der Busstation, den menschenleeren Straßen.

Etwas entfernt vom Zentrum liegt das Gut. Am Eingangshaus zum Wirtschaftshof verwittert auf der Fassade die Parole: »Unser Dorf, unser Zuhause«. Im Hof stehen mehrere neue und ältere Traktoren der Marke Fortschritt. Die großen Stallungen, Wirtschaftsgebäude und Scheunen sind geschlossen. Weiter hinten steht eines jener LPG-typischen, langgestreckten Stallgebäude, aus Betonplatten zusammengefügt, rundum vollkommen schmucklos; heute Unterkunft für Asylbewerber. Gerade tritt ein makellos aussehender junger Mann aus der Tür und grüßt lächelnd. Wir kommen ins Gespräch. Er ist Kurde, Mitte Zwanzig, und wartet seit achtzehn Monaten auf seinen Aufenthaltsentscheid.

Nebenan steht das gut erhaltene Herrenhaus, ein zweistöckiges Gebäude mit Flachdach im Tudorstil, ringsum gepflegter englischer Park mit schönen, alten Bäumen. Hier lebte bis 1945 ein Baron von Maltzan mit Frau und Tochter, hier liegen sie bis heute begraben. Auch Ago von Maltzan, Diplomat und Urheber des Rapallo-Vertrages wurde 1927 hier beigesetzt. Er war bei einem Flugzeugabsturz ums Leben gekommen, unter den Trauergästen fanden sich hohe Würdenträger auf dem Gut ein. Die Tochter Ago von Maltzans heiratete übrigens in den Krupp-Clan ein und wurde so eine von Halbach.

Ganz anders als das Leben von Diplomaten, Krautjunkern und Schlotbaronen verlief das Leben jenes alten Mannes, der

Bauernland in Junkerhand!

unweit des Gutes auf den Stufen vor seinem Haus sitzt und raucht. Das Vorgärtchen ist leicht verwildert, aber in den großen gelben Rosen wälzen sich die Bienen und Hummeln in Blütenstaub und Nektar. Ihr Summen und Brummen untermalt den Bericht:

»Hier auf dem Gut bin ich aufgewachsen, gearbeitet mein Leben lang hab ich auf dem Gut, unterm Baron und unter den VEG-Leitern. Die Eltern haben schon hier gearbeitet, die Mutter als Magd, der Vater als Melker.

Meine Frau hab ich 1950 hier kennengelernt. Die ist mit ihren Eltern gekommen, von auswärts. Hier haben wir geheiratet. Zwei Kinder hab ich. Seit zehn ... eh ... ja, das kommt hin ... seit zehn Jahren ist die Frau nun tot. Zucker. Der Sohn ist Traktorist im Gut. Noch. Weil er schwerer Diabetiker ist, wird er nicht gekündigt.

Ist ja alles durcheinander. Früher, beim Baron, da hatten wir 1000 Hektar, mit Wald. Und jetzt, nachher die LPG, die hatten 7000 Hektar. Wem das jetzt ist? Das VEG hatte ja nur die Viehwirtschaft, die Sauenanlage na ... und das Gelände, auf dem die Gebäude stehn, der Park ... das war alles VEG!

Ich war viele Jahre Traktorist und Mähdrescherfahrer in der LPG. Viel Arbeit, immer waren die Biester kaputt, und mit den Ersatzteilen war das nicht so leicht ... nicht wie heute, wo man alles wegschmeißt, nee, wir wußten uns zu helfen!

Aber die Arbeit habe ich dann aufgegeben. Das konnte ich ja nicht mehr weitermachen. Wenn ich abends dreckig nach Hause kam, war kein Bad fertig, kein Essen auf dem Tisch — weil ja die Frau tot ist —, das hält man nicht lange durch. Da bin ich dann übergewechselt zum VEG und hab in der Gärtnerei gearbeitet. Ein bißchen besser wars ja dann, aber viel nicht.

Die Nachbarschaften und alles, das ist ganz zusammengefallen jetzt. Ein paar seh ich gar nicht mehr hier rumgehn. Aber nicht alle im Ort sind arbeitslos. Ein paar sind in ABM gegangen, ein paar in Vorruhestand, ein paar haben noch Arbeit hier. Das ist ja jetzt GmbH oder sowas. Sie haben Rinder und Schweine. Das Futter machen sie selbst. Ich hab gehört, sie haben noch sowas an 800–1000 Hektar ... na ... ob das was wird ... Die Leitung sind fast so viele, wie Arbeiter da sind. Da fliegen die Fetzen, glaube ich.

Ich war auch eine rote Socke, ja, das muß ich zugeben, ich bin mal aus Überzeugung eingetreten, als junger Mann, und dann ... aus Überzeugung ausgetreten ... als alter Mann, weil ... ich konnte das einfach nicht mehr fressen, was sie mit uns gemacht haben, die ganzen Versprechen, und dann nichts! Keiner mehr da, da oben. Aber der kleine Mann kann sich ganz gut erinnern ... Was sind sie hier herumgegangen: ›Genossen, wir müssen die Arbeitsproduktivität weiter erhöhen, alle Reserven ausschöpfen ... für die Stärkung des Sozialismus, für das Wohl des Volkes, für den Frieden ...‹

Also an mir mußte das nicht scheitern! Volle Arbeit hab ich mein Leben lang erbracht. Fast sechzig Jahre lang den Buckel krumm gemacht. 1300 Mark Rente hab ich heute. Ich hab ja als halbes Kind schon angefangen, da mußte jeder ran hier, Sommer wie Winter. Um fünf in der Früh war man schon im Stall und dann, im Sommer, zwölf bis vierzehn Stunden Arbeit, im Winter zehn bis zwölf Stunden, und der Lohn ... da lachen Sie heute, wenn ich Ihnen den sage, siebzig Pfennig den Tag anfangs, dann später wars mehr. Im Herbst konnten wir manchmal die Schulden beim Kaufmann nicht zahlen. Ein paar Schuhe, mehr war nicht, eine Hose, Jacke, ein geflicktes Hemd, fertig! Dann nur noch Arbeitsstiefel, Arbeitskittel; nur Hunger haben wir eigentlich kaum gehabt, da gabs immer irgendwo was Eßbares zu holen ... So war das damals, aber man war zufriedener als heute. Ich hab alles gelernt, die ganze Landwirtschaft. Dann wurde ich Kutscher. Ich hab meine Arbeitspferde gehabt, Kaltblüter, große Tiere, schöne Tiere, die waren da fürs Feld ... für den Wald. Vierspännig bin ich gefahren, in der Linken die Zügel, rechts die Peitsche ... solche Arme hatte ich damals, und nun sehn Sie sich das mal an!

Er schiebt seinen Hemdsärmel hoch und entblößt einen muskulösen Unterarm.

Alles schlapp. Die Arbeit war hart ... ja ... Jeder Kutscher mußte für seine vier Pferde sorgen, da war man verantwörtlich, daß denen nichts passierte ... Füttern, Striegeln, Tränken, An- und Abschirren, Hufe Auskratzen, alles. Das könnte ich heut noch mit verbundenen Augen, meine Pferde einspannen. Morgens um vier war ich oft schon im Stall, und wissen Sie, warum? Ich war stolz darauf, Pferdekutscher zu sein.

Aber, ehrlich gesagt, heimlich hab ich immer auf den Traktor geschaut, doch es gab ja nur einen damals.

1946 hab ich auf einer Hanomag-Raupe angefangen, aber das Traktorfahren war schöner. Ich bin nämlich mehr für Technik veranlagt ... aber der Baron hat vor dem Krieg immer zu mir gesagt: ›Bleib du nur bei deinen Pferden, du wirst noch mein bester Kutscher werden, wenn du so weitermachst.‹ Der Baron, der war mir eigentlich lieber als die LPG-Vorsitzenden, das sage ich heute aus ehrlichem Herzen. Einmal, als ich krank war, als Kind, da hat mich der Herr Baron sogar mit seinem eigenen Wagen ins Krankenhaus gefahren. Die waren gut zu ihren Leuten, der Baron und die Baronin, das muß man ihnen lassen, keine Menschenschinder und Antreiber wie so mancher von den Genossen Vorsitzenden. Gearbeitet haben wir alle trotzdem viel, und alles hatte seine Ordnung hier, bis zum Kriegsende.

Der Baron und die Baronin haben sich ja mit Kriegsende umgebracht, wegen der Roten Armee ... sie hatten wohl zu viel Angst gehabt, vielleicht. Ich persönlich jedenfalls hätte lieber weiter diesen Herrn gehabt als die unseren hier. Und was nun ist und sein soll, das weiß ja keiner. Es soll noch Verwandte geben in Schweden, aber da hat keiner Ansprüche gestellt ... So ist das ... und nun sitze ich heute hier, als alter Mann, mit nur einem Lungenflügel, und seh mir mit an, wie alles zugrunde geht.«

*

Von der Treuhand-Pressesprecherin, Frau Herzfeld, erfahre ich, daß im Fall Großenluckow noch nichts entschieden ist. Die gutachterlichen Prüfungen der Betreiberkonzepte sind nicht abgeschlossen; entsprechend der neuen Richtlinie aus Bonn sollen Güter erst mal nicht mehr verkauft, sondern langfristig bis zu 12 Jahren verpachtet werden. Das Asylbewerberheim darf weiterhin bestehen bleiben, der Kreis will das Objekt kaufen.

Unter den Bewerbern befindet sich auch eine Erbin der Maltzans, aber, so sagt Frau Herzfeld »keine direkte von Maltzan, sie heißt auch anders«. Vielleicht von Halbach?

Ritt auf dem Phantom

Über den kilometerlang sich dahinziehenden Feldern schwebten die Ausdünstungen längst versickerter Schweinegülle. In der Ferne war das Brummen eines Traktors zu hören. Man hätte glauben können, daß es unter der flirrenden Mittagshitze weit und breit nichts anderes mehr gab als diese hohen, dürren Maisstauden mit ihren unaufhörlich raschelnden Blättern. Unversehens aber verbreitete sich der Plattenweg zum Vorplatz eines flachen, weißgetünchten Gebäudes. TIERVERMEHRUNGSFARM stand in hohen Lettern auf der Fassade.

Drinnen herrschte kühles Halbdunkel. Hinter einem leeren Büro führte ein schmaler Gang, entlang an den offenstehenden Türen von Aufenthalts-, Wasch- und Umkleideraum, weiter ins Innere des Hauses. Kein Mensch war zu sehen. Es roch nach Desinfektionsmitteln und ein wenig nach Stall. Plötzlich waren vom Ende des Ganges her scheppernde Geräusche zu hören, dann schien jemand heftig zu keuchen vor Anstrengung. Etwas unschlüssig ging ich weiter, rief dann aber diskreterweise sehr laut: »Hallo! Ist da jemand?« Statt einer Antwort drang aus dem Raum vermehrtes Scheppern, das jedoch nach einem prustenden Ton sofort abbrach. Als ich nach kurzem Zögern zur offenen Tür trat, sah ich im weißgekachelten Raum einen kolossalen Eber sich lautlos über einem Phantom krümmen. Das leicht behaarte Tier stand auf zierlichen Hinterbeinen halb aufrecht und lastete mit seinem mächtigen Oberkörper auf dem mit grünem Kunstleder nachlässig bezogenen Gestell zur Samengewinnung. Während ich reglos stehenblieb und zusah, wie der weiße Schaum auf den Lefzen des Ebers weggerissen wurde vom scharfen Atem und in Flocken zu Boden fiel, überkam mich eine leichte Furcht. Aber er kümmerte sich gar nicht um mich, sank nur ermattet in sich zusammen, blieb mit hängenden Ohren, halbgeschlossenen Augen und schläfrigem Gesichtsausdruck friedlich liegen.

Als plötzlich an der anderen Seite des Raumes polternd eine Tür aufflog, erschrak der Eber kaum weniger als ich, ließ aber sogleich ein vertrauliches Grunzen hören. Herein trat ein hagerer älterer Mann in Latzhose und Gummistiefeln. Er trug eine alte Autobatterie, setzte sie vorsichtig ab und stieß, noch in gebückter Haltung, mit dem Fuß die Tür hinter sich zu. Dann erst sah er mich und rief überrascht aus: »Was machen Sie denn hier, haben Sie das Schild nicht gelesen!«

»Entschuldigen Sie, wenn ich störe — vorne war niemand, da dachte ich, daß der Betrieb hier wahrscheinlich auch schon geschlossen ist ... Aber ich sehe, Sie arbeiten noch«, sagte ich in beschwichtigendem Tonfall.

Mit einer vagen Handbewegung zum ruhenden Eber hin erklärte er, bereits eine Spur freundlicher: »Ja, ja, wir produzieren noch. Nicht mehr so wie früher, aber wir haben zu tun.«

»Sehn Sie«, erklärte ich, »ich kam hier ganz zufällig vorbei und sah die Aufschrift TIERVERMEHRUNGSFARM. Das klingt wie im Roman — ich bin nämlich Schriftstellerin. Also, was hat man sich darunter vorzustellen? Sie vermehren Tiere?«

»Schweine, nur Schweine«, sagte er, nun ganz gutmütig. »Und Sie schreiben also Bücher? Da können Sie mal sehen, wie die Zeiten sich verändert haben. Früher wären Sie, auch als Schriftstellerin, hier nur mit einer Genehmigung von ganz oben reingekommen, das waren ja alles sensible Bereiche, unsere Betriebe. Heute haben wir nichts mehr zu verbergen, im Gegenteil, keiner weiß besser als der Westen, wie's innerbetrieblich bei uns aussieht. Finster! Wir schweben noch immer in der Luft, manchmal hoffe ich, daß man uns vergißt beim Bundesvermögensamt.« Er seufzte, zog eine Schachtel Marlboro aus der Brusttasche und bot mir eine an. »Danke, ich habe aufgehört«, sagte ich.

»Auch darin seid ihr uns überlegen, ihr Westler, in der Selbstdisziplin!« rief er aus und angelte mit spitzen Fingern in der Packung. »An sich ist das heute viel unhygienischer so, früher habe ich meine KARO einfach aus dem Päckchen geklopft und rein in den Mund. Ach, früher! Früher hatten wir hier über dreihundert produktive Tiere — das heißt also: Tiere, die ständig besamt und abgeferkelt haben. Damals hatte ich zwanzig Mann mehr. Heute sind wir nur noch zu viert. Entsprechend ist die Gesamtproduktivität zurückgegangen.«

Schweigend machte er einige tiefe Lungenzüge, räusperte sich und fuhr fort: »Wir waren eine richtige Zuchtmaschinerie, mit Ferkelproduktion wie am Fließband. Spermaproduktion — man kann sagen, hektoliterweise! Alles natürlich nur für den eigenen Gebrauch, denn wir waren ja kein Absambetrieb — Sie kennen den Unterschied wahrscheinlich nicht, es ist so: Nur reine Absamstationen beliefern andere Betriebe. Bevor ich Brigadier war, bin ich übrigens mal herumgereist mit einem ›Rucksackbulllen‹ — so nannten wir die Tierärzte, die rundum besamt haben —, aber das war nichts für mich, ich brauche meine überschaubare Kontinuität. Ich bin ja Besamungstechniker, und da hatte ich hier alle Hände voll zu tun. Viele Zoo- und Agrotechniker haben sich bei uns damals zum Besamungstechniker qualifiziert, aber heute kann ich mir mit meinen Zeugnissen den Hintern wischen; wir können angeblich mit dem hochmodernen Niveau drüben nicht mithalten. Gut, Sie sehens ja hier, bei uns ist vielleicht nicht alles so modern wie bei Ihnen, aber, und das können Sie mir glauben, wir sind gut ausgebildete Spezialisten; was die sogenannte Biotechnik angeht, da waren wir sogar ein ganzes Stückchen weiter als Sie drüben. Wir könnten hohe Leistungen erbringen, aber man hat uns die Hände gebunden. Hier jedenfalls bei uns glaubt keiner mehr an ein Morgen.«

Der Mann sank federnd ins Knie und goß aus einem Kanister destilliertes Wasser in seine Batterie, schaute prüfend in die Öffnungen und setzte die Verschlußkappen auf. »So«, sagte er zufrieden, »die muß noch mal gehn für den alten Skoda. Den fährt jetzt mein Herr Sohn. Ich hab mir einen Opel Vectra geleistet, zweite Hand, für 20000 Mark. Das Fahrzeug ist spitzenmäßig, alles bestens, aber ehrlich gesagt, jetzt, wo es jeden Moment mit uns hier aus sein kann, würde ichs nicht nochmal kaufen. Bedenken Sie mal, bei uns im Osten sind seit der Wende drei von vier landwirtschaftlichen Arbeitsplätzen abgebaut worden, und der Prozeß ist noch nicht zu Ende — was das bedeutet für unsere Menschen! Ich sehe sie ja täglich bei uns im Wohngebiet rumsitzen den ganzen Tag, nur noch Aldi und die Röhre, sonst nichts! Also ehrlich gesagt, da haben wir uns den freien Westen anders vorgestellt, damals. Und mir will das auch gar nicht in den Kopf, allein was uns hier betrifft: In Deutschland stammen 60 Prozent des konsumierten Fleisches vom Schwein, so 200000 Schweine täglich, da muß doch auch für unseren Betrieb noch eine Zukunft drin sein, könnte man denken. Aber der Wahnsinn ist doch, ich kaufe bei uns hier im Supermarkt Fleisch aus anderen EG-Ländern billig ein. Billiger müßte doch sein, das Fleisch auch da zu produzieren, wo's konsumiert wird, oder? Aber Vernunft und Rentabilität stehen manchmal auf dem Kopf, von uns aus gesehen, besonders wenn man auf die Ergebnisse schaut. Ein Beispiel: Es muß sich ja alles rechnen heute, selbst das kleinste Kartöffelchen im Schweinetrog. Den Schweinezüchtern, die wir beliefern, wurde immer wieder von Westvertretern gesagt: ›Nehmt doch mal unser Mastfutter, das kommt euch wesentlich billiger!‹ Und was passierte? Sie nahmens und produzierten einen total weichen und schwammigen Speck — das kommt von den ungesättigten Fettsäuren. Während z. B. beim Kartoffeldämpfen zwar Energiekosten anfallen, dafür aber ein fester, kerniger Speck am Ende rauskommt. Da können Sie Schinken machen, Dauerwürste, alles! Genauso ist es im Grunde genommen mit den Ossis und mit den Wessis. Das fiel mir auf bei der ›Grünen Woche‹ in Berlin, die Wessis erkenne ich regelrecht an der Beschaffenheit ihrer Fettschicht, ernsthaft, die ist weich und wabbelig, während sich unser Fett richtiggehend hart anfühlt — ich spreche natürlich nur von den Männern.« Er lachte und schlug sich auf den flachen Bauch.

»Wußten Sie eigentlich«, fuhr er, nun wieder ernst, fort, »daß außer dem Affen kein anderes Tier dem Menschen so nah verwandt ist wie das Schwein? Da haben Sie alle Tugen-

Ritt auf dem Phantom

den und schlechten Eigenschaften vorliegen im Stall, alle! Und ich sehe das jetzt eigentlich erst, daß der Mensch irgendwie gebändigt werden muß in seinen schädlichen Verhaltensweisen, sei's nun durch ein sozialistisches Kollektiv oder sonstwas ähnliches. Wenn er sich einfach so dem blanken Überlebenskampf aller gegen alle überläßt, nur mit Gewalt und Tücke auf seinen Vorteil versessen ist, dann herrscht Krieg. Kinder gegen uns Eltern, Arbeitslose gegen Arbeitende, starke gegen schwache Autos, Arm gegen Reich, West gegen Ost. Wir sind zurückgefallen in tierische Verhaltensweisen, das alte Zusammengehörigkeitsgefühl ist weg, alle Solidarität und Freundschaft, jeder kämpft sich brutal vor zum vollen Futtertrog und trampelt die Schwächeren zu Boden. Dieser Freiheit fühle ich mich irgendwie nicht gewachsen, muß ich ehrlich sagen, der ganze Druck lastet Tag und Nacht auf uns, manchmal, wenn ich durch den Stall gehe, dann denke ich mir: So ein Leben in Sicherheit,

Ruhe und Ordnung — so wie wir es auch mal hatten — haben heute eigentlich nur noch unsere Ferkel. Ich kann Ihnen das leider nicht zeigen, aus seuchenhygienischen Gründen, es darf kein Fremder in die Anlage.«

Als sei er nach kurzem Schlaf plötzlich wieder zu sich gekommen, runzelte der ehemalige Brigadier die Stirn, strich sich durchs Haar, trat dann zur Wand vor eine Tabelle hin und sagte einladend: »Kommen Sie, ich zeige Ihnen was, noch so einen Rückfall in graue Vorzeiten! Hier: unser Besamungskalender, *sowas* brauchen wir heute. Vor der Wende, müssen Sie wissen, wurden die Ovulationszeiten bei uns ja künstlich gesteuert, mit Hilfe von Medikamenten. Dadurch hatten wir für alle Sauen einen feststehenden Brunsttermin. Wir haben besamt, wir haben abgeferkelt; alles nach Plan. Heute können wir uns das aus finanziellen Gründen nicht mehr leisten; wir müssen auf duldungsorientierte Besamung zurückgreifen — das bedeutet, wir müssen unsere Sauen im Auge behalten und auf Brunstsymptome hin untersuchen. Da kam man sich anfangs ganz schön dumm vor, beim Reittest. Auf dem Rücken der Sau zu sitzen, das hatten wir früher nicht nötig! Auf irgendeinen Duldungsreflex mußte man nicht achten. Der Besamungszeitpunkt war klar. Wir haben einmal wiederholt, das machen wir allerdings heute noch so, weil einmalige Besamung viel kleinere Würfe bringt, in der Regel. Beim Menschen macht das ja keinen Unterschied, wie?!«

Er lachte schallend. Der Eber, immer noch auf dem Phantom ruhend, blinzelte unsicher in unsere Richtung, machte Anstalten abzusteigen, schien es sich dann aber anders zu überlegen und blieb in einer irgendwie abwartenden Position liegen. »Nun kommt er auch allmählich in die Jahre«, sagte der Mann, »und *der* kommt als erster von all unseren Ebern in die Wurst! Seit Anfang des Jahres ist, laut EG-Beschluß, die Verarbeitung von Eberfleisch erlaubt, obwohl dieses Fleisch ganz ekelerregend stinkt. Das ist die Marktwirtschaft, die läßt sich kein Geschäft entgehen.«

»Was ich noch fragen wollte«, wechselte ich das Thema, »wie funktioniert das eigentlich für den Eber, tragen Sie da irgendeinen Lockstoff auf, damit er den Betrug akzeptiert?«

Ritt auf dem Phantom

Der Mann lächelte amüsiert und erklärte: »Da machen Sie sich aber ganz falsche Vorstellungen, mit Betrug hat das nichts zu tun. Die sind einfach nur von klein auf an das Phantom gewöhnt, kennen nichts anderes. Damit gibts überhaupt keine Probleme, für ihn hier ist das genauso gut wie die wirkliche Sau, ja vielleicht sogar noch besser, denn es erspart jede Menge Streß. Der würde bei einer wirklichen Kontaktaufnahme nämlich nicht jede nehmen, er gewöhnt sich an einige und will andere nicht, oder aber manche würden ihn nicht wollen, sowas kommt oft und oft vor beim Natursprung. Ja, und dann die Plage alle Tage, das ersparen wir ihm alles.«

Wochentag	Tageszeit	Brunststadien	Maßnahmen / Termine Sauengruppe / „Beispielsau"		
Do.	vorm.		gruppenweises Absetzen, Umstallung in den Besamungsstall (bzw. Eroscenter)		
Fr.					
Sa.					
So.	vorm.	**Vorbrunst:** unruhiges Verhalten, verminderte Freßlust	zweimalige tägl. Brunstkontrolle im Beisein eines Stimuliereebers		
	nachm.	Rötung u. Schwellung der Scham			
Mo.	vorm.	**Brunst:** Auftreten des Duldungsreflexes, die Sau „steht", Rötung und Schwellung überschreiten Höhepunkt,	Ergebnisse im Brunstkalender dokumentieren	Hauptbesamungstage	Sperma bestellen
	nachm.	teilweises Vorhandensein von Brunstschleim			Brunstfeststellung
Di.	vorm.				▸ 1. Besamung
	nachm.				▸ 2. Besamung
Mi.		**Nachbrunst:** Rötung u. Schwellung verschwinden völlig, kein DR mehr			
Do.		Sau wird ruhiger, frißt wieder normal			

Deutsche Bräuche

Der ehemalige Brigadier ging hinüber zum Eber, gab ihm schnell einen deftigen Klaps auf die Hüfte und fuhr fort: »Der freut sich doch richtiggehend, wenn ich ihn reinführe und er das sieht hier. Es ist genauso, als würden wir von klein auf nur 'ne Sexpuppe von Beate Uhse kennen, dann würden wir uns jedesmal auch ganz wahnsinnig freuen, wenn wir sie sehen.«

Harzung.
Die Kunst, alte Wunden aufzureißen

»Tut mir leid«, sagte der Förster, »ich darf Ihnen keine Auskunft geben, das ist eine Anweisung von ganz oben. Und sehn Sie mal, ich hätte Ihnen sowieso nicht viel erzählen können, wir haben den Herrn hier *live* ganze zwei Mal gesehen.« Er schloß den obersten Knopf seiner Uniformjacke, eine Geste, die der gefleckte Jagdhund als Signal für den baldigen Aufbruch zu deuten wußte. »Da kann man nichts machen«, bedauerte ich und fügte beiläufig hinzu: »Eine letzte Frage hätte ich noch, sie hat weder was mit Politik noch mit der Vergangenheit zu tun, ganz was Einfaches: Ich wollte schon immer gerne wissen, wozu genau diese Einkerbungen in den Nadelbäumen dienen, macht man das zur Harzgewinnung?« Der Förster, offensichtlich erleichtert und inspiriert, beugte sich vor, stützte die Ellbogen auf den Schreibtisch, fuhr mit den Fingern seiner Linken durchs schwarze, glänzende Barthaar und erklärte:

»Also, wenn Sie dafür Interesse haben, das ist kein Problem ... Wir nennen übrigens dieses Bekratzen der Bäume einfach *Harzung*. Und dieses Harzen ist ja eine von alters her bekannte und überlieferte Methode, an das Blut des Baumes heranzukommen, so sage ichs mal, im übertragenen Sinne. Ganz nüchtern, es ist eine forstliche Nebennutzung von Koniferen. In Deutschland sind das im wesentlichen Fichte, Kiefer, Tanne; bei uns hier oben nehmen wir den klassischen Harzbaum, die Fichte. Sie müssen sich das in etwa so vorstellen: In jeder Pflanze, in jedem Baum gibt es zahllose Zellen und zwischen den Zellen harzführende Gänge oder Adern. Diese Harze, bestehend aus Kohlenstoff, Wasserstoff, Sauerstoff, sind ein Stoffwechselprodukt der Pflanzen, ganz besonders kräftig treten sie bei den Nadelhölzern hervor — also im Falle von Verletzungen. Und diese klebrige, amorphe Masse, die nennen wir das Terpentin. Was Sie vielleicht unter dieser Bezeichnung kennen, ist in Wirklichkeit Terpentinöl. Und dieses Terpentin, oder Pech, ist löslich in Alkohol, Fett, in Ölen, aber nicht in Wasser. Aus dem Kolophonium werden dann verschiedene Harzöle gewonnen, die man in der Lack- und Farbenindustrie nutzte, dann zur Herstellung von Druckerschwärze und als Schmier- und Gleitmittel. Auch Leim für die Papierherstellung wurde gewonnen und natürlich Firnis. Das ist was Feines, wenn er noch echt ist. Mein Vater, der sein halbes Leben im benachbarten Revier, drüben um den See herum, verbracht hat, dessen Leidenschaft war das Malen, mmhhhm ... wie das immer roch.«

Der Förster lehnte sich im Stuhl zurück und schaute versunken auf die gegenüberliegende Wand. Dort hing, unter einer Reihe kräftiger Rotwildtrophäen, ein schlecht gemaltes Ölbild im Goldrahmen, Motiv: Wildentenpaar zwischen Seerosen. Einen Moment lang herrschte vollkommene Stille in der Amtsstube, unterbrochen nur von einem tiefen Seufzer, mit dem sich der Vorstehhund resigniert wieder niederlegte.

»Das war sein letztes ... dann ging es mit den Augen nicht mehr«, sagte der Förster und fuhr fort: »Dieses Harz ist eine wunderbare Sache, ich hatte mich damit mal richtiggehend beschäftigt, eben weil es so interessant ist. Also früher, da hat man großen Nutzen daraus gezogen, Seife, Kitt, ja sogar Leuchtgas für die Straßenbeleuchtung wurde gewonnen, es gab Balsame, medizinische Pflaster, Arzneistoffe. Und dann erst in antiker Zeit, Sie drüben kennen ihn ja besser als wir hier, den Weihrauch! Sehn Sie, der wird auch aus Baumharz gewonnen, aber in den arabischen Ländern; er war bei den Römern so wertvoll wie Gold. Und noch weiter zurück können wir gehen, zu den Ägyptern, die haben alle möglichen Harze benutzt bei der Mumienherstellung. Man wußte von der antibakteriellen Wirkung, sie haben eine Art Schleim bereitet aus Harzöl und Gummi, was ja auch so ein Baumblut ist, und in diesen Schleim wurden dann die Bandagen gegeben, bis sie genug durchtränkt waren zum Umwickeln der Leichname. Die Wissenschaft kann das heute noch feststellen ... also die Mumienforscher können genau sagen, diese und diese Harze wurden verwendet. Im Prinzip würde das vielleicht hier mit unserem Material auch gehen, aber das kann sich ja keiner leisten, wo die normale Beerdigung schon derart teuer geworden ist, ich habs ja gesehen bei meinem Vater; na, das ist ein anderes Thema. Wie kamen Sie eigentlich grade auf mich?« fragte er unvermittelt und sah mich mißtrauisch an.

Wahrheitsgemäß antwortete ich: »Ein Angler hat mir gestern erzählt, daß hier das Jagdrevier der Parteiprominenz gewesen sein soll, Daraufhin dachte ich, beim Vorbeifahren könnte ich mal nachfragen, aber es ist mir gar nicht so wichtig.«

»Na, dann ist es ja gut«, brummte er. »Ich bin nämlich der einzige Mann hier, der nicht ausgetauscht wurde. Alle anderen sind weg, in alle Winde zerstreut. Deshalb kann ich über mein Wild und meinen Wald auch ganz exakt Rechenschaft geben, wissen Sie, die Neuen mußten sich einarbeiten, alles andere kennen die nur vom Hörensagen. Aber ich verrate Ihnen was, unter uns — das war keine Jagd, das war ein Blutbad, eine einzige Abschlachterei. Dafür hat der echte Waidmann kein Verständnis. Eigentlich hätte uns das damals schon zu denken geben müssen, aber man hat sich eben nur darüber lustig gemacht. Na gut, zurück zur Harzung. Also in der Praxis hier bei uns sah das so aus: Die Flächen wurden von den Förstern ausgesucht. Da mußte man natürlich einiges beachten, wie Lebensalter, Wuchs, Stand und dergleichen. Der Baum muß mindestens 85 Jahre alt sein, bevor man ihn harzen kann. Nun müssen Sie wissen, daß die meisten Baumbestände in der DDR zwischen 20 und 40 Jahre alt sind — alles, alles Nachkriegsaufforstungen. Grund dafür war, daß wir im Rahmen der Reparationsleistungen große Mengen Holz liefern mußten in die Sowjetunion.

Irgendwie ist es dann aber gelungen, zu einer Übereinkunft zu kommen mit der Roten Armee. Bestimmte Bestände wurden fürs Harzen stehn gelassen, dafür hat man dann wiederum vom Endprodukt abgegeben. Ich habe hier 280 Bäume, die mehr als 80 oder sogar 120 Jahre alt sind. Die wurden alle bearbeitet. Jeden Tag waren meine Leute unterwegs. Alle fünf Tage wurde an jedem Baum ein schräg nach unten zulaufender Riß angebracht, die Lache, was dann in sogenannten Lachmetern berechnet wird. Über die Lachbäume wurde mit einem Roller rübergefahren, um so die Breite zu messen, und dann gings los. Jeder Harzer mußte ja seine Norm erfüllen, mußte mindestens seine 3000 Lachenmeter haben; das bedeutete, er hatte alle fünf Tage einmal an jedem Baum zu sein. Die Lachung fand immer statt vom 15. April bis zum 31. Oktober, so ca. 26 Wochen also, da kam ganz schön was zusammen. Es wurde ja diese Tropfrinne in der Mitte gezogen, in der lief das Harz dann von den Lachen bis rein ins unten hängende Auffanggefäß.

Es gab dann mal eine Anordnung, daß man zwei Lachen an jedem Baum anzubringen hat. Damals hieß es, das schafft der Baum, kein Problem; heute heißt es, das war viel zuviel, weil bei dieser Methode nur noch ein Lebensstreifen für die Assimilation erhalten bleibt. Man wirft uns heute vor, wir hätten es mit der Harzung enorm übertrieben, hätten alle forstwirtschaftlichen Gesichtspunkte vernachlässigt, weil die Holzqualität unter dieser Ausbeute natürlich leidet. Aber darum ging es ja gar nicht. Kieniges Holz, das ist ein Problem für den Holzhändler aus dem Westen. Die schimpfen nun natürlich und wollen den Preis drücken. Früher war an sowas gar nicht zu denken, da hat jedes seinen Nutzen gestiftet, und mehr hat man nicht verlangt.

Sicher, unter marktwirtschaftlichen Gesichtspunkten sind diese Wunden natürlich wertmindernd. Der Baum macht nach der Vernutzung ja diese Überwallungen über die Einschnitte, wächst weiter. Man sollte ihn, so oder so, nicht länger als zehn Jahre nach der Harzung stehen lassen; nur, was die Furniertauglichkeit angeht, die hat er sowieso für immer verloren. Im Grunde, wenn man sichs so überlegt, ist der Vorgang schon ein bißchen ... es handelt sich ja hier um eine durch mutwillige Verwundung herbeigeführte Krankheit, und diese Krankheit besteht darin, daß der Heilungsversuch chronisch wird. Aber das alles, was ich Ihnen hier erzählt habe, gehört längst der Vergangenheit an. Gleich nach der Wende wurde das Lachen der Bäume eingestellt. Unser Harz war nicht mehr gefragt bei der Kunstharzindustrie.«

Sterbenswörtchen über Honecker

An einem Augusttag 1992 — die Hitze staute sich über den großen Feldern ringsum — warteten wir vor dem Pfarrhaus, im kühlen Schatten der alten Bäume, auf den Pastor. Nach einer Weile kam er mit großen Schritten quer über den Vorplatz, wurde aber aufgehalten von zwei kräftigen, tätowierten Männern, die gestenreich auf ihn einredeten. Doch bald löste er sich von ihnen, eilte auf uns zu, schüttelte zum Gruß unsere Hände, wies dann auf das einzige neuere Haus zwischen den alten Backsteingebäuden und sagte: »Gehen wir zu mir rüber, dort sind wir ungestörter.«

»Sehen Sie«, sagte Pastor Holmer, während er in seinen Schreibtischschubladen nach etwas suchte, »ich empfange momentan prinzipiell keine Journalisten, weil man mich unentwegt mit Fragen zur Person von Herrn Honecker überhäuft. Seit er wieder aus Moskau zurück ist, steht bei uns keinen Moment das Telefon still, es gehen wohl Gerüchte herum, daß er nach der Haftentlassung hierher ... aber daran ist absolut nichts! Ja, und nun habe ich mit Ihnen die Ausnahme gemacht, weil Sie mir am Telefon sagten, daß Sie hier in Mecklenburg wegen der Arbeitslosigkeit recherchieren und sich für unsere Arbeit mit den Suchtgefährdeten interessieren.« Er räusperte sich und überreichte Elisabeth und mir ein von ihm selbst verfaßtes Heftchen mit dem Titel *Gott ist nicht ferne.* »Ein kleines Geschenk«, sagte er und setzte sich zu uns. In diesem Augenblick öffnete sich die Tür, herein trat eine stark gehbehinderte Frau, beladen mit Tee, Keksen und Geschirr. Während sie mühsam den Tisch deckte, stellte er sie uns als seine Gattin vor. Dann half er ihr, nannte sie beim Kosenamen und erklärte uns: »Sie hatte eine Hüftoperation und ist noch etwas kränklich, an sich soll sie sich viel mehr schonen, aber sie will nichts davon hören.« Frau Holmer lächelte tapfer und nahm seufzend Platz. Rechtzeitig bevor wir die Tassen zum Munde führten, sagte Pastor Holmer in geübtem Tonfall: »Bei uns ist es üblich, vor dem Essen zu beten.« Er senkte den Kopf mit dem gescheitelten, schütteren Haar, schloß die Augen und betete mit fest gefalteten Händen auf die Kekse hinab, begleitet von der hellen Stimme seiner Frau. Ich ließ derweilen heidnisch die Blicke schweifen: Da waren der quergestellte Schreibtisch, ehrfurchtheischend; die frommen Sprüche an der Wand, gepflegte Pflanzen, diverse Bücher, ein Wandschrank mit religiösem und weltlichem Nippes, die Sitzgruppe, das betende Paar; und alles trug, leicht ramponiert, die Spuren der Zeit.

Pastor Holmer berichtete ein wenig über seinen Werdegang: »Früher, vom Ende der sechziger Jahre an war ich Leiter einer Bibelschule der Landeskirchengemeinschaft. Sechzehn Jahre lang habe ich dort Prediger mittlerer Ebene ausgebildet. Übrigens, darunter auch meinen damaligen Schüler, Herrn N., der dieses diakonische Zentrum Serrahn hier aufgebaut hat mit viel Mühe. Ich wechselte dann 1983 von der Bibelschule nach Lobethal. Das liegt etwa zwanzig Kilometer nördlich von Berlin und wurde 1905 von Bodelschwingh gegründet, damals noch als Arbeiterkolonie für Obdachlose, später wurden dort Epileptiker, Geisteskranke und Menschen mit Altersschwäche betreut. Zu meiner Zeit, als ich Leiter war, lebten in etwa 470 Hilfsbedürftige im Dorf. Und dort hatten wir 1990 auch Herrn Honecker und seiner Frau vorübergehend Unterkunft gegeben — damit es von vornherein klargestellt war, habe ich das als Privatperson getan, in meinem Privathaus. Er war ja obdachlos. Wir konnten das nicht mitansehen. Für uns gilt, daß wir auch unsere Feinde lieben, das ist unser Auftrag. Gut, das haben wir getan.«

Frau Holmer unterbrach ihn mit sanfter Stimme: »Und gern getan, er war ein wirklich freundlicher, stiller Mensch!«

Pastor Holmer, leidenschaftlicher Pietist, machte eine abwehrende Handbewegung und sagte: »Aber auch einem unsympathischen, unfreundlichen Herrn Honecker hätten wir Hilfe gegeben. Jedenfalls, in Lobethal war ich sehr gerne. Ich ging dann aber 1991 weg, weil die Leitungsstruktur plötzlich so organisiert wurde, daß ich mir sagte, das ist nicht mehr mein Fall! Und so kamen wir hierher, an diesen schönen Ort, wo man uns braucht.«

Der schöne Ort, das »Diakonische Zentrum Serrahn«, bestand aus einer unverhältnismäßig großen Backsteinkirche, einem beträchtlichen Pfarrhaus aus Backstein, sowie diversen landwirtschaftlichen und anderen Nebengebäuden — und natürlich dem Einfamilienhaus, in dem wir uns befanden. Dazu gehörten 20 Hektar Land, die in den Besitz der Kirche zurückgefallen waren nach der Wende. Das alles liegt, idyllisch auf einem sanften Hügel ruhend, am nördlichen Ufer des Krakower Sees.

»Momentan haben wir hier 25 Männer«, sagte Pastor Holmer und tupfte mit den Fingerkuppen Krümel auf. »Sie sind in Zwei- bis Vierbettzimmern untergebracht, kommen alle aus Mecklenburg-Vorpommern. Das ist unser Einzugsgebiet, wegen der Krankenkassen. Na, und wir haben hier einerseits Klienten mit einer langen Karriere als Alkoholiker, und Strafgefangene, aber wir bekommen natürlich auch schon die Folgen der Wende zu spüren. Der Anteil der Arbeitslosen bei den Alkoholikern in Serrahn ist höher als der der Berufstätigen. Unsere Sorge ist, daß momentan viele, die arbeitslos werden, sich vollkommen in ihre Wohnungen zurückziehn und erst dann auffällig werden, wenn die Ehe zerbricht unter den Problemen. Vielleicht wird das eine Zeitbombe, die erst in zwei bis drei Jahren explodiert. Dagegen können wir hier natürlich nur verhältnismäßig wenig tun. Also, wir setzen vor allem auf unsere Arbeitstherapie. Wir haben Kühe, Schweine, Hühner, Feldarbeit und was sonst noch rundum so zu tun ist, wenn man weitgehende Selbstversorgung betreibt. Früher hatten wir unsere Männer in der örtlichen LPG untergebracht, die ist nun zu, leider. Aber auch so gibts genug zu tun, rund um die Uhr. Unsere Klienten bekommen keinen Lohn, weil es ja Arbeitstherapie ist, nur ein Taschengeld können wir auszahlen. Wir versuchens viel mit Güte, aber man muß auch Strenge zeigen; wer beim Trinken erwischt wird, der fliegt! Da hilft kein Betteln und Flehen. Der Aufenthalt beträgt maximal sechs Monate, in dieser Zeit muß ein Mann frei werden von seiner Sucht, lernen, seinem Leben einen Sinn zu geben.«

»Und was haben Sie ihm da anzubieten, außer der Arbeitstherapie?« fragte ich.

»Da sind zum einen die Gesprächsmöglichkeiten bei Gebäck und Tee, wo ohne Scheu über die Sucht gesprochen werden kann. Natürlich, es ist schon Bedingung, daß der Klient nicht antichristlicher Gesinnung ist. Das ist schon deshalb notwendig, weil die Therapiestunden durchaus im biblischen Sinne erfolgen. Oft muß man die Leute ganz allmählich dahin führen, das fängt an mit dem gemeinsamen Gebet bei Tisch. Wer das nicht will, sage ich immer, wird sich bei uns nicht wohl fühlen, denn einfügen in die Gemeinschaft muß sich ein jeder. Grade bei Alkoholkranken ist das Zurückziehen ins eigene Schneckenhaus ganz schlecht, und das wollen wir schnellstens abbauen!« erläuterte er und schenkte uns Tee nach.

»Sie missionieren also?« fragte ich freundlich. Er reagierte eine winzige Spur zu barsch: »Wir missionieren, indem wir das Angebot christlichen Glaubens machen und sagen, daß da starke Motivationskräfte drin liegen, *erlösende* Kräfte, die *frei* machen. Und wir sehen ja an unseren Erfolgen — die Rückfallquote liegt momentan bei 40 Prozent —, also bei denen, die es geschafft haben, selber eine Begegnungs- und Selbsthilfegruppe am Heimatort zu gründen, da sehen wir, daß sie frei sind von ihrer Sucht und sogar christliches Gedankengut weiterreichen. Einige haben sogar wieder einen Arbeitsplatz gefunden.

Also, das haben wir uns damals nicht gedacht, daß alles zerbrechen muß, damit... Nur, was nutzt es, wenn man mir sagt: ›mit dem Konkurrenzkampf des Westens, da kommen wir einfach nicht mit‹. Der Kapitalismus hat eben andere Prioritäten, das dürfte ja keine Überraschung sein.

Also, wenn Sie über die Arbeitslosigkeit und über uns hier schreiben, dann vergessen Sie nicht zu sagen, daß es für uns zwar schlimm ist, aber da nützt kein Klagen, da müssen wir durch, da *kommen* wir durch! So, jetzt habe ich einen Termin und muß Sie leider verlassen.« Wir erhoben uns, aber er rief: »Bleiben Sie sitzen, trinken Sie in Ruhe aus, meine Frau freut sich über Ihre Gesellschaft.« Dann gab er uns die Hand und eilte davon.

Frau Holmer sagte seufzend: »So war das schon immer mit ihm.« An der Art, wie die Pastorenfrau mit den norddeutschen Zügen und dem kleinen Haarknoten im Nacken diesen Seufzer hervorstieß, ließ sich erahnen, wie sehr der Tatendrang des Pastors und ihre Gebrechlichkeit einander bedingten. Sie erzählte, daß sie ihm zehn Kinder geboren habe. Vier Mädchen, sechs Knaben. Vier der Knaben seien Pfarrer geworden, die älteste Tochter habe einen Prediger geheiratet. Insgesamt habe sie mittlerweile dreißig Enkelkinder und für jedes von ihnen eine eigene Säuglingsgarnitur gehäkelt.

»Nein«, sagte Frau Holmer mit Betonung, »langweilig war unsere Ehe nie! Ich lernte viel Neues kennen — sogar den mächtigsten Mann unseres Staates ... der ehemaligen DDR ... Also, ich war richtig überrascht, über seine Freundlichkeit und Bescheidenheit. Er war ein alter, kranker Mann, als er bei uns ankam, es war ja erst ein paar Tage nach seiner schweren Operation. Er war wirklich nur eine Handvoll. Und dann dieser Unterschied, von ganz oben plötzlich nach ganz unten gesunken zu sein, sich verstecken zu müssen, im Schoße der Kirche, will ich mal sagen — als Kommunist, der er ja war —, das hat er natürlich psychisch nur ganz schlecht verkraftet, das kann man sich ja leicht vorstellen. Und er hatte auch Angst. Heute hassen die Leute ihn hier nicht mehr so wie vor zwei Jahren. Damals war das eine Katastrophe. Da hab ich manchmal zu meinem Mann gesagt: ›Wer ist nun eigentlich verdreht, sind wir das, oder sind die anderen?‹ Alle, die ihm vorher zugejubelt haben, die Jugendweihe mitgemacht hatten, alles, alles, mitgemacht haben, die waren jetzt plötzlich seine schärfsten Gegner und riefen: ›Gebt ihn raus! Raus mit dem!‹ und haben einen Strick über den Zaun geworfen. Und wir, die wir das alles nicht mitgemacht hatten und manche Nachteile dafür in Kauf nehmen mußten, uns beschimpften sie nun als *Rote Stasi-Schweine,* das muß man sich mal vorstellen! Es hat aber auch auf unserer Seite unversöhnliche Reaktionen gegeben wegen unserem Gast, einige erklärten ihren Austritt aus der Kirche daraufhin.

Es war eine aufgepeitschte Stimmung damals. Vieles von dem, was wir sagten, was wir mit eigenen Augen gesehen hatten, wurde damals von der Presse falsch oder verzerrt wiedergegeben. Ich sagte zu meinem Mann: ›Ich versteh das nicht, jetzt, wo wir Pressefreiheit haben, da stehen immer noch so viele Lügen in der Zeitung!‹, das hätte ich nicht gedacht. Da sagt man sich dann irgendwann: Kein Sterbenswörtchen mehr über Honecker! Die Journalisten haben uns ja damals regelrecht belagert, man konnte keinen Schritt tun, schon gingen alle Filmkameras, Fotoapparate und Mikrophone hoch. Für den alten, kranken Mann war das schrecklich, er sollte zur körperlichen Kräftigung jeden Tag ein bißchen spazierengehen ... denn das war ja nichts, immer oben zu sitzen oder zu liegen, vor dem Fernseher. Wir hatten ihnen zwei Dachstuben frei gemacht und sie ein bißchen möbliert. Sie durften ja aus Wandlitz so gut wie nichts mitnehmen. Es war bescheiden, aber sie hatten ein Dach über dem Kopf und einen gewissen Schutz durch uns, denn der Mann war ja damals so gut wie vogelfrei, die neue SED weigerte sich sogar, für seine Sicherheit zu garantieren!

Also, von heute aus gesehen muß ich sagen, irgendwie ist der Mann doch glaubwürdig. Er blieb bei seinen Überzeugungen. Zum Beispiel, wenn wir zusammen gegessen haben, war es so, daß wir — wie immer — vorher gesungen und gebetet haben. Sie haben diskret abgewartet, sich nicht beschwert, haben sich ihr Teil gedacht und uns das Unsere tun lassen. Das war sie, die Toleranz, nach der wir immer gerufen hatten.

Herr Honecker ist ja mit vierzehn aus der evangelischen Kirche ausgetreten. Aber er war von seiner ganzen Herkunft aus, von klein auf, kann man sagen, aus kommunistischen Verhältnissen, hat immer dazu gestanden, er sagte: ›Ich glaube noch immer fest an die Unüberbrückbarkeit der Klassengegensätze!‹, so ähnlich. Er hat den Nationalsozialismus bekämpft, und dafür saß er unter den Nazis fast zehn Jahre im Zuchthaus, wegen Hochverrat, und hat hinterher einen sozialistischen Staat mit aufgebaut, war später über achtzehn Jahre der erste Mann in diesem, seinem Staat, und dann, mit 77 Jahren, wird er hinterrücks abgelöst, zum Sündenbock gemacht, davongejagt, aus der eigenen Partei ausgeschlossen und noch von der DDR-Generalstaatsanwaltschaft wegen Hochverrat beschuldigt. Was soll ein Mensch da denken? Er sagte damals: ›Ich habe die Verantwortung zu tragen für die Krise, in die der Staat und die Bevölkerung der DDR hineingeraten sind, und davor drücke ich mich nicht!‹, aber es war ja vorbei, das wollte er nicht sehen.

Wir haben uns damals davon überzeugen können, so weit oben verliert der Mensch den Überblick. Er war ja schon früher so geblendet von der eigenen Macht, daß er auch das mit dem Stalinismus nicht gesehen hatte. Er hat später wohl nie mehr bemerkt, wie sehr er vom Volk entfernt und abgeschirmt von der Realität unseres Landes lebte. Er dachte wohl, sein Alltag, das ist die Wirklichkeit.

Doch wie es abwärts ging mit uns und mit dem *real existierenden Sozialismus,* das hat keiner der großen Herren gesehen. Nicht mal der Oskar Lafontaine hat bemerkt, wie es hier aussieht, in der DDR. Aber das wußten ja angeblich nicht mal Mielke und Mittag, und wie sie alle hießen!

Dem Honecker hat man doch immer nur berichtet, wie gut alles aussieht. Nehmen Sie mal ein Beispiel — wir haben ihm das damals auch erzählt, und er war sehr erstaunt —, also in Lobethal, da hatten wir eine ganz kleine Nebenstraße, die ging nach Lanke. Da hieß es einmal, das war noch bevor wir dort waren, daß der Honecker auf dieser Strecke fahren wird. Er wollte irgendein Armee-Objekt begutachten. Da haben sie, sozusagen über Nacht, den Sandweg geteert, ganz schwarz, glatt, ohne Unterbett, und grade so breit, daß *er* mit seinem Troß da durchbrausen konnte. Am Ende sind sie dann übrigens gar nicht gekommen, aber auch das wußte er nicht mehr. Auf dieser Straße sind die Bürger dann später so schnell gefahren, daß mancher schwere Unfall passiert ist, dann fing sie auch noch an, seitlich abzubrechen. Aber von all dem bekommen die großen Herren nichts mit. Wenn Honecker sie gefahren wäre, hätte er vielleicht bei sich gedacht: ›Sieh mal an, wunderbar, noch in den entlegensten Gegenden haben wir feste Straßen, ist alles ordentlich und gepflegt!‹ Wenn man jahrelang Tag für Tag, von Wandlitz zum Marx-Engels-Platz, immer ein und dieselbe Strecke gefahren wird, vorbei an all den allein zu diesem Zweck verputzten Fassaden, dann schläft jedes Mißtrauen ein.

Dabei, er hätte ja mal sagen können, also heute will ich mal da lang oder dort lang; eine Welt wäre zusammengebrochen!

Nein, ich habe das geglaubt, Honecker war ziemlich ahnungslos. Wenn man ihn heute nach Bitterfeld und Halle bringen würde, um ihm mal zu zeigen, wie die DDR aussah, in welchem Zustand die Industriebetriebe sind, dann würde er wahrscheinlich sagen, ja, das haben die Kapitalisten gemacht, dieses Zerstörungswerk. Er würde es nicht glauben, daß es dort früher auch schon so aussah, nur eben bei Hochbetrieb. Seine Frau hat uns mal gesagt: ›Mein Mann hat einen ganz großen Fehler, er ist zu gut, er kann nie *nein* sagen, deshalb mußte man ihn richtiggehend vor den Wünschen der Bürger schützen, er hätte jedem zugehört und alles genehmigt. Genauso war er mit seinen Freunden, denen hat er bedingungslos bis ins letzte geglaubt, das wurde ihm zum Verhängnis. Ich habe ihn manchmal vor diesem und jenem gewarnt, aber er hat sich leider nichts sagen lassen!‹ Honecker hatte es dann aber schon gesehen, daß er von Leuten umgeben war, die ihm nur nach dem Munde redeten. Sie haben ihm Berichte gebracht, nach denen alles rosig aussah in der Wirtschaft, immer 130prozentige Planerfüllung! Ja, was soll er sich denn da wundern? Er sagte: ›Die Rolle der Partei war ja an erster Stelle die Verantwortung für alles, aber ich muß jetzt, wo es zu spät ist, erkennen, das Politbüro hat ernste Probleme heruntergespielt, mir sogar wichtige Wirtschaftsanalysen verheimlicht; sogar Mittag hat mich nach Strich und Faden belogen!‹ Aber das kam eben daher, sagte mein Mann, weil die Erfolgsmeldung das Gesetz war, da drüber stand nichts!

Und zum Schluß, das war ja jämmerlich, da haben die Mitglieder des Politbüros alle das getan, was sie ja eigentlich schon immer getan hatten, jeder dachte nur noch an sich selbst und hat die Verantwortung für die Schuld auf andere abgewälzt. Er hat das alles nicht verstanden, sagte: ›Ich habe mich immer eingesetzt für die Friedenssicherung und die allseitige Entwicklung der sozialistischen Gesellschaft, für die ständige Verbesserung der Lebensbedingungen, für ein immer höheres materielles und kulturelles Lebensniveau, besonders für unsere Werktätigen, aber man hat diese Ziele sabotiert! Nun sitze ich hier, als Ausgestoßener und Hochverräter. Wie kann sowas geschehen?‹

Na, jetzt habe ich doch über ihn gesprochen, und Sie haben gar nicht danach gefragt. Wissen Sie, seit er wieder da ist, ist er ja auch irgendwie wieder in unser Leben gekommen, die Erinnerungen sind da — und auch ein bißchen die Angst, daß man uns wieder anfeindet. Aber wenn es notwendig wäre, würden wir, mein Mann und ich, ihn jederzeit wieder aufnehmen, und nicht nur aus Christenpflicht. Er ist wirklich ein ganz sympathischer Mann, jedenfalls ist er keiner, der seine Sache verraten hat, wie so viele andere heutzutage.«

Außer Reichweite

In Mecklenburg gibt es Gegenden, die sind derart abgelegen, daß der Fremde entweder gar nicht hinfindet oder erst nach langem Herumirren. Ein solcher Ort ist Sapshagen. Er liegt am Ende einer Asphaltstraße, umgeben von riesigen Getreidefeldern und Koppeln, bestehend aus ein paar Wohngebäuden und Stallungen, und war zu DDR-Zeiten eine der Außenstellen des Kombinates für industrielle Mast. Heute gibt es nicht einmal mehr ein Ortsschild. Die Straße endet als wild überwucherte Allee an einer struppigen Weide. Die Bäume rechts und links sind von Efeu umrankt. Es sind Pflaumenbäume, mehr als sieben Meter hoch.

Aus einem Backsteingebäude, das aussieht wie ein schlichter Berliner S-Bahnhof, kommt ein alter Mann in Arbeitskleidung, um nachzuschauen, weshalb sein Hund einen solchen Krach macht. Während ich auf den Alten zugehe, mustert er mich mißtrauisch. Sein Hund, ein spitzartiges Wesen, wirft sich mir wutentbrannt entgegen, bricht am Ende der Kette ruckartig in die Knie, nimmt erneut Anlauf und so fort. Das alles unter heftigem Gebell, in das unsere beiden Hunde eifrig miteinstimmen. Nachdem ich den Mann begrüßt habe, sagt er:

M: Ich dachte, es sind Zigeuner, die langen Haare und so, neulich erst wurde drüben in dem Haus eingebrochen.
G: Ist das hier Sapshagen?
M: Ja, ja . . .
G: Ein Ortsschild ist nirgends zu sehen.
M: Das ham wir runtergenommen, sowas brauchen wir hier nicht!
G: Wie viele Einwohner leben denn hier?
M: Ich . . .
G: Sie alleine?

M: Nee, noch drüben welche, dann der aus Berlin, der alle vier Wochen mal kommt, und vorne wohnen noch welche. Wollen Sie das kaufen hier? Aber eins sage ich gleich, nur über meine Leiche bekommen Sie mich aus dem Haus!

G: Da können Sie beruhigt sein, ich will weder was kaufen noch was verkaufen. Mich interessiert nur, was sich alles so verändert hat, seit 1989.

M: Na, dann ist gut. Da war schon einer da aus dem Westen, mit sooo einem Mercedes, der wollte das alles hier kaufen. Pferdezüchter oder sowas, aus Bayern...

G: Wissen Sie den Namen noch, hieß der Schneider oder Moksel?

M: Keine Ahnung, nee... Ich bin schon über fünfzig Jahre in Sapshagen, da kriegt mich keiner weg! Das Haus hier ist 1944 gebaut worden, weil das Gutshaus ja abgebrannt war — das stand dort weiter hinten. Der Gutsbesitzer, der hier Herr war über alles, das war der Johann Schmidt... Die mußten dann ja weg damals... Aber gehnse mal nach vorn dort, der kann Ihnen alles ganz genau erzählen, die ersten Häuser... Da fragen Sie mal.

Wir fahren zurück zu den beiden einstöckigen Landarbeiterhäusern am Ortseingang. Der Verputz bröckelt, aus der Dachluke hängen Heubüschel heraus, und im Hof ist ein wildes Sammelsurium von Gerätschaften, Ersatzteilen und Brennholzbergen gehortet. Hinter dem Zaun tut der braunschwarz geschekte Wachhund energisch bellend seine Pflicht. Nach einer Weile kommt eine schwergewichtige Frau in zerschlissener Kittelschürze zum Tor. Ihr langes, weißes Haar trägt sie offen, scharf an ihre Fersen geheftet folgt eine Schar junger Enten. Nachdem ich ihr Mißtrauen etwas beschwichtigt habe, sagt sie: »Mein Mann kann nicht mit Ihnen sprechen, der ist gerade dabei anzuspannen, weil er pflügen will.« Aber da kommt er schon um die Ecke, in schweren Gummistiefeln mit Filzstulpen. Seine blaue Arbeitsjacke und Hose aus Drillich sind redlich ausgebleicht und nicht im Stone-Waschgang künstlich zerschlissen. Irgendwie ist das ein angenehmer Anblick. Er reicht seine pratzenhafte Hand über den Zaun und drückt freundlich die meine zusammen.

»Sie will wissen, wie das hier alles so war vor der Wende und so ...«, erklärt ihm die Frau. »Ich geh mal wieder, ich muß füttern.« Im aufgeregten Geschnatter der Entenschar entfernt sie sich.

M: Also erst war hier die LPG, dann kam das Rindermastkombinat, das war 1976. Sehnse mal, dort drüben in dem Steingebäude, da war der Stall. Das war ehemals nochmal so hoch wie jetzt. 1948 im Herbst ist der Wind hinaufgefegt und hat das ganze Holz runtergeschleudert, so ein Sturm war das. Sie, sind Sie verheiratet?
G: Nein.
M: Na, mit Ihnen möcht ich mal alleine sein ... *Er kneift das linke Auge zu.*
G: Wir sind ja alleine.
M: *lacht donnernd* Sie sind gut, na, wie alt schätzen Sie mich denn?
G: Siebzig.
M: *etwas unsicher* Fast siebzig ... Aber ich kann immer noch ein Feld pflügen! Zwei schwere Arbeitspferde hab ich auf der Koppel hinten stehn, sehn Sie, dort, grade wollte ich anspannen und meinen Acker pflügen. Aber es ist nicht mein Acker. Ich bin im Grundbuch eingetragen, angeblich ist das gestrichen worden. Aber sagen Sie mir mal, Sie sind doch ein gebildeter Mensch, sowas ist doch Urkundenfälschung!

Alle kriegen ihrs wieder, nur ich nicht. Die KIM gibts nicht her, weil sie für das alles hier einen Käufer kriegen will. Aber ich ziehe vor Gericht, da werde ich mir meinen Acker erstreiten. Alle kriegen ihrs wieder, die Altbauern hier, sogar die ganzen Adligen in der Gegend kommen wieder, wo's doch erst was anderes hieß, und Käufer aus dem Westen nehmens in Besitz. Da gehts um Hunderte und Tausende von Hektar, und ich soll meine neun Hektar nicht wiederkriegen?

Ich war ja nur Siedler hier. Zuerst war ich Einzelbauer, der Gutsbesitzer Schmidt war schon weg. Sowie

Außer Reichweite

ich Pferde hatte und Vieh und mir mein Land und mein Haus so halbwegs gerichtet hab, da ham sie mir alles gleich wieder weggenommen. Mit Gewalt! Was sollte ich machen? Dann habe ich in der LPG als Schweizer gearbeitet ... wissen Sie, was das ist?

G: Ja, Melker.

M: Sieh mal an ... da drüben im Stall, fünfundzwanzig Kühe, morgens und abends, alles mit diesen Händen hier! *Er hält sie mir mit den Handflächen nach außen über den Zaun entgegen.* Vier Mann waren wir für 100 Kühe, und wenn einer ausfiel, dann mußten wir seine mitmachen. Heute macht das eine Frau mit der Melkanlage ruck-zuck alleine. So um 2000 Liter haben wir damals produziert am Tag ...

G: Die Kühe.

M: *verständnislos, dann kichernd* Das heißt bei uns so, ja, jedenfalls, dann kam VEG-KIM. Die Kühe wurden alle nach Tintow gebracht und abgeschlachtet, dafür kamen hier Bullen rein, Mastbullen. 1976. Das waren die Bullen der KIM. Die hab ich dann alleine gemacht die ganzen Jahre über. Da mußte ich versetzt arbeiten, beim Ausmisten und solchen Sachen. Jedes Jahr hatte ich hundert Stück zu 13, 14 Zentnern.

G: Und die waren hier auf den Weiden?

M: Unsinn! Nichts Weide, immer nur im Stall, sonst ficken sie so viel, *lacht verständnisheischend* die springen ja immer nur aufeinander, die Bullen, und dann nehmen sie ab, und ich bleibe unter meiner Norm ...

G: Aha.

M: Und ich erzähle Ihnen da keine Märchen, das ist eine Tatsache, Bullen sind die Schlimmsten. Wenn die Brigadierin reinkam in meinen Stall, die Agronomin, Frollein B., wenn die da so langging an den Bullen, dann fingen die der Reihe nach an zu wichsen. Ich sagte immer zu ihr: ›Bloß nicht reinkommen, Sie bringen mir die ganzen Tiere durcheinander mit ihrem Duft!‹ Die haben gemerkt, daß das weiblich ist. Da waren die Bullen so ein Jahr alt ...

G: Und wann wurden sie geschlachtet?

M: Mit eineinhalb Jahren. Da kamen sie ja teilweise oft nach Westdeutschland. Oder weiter, nach Spanien und Italien, manchmal auch auf ein Schiff bis hinunter in den Orient, wo sie ja keine Schweine verzehren. Man hat sie fast immer beneidet um die lange Reise.

Ich bin ja schon mitgefahren nach Rostock in den Hafen. Da habe ich geholfen beim Verladen. Die kamen nach der Sowjetunion. Die Bullen waren im Lastwagen kurz angebunden, die ganze Nacht, da waren sie geladen morgens, kein Wasser, nichts. Da haben die natürlich

Außer Reichweite

Theater gemacht, bei Fremden noch viel mehr, aber auch ich hab allerhand abgekriegt. So einen Bullen müssen Sie sich mal vorstellen, da herrscht Lebensgefahr, wenn der wütet. Knochenbrüche hatte ich, Prellungen, am ganzen Körper.

Meine Bullen, das waren *solche* Schränke, ich kann Ihnen sagen. Wir hatten ja hier das beste Futter. Von sowas konnten andere nur träumen. EMS (Eiweiß-Mais-Silage), Malz, dazu Grünfutter. All die Jahre hatte ich privat immer noch eine Kuh, und ein Schwein zum Schlachten. Die wurden mit satt.

Aber nach der Wende war mit einmal alles aus. Da wurde hier zugemacht. Kein Absatz mehr. Sie haben die Bullen abgeholt, die einjährigen, die gingen weg zum Schlachter, damit wars aus!

Was sagen Sie dazu? Mein Junge ist arbeitslos, dann hab ich noch zwei Mädels in Berlin, die eine ist Hoch- und Tiefbauingenieurin und führt acht Brigaden, die andere ist bei der Polizei. Zeit haben die nie, so viel arbeiten die Frauen. Aber wir haben hier alles, obwohl ja das Essen weggefallen ist und sowas. Ich hab mein Auto, und ab und zu kommt auch ein Wagen mit Waren des täglichen Bedarfs, sowas. Trecker hab ich auch, so 'nen kleinen, aber eggen, pflügen tu ich mit den Pferden. So auf den Pferdearsch zu schaun, wenn das Tier gut bei Leibe ist, das ist schön. Mit denen gehe ich schon zwanzig Jahre, jetzt sinds meine. So ein Tier wird ja bis dreißig Jahre alt. Da geht mir keins in den Schlachthof, die kriegen hier ihr Gnadenbrot, bis sie tot umfallen. Zwanzig Gössel hab ich noch, die schlachte ich so für uns, alle paar Sonntage mal eins, oder auch einen Hasen, ein Täubchen.

Er bohrt ausgiebig im Ohr und betrachtet dann den kleinen Fingernagel lange.

Trocken isses. So trocken wars noch kein Jahr. Zehn Hektoliter Wasser kosten zwei Mark heute, da rechnet man. Ein bißchen den Salat und die Blumen, damit hat sichs schon. Auf sechzehn Meter Tiefe ist das Grundwasser gefallen, früher stands bei fünf bis sechs Metern.

Unten am See ist es auch zu sehen. Man sagt, es kommt, weil der Westen jetzt so viel entnimmt. Morgen sollen Schauer kommen, angeblich. Was glauben Sie, ob ich mein Land wiederkriege?

G: Das kann ich nicht sagen, ich hör nur immer, daß die Alteigentümer als Wiedereinrichter erfolgreich sind. Sie müssen in Waren zu einem Rechtsanwalt gehen.

M: Denn sehnse mal, die Adligen kommen alle wieder, trotz Bodenreform, und kriegen ihrs. Was da mit dem Gorbatschow abgemacht war, da kräht doch kein Hahn danach. Die sitzen nach und nach wieder auf ihrem Besitz. Der in Molzow, der Herr Baron, der ist wieder auf seinem Gut, und in Schloß Grubenhagen, der ist auch wieder da. Ich will ja nur meine neun Hektar, da kann ich von leben, das reicht mir.

Dort, mein Haus, das hab ich aus Lehm gebaut mit eigenen Händen damals. Eine Reihe Ziegel gegen, das Dach drauf und fertig. Oben ist die Hälfte Heuboden, aber ich will mir das mal ausbauen. Hier gibts Lehm auf dem Acker, man braucht ihn nur holen. Lehm ist ein guter Baustoff. Im Sommer kühl, im Winter kalt. *lacht* Meine Frau friert immer, ich aber nicht. Sie haben sie ja gesehen, das war früher eine stattliche Person. Diese Frau habe ich kennengelernt, da war ich auf Heimaturlaub. Sie stand in Rotkreuzuniform auf dem Bahnsteig, dienstverpflichtet, und hat Kaffee und Tee verteilt an uns Soldaten. Ich schau sie an, sooo eine Frau war das, und sage: »Sie, Ihre Adresse hätte ich gerne, nach dem Krieg komme ich dann, und wir heiraten.« Sie hat mir ihre Adresse gegeben, und nach dem Krieg hab ich sie dann gesucht, gefunden und geheiratet. Später, als wir schon hier waren, mußten wir für die Russen Holz fahren im Winter, mit den Pferden.

Das ganze Holz hier überall ist damals abgeschlagen worden, die ganzen Wälder. Später wurde dann wieder aufgeforstet. Die Frau hat genauso schwer gearbeitet wie ich.

Aber man war ja noch jung, ich bin Jahrgang 23. Meine besten Jahre habe ich im Krieg verbracht. Da

Außer Reichweite

sind fast alle meine Kameraden totgeblieben. Ich hatte Glück. Hab nie stillgestanden, habe immer ganz wenig gegessen, auch wenn viel da war. Noch heute esse ich ganz wenig. Ich war ja den Mangel und die Kälte gewohnt von zu Hause, wir waren arme Leute. In Rußland habe ich schreckliche Sachen gesehen, schrecklich! Man kann gar nicht darüber sprechen. Zwanzig Stapel voller Leichen, meterhoch, alle aneinandergefroren. Und die Front hat sich bewegt, vor und zurück, vor und zurück. Immer wieder kamen wir an den Stapeln vorbei, man kannte schon jedes Gesicht, und die Russen haben unsere mit dazugepackt. Da lagen Kinder drin, alles. Wir haben ja immer gedacht, es ist fürs Vaterland, aber wenn wir das gewußt hätten, mit den Konzentrationslägern und alles, wir wären zurückmarschiert, bestimmt! Wir alle hätten aufgehört, Krieg zu machen. Aber man hat ja nichts mitgekriegt, in Rußland, vorne an der Front... nicht davon. Erst später erfuhren wir was, in Frankreich, wo ich dann zum Schluß im Einsatz war.

G: Aber da sind Sie nicht zurückmarschiert...
M: Nee, da kam ich in Gefangenschaft.
G: Seit wann sind Sie denn hier in Sapshagen?
M: Seit eh... 47 bin ich da.
G: Und wo kamen Sie her, 47?
M: Ich? Aus Amerika.
G: Amerika?
M: Amerika. USA. Gefangenschaft. 20000 Mann waren wir im Lager. Fast zwei Jahre war ich dort, dann haben sie uns nach und nach entlassen. Ich bin auf dem Schiff gefahren, acht Tage dauert es, von Amerika bis Le Havre, dann weiter mit dem Güterzug nach Aachen, da gings sofort in die Quarantäne, und danach habe ich mich aufgemacht und die Frau gesucht, gefunden und geheiratet. Hier haben wir dann neu aufbaun wollen.
G: Warum hat man Sie nach Amerika gebracht, weshalb kamen Sie nicht in Deutschland in irgendeins der Kriegsgefangenenlager?
M: Na, ich war ja bei so einer... eh... Sondertruppe vom Hitler...

G: Welcher Sondertruppe?
M: Na eben dieser Elitetruppe ...
G: Der SS?
M: Ja, ja, der SS.

Justine S.

Unauffällig und grau, zwischen Blumenbeeten und Haselnußsträuchern, liegen mehrere dreigeschossige Gebäude auf einem umzäunten Gelände am Rande der Stadt. In diesem ehemals kombinatseigenen Ferienobjekt wurde, abseits vom Asylantenheim, ein Heim für Übersiedler eingerichtet, für sogenannte Rußlanddeutsche.

In der makellosen Küche von Haus I steht eine kräftige flachsblonde Frau am Herd, hält ihren brüllenden Säugling im Arm und schwenkt das kaltgewordene Milchfläschchen im Wasserbad. Sie trägt einen jener farbenfrohen und atmungsaktiven Jogginganzüge aus dünner Kunstfaser, wie man sie überall sieht an den »Zurückgebliebenen« aus Ost und West. Die junge Mutter kam vor vier Monaten mit Mann und Schwiegereltern aus Sibirien, der kleine Boris wurde kurz darauf geboren. Am Herd nebenan bereitet sich Justine S. aus Kasachstan heißes Wasser für den Tee. Sie ist eine der wenigen hier, die Deutsch sprechen. Vor sechs Monaten kam sie mit Tochter, Schwiegersohn und drei Enkelkindern in Deutschland an und bewohnt seitdem ein kleines Zimmer im ersten Stock.

Justine S. ist 1927 in der Sowjetunion geboren, in Urbach, einem Ort am Rande der ehemaligen Wolga-Republik. Sie ist hager, braungebrannt, hat rote Backen und braune Augen. Das graue Haar trägt sie straff nach hinten in einen Zopf geflochten, der zum Knoten gerollt und festgesteckt ist. Ihre schöne Jacke aus rostroter Wolle hat sie vor der Perestroika gestrickt. Erklärend fügt sie hinzu: »Als es noch Wolle zu kaufen gab.«

Wir sind eingeladen zum Tee und folgen ihr nach oben. Im Treppenhaus steht ein schlaksiger Jugendlicher mit Ghetto-Blaster und versteckt die Zigarette hinterm Rücken; zwei kleine Mädchen kommen den Flur entlang, denen die Zöpfe derart stramm geflochten sind, daß sich die Haut an der Schläfe spannt. Sie grüßen auf russisch und trippeln vorbei.

Das Zimmer Nr. 8 ist klein und spärlich eingerichtet. Zwei Betten, zwei Schränke, ein Tisch mit drei Stühlen sowie zwei Nachtkästchen machen die Möblierung aus. Ihr Bett ist mit ordentlich eingerolltem Bettzeug und Wolldecken zu einer Art Couch umgestaltet, auf der eine Zierpuppe thront. Das wallende Spitzenkleid der Puppe ist selbst gehäkelt. An der Wand hängt ein Kruzifix, auf dem Nachtschränkchen stehen gerahmte Fotografien. Sie wohnt alleine.

Wir trinken aus schillernden Woolworth-Tassen russischen Tee, und Justine S. erzählt in leicht gebrochenem Deutsch mit deutlich süddeutscher Färbung ihre Geschichte:

J: Jetzt bin ich weg von dort, wo wir gewohnt haben. Das ist schade. Die Wolga-Deutschen sollen ja bald wieder zurück, das hört man, aber ich bin nun schon zu alt für alles. Ich habe Heimweh, jeden Tag. Aber meine Tochter will unsere Heimat vergessen, hat sie gesagt. Und sie tut es.

Meine Voreltern sind ja vor gut und gerne 200 Jahren nach Rußland gesiedelt, die sind geholt worden von der Zarin Katharina der II., damit sie das Land bestellen und es zum Wachsen und Gedeihen bringen. Aber das ist alles, was mir mein Vater gesagt hat. Woher die waren, die Voreltern, das weiß keiner. Wie mein Vater gestorben ist, da war Krieg, und er hat uns nichts gesagt von allem. 15 war ich da.

G: Sie sprechen süddeutschen Dialekt, vielleicht badisch oder mehr zur Pfalz hin ...

J: Können Sie mich verstehen, ja?

G: Sehr gut.

J: Ach, das verwundert mich. Ich kann die Menschen hier in der Stadt gar nicht verstehen. Nicht ein bißchen. Mein Mann ist gestorben vor fünf Jahren. Seither spreche ich wenig. Meine Tochter versteht nur noch ein bissl und die Enkel sprechen nur Russisch. Aber was sprechen die Menschen hier?

Justine S.

G: Deutsch. Es sind Sachsen, mit einem eigenen Dialekt ...
J: Davon habe ich noch nicht gehört. Wir waren Bauern, in der Schule haben wir wenig gelernt. Aber meine Tochter, die hat in der Stadt gelernt, in einem Hotel. Ich habe in der Landwirtschaft gearbeitet, auf den Feldern, bei den Tieren, und dann im Kindergarten 20 Jahre lang gekocht. Ich war zufrieden. Sehr zufrieden! Meine Schwester ist zu Hause geblieben mit ihren Kindern. Das hätte ich auch tun sollen, beizeiten.

Hier gibts für mich nichts zu verrichten. Jeder lebt in seiner Stube, reihum machen wir alles sauber im Haus. Aber viele von unseren sind froh, besonders die Kinder und jungen Leute wollen nie mehr weg von hier, und vom Fernsehapparat bekommt sie oft nicht mal der Vater weg.

Ich bin mit dem Flugzeug gekommen, die ganze weite Reise. Zuerst mit der Eisenbahn über Omsk nach Moskau. In Ufa haben wir noch meinen jüngsten Bruder besucht. Und dann Moskau ... Da habe ich gar nichts gesehen vor Geschäften. So eine große Stadt, habe ich gedacht, dieser Reichtum.

Zum Flugplatz wollte ich nicht. Meine Angst war zu groß. Zwei und eine halbe Stunde, haben sie gesagt, und du bist in Berlin. Im Flugplatz war mir schwindlig, und wie das dann so raufgefahren ist, das Flugzeug, wie das geschüttelt hat und so viel Krach, da bin ich ganz ruhig geworden, habe gebetet, daß ich jetzt in den Himmel hinauf komme. Und dann habe ich aus dem Fenster geguckt und geweint, ade, meine Heimat, ich habe dich lieb und will dich immer im Herzen behalten.

Aber meine Tochter ist dagegen. Sie sagt immer: ›Schau nicht zurück! Alles ist schlecht geworden, es gibt nichts mehr zu kaufen in unserer Stadt!‹ Bei uns im Dorf war das Leben nicht so schwer. Wir haben Tee gehabt, Mehl, Zucker, Eier, ein wenig Fleisch und auch Milch für die kleinen Kinder. Aber man hat uns die Papierchen gegeben, und sie haben gesagt, das muß jetzt für 14 Tage reichen, die Ration. Davor war immer alles da im Überfluß, vor der Perestroika. Alles.

Gemüse haben wir selber gebaut im Garten, Früchte auch, Kartoffeln und rote Rüben. Ich habe eingelegt für den Winter, Süßes und Saures. Aber dann hat es keinen Zucker gegeben. So habe ich Saft gemacht. Keine Marmelade, nur Saft. Und Gurken und Sauerkraut in Fässern. Salz war auch wenig da. Essig haben wir selbst gemacht aus Obst. Es hat sich immer alles gehalten bei mir. Beim Marktplatz hatten sie Hühner und Schweinefleisch und alles, aber sehr teuer.

Für die Kinder habe ich viele Kartoffeln gekocht und zu Brei gestampft, Suppe habe ich gemacht aus allem, was ich bekommen habe, im Winter war viel Kohl an der Reihe, aber im Sommer hat man mir viel verschiedenes Obst und Gemüse gebracht. Jetzt haben sie uns gesagt, es gibt nur wenig Kartoffeln und Obst, die Kommunisten halten die Lebensmittel zurück, irgendwo in den Lagerhallen, so sind die, da kann man es sehen. Aber warum? Wir haben doch vorher alles gehabt.

Vielleicht ist es heute wieder besser? Meine Wohnung ist schön. Wir haben Gasheizung, da ist es immer schön warm im Winter. Sie ist im Neubauhaus und auch billig, nur 15 Rubel, zwei Stuben, die Küche und die Badestube. Hier haben wir unten im Keller solche Brausen. Warum bin ich nicht geblieben? Rente habe ich auch bekommen, 150 Rubelchen, was für ein schönes Leben wäre das gewesen. Meine Tage habe ich zugebracht mit schwerer Arbeit, 53 Jahre lang, jede Arbeit immer ausgeführt.

G: Fahren Sie hier ab und zu in die Stadt?
J: Ja schon ... vor einer Woche ...
G: Und, gefällt es Ihnen?
J: *verlegen* Na ja ... So viele Häuser, so viele kaputt und leer, große schöne Häuser. Hier haben sie gesagt, die Menschen haben die Häuser verlassen und sind weggezogen in den Westen, weil hier keine Arbeit ist ... aber daß alles kaputtgeht?
G: Das ist bei Ihnen in der Stadt nicht so?
J: Nein! Zu Hause ist alles sauber und weiß, schön, mit vielen Blumen und Gärten. In Deutschland, da wird alles neu und schneeweiß sein, habe ich mir gedacht. Und

zuerst konnte ich das auch so sehen, in Berlin, wohin ich geflogen bin. Dort waren wir in einem ganz neuen schönen Haus, in Berlin. Am Flugplatz habe ich die Menschen bewundert, alle so groß, schön und reich. Dann haben sie uns hierher gebracht, und auch hier sind die Menschen so wie in Berlin, aber warum reparieren sie ihr Haus nicht?

G: Ich weiß es auch nicht.

J: So reiche Leute — und das Fenster kaputt, das Dach. Bei uns sind auch alte Häuser, dort, wo meine Tochter war. Am Fluß Irtysch sind viele, und bei den Schlachthäusern, aber die sind repariert am Dach, die Leute wohnen ja drin! So wie hier in der Stadt, das habe ich noch nicht gesehen, ich habe gefragt, ob Krieg war, aber sie hat gelacht, die Leiterin, hat gesagt, daß alles zu teuer ist, und mans nicht kaufen kann. Da habe ich gleich angefangen mit dem Sparen.

Meine Eltern haben immer gespart. Sie haben das Geld unter den Dielen in einem Krug versteckt, aber nie kam ein Dieb. Meine Eltern konnten kein Russisch, alle beide nicht. Ich spreche sehr gut. In Urbach, wo meine Eltern aufgewachsen sind und die Groß- und Urgroßeltern und weiter zurück, da waren nur Deutsche, und die haben bei den russischen Bauern gegolten als schöne, reiche und fremde Ausländer. Meine Eltern haben uns erzählt, als wir Kinder waren, von der großen Dürre und Hungersnot an der Wolga im Jahre 1920. Die Brüder und Schwestern von unseren Eltern sind fast alle gestorben an Hunger und Typhus. Die Wolgadeutschen sind verendet wie Fliegen zum Winter. Ich weiß noch, der Vater hat uns erzählt, daß sich Familien, wie kein Körnlein mehr da war zum Essen, in ihrer Stube um den Tisch gesetzt hatten, und dann haben die Eltern von innen Fenster und Türen zugenagelt, damit keiner kommt und sieht, wie sie sterben. Später mußten die vom Dorfsowjet überall die Türen aufstemmen, und da haben sie Gerippe gefunden, neben den Stühlen liegen; und auf dem Tisch war die Bibel aufgeschlagen. Wir Kinder hatten furchtbar Angst gehabt vor den Gerippen.

Aber meine Eltern sollten auch dieses Schicksal haben, davon konnte damals noch keiner etwas wissen. Wir sind von Urbach weggekommen, wir Kinder mit den Eltern zusammen. Das war im Krieg. Man brachte uns von der Wolga nach Kasachstan. Das war traurig, alle haben geweint, nur der jüngste Bruder nicht, er hat sich gefreut über die Reise. Viel mitnehmen war nicht erlaubt, ein bißchen Bettzeug, Wäsche, Geschirr und Essen, sonst mußte alles zurückbleiben. Wir nahmens hin und hatten auf einmal gar nichts mehr. Das waren wir nicht gewöhnt.

Lange sind wir mit dem Zug gefahren, dann mußten alle raus und wir kamen in einen Wald. Da war kein Essen und kein Trinken. Dort hat man uns festgehalten. Nach einer Weile fingen die Menschen an zu sterben vor Hunger. Auch mein Vater. Zuerst mein Vater, dann meine Mutter. Wir Kinder waren jung und kräftig, wir überlebten. Ich war die Älteste, sie kamen und haben die Kinder, die noch nicht tot waren, in ein Kinderheim gebracht, auch meine Schwester und die zwei Brüder. Mich nahmen sie zum Arbeiten im Stall.

Die Deutschen waren nicht willkommen bei den Kasachen. Für uns waren die Kasachen ganz fremde Menschen, die vielen Kirgisen, und insgeheim waren sie Mohammedaner. Wir hatten in Rußland viel zu leiden, wir Deutschen. Man hat uns angespuckt und gesagt: ›Pfui, weg, Faschisten seid ihr.‹

G: Und waren die Wolga-Deutschen Faschisten?

J: *lacht und sagt stolz* Ja ... viele waren Faschisten. Nicht alle, manche waren auch ein bißchen Kommunist, aber die meisten waren gute deutsche Leut. Auch nach dem Krieg gabs viele Faschisten bei uns Deutschen, mehr als heute. Viele sind ja umgekommen in der Roten Armee. Die sind gestorben im Kampf gegen die eigenen Brüder; unsere Söhne, Männer und Väter. Leider gibts von denen, die noch dort sind nur noch wenige, die Faschisten sind, aber die Jugend interessiert sich heute Gott sei Dank wieder mehr für Politik.

Justine S.

Der Gorbatschow hat uns Wolga-Deutschen ja ein bißchen geholfen, er hat uns Deutsche sehr bewundert, aber er ist ja derjenige ... Das ganze Land ließ er zusammenbrechen, alles geht kaputt und ist zerstört für immer, seit der Perestroika. Davon haben wir Deutschen nichts, leider.

Aber gut, die Wand hat er weggemacht. Jetzt haben wir das Wagnis auf uns genommen, sind rübergekommen und wurden enttäuscht. Wenn man keine Arbeit hat und nichts, immer nur hier in der Stube sitzt, wie meine Tochter und alle hier, dann gehts uns ja schlechter als zu Hause, fast. Im Geschäft gibt es alles, Sachen, die ich noch nie gesehen habe, aber die Freude ist schnell vergangen. Meine Tochter spricht darüber keine Silbe. Zu Hause haben wir ja alles aufgegeben, zurückkehren geht nicht. Also müssen wir abwarten, ob uns Reichtum oder Armut beschieden ist. Meine Eltern haben zu uns Kindern immer gesagt: ›Haschte Durscht, schlupf in d' Wurscht, haschte Hunger, schlupf in die Cucumer.‹

Mumifiziertes Trauma

Am 22. Juni 1941, einem Sonntag, fielen in sternklarer Nacht, Punkt drei Uhr, drei Millionen deutsche Männer in die Sowjetunion ein. Sie führten 500000 Pferde, 75000 Schäferhunde, 600000 Kraftfahrzeuge, Panzer, Geschütze, Munition, Feldlazarette, Feldküchen und Verpflegung für ihren »Blitzkrieg« mit sich. Es gab keine Aufkündigung des »Nichtangriffsvertrages«, keine Kriegserklärung, keinen Vorwand. Der Generalfeldmarschall von Brauchitsch führte das »Unternehmen Barbarossa« an. Ziel des Überfalls war die Vernichtung der Sowjetunion, des »jüdisch-bolschewistischen Zersetzungswerks«, Aneignung und Nutzbarmachung des Ostraumes zur Versorgung Deutschlands. Zum alles »entscheidenden Waffengange gegen den Todfeind aller Ordnung und aller abendländisch-christlichen Kultur« gratulierten nicht nur die Vertreter der »gesamten evangelischen Christenheit des Reiches« dem Führer per Telegramm. (1)

Dieser Kreuzzug gegen das Böse war bürokratisch flankiert von zivilen Dienststellen. Ein Heer von Experten plante und veranlaßte Maßnahmen zur völligen Umstrukturierung der unterworfenen Gebiete. Die systematische Bevölkerungspolitik umfaßte »Umschichtungen, Hungerzonen, Reduzierungen«, es war Zwangsarbeit in großem Maßstab vorgesehen und Liquidierung. Optimale Ausbeutung menschlicher Arbeitskraft und Ressourcen war ausschließliches Ziel. »Viele 10 Millionen von Menschen werden in diesem Gebiet überflüssig«, konstatierte der »Wirtschaftsstab Ost« 1941 sachlich.

Gegen die Überflüssigen entsprechende Maßnahmen zu ergreifen, war bis in die juristischen Fragen hinein bereits im voraus geregelt. »Für Handlungen, die Angehörige der Wehrmacht und des Gefolges gegen feindliche Zivilpersonen begehen, besteht kein Verfolgungszwang, auch dann nicht, wenn die Tat zugleich ein militärisches Verbrechen oder

Vergehen ist«, heißt es unter Punkt 1 eines von Keitel unterzeichneten Erlasses über die Ausübung der Kriegsgerichtsbarkeit. (2) Die Behandlung des Rotarmisten verstand sich ohnehin von selbst; dafür sorgten eingefleischte Abscheu und vermeintliche kulturelle Überlegenheit. Ihm war keinerlei Gnade zugedacht: »Wir müssen vom Standpunkt des soldatischen Kameradentums abrücken. Der Kommunist ist vorher kein Kamerad und nachher kein Kamerad. Es handelt sich um einen Vernichtungskrieg.« (3)

In der Roten Armee hingegen scheint es anfangs einige Mißverständnisse bezüglich des deutschen Wesens gegeben zu haben. Michail Semirjaga, ehemals Hauptmann, berichtet u.a. folgendes: »In den ersten Kriegstagen rechneten wir, die wir doch im primitiv verstandenen Geist des ›Klassenkampfs‹ erzogen worden waren, naiv damit, daß die deutschen Arbeiter und Bauern als Antwort auf die Aggression gegen die UdSSR einen bewaffneten Aufstand gegen den Faschismus beginnen würden [...] Wir riefen die Arbeiter in den Wehrmachtsuniformen eindringlich dazu auf, sich zu besinnen. [...] Etwa im Juli/August 41 wurde nun beschlossen, die bisherige Losung der ›proletarischen Brüderlichkeit mit den Deutschen‹ gegen die Maxime ›Tod den deutschen Okkupanten‹ und ›Töte den Deutschen‹ auszutauschen.« (4)

Von den 160 Millionen Einwohnern, die 1941 in der Sowjetunion lebten, sind nach neueren Berechnungen 27 bis 32 Millionen durch Mord, direkte Kriegsgewalt und deren Folgen ums Leben gekommen, darunter ein Großteil der sowjetischen Juden und Zigeuner. Wie hoch der Anteil der Zivilbevölkerung insgesamt ist — falls eine solche Frage überhaupt einen Sinn ergibt — läßt sich wohl nur vermuten. Die gewaltigen Zerstörungen, die Wehrmacht und SS bei ihrem Rückzug hinterließen, waren von einem Ausmaß, das jede Naturkatastrophe in den Schatten stellt. Sie wirken sich bis heute aus, politisch und materiell, und es ist schon merkwürdig zu sehen, wie gut es 47 Jahre nach dem Krieg den Besiegten und wie schlecht es diesen Siegern geht.

*

Deutsche Bräuche

Es ist ein schöner Frühlingstag 1992. Bauschige Wölkchen ziehen über dem MUSEUM DER BEDINGUNGSLOSEN KAPITULATION DES FASCHISTISCHEN DEUTSCHLAND IM GROSSEN VATERLÄNDISCHEN KRIEG 1941–1945 davon. Im Garten stehen schwere Waffen mit kalkig grünem Anstrich. Neben dem Eingang ein Panzer des Typs T 34, der mit seinen dicken Platten und enormen Schweißnähten so aussieht, als hätte ihn ein gerade angelernter Hufschmied für die Ewigkeit gemacht. Im Wachhäuschen neben der Auffahrt drängen sich vier Rotarmisten, die Tellermützen vor sich übereinandergestapelt. Ein paar Schritte entfernt hinter dem Schlagbaum liegt das große Kasernengelände. Geöffnet wird das Museum erst um 15 Uhr.

Die Straße, die vormals Fritz-Schmenkel-Straße hieß, heißt nun wieder Rheinsteinstraße, wie vor dem Krieg. Sie führt vom Museum in gerader Linie Richtung S-Bahnhof Karlshorst. In den Villen und Wohnhäusern hier wohnen russische Offiziersfamilien in sichtbar bescheidenen Verhältnissen. Im ersten Stock eines heruntergekommenen Mietshauses gibt es einen russischen Laden für Waren, die wohl der Luxuskategorie zuzuordnen sind: westliche Textilien, Toilettenartikel, Geschirr, Elektrogeräte. Aber auch lange Pelzmäntel aus Wolfsfell. Am meisten begehrt und gekauft werde, erklärt mir die russische Verkäuferin, das Sportliche. Jogginganzüge bekannter Firmen, amerikanische Baseballmützen und jene mit Gürtel zu befestigenden Täschchen, die man über dem Genital trägt.

Zurück zum Museum. Das zweistöckige Gebäude ist von der klobigen Sachlichkeit nationalsozialistischer Zweckbauten. Nichts stimmt, alles wird zitiert. Mit seinem Zeltdach sieht es aus wie ein zu kurz geratener Wachturm, der säulenbespickte Eingang sollte wohl ans Führerhauptquartier erinnern. Diese Art von Architektur haben die Nazis überall errichten lassen, aus Ziegeln oder in Granit, auch in Auschwitz, Mauthausen, Ravensbrück; als Verwaltungsgebäude, Kommandantenvilla, Kasino.

Durch eine jammervoll in den Angeln quietschende schwere Holztür betritt man das Haus und gelangt über ein paar Stufen und durch eine weitere Tür direkt in den ersten Saal, der Lenin gewidmet ist. Es riecht nach unbekannten Reinigungsmitteln und Bohnerwachs. Aus einem Nebenraum schallt das Lachen von Frauen, die sich in russischer Sprache unterhalten. Dort gibt man mir eine Broschüre und freundliche Auskünfte.

Im Leninsaal führt ein roter Läufer direkt unter die Füße einer überlebensgroßen Leninskulptur aus bronzefarbenem Gips. Rings an den Wänden sind Fotos und Dokumente zu sehen: der junge Lenin 1895 in Berlin, Lenins Uhr als Hologramm, Lenins Bibliothekstisch mit grünbeschirmter Gaslampe in der Mitte des Raums. Auf einem Theaterzettel ist zu lesen, was am 8. August 1895 auf dem Spielplan stand. Lenin war nicht, so erfahren wir, im Apollo-Theater, wo man *Ein Abenteuer im Harem* gab, auch nicht in *Berliner Wäschermädel* oder in *Der Sturm;* er besuchte statt dessen im Deutschen Theater *Die Weber*. Dafür wurde ihm dort zu DDR-Zeiten eine ausgesprochen lieblos gemachte Tafel mit Portrait und Aufschrift gewidmet.

Dieser Leninsaal hier gleicht nicht dem, der in meiner Broschüre abgebildet ist. Den vermutlichen Grund dafür kann der Besucher den reichbebilderten russischsprachigen Leninbroschüren entnehmen. Sie wurden Mitte der achtziger Jahre vom »Museum für Deutsche Geschichte« gedruckt und kamen nach dessen Schließung, zusammen mit der »Gedenkstätte Lenin in Berlin«, hierher nach Karlshorst.

In den Nebenräumen wird mit Fotos, Dokumenten, Plakaten, Fahnen, Waffen über die Terrorherrschaft des Faschismus, über Widerstand und Sieg informiert. Unter Glas liegen Originale. Gestreifte Häftlingskleidung, eine »Zyklon B«-Büchse, Gegenstände aus Häftlingsbesitz und eine gläserne Urne mit Menschenasche aus dem KZ Buchenwald.

In drei Räumen wird der einzelnen Schlachten gedacht, besonders der Schlacht an der Wolga, bei der sich die militärische Lage zugunsten der Roten Armee änderte. Es gibt alle Arten militärischer Devotionalien. In der Abteilung über die Partisanen findet sich auch ein Foto jenes Fritz Schmenkel, nach dem die Straße draußen benannt war. Er lief als Wehrmachtsangehöriger zu den sowjetischen Partisanen über, wurde 1944 von der SS gefaßt und in Minsk hingerichtet.

Vieles ist hier ausschließlich russisch beschriftet, aber der Sinn des Gezeigten erschließt sich dem Betrachter meist dennoch. Man atmet geradezu auf, wenn endlich einmal nicht diese bei uns üblichen didaktischen Texttafeln die Wände bedecken. Hier wird mit geradezu üppiger Überladenheit aufgewartet. So etwas kennt man bei uns allenfalls aus Wallfahrtskirchen oder Preußenausstellungen.

Im historischen Saal ist alles poliert und gebohnert, auf den Tischen stehen gläserne Karaffen mit Wasser, Gläser, und vor jedem Platz liegt auf dem grünen Filz ein weißes Blatt Papier von besonders schwerer Qualität. So wie es aussieht, könnten gleich die Türen aufgehn, und herein kämen Shukow und die Vertreter Englands, Frankreichs und der USA, ihre Sekretäre, die Protokollanten und Beobachter. Durch die andere Tür käme Keitel mit seinen Begleitern, das Monokel im linken Auge, in der Rechten den Marschallstab. Es muß ein grotesker Anblick gewesen sein. Hier also unterzeichnete er den Kapitulationsvertrag.

An der Wand hinter dem Tisch des Präsidiums hängen die vier Fahnen der Alliierten an goldenen Fahnenstangen und sehen aus wie vertrocknet. Die gegenüberliegende Wand wurde von den Sowjets mit hohen rosafarbenen Marmortafeln versehen, auf denen die Namen all jener Einheiten der Roten Armee verzeichnet sind, die am Kampf um Berlin teilnahmen. Auf dem kleinen Tisch für die Deutschen, der abseits steht und dessen Stühle als einzige im Raum kein gepolstertes Rückenteil haben, steht ein sinnfälliges Tintenfaß auf einem Sockel, flankiert von zwei Schäferhunden. Auf den Fotografien vom Kapitulationsakt, die in einer Mappe ausliegen, ist von Schäferhunden nichts zu sehen. Aber was soll's, nur Historiker sind Fanatiker absoluter Authentizität.

Von hier aus führt ein schmaler Flur zum Kinosaal und weiter zur Treppe ins Obergeschoß. Ganz in der Ecke, in schlechtem Licht, steht eine Vitrine voller Fotografien. Abgebildet sind die beim Nürnberger Prozeß zum Tode Verurteilten; zu Lebzeiten und nach der Vollstreckung des Urteils. Göring, Keitel, Rosenberg, Kaltenbrunner, Streicher, Frick und die anderen liegen mit entstellten Gesichtern auf schwarzen, sargähnlichen Kisten. Einige haben den Henkersstrick noch um den Hals.

Im Obergeschoß befinden sich sieben weitere Räume, in denen die »Berliner Operation« dargestellt wird. Man geht auf braunem Teppichboden unter weißgrauem Neonlicht an dick mit beiger Ölfarbe lackierten Wänden entlang, vorbei an sorgfältig modellierten Büsten sowjetischer Marschälle, an zweifachen, dreifachen und vierfachen Helden der Sowjetunion. Es gibt ein raumfüllendes Modell von Berlin, auf dem nacheinander in Reihen rote und grüne Lämpchen aufleuchten und so die etappenweise Eroberung der Stadt verdeutlichen, vom April 1945 bis zur Eroberung des Reichstages. Die grünen sind, glaube ich, die Verteidigungslinien der Deutschen. Bebildert wird dieser vielleicht ein wenig abstrakte Vorgang durch wild schraffierte Bleistiftzeichnungen von handwerklich sehr guter Qualität, wie die meisten Zeichnungen, Gemälde und Plastiken sowjetischer Künstler, die hier zu sehen sind. Sie zeigen Kämpfe, Trümmerberge, Verletzte und Tote.

Es fehlt nicht an liebevoll angefertigten Miniaturen von Kriegsschiffen, Panzern, Flugzeugen, Kanonen; an Waffen, Uniformen, Tretminen, umrahmt von Fotowänden, Fahnen Plakaten. Im Raum 11 befindet sich ein großes Diorama mit schmissig gemalter Erstürmung des Reichstages. Davorgebaut sind Schützengräben, Stacheldrahtverhaue, verkohlte Balken. Das Licht im Raum wird ausgeschaltet, und aus dem dramatisch beleuchteten Diorama ertönt Maschinengewehrknattern, ein Krachen, Splittern, Panzerrasseln, durchdrungen von schrillen Schreien. Mit mir im Raum ist eine amerikanische Besuchergruppe und steht andachtsvoll ergriffen da, bis das letzte Stöhnen verklungen ist.

Was ist dagegen schon Marschall Shukows Uniformjacke, die neben Mütze, Feldkarte und Zirkel in einer Vitrine hängt und ohne den stützenden Leib ganz aus der Form geraten ist. Und wo ist die Hose? An der Türfassung lehnt die Aufsicht, ein zierlicher Rotarmist, genau in dem Alter, in dem Millionen von russischen Soldaten waren, als sie ins Gras bissen.

Deutsche Bräuche

Er kaut versonnen einen Kaugummi und läßt ab und zu laut knallend eine Blase zerplatzen, indem er sie nach innen, in seine Mundhöhle saugt. So etwas klingt hier gleich wie ein Schuß.

Zu sehen bekam ich ein Militärmuseum, eingerichtet von Leuten und für Leute, die ein militärgeschichtlich-patriotisches Interesse an diesem Krieg haben. Von Offizieren, denen die ritualisierten Abläufe vertrauter Alltag sind. Dennoch fehlt es hier nicht an echt wirkender Naivität, an glaubhafter Entrüstung und heroischem Pathos. Hier hat sich die ganze Tragödie niedergeschlagen, Stalinismus, Zweiter Weltkrieg, kalter Krieg bis zum Niedergang des Sowjetkommunismus. Das Museum drückt diese Geschichte mit all ihren Widersprüchen, Fehlern, Versäumnissen und Konsequenzen aus. Der Ausstellung vorzuwerfen, daß dies und jenes fehle

Mumifiziertes Trauma

oder falsch dargestellt sei, hätte keinen Sinn. Dieses Museum ist selbst ein Museumsstück, ein Exponat, an das nicht gerührt werden darf, weil nur an seiner »Mangelhaftigkeit« etwas deutlich wird. Natürlich wird das Museum so nicht weiterbestehen bleiben. Deutsche Experten haben sich bereits darüber hergemacht.

1. Experte (Westdeutscher)

»Den neuesten Stand weiß ich auch nicht so genau ... Es gibt nach wie vor diese Arbeitsgruppe aus westdeutschen Museumsleuten, Historikern, Sachverständigen, also fünf Leute auf der Westseite, und auf der anderen Seite, aus der Sowjetunion oder GUS, da sind es fünf oder sechs Leute, aus Museen, dem militärhistorischen Bereich, der Armee. Die wollten natürlich anfangs alles so belassen, wie es ist. Allmählich wird ihnen das aber selbst unheimlich. Heute sind sie sogar für die Beratung dankbar. Und wir tragen die ganzen Kosten: Reise, Tagungsgelder usw.

Die haben zusammen eine Konzeption abgestimmt, danach soll die Gedenkstätte als solche erst mal erhalten bleiben, der Raum der Kapitulation soll soweit rekonstruriet werden, wie er mal war, und in den Nebenräumen soll dann eine Dokumentation über den Zweiten Weltkrieg sein, aber eben nicht nur bezogen auf den ›Großen Vaterländischen Krieg‹ der Sowjetunion, sondern eben auch im Hinblick auf die anderen Alliierten. Soviel ich weiß, soll der 8. Mai dann der Schlußpunkt sein. Man überlegt noch, ob man bis zur Gründung der DDR geht, weil ja Grotewohl in Karlshorst seine Ernennungsurkunde entgegennahm, da wird es wohl ein kleines Nachwort geben.

Wer für das Museum zuständig sein wird nach 1994, also nach dem Abzug der Truppen, das steht noch nicht fest. Jedenfalls wird es übergeben, renoviert und mit neuer Ausstellungsdidaktik versehen. Da sind sicher einige Millionen nötig, um das Haus technisch flottzumachen und so attraktiv, daß es auch für Berlinbesucher zu einer Adresse wird. Dazu kommt noch, daß ja 1995 der 50. Jahrestag der Kapitulation ist. Das Museum, wie es jetzt ist, ist ja ein reines Traditionsmuseum der Roten Armee — es ist fast alles nur russisch beschriftet — da fehlen natürlich viele Aspekte völlig. Das kann so nicht bleiben, man muß beispielsweise auch an die Gesamtkapitulation in Reims am 7. Mai denken, die, weil sie früher war, sozusagen die Originalkapitulation der Deutschen Wehrmacht war und Karlshorst das ja quasi nur nochmal nachvollzogen hat. Na, bei solchen Themen gibts schon Berührungsängste, Differenzen darüber, wer hats weshalb zuerst gemacht, wer war wichtiger, was war wichtiger ...

Wenn sich dieses Haus demnächst im Konzert der Museen behaupten soll, so weit draußen, wie es nun mal liegt, dann muß man schon mal ein paar Jahre weiterdenken ... Aber eines wird wohl erhalten bleiben, der spektakelhafte Raum mit Panorama und Musik, als Beispiel dafür, wie Karlshorst mal auf Stimmung hin angelegt war.«

2. Experte (Ostdeutscher, kann fließend Russisch)

»Das Gebäude, mh ... das kann ich gar nicht genau sagen, aber es wird um 1938 herum erbaut worden sein. Vor 45 waren diese Kasernen, in denen jetzt noch die Russen sind, Kasernen der Wehrmacht. Und im Museumsgebäude befand sich das Offizierskasino der Pionierschule I, das war so eine Art technisch-militärischer Dienst der Wehrmacht, der die Aufgabe hatte, Straßen zu verminen, Brücken zu bauen — oder auch zu sprengen. In den Kasernen wurden jedenfalls zigtausend Mann ausgebildet.

1945 wurden die Gebäude gleich von der Roten Armee in Besitz genommen, reibungslos, es hat in diesem Gebiet kaum Straßenkämpfe gegeben. Daß dieses Gebäude für den Kapitulationsakt gewählt wurde, hing damit zusammen, daß es eines der wenigen gut zu sichernden und vollkommen intakten Gebäude mit einem repräsentativen Saal war. Bis 47 saß der russische Stadtkommandant drin, dann wars Verwaltungsgebäude, und 1967, zum 50. Jahrestag der Oktoberrevolution, hat man das Museum eröffnet.

Was nun die Zukunft betrifft, so hat die Expertenkommission eine Konzeption erarbeitet und beschlossen, die sieht vor, erst mal wieder eine Ausstellung zu machen, zu der man dann auch die schon jetzt vorhandenen Exponate nutzt — einen Teil jedenfalls —, aber das Ganze soll doch insgesamt etwas erweitert werden. Es soll kein reines Militärmuseum bleiben, sondern die deutsch-sowjetischen Beziehungen als solche darstellen. Das soll dann etwa so von 1917 bis in die achtziger Jahre hinein gehen. Und der Saal vor allem sollte ja originalgetreu wiederhergestellt werden, bis auf die Marmorplatten selbstverständlich. Aber die Stühle beispielsweise ... Es gibt ein Archiv in Karlshorst, in dem die handschriftlichen Aufzeichnungen der Teilnehmer liegen, da habe ich einen Brief gefunden, in dem ganz genau beschrieben wird, wie die Stühle aussahen, die damals da drinstanden. Solche Dinge kann man ja beschaffen oder rekonstruieren.

Es gibt ja noch ein weiteres Museum innerhalb des Kasernengeländes, das ist eines dieser typischen Garnisonsmuseen, wie es sie in jeder sowjetischen Einheit gibt. Ihre Hauptaufgabe besteht darin, den sogenannten ›Kampfweg‹ der jeweiligen Einheit darzustellen. Diese hier ist 1943 gegründet worden, und da werden die Stationen gezeigt, die für sie von entscheidender Bedeutung waren. In diesem Falle also konkret, daß sie zuständig gewesen ist für die Wache am Ehrenmal im Tiergarten und im Gefängnis in Spandau bei Rudolf Hess.

Aber das muß man eben wissen und verstehen, daß in der Sowjetunion natürlich der Zweite Weltkrieg noch allzeit gegenwärtig ist. Die Beziehung dazu ist eine ganz andere als hier, darauf muß man sich einfach einstellen und Rücksicht nehmen.«

Expertin (Ostdeutsche, aus einer anderen Dienststelle)

»Das ist ja ein ganzes Viertel in Karlshorst gewesen, das Rheinviertel. Die gingen ineinander über, das Rheinviertel und das Wagnerviertel. Da gehört der Schmenkel gar nicht rein, einmal ganz abgesehen davon, daß er sowieso eine umstrittene Persönlichkeit ist. Er war Kundschafter und soll womöglich eine Doppelfunktion gehabt haben. Beweisen kann man das zwar nicht, es fehlen ja die Unterlagen, und die Russen geben nicht raus, was sie haben. Er gehörte zur

Deutsche Bräuche

Wehrmacht und ist zu den Partisanen übergelaufen. Seine Partisaneneinheit hieß, glaube ich, ›Tod dem Faschismus‹, es gibt auch ein Buch über Schmenkel, *Kampf dem Sternenlauf*... Jedenfalls diese Partisaneneinheit, das war ein reines Todesbataillon, ein Mordbataillon im Grunde, und genaugenommen waren das genau solche Mörder wie die Faschisten selber. Es ist schon gut so, daß die Straße wieder Rheinsteinstraße heißt.

Und die Gedenkstätte soll auch umgestaltet werden. Da wurden sie ja alle durchgeschleust zu DDR-Zeiten, die ganzen Jugendweihegruppen. Das zieht einem die Schuhe aus, wie das da drin aussieht. Irgendwie fühlte man sich als Deutscher gedemütigt, keinerlei deutsche Aufschriften. Da haben uns die Russen gezeigt, wer die Siegermacht ist. Aber dort ist ja immer noch alles beim alten. In den ganzen Villen rundum sitzt der KGB, keine drei Minuten vom Museum wohnt unser letzter Armeegeneral, wie hieß er doch gleich... es fällt mir nicht ein...

(1), (2), (3) und (4): Alle Zitate aus *Erobern und Vernichten. Der Krieg gegen die Sowjetunion 1941–1945*. Berlin 1991.

Pressemeldung, ½ Jahr später:

Zum 50. Jahrestag der Befreiung von nationalsozialistischer Gewaltherrschaft und dem Ende des Krieges in Europa, am 8. Mai 1995, soll die Ausstellung völlig neu konzipiert werden; ideologisch, sprachlich sowie von Fehlern gereinigt und um einige Themenbereiche erweitert, wird sie neu eröffnet. Es wird dann nicht mehr — wie in den letzten 25 Jahren — eine Hommage an die ruhmreiche sowjetische Armee sein, die das deutsche Volk vom Joch der Nazi-Diktatur befreite und in den sozialistischen Internationalismus führte, sondern es wird ein didaktisch korrektes und historisch genaues Museum werden. Also ein Museum über den Krieg gegen die Sowjetunion, der deutschen Kapitulation vor den Streitkräften der Anti-Hitler-Koalition und der deutsch-sowjetischen Beziehungen in der Nachkriegszeit.

(dpa)

Militärischer Nachlaß

Es ist Sonntag, der sogenannte Volkstrauertag. Das Volk verbrennt Herbstlaub im Vorgarten oder wartet auf die Sportsendung im Fernsehen.

Die graublau getünchten Gebäude der russischen Kaserne stehen beiderseits der Straße hinter dünnwandigen Betonmauern und rotten mit zerschlagenen Fensterscheiben und zerfledderten Dächern im trüben Novemberwetter vor sich hin. Auf den Fassaden wuchern riesige Stockflecken, so als hätte es in allen Etagen Überschwemmungen gegeben. Einige Neubauten, ehemals wohl Offiziersunterkünfte, strahlen nichts mehr von dem bescheidenen Komfort aus, den sie zweifellos einmal boten. Der Offiziersclub ist vernagelt, im gläsernen Schaukasten neben dem Eingang liegt unter den Scherben eine feuchte Zeitung in kyrillischer Schrift. Das Häuschen der Bushaltestelle ist vollgekritzelt mit jenen ornamentartigen, weltweit verbreiteten Reviermarken der männlichen Jugend, nur daß man hier mit Stift und Pinsel arbeiten mußte statt mit den unbezahlbaren Spraydosen. Auch die Administration, die das alles übernommen hat, war nicht müßig. Überall wimmelt es von Verbotsschildern, die das Betreten des Geländes streng untersagen.

Wir wählen das nächstbeste Gebäude, umrunden es und finden auf der Rückseite die Eingangstür zerschmettert in den Angeln hängen. Drinnen im Treppenhaus ist es feuchtkalt und düster. Der Steinfußboden wirkt sauber, wie gerade erst gefegt. Nur auf dem Treppenabsatz liegt verloren ein Häufchen grauer Würfelzucker. Eine zweiflügelige, verglaste Schwingtür führt in die Flure, von denen die Türen zu den Stuben abgehen. Es riecht ein wenig nach Moder und Abtritt, unsere Schritte hallen durchs ganze Haus. Neben der Eingangstür befand sich offenbar eine kleine Küche, die

Deutsche Bräuche

emaillierten Gasherde stehen unversehrt und gereinigt im leeren Raum. Auch zwei gußeiserne Pfannen ohne Griff wurden zurückgelassen und das Plakat an der Wand, auf dem mit detaillierten Bildchen vorschriftsmäßiges Lüften zur Vermeidung von Gasvergiftungen demonstriert wird. Alle anderen Räume im Erdgeschoß sind ausgeräumt, hinter den Türen liegt nur das Glas der eingeworfenen Fensterscheiben.

Angesichts solch gähnender Leere könnte man das Feld eigentlich wieder räumen, aber wir schauen zuvor noch ins obere Stockwerk. Hier ist es heller. Nicht alle Scheiben sind kaputt. In den Stuben erwartet uns eine Überraschung in Form von zurückgelassenen Wanddekorationen. Da ist ein Ensemble aus Pralinenkartondeckeln aufgehängt, rosafarben und hellblau. Unter goldgeprägten Schriftzügen, wie »Wiener Mischung« oder »Edel – halb und halb«, tummeln sich flauschige Katzen, liegen Pralinenpyramiden auf Kristallschalen, gibt es brennende Kerzen zu sehen oder drei Baccara-Rosen.

Der Bettnachbar hat Dutzende Zigarettenschachteln westlicher Marken gesammelt und an seine Wand geheftet und zusätzlich, vielleicht aus seinen Lieblingsmarken, nochmals eine fächerförmige Montage gemacht, und zwar nur aus den Deckblättern der Packungen. Schwer vorstellbar, was er da hineinträumte beim Liegen im Bett.

Abbildungen von fächelnden Frauen, ausgeschnitten aus russischen Magazinen, bedecken die Wände in anderen Stuben. In voller Bekleidung werfen die Frauen äußerstenfalls vielsagende, leicht verruchte Blicke in die Kamera, so, wie es Männer auch bei uns noch in den sechziger Jahren schätzten. Keine Pose geht über das hinaus, womit man hierzulande etwa für Shampoo wirbt. Auf den Wäscheseiten des Quelle-Kataloges gibt es weitaus schärfere Sachen zu sehen als an diesen Wänden. Ob sich das Fehlen von Pin-up-Girls einem Verbot oder dem Mangel verdankt, ist ungewiß. Vielleicht aber ist ihre Verwendung immer noch nicht so ganz der Brauch, denn es fehlen auch die unverzichtbaren Pendants, die Bilder schwellender Muskelmänner, Kung-Fu-Kämpfer und Sportler. Kein Arnold Schwarzenegger, kein Silvester Stallone hat den Weg hier auf diese Soldatenwände geschafft.

Militärischer Nachlaß

Vielleicht ist es aber auch so, daß die wertvollsten Stücke mitgenommen wurden in die trostlose Heimat? Andererseits, die Wände sehen nicht so aus, als würden Teile der Bebilderung fehlen.

Die Fetische jedenfalls, die hier den Platz der verführerischen Körper innehatten, scheinen durchaus imstande gewesen zu sein, mit ihnen zu konkurrieren. Aber bei aller Komik grenzt es auch ans Tragische, daß diese russischen Soldaten der Wahrscheinlichkeit nach weder in den Besitz der schnittigen Sportwagen mit Spoilern und Schürzen kommen werden, die sich einige aufgehängt haben, noch in den der liebevoll ausgeschnittenen Teller voller Nudeln, belegter Brote, kalter Braten, exotischer Früchte. Da war es schon klüger, die Werbung dort hängen zu lassen, wo einem das Ding gar nicht erst zur Ware geworden ist, wo bereits das Bild selbst Mangelware war. Sogar das Material zur Befestigung war knapp. An allen Ausschnitten sind millimeterschmal zugeschnittene Tesafilm-Streifchen verwendet worden, bei den kleineren Bildchen nur zwei über Eck.

Ich weiß ja nicht, wie es in Bundeswehr- oder meinetwegen auch NVA-Kasernen aussieht und aussah, aber ich kann mir nicht vorstellen, daß man dort jemals solche sanitären Verhältnisse hatte, wie sie hier auf allen Etagen zu sehen sind. Im Raum, der die Klos beherbergt, herrscht immer noch beißender Uringeruch. Die Vorrichtung an sich besteht aus einer Art steinerner Latrine mit Loch, über dem man wohl hockend schwebte. Wassereimer und Bürste waren sicher nicht imstande, diesen einen Abtritt für ein paar Dutzend Männer gebrauchsfähig zu halten. An Papier war bei all dem Materialmangel bestimmt auch nicht zu denken. In manchen Kloräumen ist noch ein Schlauchanschluß vorhanden, in anderen ein steifer Gummivorhang, hinter dem geduscht werden konnte. Normalerweise war wohl nur Waschen vorgesehen im Gemeinschaftswaschraum. Dort steht, auf allen Etagen identisch, ein durchgehendes, langes, aus gelbgrün glasierten Kacheln und Ziegeln zusammengefügtes Becken. Wir erkennen es sofort wieder und begreifen schlagartig, daß wir uns hier in ehemaligen Nazikasernen befinden. Als wir vor einer Woche in Auschwitz-Birkenau waren, fanden wir im ehemaligen Frauenlager genau die gleichen Waschmulden in den Baracken, sogar in derselben Farbe.

Über jedem der fünf weißen Porzellanwaschbecken in der Friseurstube hängt jeweils ein kleiner Spiegel an der Wand, flankiert von Schwarzweiß-Fotos junger Männer mit gepflegtem Haarschnitt. Zurückgelassen wurde auch, trotz Hydraulikvorrichtung, ein schwerer Friseurstuhl aus rotem Kunstleder, mit Nackenstütze und halbkugeligem verchromten Sockel.

Zuletzt betreten wir noch das Zimmer eines vermutlich ranghöheren Offiziers. Seine Blattpflanzen blieben vertrocknend auf der Fensterbank zurück. Daß hier, zusätzlich zum Heizkörper, noch ein beachtlicher eiserner Ofen aufgestellt wurde, läßt darauf schließen, daß die zentrale Beheizung sehr unzureichend war. Dafür aber mußte der Bewohner mit dem gleichen schmalen, schlecht gefederten Metallbett vorlieb nehmen wie seine Untergebenen. Die Wand gegenüber ist bedeckt mit einer großen Europakarte aus asiatischer Perspektive. Ganz verblüffend ist es, davorzustehen und plötzlich zu sehen, daß Rußland hier im Zentrum liegt. Der Rest ist seitlich am Rand versammelt. — Ein echtes Bildungserlebnis: Wo das Auge gewohnheitsmäßig Prag sucht, liegt Moskau, Nowgorod statt Berlin, Leningrad statt Hamburg.

Wir schlendern über die Straße zum ehemaligen Offizierskasino, um einen Blick ins Innere zu tun. Die Fenster sind mit Pappe verschlossen, durch ein Loch sehen wir Leuchter von einer verkohlten Decke hängen. Als wir gerade über die halb in der Erde vergrabenen, buntbemalten Lastwagenreifen diskutieren, tauchen zwei Männer auf mit abweisenden Mienen, der größere von beiden schiebt seine camouflagefarbene Jacke beiseite, zeigt auf seinen angehefteten Betriebsausweis und sagt streng: »Verlassen Sie sofort das Gelände!« Wir versichern, daß wir ohnehin gerade im Begriff waren zu gehen, sie aber bestehen darauf, uns zum Ausgang zu begleiten.

Nach kurzem Schweigen, das ihnen peinlich zu sein scheint, frage ich nach ihrer Aufgabe hier, und sie berichten, freundlicher werdend, von ihrer Arbeit als Wachschutzleute:

A: Wir sind ja noch nicht lange hier. Erst stand alles unbewacht, aber das können Sie sich ja denken ...

G: Wir waren drüben in den Häusern, waren da überall Rohrbrüche?

A: *lacht* Das waren unsre lieben Deutschen. Der Russe hat alles hier besenrein übergeben, aber da kamen dann gewisse Elemente ... Alle Hähne auf im Keller, alle Scheiben raus, Feuer legen ... solche Dinger sind hier gelaufen.

B: Wir ham das ja mit eigenen Augen erlebt, wie da mal einer kam mit dem Vorderlader, was?

G: Was für einer, was für Leute waren das?

A: Na, Asis halt. Der Kollege von mir geht hier rum mit dem Hund nachmittags, das ist *so* ein Vieh, da kommt der auf den zu und muß wohl besoffen gewesen sein, macht immer ›Na, nu komm mal her, mein Kleiner, tutututututu‹, und der Kollege legt sich in die Leine, kann das Tier kaum halten, und da hat der wohl doch irgendwie ein bißchen zugefaßt, jedenfalls sagt der Asi: ›Im Dunkeln komm ich wieder, aber mit der Waffe in der Hand.‹

B: Und der ist doch tatsächlich gekommen, wir beide hatten Dienst, da ham wir uns nur noch in den Dreck geschmissen und gemacht, daß wir Land gewinnen...

A: Ich laß mich doch nicht wegen so einem Objekt hier totschießen. Eigentlich bin ich ja Koch, hab meinen Ökonom in der Tasche. Viel lieber würde ich in meinem Beruf arbeiten.

G: Da müßten Sie ein kleines Restaurant aufmachen.

A: Was denken Sie, was ich versucht habe! Da bekommen Sie keinen Pfennig Kredit von der Bank. Die sagen Ihnen glatt — da war ich arbeitslos —, daß die ganze Gegend hier strukturschwach ist und zu arm, um essen zu gehen. Für ein Puff hätte ich sofort einen Kredit bekommen.

B: Na weißte!

A: Interessiert mich ja nicht!

G: Wann sind denn die Kasernen gebaut?

A: Die sind noch vom Adolf. Aber da hinten, die Neubauten sind aus den letzten Jahren, die aus Ziegeln sind älter, die Plattenbauten, glaub ich, sind Ende der Achtziger. Da sollen angeblich Asylanten rein. Na, da können wir uns auf was gefaßt machen hier. In Prenzlau ham wir die auch, so wie überall, die Glatzköpfe.

B: Und ob!

A: Aber die Häuser sind noch einwandfrei in Ordnung. Ich hab ja zu Hause genau denselben Karnickelstall, der Grundriß, alles dasselbe. Da hamse die Küche und die Naßzelle, die werden als Fertigelement mitten reingesenkt, kein Fenster, nichts.

G: In der Küche auch nicht?

A: Nix! Da ist eine Lüftung, und dann ham sie eine kleine Durchreiche...

B: Das ist doch praktisch!

A: Nur funktionieren tuts nicht. Wo soll ich denn mit der Eßecke hin, das verrate mir mal, denn da ist ja der einzige Platz für die Schrankwand. Dann haben Sie die Eßecke

also neben der Tür, und die Durchreiche hat sich erledigt, wenns durch die Tür näher ist, klarerweise.
B: Höchstens fürs Bier, wenn du in der Sitzecke sitzt ...
A: Nee, die ist auf der anderen Seite, dort ist ja der Fernseher.
B: Bei mir geht das.
A: Ich hab das bei mir anders gelöst.
Er bleibt stehen und demonstriert mit rudernden Armbewegungen und abmessenden Schritten das Beschriebene.
Also, ich habe die Schrankwand halbiert, der eine Teil kam hierhin, der andere dort rüber, und nun sitzen wir korrekt vor der Durchreiche an unserem Eßplatz.
B: Also doch!
A: Ja, ja! Na und dann haben wir zwei Kinder, die schon in die Schule gehen, denen haben wir das große Zimmer gegeben, die müssen sich ja auch mal austoben können, und im kleinen, das eigentlich Kinderzimmer sein soll, da schlafen wir. An sich geht es schon, es ist nicht schlecht ... Jedenfalls, wenn da Asylanten reinkommen, ham die es nicht schlecht, ein paar Möbel rein, fertig. Küche und alles ist ja schon drin.
B: Da waren vorher auch Familien drin ...
G: Wann sind denn die Russen hier weggegangen?
A: Ich glaube, so im Juli 1991. Was mit denen nu geworden ist, möchte ich auch nicht wissen. Die haben nichts zu essen zu Hause, keine Wohnungen, nichts, sollen alle erst mal irgendwie in Zeltlager gekommen sein, hört man.
B: Hier hatte der kleine Soldat ja auch nichts richtig zum Beißen. Drüben haben sie Schweine gemästet für die Offiziere und Kaninchen gehalten ... Zwiebeln, Gemüse und sowas haben sie auch angepflanzt ...
A: Ist ja alles verseucht hier, der ganze Boden.
G: In welcher Form?
A: Na, hinten, da haben sie ihre Fahrzeuge gewartet, und da sind solche Wannen aus Beton, Ölabscheider, aber ob das alles dicht ist und wo sie immer hin sind damit, das weiß niemand.
G: Und weshalb stehen dort drüben alle die Herde und Badewannen?

A: Das sind unsere ABM-Kräfte, die das dort aufstellen. Sie holen alles raus, was noch brauchbar ist, das wird dann verkauft an eventuelle Interessenten.

Wir sind an der Straße angekommen und werden verabschiedet.

Um auch noch die offiziellen Informationen dazu zu hören, rufe ich am nächsten Tag im Rat der Stadt in Prenzlau an und werde mit dem Bürgermeister verbunden:

G: Ich habe einige Fragen zu den russischen Kasernen, die nun leer stehen. Was hat man denn damit vor?
B: Das sind ja mehrere Kasernen. Nun, nach dem Einigungsvertrag sind ehemalige sowjetische Liegenschaften — und auch die Liegenschaften der NVA übrigens — jetzt Eigentum des Bundes, und soweit ich weiß, hat das Bundesvermögensamt die Kasernen ausgeschrieben, so daß man letzten Endes hier die Gebote machen kann ...
G: Wer hat denn Interesse an so etwas?
B: Na wir z. B., die Stadt, denn wir haben in Prenzlau hier immerhin einen Wohnungsbedarf von 1 500 Wohnungen, wohlgemerkt, und bei den Kasernen, da sind ungefähr noch 300 Wohnungen. Nun können Sie sich vorstellen, wenn wir die hier hätten — wir würden sie natürlich auch von der Kommune aus in Ordnung bringen —, da wäre uns schon ein ganzes Stückchen leichter. Die Wohnungen, die Neubauten, sind teilweise im Reichsvermögen, also Fiskus von früher. Wir würden sie dringend benötigen, aber die Beamtenmühlen mahlen langsam, sehr langsam, in den Altbundesländern noch langsamer als die neugeschaffenen bei uns.
G: Vielleicht gibt es Gründe?
B: Nein, die Gründe liegen nicht da, wo man sie sehen muß!
G: Ich habe gehört, es sollen Asylsuchende dort untergebracht werden?
B: Nein, das stimmt nicht! Nummer eins: Die Vermögensanstalt ist eine Bundesanstalt, Asylantenheime sind Ländersache! Vom Innenministerium des Landes Brandenburg habe ich definitiv die Zusage: ›Da kommen keine

Militärischer Nachlaß

Asylanten rein!‹, und das Wort eines Innenministers zweifle ich nicht an.

G: Dann ist meine Information also falsch?

B: Veraltet. Die haben wir auch mal gehabt. Wir haben ja einen Bundestagsabgeordneten in Bonn, das habe ich überprüfen lassen, und von dem kam die gleiche Information, die Sie hatten, aber wie gesagt, das ist Ländersache, und Bonn kann uns nach dem Gesetz nicht vorschreiben, da wird das und das reingetan. Wir dürfen ja auch nicht Bundesrecht außer Kraft setzen.

G: Von wann stammen denn eigentlich die Kasernen?

B: Die sind noch aus dem Dritten Reich, da war die Wehrmacht drin.

G: Und die russische Einheit, die nach 1945 die Kasernen bezog, war das bis zuletzt dieselbe?

B: Nicht ganz ... aber fast ... wie die hieß, weiß ich im Moment nicht, aber das waren zwei Panzerregimenter. Uns haben sie damals nicht so sehr interessiert, mich als Person wenigstens nicht, ich habe sie nie gesehen, 1988 sind die abgezogen worden.

G: Waren Sie da schon Bürgermeister?

B: *lacht* Nee, wissen Sie, wenn ich damals schon Bürgermeister gewesen wäre, dann wäre ich ja von der SED eingesetzt worden, nee, nee, sowas wollen wir in unserer Stadt nicht haben, wir waren hier schon vor dem Fall der Mauer revolutionär. Immerhin, wir sind die einzige Stadt in ganz Deutschland, die es den Alliierten nicht gestattet hat, einen Flugplatz zu benutzen.

G: Wozu brauchen Panzerregimenter einen Flugplatz?

B: Nee, die sind ja wie gesagt 1988 hier abgezogen worden, und dann kamen andere, die haben ohne unser Wissen einen Flugplatz gebaut und wollten Kampfhubschrauber hierher bringen. Aber wir haben solange Terror gemacht und demonstriert, wir waren in der Botschaft in Berlin und überall, und das zu DDR-Zeiten! Und wir haben unseren Willen durchgesetzt.

G: Aha, so war das. Und wann sind die letzten Soldaten hier abgezogen?

B: Also, die Panzereinheit 1988. Und die anderen, das war

im August 1991, daß die Fliegereinheit verschwunden ist. Den Flugplatz haben sie teilweise wieder demontiert. Die haben es nicht gewagt, ihre Kampfhubschrauber hierherzuholen, das ist Tatsache, schreiben Sie das ruhig, sowas hat keiner in der Altbundesrepublik geschafft! Schicken Sie's mir dann her? Am Steintor 4, und Hoppe ist mein Name, Bürgermeister. Das mit dem Steintor jetzt ist ja leicht zu schreiben. Früher hieß der Platz Starucelcky-Platz, so benannt nach dem ersten russischen Kommandanten, den wir hier hatten. Den wollten wir aber nicht mehr, den Namen, der Bursche hat ein paar sehr böse Sachen gemacht.

G: So!?
B: Nun ja, er hat beispielsweise Prenzlau zu 80 Prozent niedergebrannt, dafür wurde er dann auch noch Ehrenbürger ...
G: Das war ja wohl im Krieg, den wir angefangen haben, nicht verwunderlich, daß unsere Städte abbrennen.
B: Falsch! Denn sehnse mal, wenn eine Stadt abbrennt, nachdem die Kampfhandlungen beendet sind — die waren eingestellt, und danach erst ist die Stadt abgebrannt worden —, da kann man keine Entschuldigung gelten lassen.
G: Die Werwölfe und die Heimwehr werden wohl ihre Panzerfäuste abgeschossen haben, wie fast überall.
B: Und wenn die das auch gemacht hätten, dann macht man die Werwölfe und die Dings kaputt, und brennt nicht fast die ganze Stadt nieder. So viel Haß muß man nicht haben! Sehn Sie, das waren damals junge, blutrünstige sibirische Kräfte, die hierherkamen und gewütet haben ... Na ... die hatten schon den Namen danach ... ach, es gibt so viel zu erzählen über Prenzlau, am besten Sie besuchen mich mal.

Die neue Friedhofsordnung

Wie kam es, daß in der ehemaligen DDR, auf dem Boden eines ehemaligen Konzentrationslagers, von einem westdeutschen Bauunternehmer ein französischer Autosalon errichtet werden sollte, in dem ein ehemaliger SED-Parteisekretär unternehmerisch tätig werden wollte? Ist der Boden des Konzentrationslagers Ravensbrück jetzt eine beliebig veräußerbare Ware, genau wie andere Waren auch? Auch für andere »Stätten des Grauens« wurde nach Käufern und Mietern von Brachen und Immobilien Ausschau gehalten.

In Sachsenhausen ist man gerade dabei, ein »ehemaliges Wirtschaftsgebäude der SS« in ein Finanzamt umzuwandeln. Bei diesem Gebäude handelte es sich um die sogenannte »Inspektion der Konzentrationslager«, um die zentrale Planungsstelle für *alle* Konzentrationslager, um die Dienststelle des berüchtigten Eicke. 1942 wurde sie dem Wirtschaftsverwaltungshauptamt unterstellt. Man dachte sich in Sachsenhausen wohl, daß es ja im weitesten Sinne in diesem Gebäude schon immer auch um Finanzen gegangen war. Weshalb also kein Finanzamt? Der neue Leiter der Gedenkstätte — ein Westberliner — findet es jedenfalls nicht abwegig: »Ich halte dies sogar für richtig«, sagte er der Presse. »Oder sollen wir etwa ein Denkmal für die Nazi-Verbrecher errichten?«

Damit wirft er natürlich eine delikate Frage auf, denn weshalb eigentlich soll der Opfer ausgerechnet am Ort des Verbrechens gedacht werden — ist das letztendlich nicht eine Verherrlichung der NS-Verbrechen? Was jedoch praktiziert wird, ist die Strategie, den Gedenkstätten mehr und mehr den Charakter des Tatorts zu nehmen, die Tatwerkzeuge zu beseitigen, den Rest zu säuberlichen Vergangenheitsbewältigungsparks zu machen, umsäumt von Dienstleistungsbetrieben, Behörden und heißen Würstchen. Das Finanzamtprojekt wurde vorübergehend gestoppt.

Nicht gestoppt, sondern im Gegenteil mit aller Heftigkeit vorangetrieben wird in Thüringen der Abbau von Anhydrit (einer gipsähnlichen Materie). Der ganze Berg soll abgetragen werden. In ihm befinden sich große Stollen und eine unterirdische Fabrik, angelegt von Häftlingen des Konzentrationslagers Mittelbau-Dora, unter den bekannten Bedingungen, die viele nicht überlebten. Hier wurde die V II montiert und andere Zwangsarbeit verrichtet. Überlebende berichten, daß arbeitsunfähige, kranke Häftlinge beseitigt worden seien, indem die SS sie in abgelegene Stollen bringen ließ und diese dann sprengte. Der Berg ist also ein Massengrab. Er war Zwangsarbeits-, Lebens- und Todesort für Tausende, was die Treuhandchefin Breuel nicht daran hindert, in wütenden Telefaxbriefen seine kommerzielle Ausbeutung zu fordern. 200 Arbeitsplätze für mindestens zwei Jahre sind in Deutschland ein schlagendes Argument. Gäbe es heute noch Konzentrationslager in Betrieb, so wäre eine Schließung schon deshalb nicht möglich, weil dann ein paar tausend SS-Männer auf der Straße liegen würden.

Das KZ Dora, nahe der Stadt, soll aber zu einer »schönen Anlage« umgestaltet werden, wo dann, im Bedarfsfall, auch noch anderer Opfer gedacht werden kann.

Am Beispiel des Ravensbrück-Skandals läßt sich am besten studieren, wie agiert, argumentiert und laviert wurde im Vollgefühl neuer deutscher Selbstbestimmung. Die Kanzler-Parole »Aufschwung Ost« läßt so manchen Kleinstadtpolitiker zu ausgefallenen Mitteln greifen. Ende 1990 verkaufte die Gemeinde Fürstenberg einen Teil vom Gelände des ehemaligen Konzentrationslagers Ravensbrück für wohlfeile acht Mark pro Quadratmeter, als wär's eine Sumpfwiese vom Gemeindeland.

Im Grundbuchamt finden sich, laut Mitarbeitern der Gedenkstätte, folgende Eintragungen über das KZ-Gelände:

Reichseigentum. Fiskus: Waffen-SS.

1961 die Eintragung: Eigentum des Volkes, Rechtsträger Rat der Stadt.

1977 wurde die Liegenschaftsakte geschlossen mit dem Vermerk: »Militärgebiet«.

Ab 3.10.1990 fiel das Gelände in den Besitz des Bundesvermögensamtes, wird aber bis zum Abzug der Sowjetarmee noch vom Militär genutzt und verwaltet.

Die Gemeinde verkaufte also an die westdeutschen Unternehmen Lagergelände, das ihr zwar nicht gehörte, von dem sie aber offenbar den Eindruck hatte, es liege herrenlos und überflüssig am Rand der Stadt herum. Der zuständige Landrat (SPD-Mitglied und Pfarrer) erteilte ohne Zögern die Baugenehmigung. Der Bürgermeister (heute SPD, vormals SED-Genosse und als Architekt in der Kreisverwaltung Bauwesen tätig) hegte ehrgeizige Pläne für eine attraktive Infrastruktur. Ein »Café am See« war geplant, sogar ein Yachthafen — an jenem Schwedtsee, in den die SS Asche von verbrannten Ermordeten und Totgeschundenen streuen ließ. »Im Gespräch« war auch die Erschließung des Häftlingsbarackenlagers als Gewerbegebiet. Dem Bürgermeister erschien dieses große Grundstück, auf dem lediglich die alten Baracken abgerissen werden müßten, ganz »ideal«, da es bereits über »Gleisanschluß« verfüge.

Zwar nicht über Gleisanschluß, dafür aber über eine breite und sehr gut erhaltene Zufahrtsstraße hätten Supermarkt und Autosalon verfügen können, wäre alles nach den Vorstellungen von Gemeinderat, Gemeinde, Bauunternehmern und den Firmen Renault und Tengelmann gegangen. Es handelt sich um die Straße zum und durchs ehemalige Lagergelände, gepflastert mit kleinen, hellgrauen Granitquadern, jeder einzelne irgendwo von Häftlingen behauen, von den Frauen unter Schlägen transportiert und verlegt, auf einem Untergrund aus Sand, Schotter und menschlichen Knochenresten aus dem Krematorium.

Am Rande dieser Straße stelle man sich Reklametafeln vor, wie sie Kaiser's aufstellen ließ. Neben der Aufschrift: »Alle bauen auf Kaiser's — hier baut man für Kaiser's!« hockt das Firmenemblem, eine rundliche Kaffeekanne, schlitzohrig grinsend, in einem Vorfahrtszeichen. Das ist es, was nun Vorrang hat auf der Straße der Nationen. Schräg gegenüber wirbt »Sylvia's Fitness-Center« um Kunden, steht der Rumpf des unvollendeten Autosalons, eingezäunt und mit einem

Verbotsschild in Deutsch und Russisch. Bürger und Bürgermeister freuten sich, weil, wie letzterer sagte, dort wieder »normales Leben pulsiert«.

Ende Mai 1991 bekamen Mitarbeiter der Gedenkstätte, die täglich die Baustellen passierten, allmählich Bedenken und informierten das brandenburgische Kulturministerium. Das waren die ersten zaghaften Proteste, die aber erst in dem Augenblick Reaktionen auslösten, als der Skandal öffentlich wurde und Vertreterinnen des internationalen Häftlingskomitees im westlichen Ausland bei den deutschen Botschaften Beschwerde einlegten.

Der weitere Verlauf der Angelegenheit ist beispielhaft für die neue deutsch-deutsche Dummdreistigkeit. Zuerst einmal gab man sich erstaunt über die Tatsache, daß das KZ-Gelände »bis zum Supermarkt reicht«. Dann wechselte man über zur Parole: »Der Supermarkt bleibt!« Der Bürgermeister lehnte es ab, die Protestschreiben des französischen Ravensbrück-Komitees übersetzen zu lassen mit dem Hinweis: »Amtssprache ist Deutsch!« Nachdem aber Renault Anfang Juli die Bauarbeiten einstellte, fragte man sich besorgt, ob vielleicht »ausländische Investoren abgeschreckt werden«, und verlegte sich auf die Erläuterung einer Kette von Versehen, Zufällen und Sachzwängen: Vierzig Arbeitsplätze seien in Gefahr; Millionen an Entschädigung wären fällig, wenn das Projekt gestoppt würde, der Bau sei bereits abgenommen und könne daher aus rechtlichen Gründen nicht mehr abgerissen werden. Danach wurde man wütend: »Es kann nicht angehen, daß die Gedenkstätte die Stadt Fürstenberg erdrückt«, so der Bürgermeister.

Hinfort bedienten sich alle Beteiligten jener Mischung aus Betroffenheitsjargon und Amtssprache, wie sie hierzulande jeder Amtsmann, bis hinauf zum Bundespräsidenten, fließend spricht, besonders wenn es um die NS-Vergangenheit geht. Bei der »Bebauung des Vorfeldes der Mahn- und Gedenkstätte und des Frauenkonzentrationslagers Ravensbrück« habe man es »an Fingerspitzengefühl« fehlen lassen, wurde erklärt. Solche »Pannen« dürften aber nicht sein, »angedacht« sei deshalb nun, »das Gebiet mit besonderer Sensibilität zu überplanen, mit Berücksichtigung des Denkmalschutzes«. Das brandenburgische Ministerium für Stadtentwicklung und Wohnen hat eilends alle Landräte und Bürgermeister aufgefordert, künftig den Bau »artfremder Einrichtungen im Bereich von Mahn- und Gedenkstätten zu verhindern«. Brandenburgs Kulturminister Enderlein warnte gar vor »unsachgemäßer Gestaltung und Nutzung« der Gedenkstätten. Der Regierungssprecher gibt bei einer Pressekonferenz zu bedenken, daß »das Andenken an die Opfer nicht beschädigt« werden dürfe.

Die »artfremde Einrichtung« aber steht »vor Ort« und ist bezugsfertig. Lange suchte man nach »einer Lösung, die dem Charakter der Gedenkstätte des Frauenkonzentrationslagers weiterhin als Ort des Gedenkens, der Erinnerung und Mahnung gerecht wird«, ohne »die berechtigten Interessen der Fürstenberger Bürger an Frischgemüse, Fleisch und Obst« zu beschneiden. Vorgeschlagen wurden Sichtblende und eigene Zufahrt zum riesigen Parkplatz, um den Supermarktcharakter optisch zu mildern. Zwischendurch wurde am »Ort des Gedenkens«, 500 Meter entfernt, demonstrativ eine Zelle für »Frauen aus dem Umkreis des 20. Juli« eingeweiht. Als die Proteste im In- und Ausland fortdauern und sogar zunehmen, wütende Fürstenberger sich vor dem Supermarkt fast auf Mahnwache und ehemalige Häftlinge stürzen, nimmt der brandenburgische Ministerpräsident die peinliche Angelegenheit selbst in die Hand.

Während der »Vermittlungsgespräche« am 22. Juli 1991 blockieren die Bürger Fürstenbergs die B 96 (Hauptverbindungsstraße nach Berlin) und versuchen damit die Eröffnung »ihres« Supermarktes zu erzwingen. Am Morgen des 23. Juli wird die Entscheidung der Landesregierung gegen den »Standort« verkündet, Kaiser's werde »an anderer Stelle seine Tore öffnen«. Dem Unternehmen Tengelmann sei »die sensible Problematik nicht bewußt« gewesen.

Am 25.7. sind wir in Fürstenberg. Im Zentrum hängen an den Hauswänden immer noch die handgeschriebenen und fotokopierten Aufrufe zur Demonstration für den Supermarkt.

Deutsche Bräuche

Die B 96 führt mitten durch die Stadt, zertrennt sie in zwei Hälften. Holländische Großlastwagen, westdeutsche Laster, russische Militärfahrzeuge, PKWs und Motorräder donnern unablässig vorbei. Wäre vor dem Rathausplatz nicht die neue Ampelanlage, es gäbe zeitlebens kein Hinüberkommen auf die andere Seite. Dort sind die Geschäfte, in denen es frisches Gemüse, Obst, Fleisch und all die anderen Dinge gibt, die der Bürger lieber im Supermarkt kaufen würde, weil er die Erinnerung an alte HO-Zeiten loswerden möchte.

Auf einer Bank vor dem Rathaus sitzt eine Frau mit genoppter Strickjacke und hochgestecktem weißem Haar. Auf die Frage nach dem Supermarkt winkt sie ab:

»Ach, wir sind das Thema leid, wir haben es gründlich satt hier! Den hat ja alles nur der Dingsda gemacht, den ganzen Ärger, da in Berlin, der Galinski vom Zentralrat der Juden, kennen Sie den? Dem haben wir das alles zu verdanken, daß heute mit Fingern auf uns gezeigt wird. Das ist doch nicht unsere Schuld, mit dem, was da hinten passiert ist. Das sind die Russen, die Roten, die haben da ihr KZ besetzt, leben wie im Kuhstall, schreckliche Verhältnisse, alles ist verkommen und stinkt. Von uns traut sich da niemand hin, so wie es dort aussieht.

Neulich war ich auch mit oben vor dem Supermarkt, die Beine spüre ich heute noch. Also das muß ich sagen, da war alles sauber und ordentlich! Alle wollen hier diesen Supermarkt, da können Sie fragen, wen Sie wollen. Aber die Juden und die Russen gönnen uns das nicht. Was sollen wir machen? Uns sind ja die Hände gebunden, wir sind hier vollkommen eingesperrt und umzingelt. Hier sind Russen, da sind Russen, dort sind Russen, da ist der Flugplatz, da der Schießplatz, und da hinten ist das KZ, dort haben die Russen dann nach 45 alle Gegner reingesteckt, heute wohnen die drin und dann machen sie so ein Theater? Was glauben Sie, wie die uns vergiften die ganzen Jahre, wie die hier geaast haben. Und alles auf unsere Kosten, denn selber haben die ja nichts. Ich war da drin in dem Schuppen, der ihre Kaufhalle ist, alles für 'ne Mark hatten sie da, für die Offiziere,

Die neue Friedhofsordnung

alles nur Gelumpe. Nee, hörn Sie mir auf mit den Russen, dort hinten schwimmen sie im See, sommers, neben dem KZ, und jedes Jahr kommt ihr Zirkus, der war immer auf dem Platz, wo jetzt unser Supermarkt leer steht. Der durfte da stehn, da hatte niemand was dagegen. So ist der Russe, mal hü, mal hott! Ich weiß, wovon ich rede, ich bin aus Ostpreußen. Da mußten wir ja auch weg damals und haben den ganzen schönen Besitz zurücklassen müssen für die Habenichtse, die faulen. Ich bin jetzt 74, aber das habe ich den Russen bis heute nicht vergessen. Was man mir damals angetan hat, das ist nicht wiedergutzumachen... Der dürfte hier gar nichts mehr zu melden haben, der Russe!«

Ein paar Bänke weiter sitzt ein dicker, schwitzender Mann, hält eine Einkaufstasche zwischen den Beinen und starrt ausdruckslos auf den in einem Meter Entfernung vorbeidonnernden Verkehr. Als ich ihn anspreche, erschrickt er heftig, faßt sich aber dann und brüllt, um den Lärm zu übertönen:

»Also ich bin dafür, ja, ganz dafür! Viele, viele warn hier dafür, aber leider vergeblich, nun machen sie ihn doch nicht auf, nee, wirklich schade. Der soll jetzt da draußen irgendwo hin, nach der Berliner Straße. In der Stadt hier ist ja kein Platz. Da vorne, sehnse, wo gebaut wird, da kommen die Ärzte von der früheren Poliklinik rein. Die hamse uns zugemacht, unsere Poliklinik, so wie sie uns hier alles zumachen, auch den Supermarkt, letzten Endes ... und die Betriebe und alles! Alles wird aufgelöst. Hier sind keine Kranken mehr, die kommen alle nach Gransee, hier werden sie nur noch schnell verbunden, und dann gehts ab! Ich hab auch Diabetes, und mit dem Herzen, das hat sich jetzt verschlimmert durch die ganze Aufregung und alles, aber in der Poliklinik sind nur noch Alte, Pflegefälle, sowas, die sollen aber auch wegkommen. Hier ist Feierabend bei uns, alles wird aufgelöst, das Geld reicht nicht mehr, und dann nehmen sie uns auch noch die wenigen kleinen Freuden weg ...«

Etwas außerhalb vom Zentrum steht ein blitzblanker türkischer Imbißstand, Fleisch dreht sich am Spieß, das türkische Ehepaar will verständlicherweise keinerlei Meinung äußern, hofft, daß mit der Zeit mehr Fürstenberger kommen mögen. In diesem Moment kommt einer. Der Mittdreißiger grüßt den Mann jovial mit einem »Tag, Ali, gibts Falaffeln?« und bestellt dann Kebab. Angesprochen auf den Supermarkt, reagiert er lebhaft:

»Jetzt soll doch gleich wieder 'ne Demo sein, denke ich, aber die fahren ja noch alle. Es kann also noch nicht blockiert sein. Hinten am Umspannwerk sollten sie sich treffen und gleich alles dichtmachen, den ganzen Berufsverkehr lahmlegen. Voriges Mal war ich auch dabei, aber jetzt, was soll das noch nützen, es ist ja die Entscheidung gefallen. Damit ist die Sache für mich erledigt, das Thema ist abgearbeitet. Ich war — wie alle hier — auch dafür, und warum? Da sind einmal die Arbeitsplätze für die Stadt, und die Versorgung wäre auch dagewesen...«

Er unterbricht sich und ruft: »Aber mit Knoblauchsoße, klaro?!«, danach fährt er fort:

»Obwohl, man weiß ja heute, es sollen nur zwanzig sein, und das für halbtags, gut. Aber jetzt muß die Bevölkerung sich aufs Auto setzen und nach Löwenberg fahren zu Aldi, wenn sie richtig einkaufen gehen will. Alte Leute haben ja kein Auto, für die ist das nichts. Meine Meinung ist, da oben, wo das Ding hin sollte, da stört es keine Menschenseele, niemanden! Und das ist ja nicht das einzige, was dort ist, da ist schon die Spezialbau, der Baumarkt, das Sonderbaubüro, ein gastronomischer Betrieb, und die Russen sitzen auch dort, die haben sogar einen Verwaltungsneubau hingestellt. Die Sachen alle stören die Herrschaften in der Gedenkstätte nicht, da sitzen nämlich immer noch dieselben roten Socken drin wie vorher. Die haben ja früher das KZ richtiggehend zur Parteizentrale gemacht hier, zweimal im Jahr gabs Großveranstaltung, und jetzt wollen sie immer noch den Ton angeben. Als Kommunisten bekämpfen sie natürlich jede Neuerung, die aus dem Westen kommt.

Gegen die Sowjetarmee ist nie ein Wort gefallen von denen. Dabei hat die all die Jahre wilde Sau gespielt auf dem KZ-Gelände, hat Jahrmärkte abgehalten, Panzer gewaschen, rumgeschossen. Die wohnen in den Häusern von der SS und nehmen überhaupt keine Rücksicht auf die Gedenkstätte. Die Russen selber haben doch 45 Jahre lang das KZ entweiht! Aber das ist in Ordnung. Und dann, kaum daß für die Menschheit etwas getan werden soll in Fürstenberg, geht nichts mehr da oben. Aber die sollen ja nun alle abgezogen werden, die Russen, und die Leitung der Gedenkstätte soll auch ausgetauscht werden. Dann wird vielleicht alles mal ein bißchen besser, hier bei uns in Fürstenberg.«

Herr und Frau Mob

Eine Großmutter mit Kinderwagen, in dem ein zartes Büblein schlummert, sitzt im Café auf dem Marktplatz unterm Sonnenschirm, ißt Eis und klagt über die Fremden in der Plattensiedlung am Rande der thüringischen Kleinstadt:

»Da, wo ich wohne, kann man schon gar nicht mehr raus, so verdreckt wie alles ist von den Zigeunern. Und das geht ja schon Jahre so. Erst kamen die Afrikaner, die haben alle Wohnungen demoliert. Dann kamen Griechen oder sowas, alles Freundschaftsvertreter, Asylanten, denen hat man Arbeit gegeben bei uns, ihnen alles vorn und hinten reingesteckt. Dann sind sie abgedampft und haben das ganze Mobiliar mitgenommen. So. Dann sind die Vietschis gekommen. Damals ham wir uns gedacht in der Siedlung, na, das sind die Schlimmsten, die machen prinzipiell Geschäfte, kaufen unsre ganzen Sachen auf und schicken alles nach Hause. Aber das Gesockse, das wir heute da zu wohnen haben, diese Zigeuner aus Rumänien, das ist der allerletzte Dreck. Die klaun wie die Raben, Wasser und Seife kennen die genausowenig wie ein Klo. Man kann da nicht mal mit dem Wagen langgehn, die spucken mir das Kind an, wenn ich keine Mark gebe. Also mit Ausländern, da können Sie uns jagen hier!«

*

Der Leiter des Sozialamtes einer ostdeutschen Industriestadt, Ende Dreißig, hat den Sprung aus der unteren Ebene der alten Administration in diese Position geschafft. Sein Amt ist in einer ehemaligen NVA-Kaserne untergekommen. Im Gebäude wird noch renoviert, alles ist in der neuen Lieblingsfarbe Weiß gestrichen, die preußischen Flure, Fenster und Türen wirken postmodern. In diesem Ambiente sitzt vereinzelt die Klientel: zusammengesunken vom Warten, mit zerknitterten Gesichtern, Ödemen, Bierbäuchen, die heruntergerauchte Kippe zwischen den gelben Fingern. An Aschenbecher hat man noch nicht gedacht, behördlicherseits. In der Chefetage weiter oben ist kein Publikumsverkehr, die Büroräume schimmern grün, so viele Pflanzen hat man sich angeschafft. Stahlrohrmöbel, Aluminium-Jalousien, bequeme Drehstühle, moderne Computertechnik, alles in Schwarz und Weiß, vervollständigen die Einrichtung. Der Amtsleiter kann seinen Stolz nicht verbergen:

»Fast schöner als zu Hause ... Aber was die Arbeit betrifft, die kommt erst noch auf uns zu. Im Moment ist es noch nicht so, daß der normale Bürger in den Bereich der Sozialfürsorge fällt, der ist ja noch auf der Arbeitslosengeld-, ABM- oder Umschulungsstrecke. Was jetzt zu uns kommt, das sind alte Kandidaten, die waren schon zu DDR-Zeiten nicht in der Lage, ihr Leben ordentlich zu führen. Das betrifft nur die untere Schicht in der Regel.

Aber wir haben ja auch das Asylwesen am Hals. Also, da können Sie was erleben. Ich habe dauernd Ärger mit unserem Asylantenheim, es vergeht kein Tag, wo ich nicht Meldungen kriege von dem, was schon wieder passiert ist. Ich hab das Heim ja erlebt damals, kurz vor der Fertigstellung, bei der Einweihung und dann jetzt, vor 'ner Woche. Es war ehemals für vietnamesische Arbeiter errichtet. Aber wenn Sie das jetzt sehen, wie das aussieht, seit die Asylanten drin sind, eingeschlagene Scheiben, eingetretene Türen, rausgerissene Toiletten, alles verdreckt und beschädigt. Die Lebensmittel, die wir denen ausgeben, liegen überall auf der Erde rum, drinnen und draußen. Die schmeißen, was ihnen nicht schmeckt, einfach weg.

Wir kriegen die Überstellung aus den Altbundesländern. Die Menge ist einfach zu groß, das bringt uns nur Probleme. Die Leute sind ja nicht froh und dankbar, daß sie Aufnahme finden und ernährt werden, nein, sie wollen unbedingt Bargeld statt Lebensmittel. Dann haben wir dort kriminelle Delikte in allen Schweregraden, vom einfachen Diebstahl aus

Deutsche Bräuche

den umliegenden Schrebergärten bis hin zu Einbruch, Raub und schwerer Körperverletzung. Sie glauben gar nicht, was da reingeht — abends halten die Lastwagen im Hof, und das Diebesgut wird tonnenweise reingetragen, Videoanlagen, Rechner, alles. Und vor der Tür stehn die dicken Fahrzeuge. Ja, muß ich so einem Jugoslawen, der hier mit sooo 'nem Schlitten vorfährt, noch Geld auszahlen? Ich muß! Das sind die Gesetze. Mir sind die Hände gebunden.

Und dann natürlich die Probleme mit den Rumänen, das sind alles Romas. Die machen nicht mal den Versuch, sich an das Gastland etwas anzupassen, sie wollen sich gar nicht integrieren, sind ja sogar zu Hause Fremde. Die haben so eine Mentalität, daß sie kommen und nehmen, was zu holen ist. Wenn das der Arbeitslose sieht, daß die alles umsonst kriegen von uns, Essen, Unterkunft, Kleidung, Taschengeld, ärztliche Behandlung, wo er vorher dafür hat schuften müssen, dann sieht er natürlich rot! Ist klar!

Wir haben beispielsweise die Verpflichtung, Spätschäden nicht zuzulassen. Also stellen die hier ihren Asylantrag, und dann gehn sie zuerst mal zum Arzt mit der ganzen Sippe. Von denen ist ja jeder krank. Dann lassen sie sich da behandeln, Krätze weg, Würmer weg, alles, und dann gehn sie zum Zahnarzt und lassen sich ihre Gebisse vollkommen sanieren, jung und alt. Das kostet uns Hunderttausende, die wir ja an sich dringend bräuchten. Und die haun ab, machen sich aus dem Staub, keiner weiß, wohin ...«

*

Eine Frau mit Kittelschürze, an ihrer Seite der zwanzigjährige Sohn, eine Udo-Lindenberg-Kopie in schwarzem Leder. Sie tragen zwischen sich einen Korb mit leeren Flaschen. Das Sonnenlicht schimmert durch die Alleebäume, ab und zu kräht ein Hahn, auf dem Dach des Gutshauses sitzt ein Storchenpaar und klappert mit den Schnäbeln. Dem durchreisenden Fremden scheint dieses winzige Dorf in Mecklenburg-Vorpommern eine Oase der Ruhe und des Friedens zu sein.

Mutter:	Wir warten jetzt da vorne, bis der Wagen kommt, uns ham sie ja alles zugemacht hier, Konsum, Post, alles. Wer keine Fahrerlaubnis hat, kann auch nicht zu Aldi. Ham wir das verdient, daß uns alles genommen wurde ohne Ersatz? Wir mußten schließlich auch hart hier arbeiten, da solln wir mittemal von Null anfangen?
Sohn:	Nee, das ist nicht korrekt. Aber, Mutti, das is nu mal nicht anders, da kannst du als kleiner Mann nichts machen ...
Mutter:	Die von drüben solln mal nicht so großkotzig sein, nä, wir hatten hier genug damit zu tun, Karl-Heinz zu ernähren ...
G:	Karl-Heinz?
Mutter:	Ach, das wissen Sie nicht? Das ist der Russe ...
Sohn:	So hieß bei uns der Russe ...
Mutter:	Und wen müssen wir jetzt ernähren? Die von Rumänien und Dings ...
Sohn:	Die Jugos.
Mutter:	Von Jugoslawien, ja, die ganzen Ausländer. Wie kommen wir denn dazu, sollen das doch andere machen. Soll man die doch mal ganz schnell rausschmeißen, alle miteinander, so wie's ist, bekommen sie einen Haufen Geld, und für was?
Sohn:	Das solln sie lieber uns geben.
Mutter:	Nee, im Gegenteil, uns nehmen sie's noch weg für die! Uns tun sie alles erhöhen, alles steigern, Preise, Mieten ... Ob wir das zahlen können oder nicht, interessiert da oben keinen.
G:	Haben Sie Geldsorgen?
Mutter:	Nee, nee! Uns persönlich gehts gut. Ich will mal so sagen, so gut wie's uns jetzt geht, gings uns vorher nie. Ich bin in den Vorruhestand gegangen, mein Mann hat noch Arbeit als Fahrer, mein Junge hier is derzeit noch arbeitslos. Trotzdem ham wir mehr Geld als früher, wo drei gearbeitet ham. Nee, also klagen direkt kann ich eigentlich nicht. Aber wie vielen gehts schlechter, und schlimm ists auch für die Jungen, die wegmüssen ...

Sohn: Müssen? Is doch total öde hier, nichts los. Ich geh in die Stadt, wo Action is und so, hier kannste doch nur rumhängen...

Mutter: Da hörn Sie's, der Junge hatte hier so 'ne schöne Arbeit als Traktorist, sonst kann er ja nichts.

*

Im Hinterzimmer eines Zigarettengeschäftes in einer nordhessischen Kleinstadt. Mutter (70) und Tochter (45) sitzen am Sonntagnachmittag bei Kaffee und Kuchen.

Mutter: Du, da hat doch dieser Judenladen aufgemacht bei uns...

Tochter: Türkenladen.

Mutter: Was?

Tochter: Ein Türkenladen ist das!

Mutter: Gehst du da kaufen?

Tochter: Bestimmt nicht! Ich erlebe ja ihre Kultur täglich hautnah. Sie müssen wissen, ich wohne in einem Türkenhaus. Also die Frau ist 29, hat bereits drei Kinder geboren und erwartet nun das vierte. Deshalb hat man mir ja auch gekündigt. Mir hat mal eine Türkin erzählt, daß die Türkinnen die Pille nehmen. Aber anscheinend falsch. Er ist ja ein etwas brutaler Typ, die Frau unterwirft sich, die Frauen dürfen nichts, die Männer alles!

Mutter: Genau wie bei den Juden...

Tochter: Und dann dieser ständige Besuch. Da kommen manchmal 60 bis 70 Personen ins Haus, jeden Abend ist was los, bis mitten in der Nacht geht das oft. Da essen sie dann zusammen, weil sie im Moment den Fastenmonat haben und tagsüber dürfen sie ja nicht. Das ist einfach grauenvoll mit den Gerüchen, wenn man keinen Knoblauch mag, so wie ich.

Mutter: Ich bin strikte gegen Knoblauch, bei uns war der Ausdruck dafür immer: Du Stinkejud.

Tochter: Und dann, das Schrecklichste, ich hab gesehn, wie

sie auf dem Balkon an einem Hammelkopf oder sowas rumgeschnitten haben.

Mutter: Genau, die schlachten doch koscher, das hab ich selbst mit eigenen Augen gesehen, wie so ein kleiner Jude von der Stadt gekommen ist, der zieht das Messer aus der Scheide und schneidet, und ob das dann tot ist oder nicht, es muß langsam verbluten, das ist doch unmenschlich, sowas!

Tochter: Die Türken essen ja alles vom Hammel, sogar die Augen und . . . na, ich sags lieber nicht . . .

Mutter: Die Juden essen nur das Vorderteil vom Tier. Das Hinterteil haben sie für uns übriggelassen, weil das nicht koscher ist. Ostern gabs immer billig Lammkeule zu kaufen.

Tochter: Am Anfang haben sie mich ja sogar mal eingeladen zum Essen, aber ich konnte nichts runterkriegen von dem Zeugs, da waren sie wohl beleidigt . . . Jedenfalls haben sie mir jetzt gekündigt, und ich bin auch heilfroh, daß ich da rauskomme aus dem Haus, man bekommt ja einen solchen Haß mit der Zeit, alle meine Sachen stinken, auf dem Amt fragen sie mich, was ich gegessen hab am Abend . . .

Mutter: Ich habs dir ja gleich gesagt, zieh da raus, man soll nicht zu nah mit solchen Leuten verkehren, sonst sitzt man eines Tages mit in der Patsche.

*

Eine emeritierte Professorin, Geisteswissenschaftlerin, in einer süddeutschen Universitätsstadt, im Garten hinter ihrem Häuschen sitzend:

»Schrecklich, was da jetzt passiert Nacht für Nacht, die Ausschreitungen gegen die Ausländer, ein Skandal ist das! Ich habe mich gefragt, woran das liegt, daß ausgerechnet die sozialistisch erzogene Jugend sich haßerfüllt auf fremde Menschen wirft, die ihre Heimat verlassen mußten. Liegt es am Fehlen einer christlich-humanistischen Ethik, eines moralischen Impulses, oder ist es Rache an der verordneten Völkerfreundschaftsideologie? Ich weiß es nicht. Jedesmal geht mir das durch und durch, wenn ich diese Frisuren sehe, die Gesichter, den erhobenen Arm und all die abgestandenen Parolen, die wir nur zu gut kennen. Wie kommen sie nur dazu? Was geht in diesen Köpfen vor sich, was in denen der Eltern, die noch mit Stolz erfüllt bei den Krawallen zusehn? Das ist eine Schande, wir machen uns schon wieder überall in der Welt sehr beliebt.

Andererseits, es zeugt nicht von allzuviel politischer Sensibilität, wenn man den neuen Bundesländern solche Ausländerquoten aufbürdet und die dann auch noch auf soziale Brennpunkte verteilt. Und eins muß ich sagen, da würde ich gerne Ihre Meinung hören. Seien wir doch mal ehrlich, es ist ja wirklich ein Problem mit den Zigeunern — oder Romas, wie man sie nennt Ich war selbst vor Jahren in Rumänien und habe mir dort ein Bild machen können... Aber in anderen Ländern ist es ebenso ... Sie verweigern jegliche Assimilation, die einzige soziale Struktur, der sie sich fügen, ist die des Familienclans. Wenn also jemand von seiner ganzen Kultur und Sozialisation her es eigentlich ablehnt, ein Staatsbürger zu sein, wenn er gar nicht die Absicht hat, sich anzupassen, gewisse Gesetze und Sitten zu beachten, dann kann er im Grunde ja auch keinen Asylanspruch geltend machen bei uns?

Volksmusik. Stammesritual der Eingeborenen

»... Hallo, Frau Nachbarin! Du gehst mir nicht mehr aus dem Sinn, ein Rendezvous mit dir wär schön, wenn dein Mann nicht mein Nachbar wär. Ja, so ist das Leben, ja, so ist das Leben, wenns am schönsten wird, muß man oft gehn, doch es kommt die Zeit«, singt Herzbube Wolfgang und stößt seinen Zeigefinger hoch in die Luft, »die Gelegenheit«, ergänzt Herzbub Wilfried und reckt ebenfalls seinen Zeigefinger, woraufhin sie sich komplizenhaft zuzwinkern und im Duett fortfahren, »wo i mir von dir a klanes Bussl stehl!«

Oben auf der Bühne des rammelvollen Festzeltes stehen zwei kugelrunde Männer, bekleidet mit roten Westen, weißen Blusen und Kniebundhosen, schwarzen Trachtenschuhen und grünen Filzhüten. Der Vollbärtige lächelt behäbig, der Schnauzbärtige zückt erneut den Zeigefinger, ruft »jaooo!«, dann verneigen sie sich synchron, soweit es die Bäuche zulassen. »Ach ist das schön bei euch, total!« schluchzt das Duo in die Mikrofone und wiederholt den Satz noch viermal in den stürmischen Applaus hinein, wie Liebhaber im Sinnenrausch. »Ich hab auch einen Nachbarn«, ruft einer der Herzbuben und räuspert sich umständlich, »57, seine Frau ist 27. Vor einiger Zeit ham sie einen Sohn bekommen und ihn Hamlet getauft ... sein, oder nicht sein ...« Nach kurzer Stille und einer kleinen Assistenz vom anderen Herzbuben tost das Gelächter los.

Umbrandet vom Applaus, warten die »Wildecker Herzbuben« geduldig aufs Abklingen der Begeisterung. Zusammen bringen sie in etwa das Gewicht einer leptosomen Großfamilie auf die Waage. 200000 Autogrammwünsche jährlich werden registriert und beantwortet, ihr Auftritt kostet eine fünfstellige Summe, die jeder Veranstalter klaglos bezahlt, weil sich auch ihm die Kassen füllen. Seit dem Hit »Herzilein« nimmt ihre Beliebtheit stetig zu. »Hallo, Frau Nachbarin« kam etwa ein Jahr nach der Maueröffnung heraus und ist seitdem ein Dauerbrenner in Ost- und Westdeutschland.

»Danke, danke«, rufen die Herzbuben und beginnen, einander ins Wort fallend, eine umständlich auf die Pointe zusteuernde Geschichte zu erzählen. Die Kurzfassung ist folgende: Herzbube trifft früheren Schulkameraden und sagt: »Du siehst aus, als hätten wir eine Hungersnot«, woraufhin dieser antwortet: »Und du siehst aus, als wärste daran schuld.« Doch noch bevor sich die Lachenden so richtig entfalten können, wird ein Lied angestimmt, das jedes Figurproblem hintanstellt, denn auf dem Lande, da zählen noch die inneren Werte und einfachen Freuden des Lebens: »Schau mal aus dem Fenster, wie der Himmel lacht, fröhlich spielen Kinder unter Blütenpracht, selbst der alte Mann dort, der so selten grüßt, winkt mit seinem Strohhut und pfeift ein schönes Lied. Scheint die Sonne, dann ist die Welt wunderschön, Wald und Wiesen sind grün, es ist Sommer. Scheint die Sonne, dann lacht dein Herz jeden an ...« usw. Die herzensguten Buben, nicht jung, nicht alt, geschlechtslos wie Gartenzwerg und Stehaufmännchen, strotzend vor Biederkeit, schwingen leicht hin und her, schauen sich ab und zu beselig an. Die Stimmen schmelzen dahin auf den höheren Tönen, das Auge verschwimmt, der Gesichtsausdruck nimmt debile Züge an.

Das Publikum, drei- bis viertausend Hessen und einige Auswärtige, ist nach rhythmischem Klatschen ins Schunkeln verfallen. Die Festzeltgarnituren erzittern, Biergläser kommen ins Schwanken, hie und da ergießt sich ein Getränk in einen Trachtenschoß. Es ist soweit, der von den Akteuren heftig erarbeitete Funke ist übergesprungen. Aber er hat kein Feuer entzündet, die Masse wogt hin und her, und in den Gesichtern spiegelt sich unaufhörlich die atemlose Erwartung des großen Augenblicks wider, ungeachtet dessen, daß er bereits gekommen und fast schon wieder vorbeigegangen ist. Niemand gerät außer Rand und Band. Es ist, als wäre lediglich ein Räderwerk in Gang gesetzt worden, damit sich die Figuren bewegen. Das Publikum genießt mit eisiger Inbrunst.

Volksmusik

Bei den Endzwanzigern bis Endfünfzigern überwiegt das Kleinbürgerliche in Aussehen und Bekleidung. Trachtenmode von der Stange, geblümte Kleider, gediegener Freizeitdress, aber auch Jeans mit Seidenhemd sind zu sehen, ebenso altmodische Anzüge und Kostüme. Viele der älteren Frauen tragen wie auf Verabredung Halsketten aus Zucht- oder Kunstperlen, modische Brillen und Ohrclips zur professionellen Lockenfrisur. Sie zücken die Pocketkamera mit eingebautem Blitz und Autofokus, um den Moment festzuhalten fürs Familienalbum.

Auf der Bühne hat man sich nach einer kleinen Pause über den weiteren Programmverlauf verständigt und beginnt damit, eine Geschichte zu erzählen. Einer der Herzbuben tritt vor: »Da ist ein Mann, und dieser Mann ist sowas von eifersüchtig ... Er ist von Beruf Handelsvertreter. Kommt immer nur übers Wochenende nach Hause. Wegen der Eifersucht hat er sich einen Hund zugelegt, einen Dackel. Diesen Dackel hat er abgerichtet, der muß nämlich die ganze Woche über aufpassen, was sich während seiner Abwesenheit zu Hause abspielt. Und so wurde ich ... na, sagen wir, drei Wochen sind es her, Zeuge eines Gespräches zwischen Herrchen und Hund. Ein später Freitagnachmittag, der Mann fährt mit seinem Opel auf den Hof rein, macht das Tor hinter sich zu und ruft: ›Schau, Waldi, schau, Herrchen ist wieder da!‹ ›Iuuuuuuuhhh‹, macht der Dackel«, der Herzbub schürzt lasziv die Lippen. »›Sag, Waldi, hatten wir Besuch?‹ ›Huuuuuuu!‹ ›Sag, Waldi, war dieser Besuch ein Mann?‹ ›Huuh!‹ ›Ein Mann bei uns zu Besuch? Waldi sag, ist dieser Mann auch ins Haus gegangen?‹ ›Huuuuuuuuiuuuuh!‹« Die Erregung von Tausenden schlägt sich an den Zeltplanen nieder, das Kondenswasser tropft von der Decke, in der Luft ist ein Schwirren, so als würde sich ein gewaltiger Schwarm Möwen gleich hinunterstürzen in eine fischreiche Bucht. »›Dieser Mann ist also ins Haus gegangen, Waldi? Und was hat er da gemacht?‹« Der Herzbub reißt nach einer dramatischen Pause feixend das Mikrofon ganz nah an die Lippen, legt den Kopf in den Nacken, schließt die Augen und hechelt. Das Hecheln dröhnt aus den mannshohen schwarzen Lautsprechern, fegt durchs Festzelt und wird verschlungen von einem kollektiven Aufbrüllen. Man erhebt sich von den Plätzen, um sich beim Lachen besser biegen zu können. Die Köpfe röten sich, in den aufgerissenen Mündern funkeln Goldzähne und Brücken, der Sauerstoffgehalt im Raum nimmt ab. Auch die Herzbuben beben vor Lachen vor der schlecht gemalten Fachwerkkulisse, tupfen sich mit weißen Tüchlein den Schweiß von den Stirnen. Und rufen dann: »Meine Damen und Herren, wir wollten Ihnen eigentlich heute abend auf dieser Bühne noch ein ganz besonderes Schauspiel zeigen, wir wollten nämlich einen Spagat machen...« »Pflatsch, Schwanensee, Sie wissen schon...«, ruft der andere Herzbube dazwischen: »Wir haben aber unsere Ballettschuhe vergessen, Sie können also ganz beruhigt sein. Ach, laßt uns jetzt lieber wieder singen, sonst wird das nachher noch zu schlimm...!«

Nach der bösen Ehebrecherin ist nun das liebe Frauchen an der Reihe: »Wer bringt mir morgens den Kaffee rauf — *und alle mitsingen!* — wer, wer, wer? Wer kauft mir die Zeitung und schlägt sie mir auf — *alle!* — wer, wer wer? Wer bringt mich immer zur Gartentür und gibt mir ein Küßchen, ich weiß nicht, wofür? Das macht alles mein Frauchen, das macht alles mein Schatz, wie gut, daß ich mein Frauchen, mein liebes Frauchen hab... was wär ich ohne mein Frauchen, was wär ich ohne dich, mein Herz? Wer stellt mir abends was Feines hin?« — Die Herzbuben halten schweigend die Hand ans Ohr und lauschen zum Publikum hinunter, aber von dort kommen nur ein paar dünne Stimmchen, die sie dennoch mit dirigierenden Armbewegungen begleiten. »Wer hält mich im Arm und knuddelt mich, und wenn ich nicht da bin, wer denkt dann an mich? Das macht alles mein Frauchen...« Und was macht der weibliche Teil des Publikums? Komplizenhaft schunkeln die Frauchen im Takte mit. So geht es dahin, den ganzen Abend, bis sich die Herzbuben unter dem Jubel der Fans verabschieden und hinter der Bühnendekoration eine gehörige Zeit abwarten, bis sie zur Zugabe wieder hervorkommen. Während sie noch singen, stehen draußen unterm sternenklaren Himmel mehrere Männer mit vollen Blasen und urinieren ans Festzelt. Eine lallende Frau, die im Dunkeln gestürzt ist, wird von zwei

Volksmusik

Rettungssanitätern zum Einsatzfahrzeug geführt. Bald werden alle hinausdrängen und mit dem Gefühl nach Hause fahren, daß es sich gelohnt hat, die Wildecker Herzbuben mal *live* gesehen zu haben.

Die Zahl der Volksmusikveranstaltungen in Mehrzweckhallen, in Festzelten und insbesondere im Fernsehen ist in den letzten Jahren enorm gestiegen. Im wiedervereinigten Deutschland gibt es einen geradezu unersättlichen Hunger nach Heimatmelodie und Brauchtumspflege, wobei beson-

derer Wert auf möglichst große Öffentlichkeit gelegt wird. In keinem anderen Land der Welt gibt es Volksmusikveranstaltungen als abendfüllende Fernsehunterhaltung.

Diese Veranstaltungen, als kollektiver Versuch, heimzukehren in eine phantomhafte Heimat, bewegen sich nicht vom Fleck. Das erstarrte Ritual spielt sich vor Fachwerkkulissen und Plastikdekoration ab, womit man der echten Provinz draußen erstaunlich nahe kommt. Die Wildecker Herzbuben mit ihrer grotesk gesteigerten Pausbäckigkeit verkörpern das Prinzip der Beliebigkeit beim Heimattümeln besonders deutlich. Die Schwälmer Tracht, die sie bei ihren Auftritten tragen, ist einer alten Burschentracht nur nachempfunden, den Herzbubennamen entlieh man sich vom hundert Kilometer von der Schwalm entfernten Wildeck, ihre Musik ist ein Gemisch aus Blas- und elektronischer Musik, zu der Schlagertexte mit Dialekteinlagen gesungen werden. Das alles wird durch unentwegtes Zelebrieren im Handumdrehen schiere Tradition, an deren Pflege sich helle Scharen ergötzen.

»Der Begriff Heimat ... den trägt doch jeder gerne in sich!« sagt Herzbube Wilfried in reinem Hochdeutsch. Was harmlos klingt, ist in der Praxis Zusammenrottung. Versammelt um den riesigen Stammtisch, ist der Kameradschaftsabend bald auf unverwechselbar deutsche Art gemütlich. Bedient mit Liedgut und Zote, bewegt sich der Volkskörper immerfort hin und her; schunkelnd oder sich vor Lachen krümmend. Hier geht es nicht um einen kümmerlichen Rest sozialer Utopie, hier geht es ums Ganze, um den Stamm und sein marschmäßiges Einrücken in die Heimat, ums WIR im Drinnen und DIE im Draußen.

Hessentag

Volksfeste haben in der Regel eine alte und zugleich regionale Tradition. Nicht so der Hessentag. Sein Erfinder, der ehemalige hessische Ministerpräsident Georg August Zinn, hat ihn sozusagen aus der Luft gegriffen. Es solle, so erklärte er damals, auf diese Weise »eine Stätte der Begegnung« geschaffen werden, zur »Stärkung des Zusammengehörigkeitsgefühls« zwischen Einheimischen und Flüchtlingen und Vertriebenen aus den sogenannten Ostgebieten. Hessen hatte in der Nachkriegszeit mehr als eine Dreiviertelmillion Flüchtlinge aufgenommen, und die sozialen Konflikte waren damit gegeben. Merkwürdig ist lediglich, daß dieses »Fest der Hessen« nicht Ende der vierziger und auch nicht Mitte der fünfziger Jahre ins Leben gerufen wurde, sondern 1961, zu einer Zeit, als die Konjunktur auf ihrem Höhepunkt angekommen war und die ehemaligen Konflikte im allgemeinen Wohlstand so gut wie verschwunden waren. Demzufolge scheint es weniger an Begegnungsstätten für Integrationsbedürftige gefehlt zu haben als vielmehr an einem Forum, auf dem die bereits Integrierten sich in der neuen Heimat- und Brauchtumspflege einüben konnten, ohne ihre mitgebrachte vernachlässigen zu müssen. Seit 1961 findet der Hessentag Jahr um Jahr an einem anderen Ort statt, jedesmal fällt in der Eröffnungsrede des jeweiligen Ministerpräsidenten der Zinnsche Satz: »Der Hessentag soll ein Beweis für unsere Verbundenheit mit der Heimat sein, auf die wir alle mit Recht stolz sein können.«

Dieses eigenartige Volksfest aus der Hand eines Landesvaters ist sogar ethnosoziologisch untersucht worden. Anläßlich des 12. Hessentages, der 1973 in Marburg stattfand, hat eine Studiengruppe der dortigen Universität sich ausführlich dem Phänomen gewidmet. Die Ergebnisse wurden veröffentlicht und sind bis heute aktuell. Beispielsweise ergab sich aus einer Umfrage u.a., daß fast 73 Prozent der Angesprochenen den Hessentag für einen sehr alten Brauch hielten, wobei erstaunlicherweise diese Meinung bei den über Fünfzigjährigen am verbreitetsten war.

Der Gründungsvater wußte, was er tat. Auch wenn der kulturelle Aspekt im Vordergrund zu stehen scheint, spricht doch alles für eine rein politische Absicht. Leitung und Organisation des Hessentages liegen nicht, wie man vermuten könnte, beim Kultusministerium, sondern in Händen der Staatskanzlei des Ministerpräsidenten selbst. Dort gibt es einen Hessentagsbeauftragten, dessen Aufgabe darin besteht, daß er die sich bewerbenden Städte und Gemeinden überprüft und, wenn die Grundbedingungen stimmen (mindestens 10 000 Einwohner, ausreichende Kapazität, entsprechende Infrastruktur), eine Kabinettsvorlage erarbeitet. Im Auswahlverfahren wird dann entschieden, immer im Wechsel, für eine nord- oder südhessische Stadt.

Da alle wesentlichen Festvorbereitungen zentralistisch von der Staatskanzlei aus dirigiert werden, haben auch alle Hessentage einen typischen Ablauf. An einem Freitagabend zwischen Ende Mai und Mitte Juni hält der Ministerpräsident die Eröffnungsrede, immer an seiner Seite das jeweilige Hessentags-Trachtenpaar. Zehn Tage später beschließt der Festzug die Reihe der Veranstaltungen. Dazwischen herrscht ständige Präsenz verschiedener Politiker, vom Minister bis hinunter zum kleinen Mandatsträger.

Am Beispiel von Wolfhagen, der Hessentagsstadt von 1992, läßt sich gut beschreiben, wie es vor und auch hinter den Festtagskulissen normalerweise aussieht. Wolfhagen ist eine Kleinstadt im nördlichen Hessen, westlich von Kassel gelegen, im Naturpark Habichtswald. Hier in dieser Gegend haben die Gebrüder Grimm einige der bekanntesten Märchen gesammelt, Rapunzel soll von einem der umliegenden Burgtürme ihr Haar herabgelassen haben. Die »Strukturschwäche« des Nordens macht sich für den Besucher angenehm bemerkbar. In der näheren Umgebung gibt es keinerlei luftverschmutzende Industrie. Zwischen verstreut liegenden schmalen Feldern und Wiesen dürfen sich noch schnelle

Hessentag

Bäche durch kleine Täler schlängeln. Hecken und Baumgruppen begrenzen die Felder und spenden dem weidenden Vieh Schatten. Die Hügellandschaft ist vulkanischen Ursprungs, deshalb sind die Ackerböden und Feldwege auch leicht ziegelfarben, wozu die Korn- und Mohnblumen an den Feldrändern sehr gut passen. Traktoren, die gegen Abend vor der Kulisse von Hügeln, Kirchturmspitzen und Burgruinen ihre Bahnen fahren, werden gelenkt von Nebenerwerbsbauern, die zuvor acht Stunden am Fließband in der nächsten Großstadt gestanden haben. Für sie waren die Vorbereitungen zum Hessentag vor allem mit gesperrten und aufgerissenen Straßen, Baulärm und der merkwürdigen Veränderung ihrer Stadt verbunden.

Die Landesregierung hatte sich für diesen 32. Hessentag etwas Besonderes ausgedacht, ein Motto, das zugleich an die Tradition hessischer Integrationspolitik anknüpfen sollte, aus der er sich ja herleitet: »Begegnung von deutschen und ausländischen Mitbürgern«. Das klingt gut in Zeiten handgreiflicher Ausländerfeindlichkeit und sich ständig verschärfender Asylpolitik. Zum ersten Mal wurden auch die Ausländerbeiräte am Hessentag beteiligt, während sie zuvor lediglich Gäste sein durften. Konferenzen zum Thema, Filmreihen, Podiumsdiskussionen, Informations- und Kulturveranstaltungen standen auf dem Programm. In seiner Eröffnungsrede am 29. Mai wies der Ministerpräsident Eichel darauf hin, daß der Hessentag »in diesem Jahr weit mehr als nur ein landesweites Treffen zahlreicher Vereinigungen, Gruppen und Organisationen« sei, nämlich ein Forum für »Veranstaltungen mit gesellschaftspolitischem Gewicht«, und dann rief er den Bürgern zu: »Wir können hier in Wolfhagen den Beweis erbringen, daß Hessen mit Recht dafür eintritt, ausländischen Mitbürgerinnen und Mitbürgern, aber auch zahlreichen durch Kriege und Katastrophen heimatlos gewordenen Flüchtlingen eine Möglichkeit zu bieten, sich frei von rechtlicher und gesellschaftlicher Diskriminierung ein neues Leben und, mit etwas Glück, eine neue berufliche Existenz planen und aufbauen zu können.«

Sehr populär wirkte das nicht; der Wolfhagener Bürgermeister — ein Sudetendeutscher übrigens — schien geradezu den Gegenbeweis antreten zu wollen mit seinem Grußwort im Programmheft. Das »Herzliche Willkommen« ruft er ausschließlich hessischen Landsleuten und Gästen »aus dem Nachbarland Nordrhein-Westfalen und Süd-Niedersachsen« zu. Für eine Stadt, die sich jahrelang auf diesen »Reigen der Superlative« vorbereitet hatte und vor einem »Jahrhundertereignis«, einer »der schwersten Aufgaben ihrer Geschichte« stand, lagen natürlich andere Themen mehr im Mittelpunkt: die Stadt selbst, mit ihren farbenprächtigen Fachwerkhäusern, neuen Ziegeldächern, den frisch gemeißelten Stadttorresten, dem neu verlegten Kopfsteinpflaster aus hellem Granit, dunklem Basalt, rötlichem Sandstein.

Auch sonst war in der Stadt, exklusiv für den Hessentag, so gut wie alles »historisch«. Nicht nur Marktplatz, Turm und altes Rathaus schmückte dieses Siegel, auch das Café lud zu »Kaffee und Kuchen in unserer historischen Scheune«. Von den städtebaulichen Sünden der früheren Jahre ist in Wolfhagen nur noch wenig zu sehen. Dabei hatte man auch hier früher »im Rahmen wohlstandsbedingten Wachstums« die kopfsteingepflasterten Straßen asphaltiert, Fachwerkfassaden modernisiert, mit Eternitplatten verblendet oder verputzt. Leerstehende, stattliche Fachwerkhäuser wurden abgerissen zugunsten stolzer Neubauten. Es soll viel Überredungskunst gekostet haben, die Bürger von ihrem Wunsch nach städtischem Ambiente wieder abzubringen. Das Fachwerk wurde freigelegt, bei Bedarf ergänzt und mit Margeritenornamenten verziert. Vor den Häusern, die nun wieder den früheren Ackerbürgerhäusern zu ähneln begannen, wurden Asphalt und altes Pflaster von den Straßen gerissen, eine neue Kopfsteinpflasterung verlegt. Auch auf dem Marktplatz, denn es sollte im alten Stadtzentrum alles so sein wie früher. Ein kloakenhaftes Gewässer wurde durch »Beseitigung aller bachfremden Elemente renaturiert« und floß fortan — in gleicher Wasserqualität, aber in einem natürlichen Bett — durch die Bruchwiesen entlang der Landesausstellung.

Was einst Ausdruck provinzieller Zurückgebliebenheit und Grund zur Scham war, wurde mit Akribie unter dem modernen Outfit hervorgekratzt. Vierhundert Häuser fielen

Hessentag

diesen rätselhaften Umtrieben zum Opfer, die Arbeiten zogen sich über Jahre hin, es wurde weder Geld noch Mühe, noch die Verschuldung der Stadt gescheut. Alles in allem sollen 30-35 Millionen verbraucht worden sein. Nur ein verhältnismäßig geringer Anteil davon mußte von der Stadt oder von privater Seite aufgebracht werden. Im Zusammenhang mit dem Hessentag fließen die Gelder aus den verschiedenen »Töpfen« ungehemmter als gewöhnlich für die Gemeinden. Deshalb reißt sich auch jeder Bürgermeister darum, daß seine Stadt gewählt wird und damit in den Genuß dieses Investitionsschubs kommt. Der Wolfhagener Bürgermeister ist stolz auf seine kaum wiedererkennbare Stadt. Auch wenn es sich eigentlich eher um den Stadtkern handelt, denn Wolfhagen ist ein sogenanntes Mittelzentrum, bei dem die umliegenden Dörfer als Stadtteile zählen. Nur deshalb kam man auf 12 500 Einwohner, wovon 4 Prozent übrigens Ausländer sind. So kam eins zum andern, bis die mittelalterliche Stadt bereit war. Weder Hessentags- noch spätere Besucher werden es krummnehmen, daß die Fachwerkhäuser nicht aus dem Mittelalter sind, sondern alle im 17. und 18. Jahrhundert neu erbaut werden mußten, weil ihre Vorgänger bereits im Dreißigjährigen Krieg niedergebrannt wurden. Wichtig scheint auch nicht, daß der »berühmteste Bürger der Stadt«, Hans Staden, dem ein Museum eingerichtet wurde und an den eine Straße erinnert, gar nicht aus Wolfhagen stammt, sondern sich dort lediglich ein paar Jahre bis zu seinem Tode aufgehalten haben soll. Eine *Wahrhaftige Historia und Beschreibung einer Landschaft der Wilden, nacketen, grimmigen Menschenfresserleute in der neuen Welt Amerika gelegen* ... allerdings, die der Brasilienfahrer 1557 verfaßte, hätte manch einer gern im Faksimiledruck erworben, gäbe es einen solchen.

Dafür hatte man aber 8000 original Wolfhagener Eichen im Angebot, pro Setzlingstopf 19,92 DM, doch, obgleich »der deutsche Baum schlechthin die Eiche ist, insbesondere in Wolfhagen«, gestaltete sich der Absatz nur schleppend und wurde erst nach einer Preisreduzierung auf 10 Mark etwas besser. Gut hingegen verkauften sich die Hessentagspüppchen, für fünf Mark das Pärchen, zum Anstecken. Des weiteren gab es zahllose »Knüller« sowie Sonderangebote in der sogenannten Hessentagsstraße, verlaufend durch die Hauptgeschäftsstraßen. Die Ladeninhaber wurden geradezu gezwungen, durch Billigangebote aller Art aufzufallen, denn vor ihren Schaufenstern standen dicht an dicht die Holzbuden des Marktes für »Handwerk und Kunsthandwerk«, die Exotischeres zeigten. Neuseeländischer Schmuck, Kunstgewerbliches aus Asien, Palästinensertücher wurden ebenso vom Publikum bestaunt wie der Töpfer aus Hofgeismar oder eine Hütte vom Bund der Vertriebenen, wo es zahllose Broschüren und Büchlein gratis gab, und freundliche Damen, die einschlägige Auskünfte erteilten. Vielleicht griff der Hessentagsbesucher zur Festschrift *40 Jahre Sudetendeutsche Landsmannschaft, Kreisgruppe Wolfhagen* und las darin das Grußwort des Bürgermeisters und Schirmherrn — in dem er die Vertriebenen dafür beglückwünscht, daß sie nach »unglückseliger Vertreibung« in der neuen Heimat »Tritt gefaßt« haben und »sich nicht mit der Vergangenheit aufhalten« und daß die Devise laute: »Nicht vergessen — aber vergeben«.

Das Hessentagsmotto selbst, wie gesagt, schien das Publikum weniger anzusprechen. Eine Podiumsdiskussion zum Thema: »Politische Mitbestimmung — ein Privileg nur für Deutsche?« zwischen Innenminister, Ausländerbeiräten und Vertretern der Landtagsfraktionen fand vor mehrheitlich ausländischen Zuhörern statt. Auch die Presse scheint nicht »vor Ort« gewesen zu sein. Am nächsten Tag stand in der Zeitung zu lesen, daß eine — gar nicht angereiste — »jugoslawische Volkstanzgruppe 25. Mai die Diskussionsveranstaltung umrahmt« habe. Dafür strömten aber am selben Abend die Schaulustigen auf den Sportplatz der Gesamtschule, wo eine »Nationale und Internationale Folkloreschau der Hessischen Vereinigung für Tanz- und Trachtenpflege« geboten wurde. Auf der Bühne wogten wechselnde Trachtenpaare auf und ab — mal mit roten Strümpfen, grünen Strümpfen, weißen Jacken, schwarzen Hosen, Hütchen und Hauben — während die Zuschauer sich zuprosteten oder mit den Fingern Bratwurstscheiben aus den eßbaren Verpackungen angelten (Einweggeschirr war auf dem Hessentag verboten). Im Publikum sah ich ganz ungewöhnlich viele ältere Männer mit

Hessentag

jungen asiatischen Frauen. Das sei in der Gegend, so erklärte man mir, vor einiger Zeit in Mode gekommen, daß die alleinstehenden Landmänner sich Filipinas kaufen. Am Getränkestand lehnte ein echt hessisches Trachtenmädel, eng umschlungen von einem rothaarigen Burschen in Bermudashorts und Buschhemd. Und plötzlich, mitten hinein in den stampfenden Volkstanzrhythmus, machte das Paar zwei, drei schnelle Lambadabewegungen. Fast gleichzeitig fielen auf der Bühne die Plastikkrebse aus dem Netz an der Decke, zwischen die Füße der Folkloregruppe Friedewald, die, als falsche Polen, einen Hirtentanz aufführten in echt polnischen Hirtenhosen aus Fell.

Kein Glück mit der Darbietung des Einstudierten hatte die Theatergruppe im Schulgebäude gleich nebenan. Passend zum Hessentagsmotto hatten die Schüler Fassbinders *Katzelmacher* einstudiert. Da aber nicht mehr als sieben Zuschauer kamen, wurde die Aufführung abgesagt. In gähnende Leere hinein mußte einige Tage später auch die hessische Ministerin für Wissenschaft und Kunst sprechen. Ganze drei Besucher waren gekommen zur Ausstellungseröffnung »Vom Neubürger zum Mitbürger«.

Unter tüchtiger Beteiligung und tosendem Beifall hingegen marschierten die Sport- und Musikgruppen der Polizei durchs Stadion. Eine Motorradeskorte brachte laut hupend den Minister für Inneres und Europaangelegenheiten zum Rednerpult. In seiner Eröffnungsrede fand er herzliche Worte für die treuen Staatsdiener. Auch die anschließenden Darbietungen ließen keine Langeweile aufkommen.

Wie von Geisterhand gelenkt, marschierte das Thüringer Musikkorps kreuz und quer über den Rasen, dabei immerfort blasend und exakt den Rhythmus haltend. Ganz besonders beliebt beim Publikum waren aber die Dienstpferde- und Diensthundenummern. Bei den Dienstpferden, so wurde erklärt, handelte es sich um verkehrstüchtige, feuer- und schußfeste Exemplare, die oft mehr als zwölf Dienstjahre auf dem Buckel hatten. Die Pferdestaffel versagte dann allerdings. Nicht nur fielen fast alle Hindernisse beim Sprung um, es lösten sich auch bei mehreren Pferden die Wickelbandagen von den Fesseln, so daß die nachfolgenden Tiere zu scheuen begannen. Ganz anders präsentierte sich die Diensthundestaffel. Gehorsam fielen die vierbeinigen Gesetzeshüter den Aggressor an, verbissen sich gurgelnd in seinen gepolsterten Hetzarm, um auf Befehl des Hundeführers sofort auszulassen. Wahre Begeisterungsstürme erregte die Darbietung »Sittlichkeitstäter überfällt Mutter mit Kinderwagen im Park«. Einem bizarr als Mutter verkleideten Polizisten mit Kinderwagen, in dem der Diensthund bereits lauerte, näherte sich ein als Triebtäter verkleideter Polizist mit offenem Trenchcoat. Der Hund sprang aus dem Kinderwagen und stellte den Missetäter. Aus dem Lautsprecher erklang die Stimme des moderierenden Beamten: »Nicht wegsehen, wenn etwas Unrechtes geschieht, auf der Straße oder auch im Haus des Nachbarn ... Und jetzt sehen Sie, wie der Blick des Diensthundes starr auf den Störer gerichtet ist ...«

Bei diesem Stichwort empfiehlt sich ein Blick hinter die festliche Hessentagskulisse, denn das, was da zum Vorschein kommt, wird in jeder anderen Hessentagsstadt ebenso verborgen gehalten — und nicht nur dort. Herr W., Ende Siebzig, Heimatforscher und stadtbekannter Störenfried in Wolfhagen, klärte mich auf:

»Hessentag? Alles Quatsch! Wissen Sie, daß wir hier in Wolfhagen in diesem Jahr ein viel älteres Jubiläum haben? 1592 wurde hier erstmals wieder ein Jude zugelassen, nachdem sehr lange Zeit das Verbot herrschte. 400 Jahre Judengemeinde, und zugleich 400 Jahre Wolfhagener Antisemitismus, denn die Bürger haben sofort beim Landgrafen protestiert dagegen, etwa so: ›Unser aller Erbfeind, der böse Gedanken und Ergernuß verursacht, muß weg, weil er oft groß Gut und Geld zusammenbringt‹, aber sie haben ihn nicht wegjagen können. Wo die Wolfhagener Juden heute sind, muß ich Ihnen wohl nicht erklären ... Ich seh sie noch vor mir, unsere rein arischen Pappenheimer hier, vor der brennenden Synagoge, auf der Feuerleiter, wie sie zugeschaut haben. Wenn Sie einen davon heute fragen, dann weiß der nichts mehr. Aber 1988 haben hier plötzlich einige

Geschäfte 50jähriges Jubiläum gefeiert, ohne jede Scham. Ach, und wissen Sie eigentlich, daß Adolf Hitler Ehrenbürger der diesjährigen Hessentagsstadt ist? Der ist nicht einfach nur vergessen worden. 1978 hat hier ein Lehrer mit seinen Schülern Spurensuche betrieben zum Thema, zu 40 Jahren Reichskristallnacht — wie's in der Umgangssprache heißt —, es hat sogar eine Ausstellung gegeben mit dem Titel *Gegen das Vergessen,* jedenfalls habe ich damals den Antrag gestellt auf Löschung der Ehrenbürgerschaft, das wurde verschleppt, vertagt, vergessen. Ich habe Anträge gestellt, daß eine Gedenktafel angebracht wird am Grundstück der ehemaligen Synagoge, da, wo heute der ›Konsum‹ steht, damit war auch nichts. Und wenn Sie vielleicht auf den jüdischen Friedhof gehen möchten, der Rest davon ist neben der Sparkasse, dann müssen Sie den Schlüssel im Rathaus holen und können sich dabei dort gleich die Bildergalerie der Wolfhagener Bürgermeister anschaun, dazwischen hängen die drei Nazi-Bürgermeister — jeder von denen war schon vor 33 in der Partei, der Schlimmste schon Mitte der zwanziger Jahre. Da kann sie wirklich stolz sein auf ihre Tradition, die Hessentagsstadt.«

Wahrscheinlich ist es ganz typisch, daß ich mir angesichts denkmalgeschützter Fachwerkhäuser zwar die Bürger vorstellen kann, wie sie durch die Stadt marschieren in SA-Uniformen, nicht aber, daß in diesen Fachwerkhäusern Juden gelebt haben, ihre religiösen Vorschriften befolgten, eine Synagoge besaßen seit 1859, ebenso groß und aus Sandstein wie die christliche Kirche, daß es koschere Metzger und Bäcker gab.

Im wunderbar restaurierten Heimatmuseum, neben der historischen Zehntscheune, traf ich den anderen Herrn W., ehemals Geschichtslehrer, Heimatkundler, verwandt mit ersterem, und anderer Meinung: »Also ich muß erst mal richtigstellen, es war nämlich auswärtige SS, die hier am 9. November in Zivil anrückte und bei den Juden alles in Brand steckte. Die kamen allesamt aus Arolsen, hier in der Nähe — das ist übrigens eine schöne Stadt mit Residenzschloß, die haben Barockfestspiele im Augenblick —, wie gesagt, es waren ortsfremde Personen, denn *unsere* SA-Männer, die konnten ja ihren jüdischen Nachbarn nichts tun, das waren alles harmlose Burschen, Mitläufer, die betört worden sind und mitgemacht haben. Und dann müssen Sie ja auch bedenken, viele hatten ihre Arbeit verloren bei Henschel in Kassel. Aber gegen Juden hatte man hier nichts, es gab viele Judenhäuser, schöne Häuser, z. B. das Möllerich-Haus, Sie haben es bestimmt gesehen. Wir waren hier nie fremdenfeindlich, das sehen Sie schon daran, daß wir hier viele Hugenotten aufgenommen haben. Vor dem Kriege die Saarlandevakuierten, danach dann die Flüchtlinge und Heimatvertriebenen, das ist ja alles hier aufgefangen worden, wurde behaust und hat sich eingelebt. Um auf die Juden zurückzukommen, von Wolfhagen aus ist kein einziger Jude in ein Lager deportiert worden! Das ist alles von Kassel aus betrieben worden, daß sie 1939 hier wegziehn mußten. Und von hier aus gesehen, verliert sich dann ihr, eh ... Lebensfaden, der verliert sich dann.«

Der Lebensfaden von Herrn K., Anfang Siebzig und einziger überlebender Wolfhagener Jude in ganz Deutschland, hat sich nicht »verloren«. Er wohnt heute in einer Großstadt und will anonym bleiben. Die wenigen Bilder und Dokumente, die von seiner Familie übriggeblieben sind, hat er so ins Album eingeklebt, daß sie zugleich die Geschichte kommentieren. Da sind Großeltern und Eltern, der Onkel, die Schwester, das Haus in Wolfhagen, die jüdische Schule, der größer werdende Bub. Und dann nichts mehr, ein Judenstern aus mürbem Stoff.

Herr K. erinnert sich gut: »Ich kenne heute noch jeden Stein in Wolfhagen. Jeden Morgen bin ich aufgewacht, sie kamen an meinem Elternhaus vorbei, und es machte bum, bum, bum von ihren Stiefeln auf dem Kopfsteinpflaster, dazu schmetterten sie das Lied ›Drei Rosen pflanzt ich auf ein Grab, da kam ein stolzer Reiter und brach sie aaaab‹. Sie kamen vom Rosengarten, dort, wo jetzt die Stadthalle steht, und marschierten die sogenannte Mittelstraße runter, an der Sparkasse vorbei. Mein Elternhaus stand 1939 dann plötzlich in der Adolf-Hitler-Straße 8. Heute heißt sie wieder wie zuvor, nämlich Mittelstraße — und war übrigens Hessentagsstraße, Sie sind täglich durch-

Hessentag

gegangen. Jedenfalls hatten die Wolfhagener schon vor 1933 einen starken Hang zur NSDAP, und nach 33 haben fast alle begeistert mitgemacht. Auch in der Pogromnacht 38 übrigens, auch wenn das heute gern anders dargestellt wird. 39 mußten meine Eltern, so wie alle Wolfhagener Juden, die Stadt verlassen und wurden in Kassel zwangseinquartiert. Am 9. Dezember 1941 wurden sie dann mit meinen Verwandten und vielen anderen Juden abtransportiert ins Getto nach Riga. Mir und meiner Schwester war es durch viele glückliche Zufälle gelungen, nach Palästina einzuwandern und so zu überleben.

Was die Wolfhagener betrifft, sie haben ihre Nazi-Geschichte nicht aufgearbeitet und wollen auch gar nichts davon wissen. Dort herrscht überhaupt kein Unrechtsbewußtsein, bis auf ganz wenige Ausnahmen. Man weiß in der Stadt natürlich von meiner Existenz — ich war dort —, aber meinen Sie, da wäre jemals eine Geste gemacht worden von offizieller Seite her? Nichts! Man hat mich weder zur Ausstellung 1978 noch zur 750-Jahr-Feier 1981 oder zum 50. Jahrestag der Pogromnacht eingeladen, und natürlich auch nicht zum Hessentag. Ich werde totgeschwiegen in meiner Heimatstadt.«

Nach diesem Exkurs nun wieder zum offiziellen Teil. Zuvor aber noch eine kleine Anmerkung: Der aufmerksame Leser hat schon erraten, daß sich die Beteiligung der Ausländer an der Programmgestaltung vorwiegend auf folkloristischer Ebene ausdrücken durfte. Solche Veranstaltungen wie der Kulturnachmittag »Europa der Nationen« mit Volkstanzgruppen aus Portugal, Litauen und Lampertheim-Büttenfeld gab es am laufenden Band, während die mit politischen Inhalten weder zahlreich angeboten noch gut besucht wurden. Bei einem Besuch im Wolfhagener Asylantenheim außerhalb des Ortes erfuhr ich, daß weder vom Land noch von der Stadt eine Einladung zum Hessentag ergangen sei. Lediglich der Schulleiter habe angefragt, so erzählte die verantwortliche Sozialarbeiterin, ob nicht eine Gruppe von Afrikanern der Farbigkeit wegen noch im Festzug mitlaufen könne, was sie abgelehnt habe.

Deutsche Bräuche

Am Samstag gingen bis Mitternacht schwere Gewitter und Wolkenbrüche nieder. Am Sonntag morgen stieg Nebel aus Wiesen und Feldern auf und verwandelte sich bis zum Mittag in eine dunkle Wolkenwand. Der Ministerpräsident und seine Gäste hatten kaum auf der Ehrentribüne Platz genommen, da fielen die ersten Tropfen. Der Festzug setzte sich unverdrossen über die 10 Kilometer lange Strecke in Gang. Wie jedes Jahr stand er unter dem Motto »Wir Hessen«, und den Anfang bildete die gastgebende Stadt selbst, mit zwanzig Darbietungen, je fünf unter einem Thema. Während Spielmannszüge und klappstuhlverkaufende Bürger bereits vorbeigezogen waren, kam zum Thema »Wolfhagen in der Geschichte« ein Trupp rotgeschminkter, halbnackter Indianer angehüpft, die Motivgruppe »Hans Staden«, zu Ehren des großen Brasilienfahrers, des »Deutschen unter Menschenfressern«. Bald schon folgten »Mitbürger aus aller Welt«, Hugenotten mit ihrer Kirche als Pappmodell, Siedler mit lebendigen Kaninchen, denen das Regenwasser von den Ohren tropfte, dann die Sudetendeutschen mit einem Motivwagen zum Thema »Heimat«, die schon erwähnten farbenprächtigen Ausländer (die man sich in einem anderen Asylantenheim geborgt hatte). Ihnen folgte dicht auf den Fersen der »Bürgerschutz aus der Vergangenheit«, mit Spielmannszügen der Feuerwehr, Schützenverein und historischer Feuerspritze. Beim letzten Thema, »Wolfhagen heute«, erschienen in strammem Marsch Fanfarenzug und Trachtengruppe der thüringischen Partnerstadt Ohrdruf. Wegen sozialistischer Vergangenheit hatten natürlich keine Kostüme zur Verfügung gestanden. Sie waren nach der Wende extra sehr aufwendig geschneidert worden. Nun mußten sie, um im Regen nicht zu verderben, unter ziemlich undurchsichtigen Plastiküberwürfen verschwinden.

Es folgten noch eine Reihe fahnenschwingender Herren von Wolfhagener Vereinen, ein rätselhafter Motivwagen »Robin Hood« und der Wolfhagen-Motivwagen mit dem fast drohend klingenden Motto: »Wir sehn uns wieder«.

Die Geschwindigkeit nahm mit der Heftigkeit des Regens zu. Dicht an dicht folgten Gruppen und Wagen aus Nord- und Südhessen, von Gästen und Firmen. Spielmannszüge bliesen und trommelten, als wäre nichts naß, Rokokoschlösser aus Pappe schwankten vorbei, schwere belgische Brauereipferde stampften mit gesenkten Wimpern übers Pflaster, und die Trachtengruppen des In- und Auslandes (zuzüglich die aus den Nicht-EG-Ländern) hüpften und tanzten, als gäbe es Grund zur Freude.

Das alles schob sich, 227 Nummern insgesamt, an der Ehrentribüne entlang und die Mittelstraße hinunter, vorbei am Fachwerkhaus der ehemaligen jüdischen Schule, aus dessen Fenstern die Nachfolger lehnten, unbeschwert mit der ganzen Familie dem Festzug winkend, vorbei am »Konsum«, dem man nicht ansieht, daß an seiner Stelle einst die Synagoge stand, und vorbei am festlich geschmückten Elternhaus von Herrn K. Vorbei auch am ehemaligen »Braunen Haus«, in dem die NSDAP-Kreisleitung residierte.

Deutsche Geschichte als Motivwagenkette? Was wohl geschehen würde, wenn plötzlich aus einer Seitenstraße der Motivwagen »Reichskristallnacht Wolfhagen« in die historische Lücke gepreschte käme, vielleicht mit schwelendem Pappmodell der Synagoge, flankiert von prominenten Bürgern in SA- und SS-Tracht, voran die Feuerwehr, das Horst-Wessel-Lied spielend.

Kriegskrüppel

Im Ersten Weltkrieg herrschte unter den Sanitätsräten helle Aufregung darüber, daß nicht nur einfache Soldaten, sondern auch Offiziere sich zunehmend den Anforderungen des militärischen Handwerks nicht mehr gewachsen fühlten, daß ihnen die Angst davor, getötet zu werden und zu töten, nicht ausgetrieben werden konnte. Entweder wurden neurasthenische und hysterische Störungen dem Simulantentum zugeschrieben, oder man machte Epilepsie, Depressionen und Alkoholpsychosen zur Ursache verlorengegangener Manneszucht, wobei besonders hervorgehoben wurde, daß diese Erkrankungen durch den Krieg allenfalls beschleunigt, nicht aber verursacht wurden. Die Psychosen an sich seien ziviler Natur, wurde erklärt, ihr Vorstellungsgehalt nehme aus naheliegenden Gründen eine vorwiegend kriegsbedingte Färbung an, aber ausgebrochen wären sie in jedem Fall, auch zu Friedenszeiten. Dem Heer als solchem bescheinigte man einen hervorragenden Geisteszustand, Mannesmut und Vertrauen in die Zukunft. Demoralisierende Beispiele furchtsamer, kampfunfähiger Soldaten hielt man fern und unter Verschluß. So auch jene Offiziere, die bei der Schlacht um Tannenberg in unheilbare Geisteskrankheiten verfielen und noch 1924 die Schreie jener russischen Soldaten und Pferde hörten, die 1914 in den Sümpfen versunken waren.

Der Psychoanalytiker und Freud-Schüler Sandor Ferenczi hat in seinem Vortrag *Über zwei Typen der Kriegshysterie* von 1916 einige Beobachtungen geschildert, die er, als Leiter einer Nervenkrankenabteilung, an seinen Patienten machte. Er berichtet von einem Mann, dessen »rechter Arm im Ellbogen spitzwinkelig kontrakturiert«, während der »Oberarm spastisch an den Brustkorb angedrückt erscheint«. Die Anamnese hatte ergeben, daß rechts von dem Mann eine Granate explodiert war, als er gerade auf der Erde lag und, das Gewehr im Anschlag, auf den Feind zielte. Er wurde nicht verwundet, perpetuierte aber seither die Situation, in der ihn die Explosion erschütterte. Ferenczi berichtet auch über die Kriegszitterer, die, ebenfalls durch Granatenexplosion oder ähnliches tief verstört, keine Kontrolle mehr über sich hatten. Jeder Gehversuch versetzte sie in heftiges Zittern, zog Herzklopfen und Schweißausbrüche nach sich. Lagen sie jedoch im Bett, so waren sie oftmals bester Laune und verfügten über ihre volle Beweglichkeit.

Der traumatische Moment wird in diesen Fällen entweder durch Erstarrung der Arme oder Verweigerung der Beinarbeit festgehalten. Es ist wie ein Protest der Nerven, Muskeln und Bänder gegen den Krieg, in dem es ihnen schlechtging. Ferenczi vergleicht die Kriegsneurose und ihren körperlichen Ausdruck mit einem Gedenkstein, der starr in die Gegenwart hineinrage, versehen mit der Inschrift dessen, was der Psyche widerfahren ist. Und was ihr widerfahren ist, kann nur als ungeheuerlich bezeichnet werden. Es erscheint nur vernünftig, wenn hinfort jeder Gehversuch scheitert. So wird Vorrücken gegen den Feind unmöglich. Wie rührend und originell das Unbewußte durch Pantomime seine Botschaft vermittelt, zeigen Kriegszitterer, die zwar »am Vorwärtsgehen durch heftige Schüttelkrämpfe gehindert sind, aber der viel schwierigeren Aufgabe des Rückwärtsgehens ohne Zittern entsprechen«.

Im Zweiten Weltkrieg war der Kriegszitterer kein besonderes Thema mehr. Offenbar gibt es so etwas wie einen kollektiven Abstumpfungsprozeß, in dem alle Erinnerungen an empfindlichere Reaktionen getilgt werden. Die erstaunliche Fähigkeit der Männer, tagelang, wochenlang, monatelang, sogar jahrelang unaufhörlich gewalttätig zu sein, so lange, bis sie außer Gefecht gesetzt werden, hat im Zweiten Weltkrieg sicherlich enorm zugenommen. Ihre Bereitschaft, unerschütterlich brutalste Gewalt auszuüben und sich antun zu lassen, scheint grenzenlos. Möglicherweise gehört zum martialischen Selbstverständnis der Glaube an die eigene Unverwüstlichkeit.

*

Die Veranstaltung der Kriegsversehrten und Behinderten ist gut besucht. Im stickigen Saal drängen sich alte Kameraden mit Krücken und Blindenstock durch die Menge zu ihren Plätzen. Zu Unfallopfern und Behinderten hält man Distanz, schon deshalb, weil die eigenen Verstümmelungen und Gebrechen im militärischen Einsatz fürs Vaterland erworben wurden und nicht zufällig entstanden oder angeboren sind. Beim Soldaten hat jede Wunde ihren festen Platz in der Geschichte, jeder ehemals Verwundete kann im Schlaf Einheit, Dienstgrad, Schlachtfeld und alle Lazarette nennen, in denen er lag. Da sitzen sie nun, die Weltkriegsteilnehmer, immer noch bemüht um Drahtigkeit, mit starren Nacken, allen denkbaren Verstümmelungen und schnarrenden Altmännerstimmen. Als der VdK-Landesvorsitzende sich ins Tonband räuspert, tritt sofort Stille ein.

Drei Krüppel sind gar nicht erst hineingegangen, sie sitzen draußen auf einer Bank in der Sonne nebeneinander und schweigen. Der linke, nennen wir ihn Herrn A, hat eine Lederhand; der mittlere, Herr B, ist stark gebräunt, nur die knotige Narbe auf seinem Schädel leuchtet weiß; und Herr C schließlich hat sein leeres Hosenbein umgeschlagen und oben in den Bund geklemmt, die Krücken lehnen an der Wand.

G: Sie sitzen hier so stumm, gehören Sie zusammen?
B: Nein, überhaupt nicht, ganz zufällig haben wir uns hier gesetzt.
G: Möchten Sie mir was über ihre Kriegsverletzungen erzählen? Ich sehe da diese Narbe auf Ihrem Kopf.
B: *lacht* Das stellt einen Kopfschuß dar. Einschuß knapp unterhalb vom — damaligen — Haaransatz, Ausschuß dementsprechend. Kommen Sie ruhig näher, geben Sie mal her Ihre Hand, na, sehnse, da können Sie leicht zwei Finger reinlegen. Fühlen Sie, wie das pocht? Da hat mir der Iwan reingeschossen, durch den Stahlhelm durch.
C: Der hält eine ordentliche Kugel nicht ab!
B: Der deutsche Stahlhelm an sich war gut, aber aus Materialknappheit gabs dann auch Qualitätsschwankungen, ich muß wohl einen schlechten erwischt haben. Sooo ein

Loch war da drin. Man paßt einen Moment nicht auf und schon: patsch! Das war ein Scharfschütze aus dem feindlichen Schützengraben, keinen Handgranatenwurf entfernt.
G: Und Sie, Sie haben was am Arm, darf ich mal sehen?
A: Ja bitte.

Er streift den Ärmel hoch und entblößt eine Hand- und Armprothese aus dunkelglänzendem Leder. Sie endet in einer Art ausgepolstertem Maulkorb aus Draht. Zwei Metallschienen mit Gelenken in Ellbogenhöhe führen zu einer Ledermanschette, die zur Befestigung der Prothese am Oberarm dient. Im Drahtkörbchen ist der Stumpf zu sehen, weiß und formlos windet er sich bei jeder Bewegung der Schulter. Der Mann streckt beide Arme aus und hält sie mir entgegen.

A: Sehn Sie mal, die Prothese ist leider ein ganzes Stück kürzer als mein Arm.
G: Weshalb?
A: Es gibt keinen Grund dafür. Sie paßt nicht, hat noch nie gepaßt. Ich hätte längst eine andere haben können, aber ich bleibe bei dieser. *Er klopft mit dem Knöchel seines Zeigefingers darauf.* Ich bin es so gewöhnt.
C: Genau auf dem Standpunkt stehe ich auch mit meiner Beinprothese. Ich bin nur momentan etwas wundgelaufen, deshalb die Stöcke.
A: Das passiert leicht. Na, jedenfalls habe ich bei all dem noch Glück gehabt, muß man sagen, die gingen ja überall hoch, die Dinger. Meinen Kameraden hats zerrissen neben mir. Von dem war kein Fetzchen mehr übrig. Zuerst habe ich eine ganze Weile nichts gespürt, keinen Schmerz, gar nichts ...
C: Ganz genauso war es bei mir auch, als wäre nichts geschehen.
G: Ihnen fehlt das Bein.
C: Das will ich meinen. Immer noch, ja! Daran gewöhnt man sich wohl nie, man spürt Phantomschmerzen und alles. Nur als es passiert war — nichts. Es war eine

Deutsche Bräuche

Granate, ich hab sie pfeifen hören, und als ich wieder zu mir kam, lag ich drei Meter weg von meinem Bein.

A: Eijeijeijei, das hat geblutet, oi weh. Ich bin auch gelegen und hab zugeschaut, wie das Blut rauslief. *Er hält seinen Lederarm in die Höhe und betrachtet ihn voller Mitleid.*

B: Mhmmm. Na, Hauptsache, man konnte sein Leben retten.

A: Früher konnte ich mir sogar noch die Schuhe alleine zumachen mit dem Arm da, heute bin ich nicht mehr so beweglich, leider. *lacht etwas dreckig* Damals war ich neunzehn.

B: Wir werden alle nicht jünger. Ich war 23, als es passiert ist, sooo ein Kerl, ein Bild von einem Mann — wie wir alle. Ich riß mir den Helm runter, so heiß war das Blut, dann bin ich in den Schlamm gefallen, ein Kamerad hat

Kriegskrüppel

mich ins Unterholz gezogen, mit dem bin ich noch zwei Kilometer gelaufen, bis zum Verbandplatz.

C: Ganz unglaublich heute, was man geleistet hat damals, diese Tapferkeit und Härte. Aber wir waren auch noch gründlich gedrillt worden. Die jungen Männer heute, wenn ich die so sehe, von denen würde keiner auch nur eine Woche durchstehen.

B: Ich war sportlich sehr interessiert, war im Ruderklub, hab das Reichsjugendabzeichen gemacht und das SA-Sportabzeichen in Silber ... die Nadel hab ich heute noch ... Jedenfalls, ich wollte ja was anderes erzählen, auf dem Verbandplatz hat man mich auf eine Trage gelegt, der Sani kam und sagte gleich: ›Mann, Ihnen kann ich hier nicht helfen, Sie gehn gleich mit dem Transport ins Lazarett.‹ Dort kam der Doktor, fragte: ›Wer hat die meisten Schmerzen?‹, ich hab meinen Finger gehoben und kam gleich auf den Tisch, von da an weiß ich nicht, was sie mit mir gemacht haben.

A: Sie müssen ja bedenken, daß die kein Chloroform dahatten und nichts, größtenteils.

B: Insofern kam eine Ohnmacht gerade richtig.

C: Bei mir leider nicht. Bei vollem Bewußtsein haben sie mir den zersplitterten Knochen abgesägt und, was zu viel war, runtergeschnitten. Vier Mann mußten mich halten. Erst als alles fertig war, bin ich denen weggesackt.

A: Und dann lag man herum, in überfüllten Sälen, mußte mit ansehen, wie die anderen heimkonnten, während sie an einem rumdoktern. Nichts als Eiter, Drainagen, Eiter, Drainagen ...

B: Der Eiter floß ununterbrochen. Aus dem Kaliumpermanganat haben sie Schreibtinte gemacht und was weiß ich noch, auch Verbandmaterial gabs nicht. Alle lagen da mit offenen Wunden und haben zugesehen, wie sich die Maden vermehren. Solche Würmer hatte ich auf meinem Kopf. Der Sanitätsfeldwebel hat immer gesagt: ›Männer, laßt die Maden, wo sie sind, die halten euch die Wunden besser sauber als Schwester Eulalia!‹

C: Na schaun Sie mal an, davon hat man läuten hören.

Sowas gabs in Berlin natürlich nicht, ich hab ja in Berlin beim Endkampf mitgemacht.

G: Ich komme grade aus Berlin.

C: Vielleicht werden Ihnen ja dann die Örtlichkeiten etwas vertraut sein: Frankfurter Allee, Landsberger Allee, Friedensstraße, Richthofenstraße? Da war ein großer Friedhof, das Horst-Wessel-Krankenhaus und Brauereien, diesen Abschnitt hatte ich zu verteidigen mit meinen Männern. Ich weiß noch genau, der Friedhof hieß Parochial- und St.-Petri-Friedhof, kennen Sie den?

G: Nein.

C: Wir lagen unter Trommelfeuer, ich hatte große Verluste. Wir gingen in Deckung hinter die Grabsteine, dann ist es passiert. Ein Splitter da, ein Splitter da, alles noch drin. *Er deutet auf Oberschenkel und Gesäß.* Man hat mich zum Zoo gebracht, dort war ein Hochbunker, und da hat man mich dann zurechtgestutzt, und nach einem halben Jahr hab ich geübt auf Krücken gehen. So wäre ich wahrscheinlich in russische Gefangenschaft gekommen ...

B: Oder, mein Guter, der Iwan hätte Sie vollends erwischt.

C: Ohne weiteres möglich.

B: Ich war in Rußland, bei der Belagerung von Leningrad.

C: Aha!

B: Ach, da hab ich Tausende sterben sehen.

G: Leningrader.

B: Wie? Nein, Deutsche, Kameraden. Tag und Nacht hatten wir Artilleriefeuer, die wollten und wollten nicht kapitulieren. 1943 hat der Russe dann zur Befreiungsschlacht angesetzt ...

G: Wissen Sie, wie viele Leningrader verhungert sind bei dieser Blockade?

B: Wie viele? Nein, also im Moment könnte ich Ihnen das leider nicht beantworten.

C: Mindestens 50000!

G: 800000.

B: Ist nicht möglich! Da bin ich aber überrascht, ich wußte gar nicht, daß die Stadt so viele Einwohner hatte. Na jedenfalls, unsere Division wurde verlegt, zur Verstärkung ins Wolchow-Gebiet, wir sollten den Russen aufhalten. Da lagen wir im Dreck. Sumpfgegend, Stechmücken ... Am 26. Oktober 43, Vormittag halb elf wars, da hat er mir den Kopfschuß verpaßt, der Iwan. Daß Sie einen Menschen wie mich überhaupt noch antreffen, einen, der überlebt hat, das ist das reine Wunder.

A: Wenn man das so bedenkt, unsere Generation, die hat was mitgemacht, und das in der Blüte ihrer Jahre. Ich war auch im Osten, aber nur auf der Festung Thorn.

G: Wo ist das?

A: In Westpreußen, ganz in der Nähe von Bromberg ...

G: In Polen also.

A: ... Ja, also das war an der Weichsel. Ende Januar 45 rückten russische Panzerverbände an, dahinter Infanterie in Waffen. Die waren auf dem Vorstoß nach Westen. Ich war ja nur im Pionier-Ausbildungsbataillon, aber die anderen Kompanien haben angefangen, die Festung zu verteidigen, obwohl wir gar nicht angegriffen wurden. Um Mitternacht kam der Befehl zum Ausbruch. Draußen war die Hölle los; die vor uns raus waren, lagen schon alle da in ihrem Blut. Jeder hat versucht, sich zu retten, so gut er konnte. Ich bin mit einer Gruppe bis zur Weichsel gekommen, dort waren Minen unterm Schnee. Ein Kamerad aus meiner Gruppe hat mir, als es passiert war, den Oberarm abgebunden, und so bin ich dann über den Fluß gekrochen im Morgengrauen. Weil Tauwetter war, schwamm das ganze Schmelzwasser auf der Eisdecke, es war glatt, überall lagen Leichen, das Eis war an manchen Stellen rot. Von den 150 Mann meiner Kompanie sind nur ich und drei weitere übriggeblieben.

C: Viele sind nicht wiedergekommen. Manche sind in Gefangenschaft geraten, die meisten sind im Osten gefallen.

B: Fünf Millionen mindestens.

C: Mein Bruder ist in Stalingrad vermißt, er war Geistlicher. Die Eltern hatten sich unser Studium vom Munde abgespart.

B: Mein Vater ist auch vermißt, er war in Odessa.

C: Ich selbst war ja auch in Rußland, bis Rostow am Don. Rechtzeitig bin ich versetzt worden. Von denen dort hat kaum einer überlebt. Wenn Sie sich das vorstellen könnten, was wir mitmachen mußten, Sie würden die Flucht ergreifen vor uns. Ich war im Panzer, im Panzer war ich, und ein Zug, der besteht aus fünf Panzern. Ich war selbstverständlich, mit Abitur und Studium, der Zugführer. Ein Leben war das, immer im heißen, öligen Tank, nicht gewaschen, wenig gegessen, wenig geschlafen. Sowas kann man heute gar nicht mehr verstehen. Aber man mußte hart sein können, sonst gabs kein Überleben. All die Sachen wirft man uns bis heute vor. Aber der Weizsäcker, der war doch auch Offizier und auch im Osten, na bitte!

An einem einzigen Tag sind mir alle fünf Panzer getroffen worden, ich kam grade noch raus. Alle 25 Mann sind in wenigen Minuten verbrannt, bei lebendigem Leibe. Die Todesschreie vergißt man nicht so leicht. Im Frankreichfeldzug bin ich auch schon abgeschossen worden, und in Jugoslawien habe ich gestanden, gegen die Partisanen gekämpft ... da ist ja jetzt schon wieder ganz schön was am Kochen ...

A: Die geben keine Ruhe.
B: Da schlägt ja jeder jedem den Schädel ein, hoffen wir nur, daß es sich nicht ausweitet.
C: Wir sind ja nun zu alt für solche Scherze.

Geschichte für taube Ohren

Aus dem Krankenbericht:
»... überweisen wir Ihnen heute vereinbarungsgemäß unsere Patientin Anna-Maria J.
Die sehr schwierige und mittlerweile durch Taubheit und hochgradige Senilität geprägte Patientin war seit 1984 Insassin unseres Altenwohnheimes. Wegen ihrer Desorientiertheit und der damit gegebenen Pflegebedürftigkeit konnte Frau J. nicht länger bei uns versorgt werden.«

Nun sitzt Frau J. in steifer Haltung im leeren Tagesraum eines katholischen Altenpflegeheimes und rührt sich nicht von der Stelle. Es ist bereits Mitternacht, aber sie weigert sich energisch, das Bett aufzusuchen — wegen der »ewigen Rattenplage«, wie sie erklärt. Danach schaltet sie ihr Hörgerät aus und ist nicht mehr zu sprechen. Abgewandt von der beleuchteten Weihnachtskrippe, verharrt sie bewegungslos im halbdunklen Raum und wirft einen undeutlichen Schatten auf die gegenüberliegende Wand. Plötzlich beginnt sie mit kräftiger Stimme zu sprechen.

»Der dauert ja heute so lange, der Alarm. Schon seit Stunden haben wir Feueralarm, da kann ja kein Mensch schlafen ... So, ich schalte mein Hörgerät einfach ab, und passen Sie mal auf, junger Mann, wenn der Alarm zu Ende ist, dann geben Sie mir einfach ein Zeichen mit dem Finger, *so,* sehn Sie. Wo sind denn die andern alle, es ist ja vollkommen leer hier? Sicher schon abgereist. Sagen Sie, wie spät ist es denn überhaupt? Ich hab nicht mal was zum Abendbrot gehabt heute. Doch, ich erinnere mich, ich habe eineinhalb Brötchen gegessen, oder waren es zwei? Die habe ich wohl gegessen, und danach habe ich abgewartet, was nun wird. Gewartet und gewartet habe ich und immerzu bei mir gedacht, daß es jetzt Zeit wird für mich zu gehen. Ich bin schon viel zu lange hier in diesem fremden Hause. Auf Wiedersehen, leben Sie wohl ... Hören Sie noch was vom Alarm, junger Mann? Der wird wohl nie mehr abgeschaltet?

Wieso steht hier eigentlich kein Christbaum und nichts? Das ist doch ein katholisches Haus, denke ich! Streng katholisch, hat man behauptet. Ich sagte doch ausdrücklich, daß ein jüdisches Altersheim für mich nicht in Frage kommt. Ich bin katholisch! Frau Schnalcke, die ist nicht katholisch, ich weiß es genau. Aber bei mir stehen sie vor der Tür, täglich, und dann geht der Terror los: ›Sie wollen uns doch nicht weismachen, daß Sie katholisch sind!‹ Also ich sage nur eins, wenn die reinkommen, dann lebe ich schon nicht mehr, da ist nichts mehr zu machen. So schnell kann es zu Ende gehen, Gott sei Dank. Morgen vormittag bereits lebe ich nicht mehr, denn ich soll ja Punkt neun in den Brunnen geworfen werden.

Aber was kümmert das *mich*? Ich bleibe einfach hier sitzen, schließlich bin ich katholisch, das steht sogar zum Fußende meines Bettes zu lesen! Das kann mir keiner nehmen, meine Religion, meinen Glauben. Aber bei Frau Schnalcke, das habe ich gestern genau gesehen, da steht nichts dergleichen drauf. Das habe ich auch der hohen Kommission gesagt, die all diese Dinge genau untersucht und prüft — den Herren der hohen Kommission, die mich befragt haben, denen, die hier waren. Da gabs eine Debatte, eine Aufregung, ein Gequatsche deswegen, stundenlang. Man überprüft das jetzt genau, wer dies oder jenes ist. Ein Herr sagte zu mir: ›Sie sind doch eine geborene Stern, geboren von Juden, 1911 in Berlin?‹ Ich habe geantwortet: ›Tut mir leid, mein Herr, ich hab mein Hörgerät nicht drin, ich bin absolut taub, leider, und außerdem katholisch. Sehnse mal, was ist denn das? Sind das Ratten, oder was? Nein, Hamster sind das nicht! Die sind ja ganz klumpig, die Tiere, Gott wie eklig. Gukkense doch mal, was das ist, da — da läufts davon!‹

Frau Stern? Kenne ich nicht! Ich bin das Nachthemd, und solange ich lebe, bin ich schon Nachthemd! Da sind zwar noch mehrere andere Nachthemden, aber ich bin das längste. Das habe ich dem Herrn genau erklärt. Man kann das ohne weiteres riskieren, denn so kurz vor Weihnachten geht nichts mehr in die Plätterei, das war meine Überlegung.

Dann möchte ich auch gleich noch einen Antrag stellen auf eine katholische Beerdigung. Ich war für alle immer nur das Anna-Mariechen, machen Sie, was Sie wollen, ich bin streng katholisch, es steht auf meinem Bett, und hier vorn auf dem Nachthemd ist es auch aufgenäht, hier auf der Brust. Deshalb brauche ich eine katholische Beerdigung, sagen Sie das der Leitung! Auf dem jüdischen Friedhof, da weiß man nichts von mir. Meine zwei kleinen Schwestern sind dort schon verschwunden auf Nimmerwiedersehen! Das ist nichts für mich! Warum wollen Sie denn das unbedingt abstreiten, daß ich katholisch bin? Schweinekotelett, Käsekuchen, Blut- und Leberwurst, ich esse alles, gegrüßet seist Du Maria ...

Immer noch Alarm, junger Mann? Haben Sie das gestern gesehen, wie sie rumgezogen sind mit den Fackeln, schön sah das aus, aber wenn einer nicht aufpaßt, dann bricht schnell ein Brand aus, dann geben sie Feueralarm, und wir haben das Nachsehen! Nachher, als schon alles in Scherben lag, kam ein schwarzgekleideter Herr, der muß von der Kirche gewesen sein, ein Priester, der sagte zu uns: ›Ich muß mich hier wohl entschuldigen, für die Unordnung, die wir angerichtet haben.‹

Aber die hohe Kommission gestern, die hatte keinerlei Einsehen. Sie standen um mein Bett, die Herren, und einer sagte: ›Die muß hier raus, die Frau, die gehört nicht hierher!‹ Der andere Herr jedoch widersprach ihm gleich: ›Nein, nein, Anna-Mariechen muß hier in diesem Zimmer liegen bleiben!‹ Aber der erste Herr wollte, daß ich rauskomme. So ging das eine Weile hin und her. Dann endlich war es soweit, daß man mir geglaubt hat, daß ich katholischer bin als katholisch. ›Ich gehe regelmäßig zur Beichte, hier, in der Nachttischschublade können Sie sich überzeugen, das ist mein Rosenkranz, zur Kirche gehe ich täglich, fragen Sie den Priester‹, sagte ich zum Herrn. So eine große Revolte war das gestern, alle sind immer noch ganz erschöpft davon. Aber immerhin, als er ging, hat er mich eine echte Katholikin genannt. Was sich andere nie leisten können, das hat man mir sozusagen umsonst gegeben.

Aber im Grunde genommen ist mir das alles vollkommen gleichgültig, denn ich muß ja morgen doch sterben. Vorher aber hätte ich gern noch ein schönes Schweinskotelett, paniert und goldbraun in Schmalz herausgebacken. Bald ist Weihnachten, bald werde ich 82. Früher habe ich gearbeitet, als kalte ... eh ... als warme Mamsell, sogar bei Franzosen. Eine Familie mit zwei Kindern war das. Aber heute erinnert sich dort niemand mehr an mich, ich kann hier in aller Ruhe vor die Hunde gehn ...

Ich bin das Nachthemd, Anna Maria J., geborene Stern, 22 Jahre verheiratet, 1 Kind! Die Polizei hat mich aufgegriffen, man hat mich verdächtigt, aber ich bin katholisch, schon immer katholisch, es steht sogar zum Fußende an meinem Bett, überzeugen Sie sich! Ich war ja all die Jahre im Gaststättengewerbe tätig, als Annonceuse, auch alle Wirtschaftsaufgaben hatte ich unter meiner Obhut, sogar den Wein- und Bierkeller, das hätten Sie nicht gedacht. Man hat sich nach meinen Anweisungen gerichtet bei ... ja wie heißt es denn ... hier in Berlin, das, was dann nachher im Kriege zusammengefallen ist? Der Herr von der Polizei hat mich ausführlich begutachtet und meine Angaben aufgenommen. Aber am Ende hat er dann doch anderen Stimmen geglaubt und gesagt: ›Ich glaube, Sie sind umgetauft worden. Ob das seine Gültigkeit hat, muß erst noch an höherer Stelle überprüft werden, ich muß Sie leider solange in Arrest nehmen!‹ Das war ja alles gar nicht zu verstehen früher. Bei uns im Hause waren zwei sehr nette Lehrerinnen, schon pensionierte Damen, die kamen zuerst weg. Ich habe gesehen, wie sie in den Wagen gestiegen sind mit ihrem Gepäck. Später sind wir dann auch weggekommen, die Eltern, Hans und ich, uns hat man ja deportiert in die Fremde ... und dann ... haben andere Menschen unsere Wohnung in Besitz genommen, aber Glück hat ihnen das nicht gebracht, das ganze Haus ist ausgebombt worden im Kriege, die habens nicht überlebt. So schön wars also früher auch nicht, wie immer behauptet wird, und das sage ich nicht nur deshalb, weils bald mit mir zu Ende ist. Was das allerdings bedeutet, das dauernde Geraune, Nacht für Nacht, kann ich mir nicht erklären. Aber ich werde schon noch dahinterkommen ... Pst! Leise! Jetzt kommt wer. Ich glaube, sie hat schon wieder gelauscht, die schreckliche Person. Immer das Ohr an der Tür! Aber ich habe nichts zu verheimlichen, ich sags ganz offen, heutzutage laufen überall Diebe und Verbrecher herum, jetzt nehmen sie sogar den alten Leuten die Unterhosen weg auf offener Straße! Aber weit werden sie damit nicht kommen, soviel steht fest! Überhaupt ist da ein Haß überall. Einmal habe ich Frau Schnalcke gefragt, ob ich mich einen Moment neben sie hinlegen kann, so erschöpft war ich von der harten Arbeit, aber sie hat es verboten, hat nur gesagt: ›Werden Sie nicht falsch, sonst lasse ich Sie abholen!‹ Ich beobachte sie genau. Ich stelle mich so ein wenig abseits, und wenn sie dann reinkommt, in ihr Zimmer, dann geht sie immer in ihre Ecke, ißt heimlich Schokolade und denkt, daß es keiner bemerkt. Ich stelle mich immer so, daß sie mich nicht sehen kann, denn die ist ja gemeingefährlich, die Person. Einmal, ich weiß nicht, wie sie mich entdeckt hat, kommt sie auf mich zugestürzt mit irgendwas in der Hand, und da hat die mich geschlagen, immer drauf bei mir, immer drauf. Gegenwehr war da ganz zwecklos, ich habe ein paar starke Stücke abgekriegt. Sehnse mal, jetzt ist schon alles bis hierher aufgeschwollen, vorher war das noch nicht. Mir ist, als ob alle Knochen in meinem Leib zerbrochen wären, au ... au ... ! Was ist denn das auf meiner Nase, können Sie mal ... gucken bitte, nicht nur hier, sondern auch hier, der dicke Buckel, der sonst nie war, auch den habe ich dieser Bestie zu verdanken. Und nun tun Sie mir mal den Gefallen, gehn Sie mal in ihr Zimmer, bestimmt hat sie sich schnell in ihr Bett gelegt, die Decke bis zur Nase, und tut so, als wäre nie was geschehen.

Wenn die Herren von der hohen Kommission morgen wiederkommen, werde ich die Sache ein für allemal klarstellen. Mit einer Christin, einer Katholikin, kann man so nicht umspringen. Damals dachte ich ja noch, es ist für höchstens eine Woche, aber dann verging die Zeit, und ich habe gewartet und gewartet, und gar nichts hat sich gebessert, keinen von uns hat man entlassen, bis heute nicht! Das ist doch unerhört, man hat uns das nicht gesagt, daß das für immer sein soll. Junger Mann, seien Sie mal ehrlich, ist heute Mittwoch oder Freitag? Man sagt uns ja nicht einmal die Uhrzeit korrekt an. Lassen Sie sich nur Zeit, und behalten Sie aber bitte Frau Schnalcke im Auge, sie liegt im Bett unter der Decke und verstellt sich momentan, sie denkt, weil es draußen noch finster ist, kann sie Gesichter schneiden hinter meinem Rücken. Die freut sich noch, wenn ich im Dreck ersticke! Jetzt sitze ich schon seit Ewigkeiten hier und starre auf die Wand, was soll denn nur aus mir werden? Meine linke Seite ist ganz warm, meine rechte Seite ganz kalt, bitte helfen Sie mir. Helfen Sie mir doch! Hallo! Heda! Ist hier niemand? Ich glaube, es brennt dort drüben ... Hilfe! Feuer! Alles ruhig, so als wäre gar niemand zu Hause, dabei sehe ich doch dort zwei paar Schuhe unter dem Bett stehen, was soll das? Sagen Sie mir bitte, was das zu bedeuten hat, es brennt hier alles ab in aller Ruhe, und die Herren haben es nicht nötig, sich zu beeilen mit den Löscharbeiten. Ich glühe ja schon am ganzen Leibe vor Hitze! Heda, Feuer!

Meinetwegen, soll alles niederbrennen! Die sind hinterher um eine Erklärung nie verlegen, das kennen wir schon. Sie lassen mich da sitzen in der Asche, es ist ja nicht der Mühe wert. Wenigstens hat man mir mein Taschentuch gelassen, damit ich nicht ganz mittellos dastehe. Der Herr von der Kirche hat gesagt: ›Ich muß mich wohl entschuldigen für diese Unordnung‹, aber wo soll ich denn nun wohnen in Zukunft, in der Straßenbahn, im Autobus, in der U-Bahn? Schließlich haben wir Winter, die Nächte sind eiskalt. Sie, ich verstehe Sie nicht, sprechen Sie mit mir? Ich habe mein Hörgerät ausgeschaltet, man will hier meine Hilflosigkeit ausnützen, die Scheiben im Schlafzimmer sind eingeworfen, und mein Vater hatte eben erst eine Lebensmittelvergiftung, derweil sind überall Brände ausgebrochen, deshalb der Alarm. Ich kann ihn nicht mehr hören! Und bitte, nehmen Sie das weg, das Essen, ich brauche das alles hier nicht. Wenn man einen Menschen einmal derart im Stich gelassen hat, dem schmecken dann auch die besten Speisen nicht mehr so wie sonst. Das sage ich ganz ruhig, mir ist schon ganz egal, daß ich an Ort und Stelle bleiben muß. Kälte, Nässe, Krankheit und Fieber können mich nicht aus der Ruhe

Geschichte für taube Ohren

bringen, aber daß meine Nase nun so riesig angeschwollen ist, das geht zu weit!

Übrigens, Frau Schnalcke ist gestern wieder gestürzt, nur, damit Sie Bescheid wissen. Um die isses nicht schade. Die Brille ist auch kaputt, ein Glas und der Bügel! Jetzt ist sie blind wie ein Maulwurf, tastet hierhin, tastet dorthin. Werfen Sie mal einen Blick zum Fußende ihres Bettes. Frau Schnalcke ist evangelisch! Frau Schnalcke kann getötet werden! Ich bin katholisch, katholischer als katholisch, von Kindesbeinen an ist die Jungfrau Maria mein ein und alles ... Nehmen Sie die Hand weg, ich kann von alleine gehen! Ich suche schon stundenlang, da war ein dicker Herr mit Bart, der schickte mich in diese Richtung. Ist hier nicht irgendwo eine Treppe, auf der ich abgehen kann?

Herrenloses Gut

Eines Tages war es wieder einmal soweit, den guten Vorsatz endlich fluchend in die Tat umzusetzen. Offenbar erging es auch anderen Leuten so, sie hatten nur früher gehandelt. Am Nachmittag jedenfalls, als ich mich endlich durchgerungen hatte, waren die beiden Papiercontainer an der Ringstraße bereits bis oben hin voll. Daneben türmten sich Kartons und Zeitungsbündel. Ich legte meine dazu und bemerke, als ich gerade gehen wollte, einen Stapel staubiger flacher, kittfarbener Schachteln stehen, mit zartem Goldstreifen im marmorierten Papier. Als ich den Deckel abnahm, sah ich einen Herrn mit erhobenem Zeigefinger in einer englischen Parklandschaft stehen, zu seinen Füßen saß ein schwarzer Scotch-Terrier, der aufmerksam nach oben blickte. »Hans Loeffler und Billy — 1937 —« stand mit Bleistift, in gestochen schöner Schrift unter dem großen Schwarzweißfoto. Etwa fünfzig weitere Fotografien fand ich in der oberen Schachtel, alle auf DIN-A 3 großem, dickem Büttenpapier aufgezogen und sorgfältig beschriftet. Die Schachtel selbst war innen mit blauweiß gemustertem Leimpapier bezogen. Ihr Unterteil konnte man umklappen, so daß sich der ganze Stapel herausnehmen ließ. Eine wunderbare buchbinderische Arbeit. Schon der Schachteln wegen beschloß ich, den Fund an mich zu nehmen. An Schachteln besteht ja immer großer Bedarf.

Es kostete einige Mühe, sie alle wohlbehalten nach Hause zu schaffen, aber Freude und Neugier beflügelten mich. Erst als dieser graugrüne Turm aus zwölf Schachteln in meinem Arbeitszimmer stand, beschlichen mich leise Bedenken, die sich jedoch bei näherer Betrachtung der Fundstücke sofort zerstreuten. Jede einzelne Schachtel trug eine in Leder eingeprägte, goldene Zahl. Auf jedem Deckel klebte ein graphisch als Monogramm gestaltetes Namensschildchen

Herrenloses Gut

des ehemaligen Eigentümers, eines Architekten: Otto Firle, Berlin.

Ich öffnete Schachtel um Schachtel, betrachtete die Bilder und wurde hinweggerissen zu Mecklenburger Herrensitzen, nordischen Fjorden, südschwedischen Sonnenuntergängen, sah reiche Menschen eine Yacht besteigen, befand mich im Getümmel der Pariser Weltausstellung, auf Wolkenkratzern, in New Yorker Straßenschluchten und unter der Manhattan Bridge. Offenbar war der Architekt sowohl an romantischen als auch an sachlichen Sujets interessiert. Angenehm die Mischung; die Ruhe, mit der die Aufnahmen gemacht wurden.

Foto: Otto Firle

Anhaltspunkte zur Person des Fotografen gibt es kaum, auch heute, wo ich die Bilder noch einmal betrachten will, wird er nicht kenntlicher werden. Da alle Fotografien aus den Jahren zwischen 1936 und 1938 stammen, möchte man natürlich schon gerne wissen, ob der Mann Täter, Opfer oder weder das eine noch das andere war. Da gibt es einerseits die Fotografie eines gräßlich rustikal eingerichteten Raumes in Görings Jagdhaus Karinhall, andererseits ein Bild von Herrn Rosenblad, der Eis essend auf einem Vorortbahnhof von Helsinki steht und freundlich lächelt. Diese Frage und alle anderen müssen wohl offen bleiben. Tatsache ist, die Fotos lägen im Grunde längst unter einem Berg von Müll, wo es dann weder auf ihren Urheber noch auf sie selbst mehr ankäme. Ich könnte nun natürlich Nachforschungen anstellen, es wäre sicher sogar recht leicht so etwas wie eine Kurzbiographie zusammenzustellen, doch was würde sich ändern?

Unübersehbar ist ja, in welchen Kreisen sich Herr Firle bewegte. Da sind die sehr intimen Aufnahmen von Schloß Bülow und Schloß Trebbow, die er nicht als Fremder gemacht hat, sondern als ein Gast des Hauses; da sind die mit lässiger Arroganz aus dem Bild blickenden adligen Fräuleins und Jünglinge mit den Vornamen Els und Arndt; die Sylter Badegäste, die sich mit gespielter Lasziviät in die Dünen legen; die Passagiere der Luxusklasse auf dem Ozeandampfer. Genaugenommen, je öfter ich die Bilder betrachte, um so unsympathischer wird mir ihr Fotograf. Wahrscheinlich ist er dieser Herr, der mehrmals im Bild ist, etwas feist, saturiert, mit tiefen Geheimratsecken, Fliege, Ziertuch und Zigarre. Warum mache ich mir Gedanken? Schließlich, es kommt ja vor, daß auch Opfer unsympathisch sind.

Merkwürdig, je länger ich im Besitz dieser Fotos bin, um so mehr beginnen sie mich zu stören. Dabei war alles doch überhaupt nur wegen der Schachteln gekommen. Sie wollte ich. Fotos kann man ja wegwerfen. Anfangs war ich noch der Meinung, es sei nicht schade drum. Ich hätte sie von dem schönen Büttenkarton ablösen können. Hätte wunderbare Schachteln gehabt. Doch dann wurde mir vollkommen klar, daß ich die gar nicht für mich würde verwenden können, denn — wohin dann mit den Fotos, die zum Wegwerfen viel zu gut sind. Es wäre geradezu sträflich. Sie brauchen eine massive, sichere Hülle zu ihrem Schutz, und dafür sind die Schachteln ja geschaffen. Andererseits, so sage ich mir, schaut man Fotos, seien es nun eigene oder von fremden Leuten, eher selten an. Lohnt es sich, für diese wenigen Momente der Freude einen hüfthohen, massiven Block im Zimmer zu dulden, der alles in allem seine 50 Kilo wiegt? Was wird im Fall eines Umzuges, der ja vielleicht irgendwann ansteht? Man müßte wahrscheinlich die Nachmieter bitten, das zu behalten oder wegzubringen. Erben sind ja auch keine da, und selbst wenn, man sieht ja an diesem Beispiel, daß sie sich nichts daraus machen.

Ich werde das Gefühl nicht los, daß es mir geht wie ihnen, die sich ja auch gefragt haben: was sollen wir damit? Aber einmal angenommen, ich hätte einen Kompromiß gefunden, die Fotos abgetrennt und weggeworfen oder sogar zusammen mit den Büttenkartons weggeworfen, so hätte sich immer noch nicht viel an Gewicht und Volumen der Schachteln geändert. Allmählich kommen mir auch Zweifel daran, ob die Schachteln, gesetzt den Fall, ich hätte sie zu meiner Verfügung, wirklich so praktisch sind, wie ich geglaubt und weshalb ich sie ja mitgenommen hatte. Wahrscheinlich sind sie überhaupt nicht praktisch, weder jetzt — weil voller Fotos — noch in leerem Zustand, weil viel zu schwer. Ich könnte mir vorstellen, sie sind hier genauso im Weg, wie sie es vorher anderswo waren.

Andererseits kann ich es aber einfach nicht übers Herz bringen, sie wieder zurück zu den Containern zu stellen. Das liegt ganz einfach daran, daß sie zu schön sind zum Wegwerfen. Von ihrem Inhalt ganz zu schweigen. Nun, es ist offensichtlich, ich werde der Schachteln nicht Herr. Jetzt wiederum, indem ich diese Worte schreibe, überkommt mich ein ungutes Gefühl. Was, wenn Erben ersten, zweiten oder dritten Grades diesen Bericht lesen und einen Anspruch geltend machen? Da würde ich mich aber sehr verwahren, gegen ein solches Ansinnen! Wie eine Löwin würde ich kämpfen für diese Schachteln, wenn es sein müßte. Wobei, genaugenommen, ich auf die Schachteln ja noch verzichten könnte, das würde mir gar nichts ausmachen, Hauptsache, ich behalte die Fotos. Aber so dumm wäre ja keiner, die Schach-

Deutsche Bräuche

teln allein zu nehmen. Die Fotos allein hingegen sind wahrscheinlich nur noch halb so interessant. Es muß schon alles so zusammenbleiben, wie es ist.

Man könnte sich allerdings fragen, ob die Fotos diese ganze Mühe wirklich wert sind. Ich habe mich nie besonders für Fotografien interessiert. Und von diesen hier, so scheint mir, sind einige nicht nur langweilig, sondern auch von ihrer technischen Qualität her nicht in Ordnung. Sie wegzuwerfen wäre sicher kein Fehler. Die wenigen guten oder auch meinetwegen brillanten Aufnahmen könnte ich bequem in einem Schuhkarton unterbringen. Dann hätte ich zwölf Schachteln, jede innen mit einem anders gemusterten Leimpapier in verschiedenen Farben ausgekleidet. Sie wären leer, würden dastehen wie ein kittfarbener Block, mit zarten Goldstreifen und Nummern, ohne zu stören. Doch wozu? Genauso haben wahrscheinlich die Erben gedacht. Es ist ja nun die große Zeit der Erben angebrochen. Leute, kaum älter als ich, erben Häuser, Aktien, Möbel, Bücher, und auch Bilder aller Art. Alle erben irgendwas, nur ich nicht. Weder heute noch morgen. Da sollte man doch wohl froh sein über einen solchen Fund, könnte man denken.

An sich bin ich ja auch gar nicht undankbar. Vielleicht war es der Erbe auch nicht? Womöglich hat er alles treu bewahrt und ist nun seinerseits verstorben? Allerdings, oft kann er nicht reingeschaut haben in die Schachteln, dem Geruch nach zu urteilen, standen sie längere Zeit im Keller. Anfangs jedenfalls rochen sie ganz leicht nach Moder. Jetzt, wo ich es hinschreibe, fällt mir ein, vielleicht riechen sie immer noch, und ich habe mich nur an ihren Geruch gewöhnt? Um ehrlich zu sein, die eine oder andere Schachtel hat Schimmelflecke, ist vielleicht ein bißchen abgestoßen. Allerdings handelt es sich hier um die unten stehenden Exemplare Nummer zehn, elf, zwölf, die anderen sind absolut tadellos. Besonders innen ist alles bestens, sieht man einmal davon ab, daß einige Fotos bräunliche Verfärbungen aufweisen, was aber nur daran liegt, daß sie nicht ordentlich gewässert wurden und deshalb die Chemikalien immer noch arbeiten können. Was das betrifft, so wäre es beispielsweise technisch möglich, die Fotos alle abzulösen und nochmal gründlich nachzuwässern, nichts spricht dagegen. Zwar würden sich die bereits verfärbten Bilder dadurch nicht bessern lassen, die anderen aber bekämen solche Verfärbungen dann mit Sicherheit nicht mehr.

Das alles in Erwägung ziehend, möchte man fast vermuten, daß der Fotograf kein guter Fotograf war und sicher auch kein guter Architekt. Sähen sonst die Bilder so aus? Liebevoll fotografierte Motive, auf Agfa-Brovira Papier, großformatig, auf Bütten gezogen — und das alles mit schlampig gewässerten Abzügen? Ein guter Fotograf und Architekt hätte die Arbeit einem Fachmann übertragen. Wozu all die schönen Schachteln beim Buchbinder bestellen, wenn in ihnen die Fotos sich weiterentwickeln bis zur Unkenntlichkeit? Die großen Bilder von den großen Reisen. Wahrscheinlich war er genauso wie seine Fotos und Schachteln.

Gerechterweise muß aber gesagt werden, daß die Schachteln, dadurch, daß sie so stabil sind und sich problemlos stapeln lassen, relativ wenig Platz wegnehmen. Sie haben sogar eine gewisse Schönheit, wirken auf den ersten Blick wie ein grüngrauer Marmorblock. Er kann auch als Tischchen dienen, zugleich enthält er Kästen, Kartons und Fotografien. Von welchem Tischchen kann man das schon sagen. Und was mich noch so für die Schachteln einnimmt, ist diese mit Leinen verstärkte Vorrichtung zum Runterklappen, die kleine Schlaufe zum Herausziehen. Wäre sie nicht vorhanden, könnte es leicht dazu kommen, daß man die Bilder beim Herausnehmen knickt oder zerkratzt. Andererseits fällt dieser Vorteil bei seltenem Herausnehmen gar nicht so ins Gewicht.

Dafür, die Schachteln aufzuheben, spricht auch noch der Zufall, dem ich sie verdanke. Ich fühle mich dem Fundstück gegenüber zur Fairneß verpflichtet. Und nur weil ein fremder, unsympathisch aussehender und sicherlich bereits verstorbener Architekt mir diese Scherereien macht, muß sein Tod ja nicht zwangsläufig auch das Ende seiner Schachteln bedeuten. Oder vielleicht brachten ihn die Erben in ein Pflegeheim, wo er nun sitzt, vor sich hin speichelt und nichts mehr von Paris, New York oder mecklenburgischen Herrensitzen, geschweige denn von Fotos und Schachteln weiß?

Deutsche Bräuche

Wie auch immer. Wenn ich rechne, wieviel Zeit mich diese Schachteln schon gekostet haben, muß ich mir sagen: alles hat seine Grenzen! Bevor ich mich aber endgültig von der Notwendigkeit des Wegwerfens überzeugen lasse, will ich die Bilder noch einmal anschauen. Vielleicht lohnt es sich ja doch, sie zu behalten?

Foto: Otto Firle

Da ist zum einen die Amerika-Reise. 1936, wahrscheinlich in der zweiten Jahreshälfte, brach Herr Firle auf nach Bremen. Dort fotografierte er das leicht angelehnte Hotelfenster, in dem sich die Türme des St.-Petri-Domes widerspiegelten. Der Rahmen des Fensters ist dunkel lackiert, die grobmaschige Gardine hängt leicht heraus. Es folgen Bilder vom Schiff, auf der Gangway steht: »Norddeutscher Lloyd Bremen«. Das Schiff heißt »Bremen« und wird Herrn Firle, und wahrscheinlich auch einige Emigranten, nach Amerika bringen. Es gibt eine Aufnahme, die zeigt, wie die riesigen schwarzen Überseekoffer der Reisenden an Deck gebracht werden. Weißgekleidete Matrosen hantieren mit Netzen und Tauen, auf den Koffern sind Hotelaufkleber aus aller Welt zu sehen. Weiter unten an der Reeling drängen sich modisch gekleidete Damen und Herren und halten ihre Hüte fest. Der Architekt hat auch seine Kabine fotografiert. Oberdeck, Einzelbett, auf dem Sekretär liegen akribisch aufgereiht Bücher, Schreibzeug, Papiere. Über einem Bügel an der Wand hängt, seltsam intim, ein Dutzend Krawatten eng beieinander.

In New York angekommen, scheint der Fotograf von einem eindrucksvollen Gebäude zum nächsten getaumelt zu sein. Es gibt viele Aufnahmen von Wahrzeichen und Szenerien, die man alle schon hundertmal gesehen hat, aber auch merkwürdig unaufdringliche Bilder, bei denen er sich weit zurückgezogen hat von seinem Motiv. Hoch oben, aus einem Wolkenkratzer gebeugt, hat er seine Leica vors Auge gehalten und hinunterfotografiert, daß einem jetzt noch schwindlig wird. Unten liegt die 5th Avenue im vollen Licht der Mittagssonne. Keine der Ameisen, keins der Spielzeugautos wirft einen Schatten. Ein anderes Foto zeigt eine finstere Straßenschlucht zwischen den Hochhäusern. Vorn rechts verläßt gerade ein Sandwichman die Szene, er wirbt für ein Photostudio, das auf Paßbilder spezialisiert ist. Vom Hintergrund her nähert sich eine Gruppe nobel gekleideter Herren, sie heben sich umrißhaft ab vor dem gleißenden Licht, das von einer Seitenstraße her einfällt. Dann hat sich Herr Firle wohl in ein Taxi gesetzt, sich herumfahren lassen und fotografiert, auch in der Lower East Side. Zwei alte orthodoxe Juden blicken mißbilligend ins Objektiv, das sich vom Autofenster heraus auf sie richtet. Es werden triste Ecken unter der Hochbahn fotografiert, Zeitungsverkäufer, die gerade ausschwärmen mit den druckfrischen Neuigkeiten, verwitterte Häuserzeilen, ein altes Backsteingebäude mit Feuertreppe, auf dessen Fassade in großen Lettern steht: BE SURE YOUR GOD WILL FIND YOU OUT und in Leuchtschrift: GOSPEL MISSION. Vor dem Gebäude ist das Kopfsteinpflaster aufgerissen, die New Yorker Telefongesellschaft verlegt Kabel.

Es gibt aber auch Bilder von typisch amerikanischen Vororthäusern aus Stein oder Holz, ohne Zaun und Mauer, von Siedlungshäusern und Amtsgebäuden in der Provinz. Wenn man bedenkt, daß derweil zu Hause die architektonische Ästhetik vom Speerschen Zeppelinfeld in Nürnberg oder vom Sagebielschen Reichsluftfahrtministerium verbindlicher Stil für öffentliche Gebäudeplanung war, muß das Herrn Firle ja unentwegt präsent gewesen sein. Vielleicht auch deshalb dieses Interesse an Siedlungshäusern, denn dafür standen ja massenhaft Aufträge in Aussicht. Jedenfalls hat der Architekt, zusammen mit anderen Architekten, eine Busfahrt über Land unternommen, um ein Siedlungsmodell zu besichtigen, das offenbar von klösterlichen oder europäisch-sozialistischen Traditionen inspiriert war, davon zeugen die Bilder von Gemeinschaftsküchen und -waschhäusern, umgeben von schönen, funktionalen Einfamilienhäusern in einer parkartigen Landschaft. Nach der Besichtigung haben die Herren sich gegenseitig scherzend fotografiert.

Merkwürdig ist, daß in der gesamten Amerika-Serie, die immerhin den Hauptteil der Fotosammlung ausmacht, kein einziger Schwarzer im Bild festgehalten wurde. Ob der Grund Furcht oder Verachtung war, läßt sich nicht ausmachen.

1937 war Herr Firle in Frankreich, besonders auf der Pariser Weltausstellung. Etwas irritierend ist ein immer wiederkehrendes Motiv aus kaum voneinander abweichenden Blickwinkeln: der »Deutsche Pavillon«. Schräg über die Seine hinweg fotografiert, hebt sich der über 50 Meter hohe wuchtige Turm, mit dem dräuenden Adler auf der Spitze, vor einem dramatisch bewölkten Himmel ab. Gegenüberliegend und aus dieser Perspektive geradezu zierlich wirkend, der »Russische Pavillon«, mit einem haushohen, Hammer und Sichel hochhaltenden Paar auf dem Dach. Der düstere

Speersche Monumentalbau, werksteinverkleidet, anmaßend, ähnelt einem Mausoleum. Wie in dick aufgetragener Symbolhaftigkeit schob sich just im Moment dieser Aufnahme eine schwarze Barke ins Bild und glitt durch die glitzernden Wellen vorbei.

Es gibt Angler an den Brücken, Monsignores, die einen Stadtplan studieren und seltsame Schatten werfen, Bilder eines melancholischen Pariser Herbstnachmittags, zwei Jahre vor Ausbruch des Zweiten Weltkrieges.

1937 wurde auch das Bild mit dem Herrn im englischen Park gemacht, wir wissen bereits, es ist Herr Loeffler mit Billy, vor einem gewaltigen Schloß, das aussieht wie Schloß Windsor von hinten. Er steht also da, mit erhobenem Zeigefinger, aus den Schornsteinen steigt dünner Rauch auf, die hinteren Flügel des Schlosses verschwinden sacht im Nebel. Herr Loefflers schwarzer Hut mit der Delle befindet sich perspektivisch genau an der richtigen Stelle im Bild, würde er etwas oberhalb der Fassade vor freiem Himmel schweben, das Ensemble wäre in sich zerfallen. Davon abgesehen fragt man sich natürlich, weshalb Herr Loeffler seinen Billy in Schloß Windsor Gassi führt, wer ist Herr Loeffler?

Postskriptum.

Auf keinen meiner Texte gab es so viele Reaktionen wie auf diesen. Architekten schrieben mir, gaben Ratschläge für den Verbleib der Fotos und Hinweise auf das Schaffen von Herrn Firle. Leser rieten mir, weitere Nachforschungen anzustellen. Fotografen, Fotogalerien, Sammler und andere Spezialisten machten mir diverse Vorschläge oder finanzielle Angebote zu den Fotos. Ein junger Mann, der an einer Dissertation über Firle arbeitet, besuchte mich, um sich die Fundsache anzusehen, und überließ mir Material aus seiner Sammlung. Am überraschendsten aber waren die Briefe der Verwandten Firles, die ich auszugsweise beifügen möchte.

Otto Firle

Otto Firle, Professor, Dipl.-Ing. Architekt BDA in Düsseldorf-Oberkassel, geboren am 14.10.1889 in Bonn. Studium an der Technischen Hochschule in München und an der Universität in Breslau. Artillerie-Offizier und Flieger im ersten Weltkrieg. Nach Kriegsende künstlerischer Beirat der Deutschen Luftreederei, der späteren Lufthansa. Freischaffender Architekt in Berlin; 1946 a. o. Professor an der Technischen Universität Charlottenburg. Prof. Firle leitet eigene Ateliers in Düsseldorf, Berlin und München. Die wichtigsten Bauten: Hauptverwaltung der Rhein-Ruhr Bank, früher Dresdner Bank (Düsseldorf 1952), Europa-Hochhaus (Berlin 1929/1930), »Nordstern«-Lebensversicherung A.G. (Berlin 1936), Industriebauten in Fürth i. B., Ribnitz i. Mecklenburg, »Tikakosky« O. Y. Finnland. Geschäftshäuser u.a. »Grünfeld-Ecke« Berlin, Kaufhaus Illum Kopenhagen, Läden, Lichtspielhäuser, Wohn- und Appartementhäuser, kirchliche Bauten, Einfamilienhäuser (u.a. »Klenderhof« Kampen/Sylt) in Deutschland und im Ausland. Repräsentationsräume, Möbel, Beleuchtungskörper, industrielle Formgestaltung. Flugzeugausstattungen (Focke-Wulff Condor, Ju 90). Hervorragende Leistungen auf dem Gebiete der Graphik, u.a. Zeichen der »Deutschen Lufthansa«, Adler der Deutschen Reichsbahn (bis 1933), Rheinlandmarke (Reichspost).

Köpfe der Politik, Wirtschaft, Kunst u. Wissenschaft. Hrsg. von Karl Ritter von Klimesch. Augsburg 1953.

*

1933 ließ sich das Ehepaar Baldner/Lindemann in Kampen auf Sylt ein rustikales, burgähnliches Haus bauen, den später durch seine illustren Gäste und Besitzer zu einiger Berühmtheit gelangten »Klenderhof«. Architekt war Otto Firle. Einer der ersten Gäste, Hermann Göring, war von dieser »Burg« derart begeistert, daß er Firle den Auftrag für ein sehr ähnliches Gebäude gab; es mußte aber ein integrierter Löwenzwinger Berücksichtigung finden. Diese Jagdresidenz wurde im Naturschutzgebiet der Ostseehalbinsel Darß errichtet. 1945 brannte sie ab. Näheres dazu in: *Sylt. Abenteuer einer Insel.* Hrsg. von Sven Simon, Hamburg 1980.

Herrenloses Gut

Deutsche Lufthansa AG, Köln, Firmenarchiv.

Aus: *Gebrauchsgraphik. Monatsschrift zur Förderung künstlerischer Reklame.* 1. Jahrg., München 1924, Heft 3.

Aus: *Gebrauchsgraphik. Monatsschrift zur Förderung künstlerischer Reklame.* 2. Jahrg., München 1925, Heft 2.

Dieser Brief kam ein paar Wochen nach Erscheinen des Textes aus Frankreich:

»[...] Ich kann Dir vorläufig nur sagen, daß es sich um den sogenannten ›Onkel‹ Otto Firle handelt, der in Berlin lebte.

Mein diesbezüglich bestens informierter Vater weiß gewiß viel mehr von ihm und könnte Dir eine detailliertere Auskunft geben. Ich weiß nur von den alten Familiengeschichten, daß Otto Firle mit einer Jüdin verheiratet war, die sich aufgrund der aussichtslosen Bedrohung durch die NS-Gewaltherrschaft das Leben nahm (mit Zyankali).

Mein liebenswerter Großvater Dr. Rudolph E. Firle, der damals Direktor des Norddeutschen Lloyds in Bremen war, hat eine richtig dicke Familiengeschichte geschrieben und auch einen amüsanten Photo-Glanzband von allen Vorfahren herausgegeben.

Leider bin ich seit 32 1/2 Monaten in Frankreich inhaftiert, so daß ich Dir leider keine aufklärenden Kopien zu seiner Person oder Photos aus der Familiengeschichte zuschicken kann. [...]«

*

Vom Vater der Schreiberin aus Mallorca:

»[...] Otto Firle war in den dreißiger Jahren ein sehr bekannter Architekt in Berlin und über diese Stadt hinaus. Er war mein Onkel und wohnte am Breitenbachplatz in Berlin-Dahlem, dessen eine Seite er als Architekt bebaut hatte. Er hatte im NS Staat ab 38 Schwierigkeiten mit dem Staat auf Grund seiner Ehe mit einer Jüdin. Er überlebte den Krieg in Berlin, bekam eine Professur an der TH, aber verließ die Stadt nach der Berliner Blockade und zog nach Düsseldorf in den fünfziger Jahren. Hier baute er noch ein Verwaltungsgebäude für eine große Bank, aber bekam dann beruflich nicht mehr den Anschluß und verstarb in den sechziger Jahren. [...]«

*

Eine Karte aus England

Corsica Re-visited
1928 & 1993

![Eugen Spiro painting]

Eugen Spiro '*Kirche in Calvi*', 1928, oil on canvas
(View unchanged. St Jean-Baptiste cathedral at the summit of Calvi citadel,
nowadays illuminated after sunset)

To Gabriele Goettle
Late SEASONAL GREETINGS
von
Peter Spiro, (und Familie)
Neffe von Otto Firle (durch dessen
2te Ehe)

Peter Spiro *'Calvi citadel, night view'*, 1993 water colour

Otto Firle — Opfer, nicht Täte[r]

Sein Sohn Tomas Erasmus Firle, mein Vetter, schickt mir Ihren
Aufsatz "Herrenloses Gut" aus den USA.
Otto Firle war ein schöpferischer Architekt, einer der besten
"modernen" der 20er Jahre und danach. Entwarf auch Möbel und
zu 'Art Deco' neigende Schriftsätze. War mehr Künstler als
Geschäftsmann, sodass seine Bauprojekte manchmal ihr Budget
überschritten, für ihn war nur das Beste und Schönste gut
genug. Kampfflieger im Geschwader Udet im ersten Weltkrieg
(daher ein Anstandsbesuch bei Geschwadergenossen Göring kurz
nach der 'Machtübernahme' - Erasmus, der zweite Name von Tomas
war übrigens der eines gefallenen Fliegerkameraden) hatte er
noch am Vorabend der "grossen Zeit" in dritter Ehe eine
'Volljüdin' (Nazibegriff, wir waren ja fast alle nominell
Christen) geheiratet. Weigerung, sich scheiden zu lassen (aus
einer guten Ehe !) brachte Firle Berufsverbot. Sie entkam der
Verschleppung durch Freitod bei Firle zuhause.

Elizabeth Spiro '*Calvi citadel*' 1993 oil on board

...t sein bester Freund war der ungarische Maler, Mitglied der
...rliner Secession, Joseph Bató, auch 'Volljude'. Firle be-
...chte den emigrierten Bató 1937 in London (und führte mich
...i der Gelegenheit ins Kino aus, war damals ein recht mittel-
...ser Student dort). Pariser Weltausstellungsbesuch war auch
...such bei meinen nach dort emigrierten Eltern.

...ch dem Krieg und nach Tomas' Emigration 1948, lebte Firle
... Düsseldorf, grösstes Bauprojekt dortige Dresdener Bank.
... e auch Bató, starbe er jung, um die 70.

...s auf dieser Karte zitierte Buch über Eugen Spiro zeigt auch
...ne Nachkriegs- Lithozeichnung, Kopf von Otto Firle, aller-
...ngs klein. Habe Ablichtung in voller Grösse.

...n Firles 2 Söhnen erster Ehe fiel einer in den letzten
...iegstagen. Der andere wurde auch Architekt (kleines Büro-

gebäude, Düsseldorf, Leopoldstrasse Ecke Oststrasse, gegenüber vom Uebachs Hotel, früher Siemensbüros, u. A.)

Ich liebte meinen 'Onkel Otto' sehr. *Peter Spiro, 28.12.'93*

Elizabeth's oils were painted,
using Eugen Spiro's last 'thumb box' ('Pochade'-paints, palette and easel in one)
The 1993 views by the two generations of descendants are painted from the roof terraces of
the Hotel Balanea.

Corsica  Re-visited

1928 & 1993

65 years since Eugen Spiro, then President of the *Berliner Sezession*,
his colleague Leo von König, their wives and friends, visited Corsica, mainly to paint. The last survivor,
the painter Anna von König, née von Hansemann, died 24. 12. 1992, Munich.

The Eugen Spiro painting is A-28-10 reproduced from: Wilko von Abercron, Eugen Spiro [1874-1972]
Spiegel seines Jahrhunderts.. Drachen Verlag, Kiefernweg 30. D 64665 Alsbach.
Also from Galerie von Abercron. Maximilianstrasse 22. D 80539 Munich.

Design: T. Grey for Peter Spiro. Printed by ActionGraphics Ltd, Richmond, Surrey.

Rote Arbeit

Ich sage Ihnen, wie es ist. Es gibt solche und solche. Die einen tragen den Erlegerbruch links am Hut statt rechts, was ja ein vollkommener Quatsch ist, außerhalb einer Trauergesellschaft, und wieder andere haben auch keine Ahnung von jagdlichem Brauchtum, die schlagen ihr Wild aus der Decke ohne Sinn und Verstand, ohne dabei an die Trophäe zu denken und den Präparator.

Sehnse mal, es ist so, nach dem Schuß, sagt man, gedenken wir der Kreatur, kleine Zigarettenpause, Sie verstehn, aber dann muß das Wild sofort aufgebrochen werden, denn es hitzt innen drin, wie wir sagen. Das ist Jägersprache. Sehnse mal, die Juden, also was das betrifft ... Sie essens nur koscher, das Fleisch, darum schächten sie, weil dabei alles abfließt an Blut. Beim Schuß ist es ja so, nehmen Sie mal an, das Stück steht breit, mit dem Wurf nach rechts, Sie lassen fliegen, das Stück bricht zusammen. Im Grunde aber haben Sie's gar nicht totgeschossen, nicht die Verletzung, die Sie ihm zugefügt haben, führt zum Verenden, sondern der Schock, das Stück verendet also am Schock, ja, und nicht an der Kugel. Und nun kommt die Hauptsache, wir nennen das die rote Arbeit, wenn man das Wild aufbricht, hier, sehnse dieses Messer? *Er fächert ein Jagdmesser auf und fuchtelt mit einer der Klingen.* So, damit geht man mit der Spitze rein, und diese hier ist vorne stumpf, damit man nicht in die Eingeweide reinschneidet. Also, wir Jäger sind nicht pervers oder sowas, wir lieben an sich jeden Bock, jede Ricke, alle, aber es muß nun mal sein, mit dem Trieb hat das wenig zu tun, und Sie müssen auch bedenken, zum Jagdrecht gehört die Hegepflicht. Jedenfalls, diese Klinge hier, mit der können Sie innen richtiggehend hochfahren an der Decke. Der ganze Vorgang heißt bei uns ›aus der Decke schlagen‹. *Er kreist mit dem Messer in einem imaginären Leib herum.*

Allein schon beim Schloß müssen Sie ganz genau aufpassen, sonst können Sie Pech haben ... Also ich will Ihnen das mal so erklären: Das Schloß ist der Knochen, wo die beiden Oberschenkel zusammengewachsen sind. Wenn Sie sich das Gerippe mal vorstellen möchten, auch beim Menschen ist es nichts andres, auch da muß man das Schloß öffnen, also Sie können ja gar nicht anders, Sie müssen es immer in der Mitte aufsägen. Dazu wiederum nehmen Sie dieses Messer hier *Er streicht mit der Fingerkuppe über die schräg stehenden Sägezähne.* und damit sägen Sie's auf, sowas fühlt man genau, das dauert nicht lange und dann bricht es auf. Das alles mache ich wie gesagt deshalb, damit mir das Stück nicht verhitzt, denn es muß Luft an das Stück, es braucht Kühlung. Das merken Sie direkt, wenn Sie mit der Hand in die Bauchhöhle fahren, diese Hitze, wie Fieber, das kommt vom Schock. Die Eingeweide sind also sehr heiß, und nun, wenn ich das Schloß geöffnet habe, kann ich das Stück auseinanderklappen, dann liegt es offen da, und wer will, kann derweilen *Er klappt den Flaschenöffner aus dem Messer.* sich auch etwas erfrischen — aber ich sammle ja auch Kopftrophäen, gebe auch welche ab, und bei einem schönen Stück mache ich mir die Mühe immer.

Also hier müssen Sie nun wieder auf ganz andere Dinge achten, denn es ist so: wie das Kopfpräparat, so die Kopftrophäe. Dafür benutze ich dieses Messerchen, neben dem andern, das ich Ihnen vorhin gezeigt habe. Man schneidet von der Rückenseite, von den Schulterblättern bis rauf zu den Lauschern, von da bis zu den Hornansätzen. Natürlich darf ich vorher keinen Kehlschnitt machen, ich habe einen Rundschnitt geführt, um die Brust unter den Vorderläufen durch, das müssen Sie sich vorstellen wie ein Lätzchen in etwa. Jetzt kommt Feinarbeit, die Haut muß abgeschärft werden vom Schädel, das geht ja noch am Geweih, aber bei den Lidern und beim Windfang müssen Sie höllisch aufpassen. Wenn Sie den Äser verschneiden, können Sie den Kopf wegwerfen. Der Präparator sagt immer: ›Ich brauche jeden Millimeter Haut und Gewebe, absolut jeden Millimeter.‹ Beim Lippenwulst schneiden Sie von innen her und spalten ihn erst mal, dann läßt er sich flachschneiden. Das müssen Sie schon deshalb machen, weil Ihnen sonst die Hälfte verwest. Bei den Lauschern wirds auch schwierig, die zarte Haut muß von der Knorpelplatte abgelöst werden, und dann kann ich jedem einen guten Tip geben, gehn Sie mit einem Plastiklöffel drunter und schieben sie den mit kleinen Schnitten bis zur Lauscherspitze vor. Jetzt ham Sie zwei Tüten, sag ich mal, die füllen Sie sofort mit feinem Salz. Der Knorpel, also die Oberbasis, soll aber an der Decke bleiben, das ist wichtig.

Nun kommen Sie mit Ihrem Salz und tragen zuerst mal auf der Wildbretseite ordentlich auf, das können Sie richtig einmassieren. Sonst haben Sie an warmen Tagen, wups, alles voll mit Fliegeneiern, und die Biester überstehn ja manchmal den Gefrierschrank. Also Sie nehmen reichlich Salz, keine Angst, und dann auf die Lauscher, den Äser gut bedienen, besonders die Röllchen am Rand, den Brustteil und alles. Dann legen Sie die Kopfdecke Wildbretseite auf Wildbretseite und rollen sie fest zusammen. Wenn dann in der nächsten Zeit noch rötliche Flüssigkeit austreten sollte, dann lassen Sie die einfach abfließen. Gut ist, wenn man einen luftdurchlässigen Beutel hat, es dürfen aber keine Fliegen eindringen können.

Nun haben Sie ja noch den Schädel vor sich. Da nehme ich immer einen alten Topf, so hoch ist der ungefähr, Salzwasser rein, und wenns kocht, geben Sie den Schädel rein, und die Stangen müssen Sie, je nach Größe, oben an den Griffen festbinden, damit es nicht kippt. Ich lasse das Ganze immer so ein, zwei Stunden vor sich hin kochen, dann können Sie quasi das meiste Fleisch schon mit einem scharfen Wasserstrahl runterspülen. Manche Zähne lassen sich lösen, auch da können Gewebereste entfernt werden, danach müssen Sie die aber gleich wieder in die Zahnfächer geben, weil der Kiefer beim Trocknen ja schrumpft, und da passen sie dann später nicht mehr. Das Hirn holen Sie mit einem krummen Draht von unten durch die Basisöffnung heraus, es ist etwas mühsam, ja, aber so viel ists ja auch wieder nicht. *lacht augenzwinkernd* Ich gebs immer sofort meinem Dackel, der steht schon die ganze Zeit da und wartet, gern hat er auch die

Augen, aber sonst ist er eher schwierig, was das Fressi angeht, genau wie das Herrchen.

Dieser Hund, ich sags Ihnen ehrlich, das ist mein ein und alles. Der ist jetzt 1 $^1/_2$ Jahre alt und noch in Ausbildung, aber trotzdem ist das ein Tier, das ganz ins Haus hinein gehört. Ich bin an sich schon Tierfreund, aber für *den* Hund würde ich alles tun! Nie im Leben geh ich mit diesem Tier in den Bau, das habe ich mir geschworen. Ich habe schon mal zwei verloren dabei, nee, mit *dem* Hund nicht! *erregt* Das können Sie sich vorstellen, ich kann diesen Hund doch nicht da unten reinschicken. Viel zu gefährlich. Sie wissen, was die machen, die Dachse? Das sind Biester, das kann ich Ihnen sagen, sobald da ein Hund angerobbt kommt, schaufeln sie den ein, sie machen den Gang zu und der Hund erstickt, oder sie zerbeißen ihn, alles schon passiert.

Nicht nochmal! Diesen Hund habe ich immer unter Kontrolle, der legt bei mir absoluten Gehorsam an den Tag. Ich bin ja an sich von Hause aus auch Hundeführer. Früher hatte ich mal 14 Jahre lang einen Polizeihund geführt, einen Fährten- und Schutzhund. Mit dem war das so, der hat mich nur so von unten her angeguckt, und schon wußte er, wo's langgeht, sowas gibts natürlich nicht nochmal. Aber mein Dackel, der lernt es auch noch. Vor allem muß man ja immer sehen, daß sich das Tier nicht aus dem Einflußbereich seines Herrn entfernt, dann ist es aus, dann brechen die Triebe wieder durch, der Beute- und Meutetrieb oder auch *lacht anzüglich* der Fortpflanzungstrieb, der ja an sich was Schönes ist, aber dem muß man absolut vorbeugen, jeder Unbotmäßigkeit. Läßt man einmal sowas durchgehn, dann tanzt Ihnen der Hund auf der Nase herum.

Ja, ja... zufällig haben Sie in mir einen angesprochen, der sich auskennt, mit vielem auskennt. Als Jäger macht mir keiner so leicht was vor! Ich habe viele kommen und gehen sehen, aber den Jungen, denen ist unser deutscher Wald und unser Handwerk und Brauchtum nichts mehr wert. Die fahren nach Neuseeland, Australien, Kanada, um ein Känguruh oder einen Elch zu schießen, im Magazin *Wild und Hund* z.B. ist alles voll: Polen, Weißrußland, Lettland, Sibirien, Ungarn, Rumänien, die ganzen Länder, die mal kommuni-

Rote Arbeit

stisch waren, da können Sie jetzt fürn Appel und 'n Ei alles abschießen. In Polen, das hat mir ein Kamerad erzählt, können Sie für tausendneunhundert eine Woche ins Revier, Übernachtung und Frühstück mit drin, da haben Sie dann drei Böcke, und zwar ohne Trophäenbegrenzung — na, da wird schon ein Krüppelzeug unterwegs sein —, für Sauen bis zu einem halben Zentner geben sie 50 Prozent Rabatt! Nee, mit mir nicht!

Unsere schöne deutsche Heimat ist voller Schalenwild, Schwarzwild, alles. Was brauchen wir Känguruhs, frage ich Sie? Wo soll ich mir sowas aufhängen? Nein, wir Jäger haben eine enge Beziehung zu unserem heimischen Wild, wir sehen in ihm wirklich auch noch den Schöpfer, der all diese herrlichen Kreaturen geschaffen hat. Für mich gibt es nichts Schöneres, als wenn ich abends in der Dämmerung draußen sein und Wild beobachten kann. Und glauben Sie mir, wir kennen unser Wild, wir beobachten es, verzeichnen es, wir sind keine Mörder, die sich auf den Anstand setzen und alles abknallen, wie man es drüben gemacht hat in der DDR. Bei uns wird jedes Stück Schalenwild, das erlegt wird, aufgrund eines ganz genauen Abschußplanes erlegt. Sagen wir mal, Sie wollen 35 Rehe schießen, dann gibt es eine Klassifikation, die schreibt Ihnen genau vor, in welchen Klassen Sie die schießen können. Beispielsweise die Geltricken, Sie wissen was das ist? Nein? Also das sind Ricken, die ein Jahr lang nicht gesetzt haben, die schießen wir dann mit ab, weil wir annehmen dürfen, daß die nächstes Jahr wieder nicht absetzen werden. Solche Ricken sind hormongestört, das sind alles abnorme Veranlagungen, die es sofort auszumerzen gilt im Revier, sonst setzt sich sowas fort von Generation zu Generation, verstehen Sie!

Ach, bevor Sie weitergehen, will ich Ihnen noch was zeigen, hier. *Er greift in die Hosentasche und zieht ein Messer mit Lederscheide hervor.* Zufällig habe ich es heute mal mitgenommen. Mit Messern kenne ich mich aus seit meiner Polizeizeit, da hat mich damals ein Kamerad drauf gebracht, Messer zu sammeln, aber der hatte mehr so Sachen aus der Hitlerzeit, und Stichwaffen, mit denen ein Mensch umgebracht wurde angeblich. Aber meine Leidenschaft sind einfach nur schöne

Deutsche Bräuche

Messer. Vor drei Jahren hatte ich eine sehr schwere Operation gehabt, und als ich dann aus dem Krankenhaus wieder rauskam, habe ich mir geschworen, jetzt gönnst du dir mal was ganz Besonderes, ein Wunschmesser, ein ganz wertvolles. Hier *Er zieht es weihevoll aus der Scheide.* die Klinge und der Griff, mehr ist das scheinbar nicht, aber das kostet sein Geld. Es ist auf eine besondere Art geschmiedet, die Klinge wird sehr kompliziert hergestellt, in lauter Schichten, dünnen Lagen aus Stahl. Damit Sie sich eine Vorstellung machen können vom Wert des Messers, normalerweise macht ein Messer mit etwa zwanzig Lays so um die 200 Mark, und dieses Messer hier hat 357 Lagen! An sich ist das ein deutsches Messer, auch wenn es aus der Türkei kommt. Der Türke ist ein großartiger Schmied, müssen Sie wissen, der konnte immer schon gute Stähle machen, die sind ja berühmt, die krummen Türkensäbel. Dort hatte man schon ganz leichte Waffen zu einer Zeit, als wir noch solche Schwerter hatten. An der Klinge hier von meinem Messer jedenfalls, da bin ich ganz sicher, hat einer bestimmt mehrere Tage gearbeitet, so ein Stahl ist das. Man nennt es Damaszener, von Damaskus kommt das. Und sehn Sie, nehmen Sie's ruhig mal, also wenn Sie da so über die Klinge schaun, sehn Sie's? Da sind im Stahl doch so winzige graue Wellenlinien zu sehen ... ist das nicht wunderbar?

Versuch einer Fallstudie

Stundenlang — während er extrahierte, bohrte, schliff und schabte — machte der Zahnarzt mich mit seiner Meinung bekannt über dies und jenes:

Zum Beispiel *der Zahnhalteapparat,*

— *Schön aufmachen bitte, den Mund!* — da ist die Destruktion am weitesten fortgeschritten, der Achter ist in den zivilisierten Gesellschaften ruiniert. — *Und so bleiben bitte, gut!* — Das liegt ganz einfach an der Fehlernährung, wann kauen wir schon mal, stimmts? Und natürlich an der Unsauberkeit, an falscher oder mangelhafter Zahnhygiene. Da kommen manchmal Patienten zu mir, die haben noch das halbe Frühstück zwischen den Zähnen, und dann wundern sie sich, wenn alles verfault! Gegen kaputtes Zahnfleisch, da hilft nur eins, wegschneiden davon, soviel wie möglich!

Oder die *wilde Natur,*

die ist auch nicht mehr, was sie mal war. Vor Jahren habe ich einen Bären geschossen — der war noch gar nicht so alt —, und wie ich ihn untersuche, da sehe ich zu meiner Überraschung, der hatte solche Kavernen im Kiefer, faustgroß, und metertiefe Zahntaschen. Das Konkrement war so hart, das hätte man mit Hammer und Meißel runterschlagen müssen. Eine schlimmere Paradentose hab ich mein Leben lang nicht gesehen, und das in Alaska ... Zu Hause habe ich den Schädel stehen, eingegossen in einen Acrylblock. — *Machen Sie mir mal ein bißchen was zum Spritzen fertig!* — Ich bin ja jedes Jahr meine acht bis zehn Wochen oben. Wenn ich das nicht hätte, dann wäre ich kein Mensch. Ich brauche das einfach, die Jagd, die Einsamkeit, die Lebensgefahr —

Achtung! Jetzt tut es für einen kurzen Moment weh ... so, schon vorbei. — Da sind Sie ganz auf sich gestellt, keiner ist da, der Ihnen da draußen hilft; die Natur ist nicht friedlich und freundlich, im Gegenteil, sie ist unfair. Wenn Sie z. B. so einem Bären gegenüberstehen und die Nerven verlieren, dann ist es um Sie geschehen, unwiderruflich. Einen Kollegen von mir hats so erwischt, von dem hat man Monate später nur noch die Jacke gefunden. — *Sie können spülen.* — Hierzulande ist die Jagd ja eher was Beschauliches, möcht ich mal sagen. Ich habe seit einigen Monaten eine Beteiligung bei Belitz, dort verbringe ich meine Wochenenden. Es ist nur ein Katzensprung von hier, aber die Wälder um Potsdam sind voller Wild, obwohl ja die Rote Armee da überall kräftig gewildert haben soll. Ach, das ist einfach was Herrliches, nachts auf dem Hochsitz, schön warm eingepackt, ein heißes Käffchen in der Thermoskanne, drüber der Sternenhimmel, und alles schläft. Es kommt Ihnen so viel vor die Flinte, da haben Sie bald keine Lust mehr, draufzuhalten. Ich habe ja ein Nachtsichtgerät, damit entgeht mir nichts. Einige Kollegen können es gar nicht verstehen, daß ich so ruhig nachts dort herumsitze, denn das ist ja die Gegend, in der sich der ›Kittelschürzenmörder‹ herumtreiben soll, aber, Sie entschuldigen, der ist ein reiner Frauenmörder, und davon mal abgesehen, bin ich ja bewaffnet. Wenns irgendwo kracht im Gebüsch, dann sind das jedenfalls bis jetzt immer nur prächtige Sauen gewesen — *Jetzt noch mal kräftig spülen bitte!* —; überhaupt tummelt sich das Wild, als ob es mutterseelenallein wäre. Es legt in der ehemaligen DDR ganz andere Verhaltensweisen an den Tag als das in unseren Revieren. Wahrscheinlich liegt das daran, daß das Wild drüben vielerorts niemals gelernt hat, was es heißt, waidgerecht bejagt zu werden. Das geht herum und sichert nicht mal! — *Mund auf bitte, ganz weit!* — Na, aber dann, wenn der erste Hase mal daliegt, werden die anderen doch ein bißchen schreckhaft, das können Sie regelrecht beobachten. Zu viel Wild kann ja zur Plage werden. Immer wenn zu viele konkurrieren, dann wirds ungemütlich, das ist in der Natur ebenso wie in der Zivilisation. Und deshalb waren die uns drüben richtig dankbar.

Apropos *Zivilisation,*

daß wir alle so eng aufeinanderhocken, das ist der Grund für alle möglichen Infekte, und auch für Aggressionen, die entarten. Die drüben bekommen das erst heute zu spüren, bisher hatten sie ihre Idylle hinter der Mauer. Aber wenn der technische Fortschritt Einzug hält, dann ist es schon gleich aus mit der Ruhe. Die Kriminalitätsrate schnellt in die Höhe, hab ich gelesen, und man merkt es ja auch im Straßenverkehr, der absolut mörderisch ist. Man ist seines Lebens nicht mehr sicher. Je weiter die Zivilisation sich an amerikanische Verhältnisse annähert, um so sicherer bekommen wir eine Kriminalität wie in Manhattan. Neulich nachts rief mich meine Tochter an — sie war drüben, bei einem Rockkonzert — und sagte: ›Papa, bitte hol mich ab, ich trau mich nicht in die S-Bahn, hier schlagen sich die Deutschen mit den Ausländern.‹

Was *die Gewalt* betrifft,

na, da kenne ich nichts — *Mal fest zusammenbeißen bitte!* —, mir dürfte keiner dumm kommen, egal, wie alt oder kräftig. Ich habe immer meinen Ballermann in der Tasche. Als Waffenscheinbesitzer können Sie den jetzt überall kaufen, kein Problem. Also, das sage ich ganz ehrlich, wenn es gar nicht anders geht, dann mache ich auch Gebrauch davon. Stellen Sie sich das mal vor, da kommt irgend so ein Minderbemittelter oder Süchtiger und will Ihr Geld, die Uhr, oder sonstwas, er bedroht Sie körperlich, dringt sozusagen in Ihre Intimsphäre ein. Der nimmt doch in Kauf, daß Sie draufgehen oder als Krüppel liegenbleiben! Da sehe ich rot, ganz egal, ob In- oder Ausländer.

Also *die Ausländer,*

letzten Endes, bringen uns ja die ganze Gewaltkriminalität erst ins Land. Meiner Meinung nach müßten wir die Leute allesamt zurückschicken in ihre Heimatländer. Man muß dem ja mal einen Riegel vorschieben, daß alle Welt hier zu uns hereinströmt, sich mitversorgen läßt. Während die Heimatländer verfallen, weil die rüstigen Arbeitskräfte im Ausland sind, machen wir uns hier Sorgen, wie wir mit der Kriminalität fertig werden. Und das muß man ja einfach sehen, daß es Menschen gibt mit vollkommen anderen Bedürfnissen und Sitten, die verstehen uns gar nicht, unsere gesellschaftlichen Spielregeln, die kennen nur das Gesetz des Dschungels: Überleben um jeden Preis! Die paar Leute, die echte politisch Verfolgte sind, denen soll man Asyl gewähren, das schreiben die Gesetze ganz klar vor, aber zu 99,9 Prozent sind die ganzen Polen, Afrikaner, Asiaten usw. ja hierhergekommen, um anständiges Geld zu verdienen. Jetzt, wo wir mit einer Massenarbeitslosigkeit im eigenen Land zu rechnen haben — denn drüben soll jeder vierte bald arbeitslos sein —, da können wir uns nicht auch noch um Fremde kümmern, und es ist doch so, daß es deshalb bereits böses Blut gibt.

Zum *Thema Blut,*

da fällt mir gerade ein, daß Sie sich vielleicht darüber wundern, mich ohne Handschuhe und Maske arbeiten zu sehen. Viele Kollegen machen das mit, ich nicht! Das Ganze ist hier bei uns hochgespielt worden, aus politischen Gründen, hier und in den Staaten. Aber, das wissen die meisten Leute nicht, Aids ist eine afrikanische Seuche, denn dort sterben die Massen *heute,* die man für uns erst in den nächsten zehn Jahren vorausgesagt hat. Ganze Landstriche sind schon ausgestorben. Davon hören Sie hier kein Wort! Bei uns bleiben die Raten niedrig. Und sehn Sie, wenn ich *hier* einem Patienten in den Mund fasse, dann ist das nochmal was anderes, als wenn ich ihm in Kreuzberg oder im Wedding in den Mund fasse. Da hab ich keine Angst. Vor zwei Jahren kam mal eine junge Frau und sagte: ›Ich sag es gleich, Doktor, ich bin HIV-positiv, behandeln Sie mich trotzdem?‹, und ich sag: ›Ja, warum denn nicht? Sie sind für mich eine Patientin wie jede andere!‹ Wir haben die Vorsichtsmaßnahmen beachtet, und damit hatte es sich. — *Nochmal spülen bitte!* —

Und *Viren,*

vor denen man das Grausen kriegen kann, haben wir wirklich genug. Da ist z.B. die Grippe, die haben wir schon heute nicht mehr im Griff. Das ist nur noch eine Frage der Zeit, bis da eine neuerliche Welle über den Erdball rast. Dagegen wird die Schwarze Pest des Mittelalters harmlos gewesen sein. Bei der letzten großen Grippewelle 1918/19 sind mehr als 20 Millionen daran gestorben. Und das Gefährliche an der Grippe sind ja nicht Erkältung, Fieber und Heiserkeit, sondern daß sie unbemerkt, zuerst jedenfalls, die Vitalität der Zellen schädigt durch Gifte. Sie schwächt die ohnehin schon unterentwickelte Widerstandskraft und schafft einen idealen Nährboden für neue Infekte.

Da hilft nur *Widerstandskraft*

und nochmal Widerstandskraft. Sie glauben gar nicht — *Mund auf! Und schön weit offenlassen!* —, wie sehr das spartanische Leben abhärtet. Dort drüben in den Wäldern, da können Sie sich fit machen gegen sämtliche Zivilisationskrankheiten. Schon beim Essen fängt das an, kein Fleisch aus der Massentierhaltung, nix, nur freilebendes Wild. Und dort geht alles ganz unbürokratisch, ich gehe in den Laden und kaufe mir eine Jagdlizenz, die kostet hundert Dollar, und damit kann ich Kleintiere schießen und Lachse angeln, soviel ich will. Für Großwild muß ich entsprechend zulegen. Viel mehr brauchen Sie nicht. Ich hab da mein Blockhaus, alles ganz schlicht, den Landrover lease ich, und schon bin ich weg von jeder Zivilisation. Ich ziehe dann los, in der Gegend herum, und wenn ein Elch kommt, dann mache ich *peng!* Da liegt er. Und was nun kommt, das ist Arbeit, die stählt. — *Bitte mal den Kopf ganz zurück und ruhighalten!* — Eine halbe Tonne Fleisch zu zerlegen, das schafft, und dann kommen da ja auch noch andere Interessenten vorbei, solche mit scharfen Zähnen, an Ruhe ist nicht zu denken. Mein letzter Elch, der hat mich vier Tage gekostet. Das Jagen und Schießen selber dauerte nur etwa zehn Minuten. Ich hab ihn angelockt und ihm eins in die Breitseite gegeben, aber nichts, der brüllte und machte kehrt, aus 120 Metern Entfernung hab ich ihm dann zwei Kugeln nachgeschickt, eine traf ihn genau hinters Ohr, *boing!* Da war er erledigt. Allein der Brustkorb hatte *so* eine Höhe. Das ist, als ob Sie ein Brauereipferd vor sich hätten, nur daß Sie die Beine noch ein bißchen längen müssen, so um einen halben Meter mindestens. Und davor stehn Sie nun, als kleiner Mensch, mit einem kleinen Jagdmesser in der Hand, und fangen an abzuhäuten. Allein das Fell wiegt seine eineinhalb Zentner. Es geht um zwei Dinge, um das Fleisch und um die Trophäe. Also ich gehöre nicht zu den Leuten, die das Fleisch liegen lassen, nur die Trophäe nehmen und weggehen. — *Nanu, Moment mal, liegt da die Pulpa frei? Tut das weh? Und das? Na dann ist gut!* — Ich sag mir, lieber esse ich wochenlang davon, als daß ich es verkommen lasse. 400 bis 500 kg schieres Fleisch, aber vom Feinsten, das zergeht Ihnen auf der Zunge, da kommt nichts mit. Zwischendurch kann ich ja immer mal Lachs essen. Ja, und mein Lager war auf der anderen Seite des Flusses, da mußte ich mir erst mal eine Furt suchen, alles hintragen auf den Schultern. Jedenfalls ist ganz eindeutig, daß ich das ganze Jahr über von diesem Aufenthalt zehre, gesundheitlich, meine ich jetzt. Bis *mich* mal eine Erkältung erwischt, da muß es schon dick kommen.

Und *die Arbeit*

geht auch sehr gut von der Hand. Also der Bankfritze, den ich seit Jahren behandle, der sagte neulich: ›Man merkt ja erst nach zehn, zwölf Jahren, was so eine Brücke von Ihnen alles aushält.‹ Na, es gibt nicht wenig Kollegen, bei denen müssen die Patienten bereits nach drei, vier Jahren nachbessern lassen. Bei mir gibts sowas nicht, meine Arbeit hält! Wenns um Qualität geht, da rangiere ich unter den oberen 20 Prozent meiner Branche. — *Sie können anrühren!* — Was ich eigentlich anstrebe, langfristig, das ist eine radikale Praxisverkleinerung. Ich behalte nur meinen engsten Patientenstamm, und dann werde ich mich hinsetzen und Zähne basteln, das ist eigentlich meine ganze Leidenschaft, das Künstlerische. Seit Jahren beneide ich meine Zahntechniker.

Versuch einer Fallstudie

Kürzlich hatte ich eine Privatpatientin da, sie ist Ende Sechzig, und in ihrem Mund steht alles kreuz und quer herum. Sie sagte zu mir: ›Doktor, in vier Wochen muß ich zu einer großen Familienfeier auf Sylt sein, bis dahin brauche ich neue Zähne. Sie sollen genauso sein wie meine alten. Schaffen Sie das?‹ Da habe ich dann gesessen und gesessen, das war eine echte Aufgabe. Ich habe herumexperimentiert — *So, Mund auf, tut etwas weh? Dann jetzt mal ganz fest zubeißen, damit eventuelle Luftblasen verschwinden* —, also ich sag Ihnen, die Zähne waren am Ende so schön, da kamen Sie ins Träumen. Alles habe ich hineingearbeitet, kleine Rillen, Unebenheiten, Verfärbungen, wie eben ein alter Zahn aussieht. Die Frau saß da, wo Sie jetzt sitzen — *Mal draufbeißen und knirschen bitte!* —, und dort lagen ihre Zähne. Ich sagte zu ihr: ›Na, die sehn doch aus, wie auf dem Friedhof ausgegraben, so echt, oder nicht?‹ Aber das hat ihr nicht geschmeckt. Na, manch einer verträgt keinen Humor hier auf dem Stuhl. Jedenfalls, die Zähne haben ihr dann doch sehr gefallen, das waren absolut ihre Zähne, nur eben eine Idee gemildert. — *So, fühlt es sich gut an? Dann können Sie jetzt spülen.* — Also das, was ich *Ihnen* gemacht habe, damit können Sie die nächsten zwanzig Jahre rohes Fleisch beißen, wenn es sein muß, und danach ist es dann ohnehin soweit, aber darüber reden wir später. Dann also bis Weihnachten.

Staatsakt an einer Kloakenmündung

»14 Uhr, feierliche Übergabe des ausgebauten Klärwerkes durch den Herrn Minister persönlich«, steht auf dem Programm. Alles ist vorbereitet, aber die Hauptperson fehlt. Leichter Regen fällt. Die hügelige Landschaft samt Klärwerk verschwindet allmählich im grauen Dunst, der vom feuchten Boden aufsteigt. Bürgermeister, Ehrengäste, Ingenieur, Klärwerker und die Herren von der Presse haben sich unter das Vordach des Hauptgebäudes zurückgezogen. Dort stehen sie neben der Sektbar, angeregt plaudernd, eine Hand in der Hosentasche, lachen sonor und wirken wie routinierte Teilnehmer einer gesellschaftlichen Veranstaltung. An sich ist nichts weiter auffallend an den Honoratioren, außer vielleicht, daß sie den pestilenzartigen Gestank, der mit jedem Atemzug den Geruchssinn provoziert, gar nicht wahrzunehmen scheinen. Mit unbeirrbarer Entschlossenheit sehen sie dem feierlichen Akt entgegen, spielen sie ihren Part innerhalb der Aufführung.

Abseits, auf dem Rand eines Klärbeckens sitzend, wartet die Besatzung des Krankenwagens vom Roten Kreuz. Aus dem Sprechfunkgerät in der Manteltasche des diensthabenden Arztes ertönt ab und zu, untermalt von krachenden und piepsenden Geräuschen, eine hektische Männerstimme. Sie berichtet, daß Ministerfahrzeug und Eskorte im Stau steckengeblieben sind und nur schleppend vorwärtskommen. Danach herrscht wieder Stille.

Ich gehe ein wenig umher zwischen den Klärbecken, in denen die kotig-trübe Mischung allmählich durchsichtige Klarheit erhalten soll. Hier steigen Blasen auf, dort wird etwas umgewälzt, undefinierbare Fetzen haben sich in einem rechenartigen Ausleger verfangen, am Beckenrand scheint sich eine Fettschicht abgelagert zu haben. Auf den ersten Blick wirkt alles wohlgeordnet und so, als hätte die Zivilisation eine sinnvolle Lösung für ihr Hygieneproblem gefunden. Die Ergebnisse des Stoffwechsels vieler guter Esser fließen hier zusammen und auch all das andere, was sonst noch seinen Weg durch die Kanalisation nimmt. Sekrete und Ausscheidungen mehrerer Dörfer und einer Kleinstadt werden unterirdisch antransportiert. Niemand muß mehr zur Erledigung »großer Geschäfte« und »kleiner Bedürfnisse« hinaustreten ins Freie. Im Hause selbst steht für diesen Zweck bauchige Keramik bereit, durch die alles spurlos, mit Hilfe von Wasser, hinweggeschwemmt wird. Eine schöne Erfindung, Fallrohr und Kanalisation als soziale Eingeweide, als Darmverlängerung hinaus ins Freie zu verlegen, um die Fäkalien dann durch den Klärwerksanus direkt ins Reinigungsprogramm austreten zu lassen.

Genaugenommen ist es aber so, daß sowohl Wasserklosett als auch Kloakensystem bereits in längst untergegangenen Kulturen des Morgen- und Abendlandes bekannt waren. Daß es WC und Kläranlagen in der heute gebräuchlichen Form, also vom Prinzip her vergleichbar, bei uns seit etwa hundert Jahren gibt. Irgendwas kann doch da nicht stimmen, wenn eine Errungenschaft aus den Zeiten der Entdeckung von Colibakterium, Drehstrommotor und Dampflokomotive in der postindustriellen Gesellschaft immer noch als Meilenstein des Fortschritts gefeiert wird.

Aus der Perspektive eines Bewohners der südlichen Hemisphäre muß es wie Märchen, Lüge oder Wahnsinn aussehen, wenn wir hier Tag für Tag dreieinhalb Milliarden Liter köstlichsten Trinkwassers durch unsere Toiletten davonspülen, es mit Scheiße verquirlen und anderem Unrat, bis es zu einem stinkenden Brei wird, der biochemisch gereinigt werden muß, mit viel Aufwand und ohne Nutzen, außerdem, daß am Ende qualitativ schlechteres Wasser entsteht.

Aus dem Sprechfunkgerät des Arztes ertönt wieder die hektische Stimme: »Wir kommen jetzt und fahren ein auf den Parkplatz. Ende.«

Bald darauf erscheint der Minister im Pulk seiner Begleiter. Zum dunkelblauen Anzug trägt er ein türkisfarbenes Seidenhemd mit diskret schräg gestreifter Krawatte, schwarze, auf Hochglanz polierte Lederschuhe und Mittelscheitel. Die nunmehr vollzählig versammelten Herren schreiten zum Rednerpult, und als erster ergreift der Bürgermeister das Wort:

»Ich begrüße den Herrn Minister sehr herzlich, den Herrn Kreisbeigeordneten, die Herren vom Wasserwirtschaftsamt, die Herren Stadtverordneten, verehrte Magistratskollegin, meine Herren Ortsvorsteher, ich begrüße die Vertreter der Presse, Herrn Ingenieur M. vom bauleitenden Ingenieurbüro, die Vertreter der ausführenden Firmen. Meine sehr verehrten Damen und Herren, ich freue mich sehr, daß Sie dieser Einladung zur heutigen Einladungsfeier ... äh ... Einweihungsfeier für die erweiterte Kläranlage so zahlreich angenommen haben ...« Er bezeichnet die Anlage als einen »Meilenstein« bei den »steten Bemühungen, in unserem Land die Gewässer sauber zu halten«, und übergibt dann zunächst dem Herrn Ingenieur das Wort.

Nach salbungsvoller Einleitung unter zunehmendem Nieselregen fährt dieser fort:

»... sind wir heute nun soweit, die Kläranlage, wie sie 1984 geplant, 1985 begonnen und heute fertiggestellt ist, Ihnen vorzustellen. Und ich freue mich ganz besonders darüber, daß die Übergabe heute im Beisein des Ministers erfolgt.

Wir waren stets bemüht, trotz der langen Bauzeit, stets die neueste Technik einzusetzen, obwohl für die vollständige Beseitigung des Stickstoffes die Stadt in der Zukunft noch einige Investitionen vornehmen muß. [...]

In den Jahren 1985–1986 wurden die Becken für die biologische Stufe mit Baukosten von ca. fünf Millionen errichtet, in den Jahren 1987–1990 diese ganze Anlage, mit Sandfang, Regenüberlaufbecken, Tropfkörper usw. mit Kosten von ca. 3,5 Millionen, im Bereich der Abwasserseite waren damit die Baumaßnahmen im wesentlichen abgeschlossen. Danach wurden die Bauwerke für die Schlammbeseitigung in Angriff genommen, von 1990 bis heute, und die Erstellung der anaerob-thermophilen Schlammbehandlungsanlage, maschinelle Schlammentwässerung, Fäkalannahmestation, Schlammeindicker, Faulturm und Gasbehälter, dazu die elektronischen Meß- und Steuerungsanlagen, Datenverarbeitung, all das mit Gesamtkosten von ca. vier bis fünf Millionen. [...] Sehr geehrter Herr Bürgermeister, ich möchte Ihnen diese Anlage übergeben.«

Lächelnd und unter dem verhaltenen Applaus der Gäste schreitet der schafsartig gelockte Bürgermeister erneut hinters Mikrofon, ordnet das Redemanuskript und läßt wohlgefällig seine Stimme erschallen über Faulschlamm- und Fäkalbecken hinweg. Von »Früchten« ist die Rede, »die die späteren Jahre voll zur Reife bringen werden«, vom Flüßchen, der »Erpe, in der sich bald schon wieder so mancher Fisch gerne tummeln wird«, und von der Hoffnung, daß »mit dem Knopfdruck durch den Herrn Minister wir künftig einen stets störungsfreien Betrieb in unserer Anlage zum Wohle der gesamten Bevölkerung verzeichnen können«. Und nun bittet er den Minister, der die Zeit damit verbrachte, gesenkten Hauptes mit übertrieben bedächtiger Miene vom Standbein aufs Spielbein zu wechseln, doch auch seinerseits nun das Wort zu ergreifen.

Der Minister tritt hinter das Podium, räuspert sich, und tatsächlich scheint so etwas wie Freude in seinen Zügen aufzuleuchten über die Gelegenheit, eine Rede zu halten, wann und wo auch immer. Bei den Männern ist es vielleicht wie beim Hahn auf dem Mist — der Schrei muß hinaus aus der Gurgel:

»... bin ich froh, heute diese Kläranlage ihrer Bestimmung übergeben zu können, ganz besonders, dies in der schönen Stadt W. zu machen und ... eh ... für einen Landesumweltminister, der ja für fast alles verantwortlich ist, was schiefgeht, ist es nicht alltäglich, Umweltpolitik konkret zu erleben. Landesumweltpolitik bewegt sich auf einer Ebene von Gesetzen, von Verordnungen, von Anordnungen, wenn es brennt, aber recht selten eigentlich auf der konkreten Ebene, dort, wo man die Dinge sieht, wo man gestaltet, wo man sie macht.

Was wir heute hier sehen, ist in der Tat ein Stück konkreter Umweltschutz, ein Stück Umweltschutz, der so selbstverständlich, wie er uns scheint, in der Welt noch lange nicht ist, und darin liegt eines der ganz großen Hauptprobleme, vor dem wir stehen. Und ich möchte hier, Herr Bürgermeister, hinzufügen, wir werden in Zukunft auch für solche Anstrengungen verstärkt Geld ausgeben müssen, und das heißt, wir werden auch den Bürgerinnen und Bürgern mehr an Belastungen zumuten müssen, um dieses Mehr an Umweltschutz finanzieren zu können. Im Klartext — und ich freue mich, daß das mittlerweile im Landtag von allen Parteien so gesehen wird, im übrigen auch im Deutschen Bundestag — wir werden verstärkt auch Mittel für den Umweltschutz, nicht nur für die Abwasserreinigung, sondern auch für die Abfallentsorgung, für die Abfallverwertung, für Luftreinhaltung, für ökologisch verträgliche Technologie verstärkt zur Verfügung stellen müssen. Und da eine Mark nur einmal ausgegeben werden kann, wenn man solide wirtschaftet, wird das auch heißen, daß der Anteil, den wir durch Umweltkosten für die Erhaltung der Umwelt ausgeben müssen, auch für die Gebietskörperschaften und vor allen Dingen auch für die Privaten, steigen muß.

Insofern freue ich mich, daß das Land hier so viel bezuschussen konnte, aber es ist auch kein Geheimnis, wenn ich sage: Natürlich, Perspektive muß sein! Verstärkt auch dadurch, die Gebühren den Kosten auch anzugleichen. Wir werden auch weiter bezuschussen, erschrecken Sie nicht, aber Sinn auf Dauer wird es nur machen, wenn wir die Gebühren den tatsächlichen Kosten auch angleichen.

Ich weiß, es ist unbequem, für jeden in der Verantwortung Stehenden, der ja alle vier Jahre neu gewählt werden soll, ob er der CDU, der FDP, der SPD oder den Grünen angehört — von der Interessenslage her, da sind sie sich alle ähnlich, oder um nicht zu sagen gleich —, dennoch bin ich der festen Überzeugung, daß wir die kommenden großen Aufgaben, die vor uns liegen, nur dann lösen können, wenn die realen Kosten, die Umweltbelastung mit sich bringt, dann tatsächlich auch in den Preisen sich darstellt. Nur so, glaube ich, daß mit marktwirtschaftlichen Mitteln eine Verhaltensänderung in breiten Bevölkerungsschichten — bei uns allen also — erzielt werden kann.

Staatsakt an einer Kloakenmündung

Dennoch wird das Land auch in Zukunft Abwasseranlagen fördern. Ich hoffe, daß der Landtag nächste Woche die Grundwasserabgabe beschließt, damit wollen wir Verhaltensänderungen, grundwasserschonendes Verhalten erreichen, sozusagen die andere Seite des Kanals ist damit gemeint, nicht die Abwasserseite, sondern die Schonung der Grundwasserreserven. Wir haben ja genügend Grundwasser, nur, das zu Trinkwasser zu benutzende Grundwasser wird auf Grund von Schadstoffeinträgen immer weniger, das heißt, selbst in wasserreichen Gebieten, jenseits der Großstädte, bekommen wir — etwa über die dauernden Einträge durch Überdüngung und Pestizide — zunehmend Probleme mit Trinkwasser-Gewinnungsbrunnen im Grundwasserbereich.

Hier wollen wir eine Verhaltensänderung herbeiführen, aber selbstverständlich auch bei den Haushaltungen. Bei den

Gebietskörperschaften wollen wir mit den eingenommenen Mitteln konkrete Wassersparmaßnahmen finanzieren, bezuschussen, d. h., auch von *der* Seite her ist erhebliche Anstrengung jetzt ins Auge gefaßt.

Ich möchte allen Beteiligten danken, ich wünsche Ihnen mit der neuen Kläranlage viel Erfolg. Ich möchte die Stadt W. ausdrücklich loben für ihre seit vielen, vielen Jahren bestehenden Anstrengungen bei der ... eh ... Abwasserbeseitigung, bei Investitionen in diesem Bereich. Ich möchte Sie ermuntern, diesen Weg weiterzugehen. Ich freue mich, daß dies mittlerweile Gemeingut, oder schon seit längerer Zeit, bei allen im Landtag vertretenen Parteien, bei allen politischen Gruppierungen, die hier in diesem Lande Verantwortung tragen, als Gemeingut gilt. Ich wünsche Ihnen also Glückauf mit dieser neuen Anlage, allen Beteiligten, am Bau, an der Bauausführung, an der Planung, Privaten und Öffentlichen, allen Beteiligten möchte ich nochmals seitens des Landes ausdrücklich danken und wünsche Ihnen, die diese Kläranlage dann in Zukunft zu fahren haben, beim Betrieb viel Erfolg. Es ist ein Vorbild, das wir hier heute der Bestimmung übergeben! Insofern ein ganz konkreter Beitrag zum Umweltschutz, auf den die Stadt — und auch Sie als verantwortlicher Bürgermeister — sehr stolz sein können. Vielen Dank.«

Nachdem nun alle koprophilen Bedürfnisse in den ministeriellen Seelenfalten befriedigt sind mit der umstandslosen Überleitung vom Kot aufs Geld, kann der entscheidende Akt endlich stattfinden. Der Ingenieur vermittelt zwischen oben und unten:

»Die Mitarbeiter, Sie sehen sie hier, haben sich noch etwas ausgedacht, irgend etwas muß geschehen, denn die Anlage läuft ja schon, sie ist ja, wie gesagt, unter Betrieb entsprechend erneuert worden, und da haben sich die Mitarbeiter gedacht, der Knopfdruck, der uns dann stets ein Vollfunktionieren gewährleisten soll, sollte von Ihnen erfolgen, Herr Minister. Ich darf vielleicht bitten, vielleicht mal dorthin zu gehen, der Herr Klärmeister hat schon alles vorbereitet.«

Der Minister, gefolgt von den mild lächelnden Honoratioren, stellt sich neben dem Klärmeister in Positur und betätigt dann, während die Herren von der Presse den Augenblick im Bild festhalten, theatralisch den zugewiesenen Knopf. Nach kurzem Aufjaulen eines Motors ertönt ein gleichbleibendes Brummen, unterlegt von schabenden Geräuschen, die irgendwo in der schlammigen Tiefe entstehen.

»Anlage läuft«, ruft der Klärmeister triumphierend. Über das Gesicht des Ministers irrt ein abwesendes Lächeln, willig läßt er sich von Ingenieur und Bürgermeister zur kleinen Sektbar führen und nimmt das gereichte Glas mit verbindlicher Dienstmiene entgegen. Doch bevor er es zum Munde führen kann, hat ein Klärwerker Mikrofon und Wort ergriffen, um noch eine Erklärung abzugeben:

»Wir haben, weil die Arbeiten ja unter Betrieb geschehen mußten, den Faulturm zwischengelagert, d.h., daß der Faulschlamm da entsprechend abgezogen wird, und dieser befindet sich nun in den Schlammstapelteichen, dort hinter der großen Kiefer. Nun, wir haben heute Ostwind, wie auch noch die nächsten acht Tage, und so kommt es allerdings, weil der Schlamm ja nicht ausgefault ist, daß diese Gerüche natürlich hier herüberwehen. Die Anlage ist aber so ausgelegt, daß künftig derartige Gerüche nicht mehr in dieser Stärke entstehen und wahrnehmbar sind. Ich darf Sie vielleicht bitten, sich anschließend einen kleinen Rundgang nicht entgehen zu lassen. Die Mitarbeiter, auch der Herr Ingenieur, stehen dafür zu Ihrer Verfügung. Darüber hinaus darf ich Sie nun einladen, auf dieses Ereignis einen kleinen Schluck zu sich zu nehmen.«

Und nun stoßen Minister, Bürgermeister, Ingenieur, die Magistratskollegin und der Klärmeister an, auf dieses »Stück konkreten Umweltschutz«, wie es der hohe Gast in seiner Rede formulierte. Man prostet sich zu und nippt am Glase. Der Bürgermeister bemüht sich, den bereits sehr zerstreut wirkenden Minister noch eine Weile aufzuhalten, noch länger teilhaben zu können am Fluidum der Macht, aber vergeblich. Während in den abgestellten Sektkelchen immer noch die

Deutsche Bräuche

Bläschen aufsteigen — ganz ähnlich wie die Blasen im Klärbecken —, wird der Minister bereits in seiner Dienstlimousine weggefahren, eskortiert von Polizei, gefolgt von Arzt und Krankenwagen.

Postskriptum.

Für Reisende, die mal in diese Gegend kommen: Die legendären Turnschuhe des Ministers Joschka Fischer sind im Deutschen Ledermuseum in Offenbach zu besichtigen, zusammen mit den Wanderschuhen von Karl Carstens, unserem ehemaligen Bundespräsidenten.

Mittelstand in geistiger Umnachtung

Ich bin nicht bereit, Ihnen das alles hier in die Hände zu geben, ich will meine Kunden ordentlich bedienen, und eins möchte ich gleich zurechtrücken, *ich bin kein Kunde,* ich bin der Begutachter, die Eigentümerin. Auch mein Bruder Josef und auch sein Kind, das an Polio gestorben ist, sind Miteigentümer. Es geht anders nicht. Dazu hat man sich eingerichtet, und es ist gut so!

Sehnse mal hier, Frollein, Sie heißen doch so, Sie müssen das der Dame nach Hause tragen, das ist ein wichtiger Auftrag!

So. Wer wann aufsteht ... das ist alles Quatsch! Gewöhnlich mache ich das überhaupt nicht, daß ich nach dem Klingeln noch liegenbleibe. Ich kann das gar nicht. So bin ich nun mal, es drängt mich hinaus ins Leben. Ich bin ja durch eine vierzehnjährige Schule gegangen, da habe ich, das können Sie sich denken, auch Klassen gehabt, die ich nicht konnte. Aber das ist es, was mir fehlt, was vielen fehlt, was im allgemeinen fehlt, die Kenntnis insgesamt gesehen.

Ich hätte ja zu Ihnen gesagt, gut, es braucht nicht alles hundertprozentig zu sein, aber alles, was Lesen, Schreiben, Bedienen der Kunden möglich macht, das sollte schon dasein, und damit ist man ja beileibe noch nicht fertig. Mein Mann hat mit seinem Sohn gesprochen. Wir müssen alles immer so machen, wie es sich schickt, können nicht fragen, was bringt es ein fürs Geschäft, nee ...

Mein Mann hat gesagt, ich soll es auch meinen Eltern zeigen, das ganze Material, das ich eingekauft habe, damit es begutachtet werden kann. Ich mache es aber so, wie ich es denke, und hoffe, daß ich das denke, was ich brauche, ja!

Man muß sich ab und zu sagen, die Zeit ist auch nicht so ganz voll und glücklich für mich, denn ...

Jeder hat so seine Art. Von mir kann ich momentan gar nicht so genau sagen, ob ich sie auf dem Wasser abschwingen werde, abrauschen — oder wie man sagt —, um zu denen hinzukommen, zu den ... es muß ja mal Schluß gemacht werden mit dem Elend.

Sie haben bestimmt schon manch einen gehört, der hat Ihnen gesagt, so oder so sind die Dinge, punktum! Jetzt ist wieder so einer dagewesen, aus Straßburg, hat alles gesagt. Aber ich will davon nichts hören! Ich habe soundso viel Angestellte und soundso viele Sachen, doch *wo sind die Sachen?* Wo sind sie? Die von zu Hause meine ich? X Untertassen waren da, die habe ich angeschafft, Tuch mit Kanne, das vor den Hals gebunden wurde, gabs, auch Besteck, ein vierundzwanzigteiliges Porzellanservice. Das haben sie alles abgeschafft, schlau genug sind sie ja! Aber mit mir nicht! Und da war ja dann auch die Mutter bei ihm und fragte, weshalb er den Mund nicht aufkriegt. Daß es so ausgehen wird, damit hätte keiner gerechnet, im Frühling 1912. Und wer weiß, was noch gekommen wäre, aber andererseits, er kam ja nicht zurück vom Felde.

Aber ich verkenne jetzt, daß es ja auch gute Seiten gab, na ja ... das sagt man so dahin. Ich werde jetzt fortfahren mit dem Auszeichnen; da vorne im Fenster, die sind schon alle fertig ... Oh, verflucht, jetzt habe ich mich naß gemacht, so weit isses nun schon mit mir gekommen, na, macht nix, wird schon wieder trocknen. Wirklich, besser hätte es auch Vater nicht machen können, die Auslagen im Schaufenster. Das sind Perlen.

Ich bin ja ein Mensch, von dem man sagen kann, ich kann nebenbei auch noch kochen. Bei mir muß alles tipptopp sein. Wenns nicht stimmt, fangen wir nochmal von vorne an. Tue jede Sache so gut ... wie ... na, wie geht das weiter ... so gut wie ... na jedenfalls, wenns dann das Falsche ist, dann tu's wenigstens richtig, oder isses das auch noch nicht? Offen und ehrlich gesagt, ich kann keinen Hund vor die Tür jagen, andererseits, wir müssen schon aufpassen, wen wir reinlassen. Das ganze Tuch hier, das sind ja Werte, die Kasse, das Werkzeug ... Ich mache die Buchführung, alles, ich habe die ganze Verantwortung selbst zu tragen.

Und du, mein Junge, wärst du nicht an Polio gestorben, das alles wäre mal deins gewesen. Hier, das Speisezimmer, da haben wir immer gespeist, die Eltern und ich, Essen, Trinken, Abschneiden, das alles ... das muß so sein. Hier, setz dich, mein Kind, hör nicht, was dein Vater sagt, *von mir* bekommst du alles, dein Vater kriegt nur sein Gehalt.

Schließen wir noch nicht zu, heute? Ah, da oben muß noch gearbeitet werden. Überstunden! Und daß Sie mir ja alles ordentlich einschlagen in Seidenpapier, Frollein! Da muß man immer schimpfen ... aufs Personal. Ich sag immer, mit einem Griff muß man alles parat haben, messen, schneiden, falten, aber das hier ist alles ein Murks, unsagbar! Dann haben sie auch noch den Schnitt verloren, und die Aufschrift ist auch nicht bekannt, nehme ich mal an, was, Frolleinchen? Ja, was glauben Sie denn, wo Sie hier sind?! Wie wollen Sie denn jetzt die Kundin zufriedenstellen?

Ich war früher selbständig, das würde mir heute keiner mehr glauben, so wie ich hier langliege. Daß das nicht erhalten bleibt, sehe ich jetzt, wo Teil für Teil von mir verlorengeht. Püppchen komm her, daß ich dich wasche, damit du sauber bist ... trallalitrallala ... und auch die ganze Plätterei muß ich ja noch beaufsichtigen, die darf man nicht aus den Augen lassen.

Auf das Gummi hab ich mich nun gesetzt, ich weiß ja auch nicht wozu, es ist ein Geschenk meiner Schwester, aber das bekommt sie wieder! Wenn man von woanders her ist, dann kann es sein, man hat nichts weiter an vielleicht, und es muß ohne gehn. Anderswo geht das auch. Aber hier muß jeder von oben bis unten ... und was das andere betrifft, so sagte ich ja schon, ich kann das einfach nicht, einen so süßen kleinen Hals umdrehn.

Ich muß mich nochmal korrigieren, der Mensch kann alles! Ich habe mich angeschickt, Briefmarken zu holen. Wofür? Ich weiß es auch nicht, ich kenne sowas nicht mehr, scheint es. Aber das geht keinen Menschen was an, was bei uns ausgebürstet wird und was nicht. Ich will und kann darüber keine Auskunft geben. Sonst hätte ich ja gesagt, bitte, das sind schicke Stücke *lacht falsch* ein bißchen angestaubt zwar, aber immer noch in Mode, die sind quasi vorige Woche erst gekommen. *lacht*

Wer bist denn du, Täubchen? Komm mal her und gib der Chefin einen Kuß. Ach, das hat ja alles keinen Zweck!

Jedenfalls, was ich heute morgen fand, das sah seltsam aus. Ich weiß es auch nicht, ob es Frauen waren, ob es keine Frauen waren. Wir konnten es nicht feststellen, und ich sagte zu ihnen: Liebe Kundinnen, wir können nichts für Sie tun, leider. Wer etwas kauft, ist bei mir Kunde, aber, da bin ich ganz sicher, die hätten nicht bezahlen können, solche Herrschaften komplimentiert man doch lieber gleich hinaus.

Alles ausbürsten, meine Damen, täglich, das ist wichtig, das ganze Tuch, auch die Ballen oben, gerade die! Es liegt so viel Staub in der Luft, seit neuestem. Überhaupt steht es nicht zum besten. Man muß sich ernste Sorgen machen. Ich werfe einen Blick in die Zeitung und sage: Ja bist du denn wahnsinnig, so ruhig dazuliegen, mit dem bißchen Kleingeld, das wir mit den Kleidungsstücken verdienen. Sollen wir denn bald wieder hinten im Lagerraum Uniformen nähen?

Man muß sich eben anpassen. Und das mache ich mein ganzes Leben. Aber schau mal, ich liege hier flach, kann mich nicht rühren. Wenn man mich hochhält, hier am Hintern, siehst du, wie weit es mit mir gekommen ist! Aber um eins bitte ich dich sehr. Laß nichts darüber verlauten, daß ich momentan nicht in der Lage bin, das zu nähen, was bestellt worden ist. Die Kunden können warten. *lacht*

Was sind denn das für Originale hier, die fliegenden Blätter? Sage ich nicht immer, man soll alles sofort einordnen! Ich verlange von den jungen Damen gutes Benehmen, Ordentlichkeit, Sauberkeit. Mein Vater hat immer gesagt: Die Aufzucht der jungen Weibchen ist das Schwierigste. Also, mich kriegt keiner so schnell unter die Erde!

Gehn Sie doch bitte mal und holen etwas für den Mittag. Sie fahren zwei Stationen mit der Tram, gehn zum Fleischer und können gleich gegenüber das Gemüse abholen. Hier gebe ich Ihnen das Geld mit. Wirklich, das Mädchen ist so schmutzig, als wäre es meins. Übrigens, bei dieser Gelegenheit, wo ist denn *unser* Kind, Herbert? *Streng* Hast *du* es fortgetan? Nicht, daß es mir fehlt, aber wo ist es?

Mittelstand in geistiger Umnachtung

Keine Antwort ist auch eine Antwort! Aber zuerst das Geschäft! Hier, komm mal her, hier ist die Litze für das Kleid von Frau Riedel, aber erst müssen die Dingens drauf. Sie braucht es für den Ball nächsten Monat.

Au, au! *weint fast vor Schmerz* Meine Hände, ohhh ... *mit normaler Stimme* da gibt sich die Psyche aber mächtig Mühe, sonst geht sie vor die Hunde!

Erzählt mal, Kinder, was macht das Leben? Ganz leise müßt ihr sein an meinem Krankenbett. Ich liege hier, mitten in Deutschland, da war nichts mehr zu machen. Aber drinnen, da denkts und denkts.

Zum Beispiel weiß ich nicht, wo die Ringe sind. Die Ringe von meinem Mann und mir. Wo sind die? Scheißringe! Was sollen die mir helfen? Komm her, Täubchen, du mußt dich auf mich drauf setzen, damit ich was spüre. Vielleicht gibts ja doch noch ein Heilmittel für mich? Mal sehn. Andererseits, wenn es nicht mehr geht, dann muß man es offen und ehrlich zugeben. Aber ich sag Ihnen was, ich bin krank vom Nichtstun. Ich bin weder angeschossen worden noch von der Tram angefahren, nein, ich habe nur Heimweh.

Zumachen! Fenster zu, aber schnell! Es zieht ja alle Schnitte vom Tisch bei dem Durchzug. Die Bürsten gehören dort ins Kästchen, Borsten nach oben, wie oft soll ich das noch wiederholen, hört mir von den Damen eigentlich überhaupt jemand zu? Ich werde Sie alle entlassen, da können Sie sicher sein, wenn mir das nicht aufhört! Das Wasser muß kochend sein!

Dem ersten Doktor, der kam, sagte ich: Sehn Sie, ich bin immer so müde, es fehlt mir an Lebenslust. Ich brauche Milcheis, sagte er, jeden Tag eine kleine Portion, auch im Winter. Nee, sowas kann ich nicht glauben. Der zweite Doktor sagte: Machen Sie eine Kur an der See. Ich war ganze zwei Wochen in Saßnitz, aber heute liege ich trotzdem da und kann kein Glied rühren. Das macht mich nervös, sowas. Denn, was glauben Sie denn, wie man sich fühlt, wenn man nicht mehr zu Hause ist? Na, überlegen Sie mal! Wenn andere Leute sich an Ihre Stelle gesetzt haben. Mit mir nicht!

Deutsche Bräuche

Täubchen! Machen wir eine Suppe zusammen, und dann wird der Finger genommen und rein in den Kochtopf. Meine Suppe, die kostet nur Pfennige, und da ist alles drin! Und Fleisch haben wir auch noch in der Kammer. Bevor andere es sich holen, nehmen wir es doch lieber schnell und drehn es durch den Wolf. Weiter hinten, im Gartenhäuschen, da habe ich zehn weiße Kaninchen. Die schmeißen wir fort. Wozu diese Belastung? Und das Fell ist aus der Mode, wie so manch anderes auch ... Überhaupt, ich habe es nicht gern, wenn alles kreuz und quer durcheinandergeht, kleidungsmäßig. Das kann vielleicht auch als schön erachtet werden, aber sowas kann jeder, dazu gehört keine Kunst.

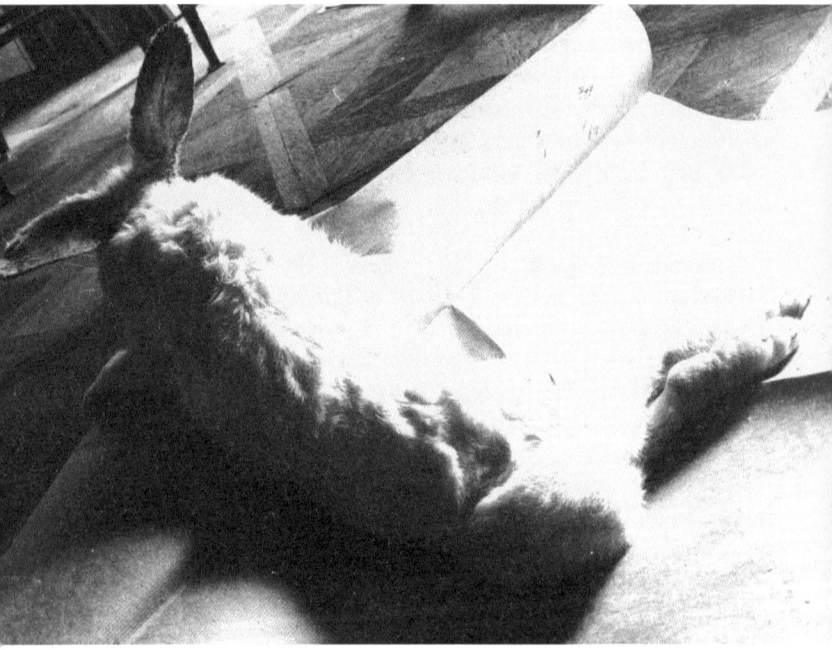

Ich könnte dir den Schädel einschlagen, vor Wut über deine Zudringlichkeit. Ich brauche meine Ruhe. Ich kann mich nicht mittags nach dem Essen auf den Bauch legen für dich, das kann ich nicht und ich will es nicht. Deine Schäferstündchen, die habe ich schon gefressen. Mir ist es lieber, wenn wir überhaupt damit aufhören. Über diesen Streitereien kann ja jedesmal die ganze Nacht vergehen, und morgens komme ich unausgeschlafen ins Geschäft. So geht das nicht weiter, mein Lieber! Und schon gar nicht jetzt, wo ich meine Beine überhaupt nicht mehr bewegen kann, wo ich wund bin und müde.

Heute ist sie dagewesen, die Aufwärterin, Frau Felix, nehme ich an, und ich sage zu ihr: Himmel, das kann doch nicht sein, daß hier schon wieder alles verschmutzt ist. Mir wäre es ja lieber, wenn wir den Fußboden überhaupt nicht mehr bohnern und glänzern, aber das geht ja nicht, wegen den Kunden, nur, wer kümmert sich um mich? So verlassen war ich noch nie in meinem Leben.

Liebe Frau Baronin, wir brauchen Schutz, wir Alten, es geht doch kein Mensch hierher freiwillig. Man hat uns verschleppt, beraubt, entmündigt. Gehn Sie bitte nicht wieder weg, Frau Baronin von Pütnitz, alleine weiß ich mir ja gar nicht mehr zu helfen. Meine ältesten Kundinnen lassen mich im Stich, wenn ich nicht augenblicklich wieder meine Geschäfte führe. Ich will ja gerne alles tun ...

Der Herr Doktor, der war ja auch eingetreten in die Partei, bedenken Sie mal, 1933, nur wegen der Kundschaft. Ist man Geschäftsmann, dann heißt es Opfer bringen, den letzten beißen die Hunde, wie es so schön heißt. Es wären ja Vorsichtsmaßregeln gekommen, unter Aufsicht zu leben, das ist nicht schön, ich sehe hier ja täglich, wie es Leuten geht, die nicht mitmachen. Eine, die bei mir im Laden war, wollte auch nicht mitmachen, aber das ging nicht lange gut, die hat man schnell abgeholt. Ich konnte ja dagegen gar nichts tun, man war ja machtlos.

Früher dachte ich immer, ich kann nicht das Bett aufsuchen, dann wenn es mir paßt, sowas geht ja nicht. Jetzt liege ich hier. Ob es mir paßt oder nicht. Was sie hier mit mir machen und was sie tun, wenn wir nicht bei uns sind, ist einfach schrecklich!

Frolleinchen, machen Sie mir das bitte ordentlich, das Einwickeln und den weiten Weg, die Kundin ist Schauspielerin am Hansa-Theater und braucht das Kostüm so schnell als möglich. Und du, Mädchen, mach mal ein bißchen Ordnung hier, so kannst du auch dein Können anbringen.

Da sehn Sie es doch, bitte, was andere Leute haben, das habe ich auch. Ich habe einen Eigentumsbegriff, und der sagt mir, mein Eigentum ist unteilbar, ich bitte, mich aus dem Streit zu lassen über derartige Fragen. Andererseits, wir können nicht damit rechnen, daß wir unser schönes Geld behalten können. Zwar sind wir sehr sparsam, aber damit hat noch keiner sich am eigenen Zopf aus dem Sumpf gezogen. Es gibt ein Aussterben in unserem Gewerbe, und überhaupt unter den Ladenbesitzern. Und es ist überall dasselbe: tüchtige Anfänge, sattsamer Erfolg, und dann ist durch äußere Umstände einiges kaputtgegangen. Aber da muß man eben mit rechnen, daß alles schiefgeht und man am Ende kein Wort mehr zu sagen hat.

Andächtig habe ich an mein späteres Kapital gedacht, als ich noch zur Schule gegangen bin. Das hat mich mit Lebenslust erfüllt, der Gedanke, einmal Chefin zu sein über meine Angestellten. Es gibt ja auch Leute, die sich jahrelang damit abmühen, gut zu heiraten, aber das hatte ich gar nicht nötig. Mein Mann hat die gute Partie gemacht, er wurde bei mir angestellt, und als erstes sagte ich ihm: Mein Lieber, ich kleide dich ein mit dem Nötigsten, aber alles in Kurzform, damit es nicht zu teuer wird. Ich muß das festhalten, bevor mein Leben zu Ende ist.

Heute frage ich mich, was sind das für arme Zöpfchen da auf meinem Kopf, wer hat die geflochten? Man sagt nicht zu mir, daß ich morgen vielleicht schon raus darf. Das bin ich nicht, *das bin nicht ich,* was Sie hier sehen, das ist eine fremde Sache, die hier diese Fehler hat und doch nichts dafür kann.

Und in der heutigen Zeit muß man ja leider mit allem zufrieden sein, was kommt. Die angestellten Damen sind nicht die Tüchtigsten. Dafür habe ich aber einen neuen Angestellten, der ist groß, sauber und sachlich. Jedes Plakat, das kommt, hängt der sofort auf, er macht seinen eleganten Diener vor der Kundschaft und dekoriert mit viel Geschick und Geschmack. Ich muß immer ein freundliches Wort für ihn übrig haben, so viel Freude macht er mir.

Die Näherinnen hingegen taugen nichts. Es ist ihnen vollkommen gleichgültig, was das letzten Endes bedeutet: Sitzen oder Nichtsitzen. Na, ich kann Ihnen sagen! Sie müssen Ihre ganze Überredungskunst ausbreiten, müssen Drohungen einsetzen und was es sonst noch gibt, nur um anständige Ergebnisse zu erzielen ...

Aber was geht mich das alles heute noch an? Wer klein ist, wie ich, und hat weiter keine Unkosten, der könnte sich zwar ab und zu ein neues Teil leisten, zwischendurch vielleicht mal eine leichte Sommerjacke, einen Seidenschal, andererseits, es fehlt ja an Gelegenheiten, das alles zu tragen, da werde ich doch lieber an die alte Jacke moderne, neue Knöpfe annähen.

Was ich brauche, wirklich brauche, das ist ein Zimmer voller Flieder, weiß und altrosa, für den Fall meines Todes. Wenn ich etwas zu sagen hätte, ach ...! Aber die hängen ja hier so an ihren Gewohnheiten und Vorurteilen. Früher hätte ich gesagt: Das und das und das ... bezahlen kann ich es ja, deshalb muß es so sein, wie *ich* es will, wenn *ich* es bezahle. Komm, Täubchen, klopf mir mal das Kissen auf, es klebt mir fest im Genick ... wo bist du denn, verdammtes Dreckstück?!

*

Frau Kuhn, um die Jahrhundertwende geboren, wurde wegen zunehmender Verwahrlosung und nach einem Sturz in ihrer Wohnung ins Altenpflegeheim eingewiesen.

Zeitgenössische Musterbriefe

Dem stets offenstehenden Papiercontainer an der Ecke verdanke ich die vielfältigsten Informationen. Nicht nur der *Spiegel* steht bereits vier Tage nach Erscheinen zur Verfügung, auch andere Zeitungen und Zeitschriften gibt es zur Auswahl. Zusätzlich kann man Fachkataloge finden von Büroausstattern, den Bericht einer Arbeitstagung über Leukozytenkulturen, ein Programm für Übungsleiter und Manager, eine Juristenzeitung und diverse Briefschaften.

Letztere, einzeln betrachtet belanglos, werden in der Kombination miteinander zu brisanten historischen Urkunden:

Der Immobilienmakler M. bietet in seinem Schreiben vom 25.5.91 Herrn B., »gemäß dem erteilten Auftrag«, eine Immobilie zum Kauf an:

»[...] Das Grundstück liegt nahe der Schönhauser Allee und ist bebaut mit einem fünfgeschossigen Vorderhaus und Gartenhaus. Im Haus befinden sich zwei Gewerbeeinheiten (Elektroartikel mit Lager und Blumen-Studio) sowie 27 Ein- bis Dreizimmerwohnungen. Davon sind dreizehn mit Innentoiletten ausgestattet, die anderen haben noch *Außen-WC*. Zwei Wohnungen haben schon Gas-Etagenheizung, alle anderen *Ofenheizung*.

Der allgemeine Bauzustand kann als gut bezeichnet werden. Die Straßenfassade ist bereits renoviert, ebenso sind die Treppenaufgänge im Vorderhaus malermäßig überholt worden. Einige Steigleitungen wurden erneuert. Maßnahmen zur Vertilgung von Taubenzecken und Hausbock erfolgten im Herbst des Vorjahres.

Baujahr	1919
Ausbaufähiges Dachgeschoß	ca. 220 m²
Wohnfläche	1 220 m²

Gewerbefläche	230 m²
Grundstücksfläche	650 m²
Gesamtfläche	2050 m²
Jahresmieteinnahmen derz.	27 360,00 DM
Jahresmieteinnahmen ab 1.10.91	128 400,00 DM

Abzüglich der Ausgaben für Müll, Grundsteuer, Schornsteinfeger usf. (die noch nicht festgelegt sind) kann ein jährlicher Überschuß von ca. 94000 DM erwartet werden.

Kaufpreis	1 250 000 DM

Bei Außenbesichtigung bitten wir um Diskretion. Eine Innenbesichtigung des Wohnraums ist *nur* nach vorheriger Terminvereinbarung mit uns möglich. [...]«

*

Von einem anderen Absender an einen anderen Adressaten erging am 15.2.91 folgende Einladung:

»[...] die neue Stellung Berlins als Metropole, als Drehscheibe zwischen Ost und West [...] eröffnet nicht nur vielfältige Perspektiven, sondern auch Informationsbedarf für die Erschließung der Märkte in den neuen Bundesländern und den osteuropäischen Staaten [...]«

Zu diesem Zweck wird ein Verein gegründet, der sich selbst als gemeinnützig bezeichnet, und den Namen Ost-West-Investoren-Club e.V. tragen soll. Er wird sich der Aufgabe widmen, nicht nur die klaffenden »Informationslücken« seiner zukünftigen Mitglieder zu schließen, sondern ihnen darüber hinaus den ersten Zugriff auf neue interessante Geschäfte und Geschäftspartner ermöglichen.

»Am 14.3.1991 (18.30 Uhr) findet im Hotel Metropol, Friedrichstr. 150-153, O-1086 Berlin, unsere Eröffnungsveranstaltung statt. Wir freuen uns, auf dieser Veranstaltung den Leiter der Berliner Niederlassung der Treuhandanstalt, Herrn Helmut Coqui, begrüßen zu dürfen, der zum Thema:

Unternehmenskauf in Deutschland

einen praxisbezogenen Vortrag halten wird. Er wird die

Deutsche Bräuche

Teilnehmer über die aktuelle Vorgehensweise der Treuhandanstalt bei der Veräußerung von ehemaligen Staatsbetrieben (oder deren Teilen) und dem sonstigen Vermögen (Immobilien) informieren. [...] Danach findet ein kaltes Abendbuffet statt. Ende der Veranstaltung ca. 20.30 Uhr. Der Unkostenbeitrag beträgt DM 50,00 pro Person.«

Über diesen gewichtigen Abend hinausgeplant wurde auch bereits, man bietet monatlich stattfindende »Kontaktmeetings«, an denen »unternehmerisch engagierte Damen und Herren« teilnehmen können. Folgende Themen wurden ins Auge gefaßt:
— das neue Fördergesetz
— Immobilienerwerb in den neuen Bundesländern
— Investitionsstrategien in der CSFR
— Geschäftstätigkeiten in Ungarn
— »Management Buy-Out« in Ostdeutschland

*

Und hier das Schreiben einer engagierten Dame an die Pfarrerin ihrer Kirchengemeinde in Westberlin:

»[...] Ich hatte mein Interesse an dem Gespräch geäußert, hatte aber bei der Äußerung nicht bedacht, daß dieses Nachgespräch in engem Zusammenhang mit der intensiven Vorbereitung einer Gruppe steht und auch dieser Gruppe vorbehalten bleiben soll. Ich käme mir wie ein Eindringling vor, ist doch meine Meinung in Unkenntnis aller gruppendynamischen Vorgänge gefaßt. So habe ich mich entschlossen, Ihnen ein paar Bemerkungen zu dem Gottesdienst zu schreiben, die Sie im Gespräch verwenden können, wenn Sie möchten. So können nicht beabsichtigte Verletzungen, die ja bei Kritik von außen leicht gemacht werden, vielleicht verhindert werden.

Vor und nach dem Gottesdienst hat mich die lebhafte Atmosphäre, das Interesse aneinander, die Freude untereinander sehr angesprochen, im Gottesdienst habe ich dann dieses Selbstverständnis vermißt, manches wirkte daher auf mich unsicher und zaghaft, wo ich denke, die Frauen haben allen Grund zur Selbstsicherheit, machen sie doch gute und wichtige Arbeit und alljährlich einen Gottesdienst von Laien (nicht Andacht, denke ich), der vielen Freude macht, und der eine notwendige Ergänzung zu den übrigen Gottesdiensten ist. Warum also nicht vom Lesepult aus sprechen? Alle können es besser verstehen; und alle Frauen haben doch etwas zu sagen.

Das Fürbittgebet aus den Bankreihen war vielleicht so geplant, um Gemeinschaft zu ermöglichen: Ich erlebe es eher als Wunsch nach Schutz der Sprechenden. Das finde ich auch legitim. Aber der Zuhörer konnte oft schlecht verstehen. Ich hätte mir ein Sprechen vor dem Altar gewünscht, es ermöglicht mir eher eine Identifikation mit dem Gesagten.

Mir fällt es schwer, das Lied von Gott, der wie Gras und Blumen ist, zu singen. Ich räume ein, daß eigene Erfahrungen da mitschwingen, aber ich frage, ist Gott wirklich so?

Vielleicht ist er auch so; unsere Gottesbilder sind ja vielfältig. Wir Frauen sollen aber nicht bei der Gefühlsebene bleiben, sondern auch die politische Dimension unseres Gottes benennen.

Ich habe den Gottesdienst gern mitgefeiert und habe mit Spannung zugehört, das sollte vielleicht der ›Kontrabaß‹ bei aller Kritik sein. Ich wünsche Ihnen ein gutes Nachgespräch und bin mit herzlichen Grüßen [...]«

*

Unzufriedenheit am Vorgefundenen und eigene Erfahrungen schwingen auch bei Friedhelm mit, der Ende November 1989 aus Zimbabwe an Kathi und Mike in Deutschland schrieb:

»[...] Ich schreibe erst jetzt zurück, weil ich versucht habe, eine Golfclub-Mitgliedskarte zu bekommen. Die Bürokratie hier ist noch schlimmer als in Deutschland. Kamativi selbst hat keinen eigenen Golfclub, sondern nur die Anlage. [...]

Unser Container ist Anfang Oktober in Harare angekommen, und wir waren richtig glücklich darüber, allerdings verwandelte sich dieses Glücksgefühl in pures Entsetzen, als wir sahen, daß der Container aufgebrochen war (wahrscheinlich in Mozambique). Die Schweine haben das Fenster des Wagens eingeschlagen und alles gestohlen: Kleidung, Zelt, Luftmatratzen, Teller, Tassen, Besteck, Töpfe, Bücher, alle Elektrogeräte und das Autoradio, Bettwäsche, Schuhe, einfach alles, sogar die Scheinwerfer des Wagens und vier Ersatzreifen! Übrig war einzig ein Kaffeeservice, ein paar Schuhe von Vera und einige Wintersachen, die wir hier allerdings nicht brauchen. [...]

In den letzten Tagen und Wochen sind wir im Nationalpark gewesen. Es war phantastisch: Elefanten, Nashörner, Giraffen, Zebras, Antilopen, Adler, alles ist da, es ist einfach unbeschreiblich. Samstag und Sonntag Victoria Falls. Es ist unmöglich, die Eindrücke in Worte zu fassen, man muß die Fälle einfach gesehen haben, es ist umwerfend. Ein befreundeter Inder (Dollarmillionär) hatte uns eingeladen, so daß es ein billiger Trip für uns war, der aber alles geboten hat. [...]

In der Schule ist es im Augenblick ruhig, da die O-Level-Examen angefangen haben. Ab nächster Woche habe ich allerdings viel zu tun, da meine Klassen ihre end of year examinations schreiben, und ich 300 Mathe-Arbeiten zu korrigieren habe. Mit den Lehrern und Schülern habe ich keine Probleme. [...]

Nun zu den Neuigkeiten aus Deutschland, ein deutscher Kollege hat uns ein Radiogerät geliehen, mit dem ich die ›Deutsche Welle‹ empfangen kann. Die Nachrichten klingen einfach unglaublich. Ich kann mir vorstellen, daß man einerseits über die Situation glücklich ist, andererseits aber die Öffnung der Grenzen wohl große Probleme aufwerfen wird. In den Zeitungen hier steht fast nichts über die Situation in Europa. Vielleicht könnt Ihr uns einen Artikel aus der Zeitung ausschneiden und schicken.

Von Vera kann ich berichten, daß sie ums Haus herum und im Haus viel Arbeit hat und deshalb keinen Job braucht, um die Langeweile zu bekämpfen. Ihr Englisch wird täglich besser, einkaufen geht sie alleine, und Gin und Brandy bestellt sie im Club ohne die geringsten Verständigungsschwierigkeiten. Am besten aber ist ihr Englisch, wenn sie sauer ist und die Neger zur Sau macht, außerdem hält sie so auch unseren Hausboy (!) auf Trab.

Nochmals viele Grüße, Euer [...]«

Ein Jahr später schrieb Vera, die Gattin, die unterdessen gewiß ihre Neger und Hausboys in fünf Sprachen zur Sau machen konnte, an Kathi und Mike:

»[...] Im Wohnzimmer sind es 33 Grad und mehr. Man sitzt und schwitzt vor sich hin! Unser neuer Ventilator (360 Dollar) hat nach ganzen 14 Tagen seinen Geist aufgegeben. Nun finde hier mal jemanden, der das Teil wieder ›heilen‹ kann. Unser TV hat übrigens auch eine Macke. [...]

Soweit ist sonst hier alles beim Alten. Ich versorge Haus und Hof und fremde Hunde und schlage mich mit den Angestellten herum. Es sind momentan ›nur‹ vier Leute, die wir haben und die mir das Leben schwer machen. Der Headmaster will übrigens, daß ich in der Schule arbeite. Ich möchte schon, aber die Zeiten und die Bezahlung sind zu ungünstig. [...]

Mit der englischen Sprache habe ich überhaupt keine Probleme mehr, obwohl bei mir die dt. Sprache sehr darunter leidet. Fritze geht es auch nicht anders! Manchmal wissen wir die einfachsten Worte nicht zu schreiben, oder wir wissen die dt. Übersetzung nicht für ein Wort. Letztens haben wir uns den Kopf zerbrochen für das Wort Gartenzaun. Ist doch lächerlich nicht?

Alles Liebe, Eure [...]

P.S. Mike, könntest Du bitte zwei kleine Stücke von der Mauer besorgen?«

*

Als letztes fand sich eine vergilbte Fotokopie an, die auf ihre Weise die Zustände veranschaulicht:

»Unsere Wanderschildkröte Hannibal ist entlaufen. Der Finder melde sich bitte [...]

Hoffen wir, daß sie die Alpen bereits überquert hat.

Michael

Bahnhof
M: Wartest du schon lange?
G: Es geht.
M: Können wir wieder zum Chinesen? Ich möchte mit Stäbchen essen, das macht mich völlig fertig. Gib mir schnell ein bißchen Kleingeld fürs Schließfach, mit der Jacke hier kann ich ja nicht gehen, oder?
G: Meinetwegen mußt du dich nicht umziehen.
M: Gib schon! Ich will raus aus den Klamotten. Du kannst ja schon vorgehen, ich komme dann nach... bestimmt, versprochen ist versprochen!

Chinarestaurant
M: Ich nehm Ente, ich steh total auf Ente, obwohl ich ja immer nur Pommes und Whopper esse, was nimmst denn du?
G: Dasselbe.
M: Scheiße! Nimm doch was anderes, dann kann ich das ausprobieren. Hier! *wedelt mit einem Hundermarkschein* Ich lade dich ein.
G: Das kommt überhaupt nicht in Frage, mein Lieber! Also, ich nehme dann Rindfleisch mit Glasnudeln, wäre das recht?
M: Du kannst auch Ente essen... wenn du schon selber bezahlst.
G: Danke.
M: Ich verhungere! Seit zehne steh ich schon mitten im totalen Weihnachtsterror, die Leute sind beladen wie die Packesel. Zwei hatte ich, willste hören?
G: Ja.
M: Der erste, ein abgefahrener Typ, Lehrer oder so, sagt: ›Mein Auto steht drüben im Parkhaus, man bekommt ja

jetzt in der ganzen Stadt keinen Parkplatz mehr, ich hab nicht viel Zeit.‹ Wir also ins Parkhaus getigert, da steht sein Mercedes. Hinten is schon proppenvoll mit Tüten und Paketen, alles mögliche, und ich frag: ›Sind das alles Weihnachtsgeschenke für deine Kinder?‹, und der sagt: ›Für die Familie, ja, jetzt laß das mal, Junge, jeden Moment kann meine Frau kommen, beeilen wir uns!‹ Mir kanns ja nur recht sein, je schneller, um so besser... Zeig nochmal, wie soll ich die verdammten Dinger halten? Scheiße, heute fällt alles runter... warte, so... die haben echt einen Hammer, die Schlitzaugen!

G: Wir können Besteck bestellen.

M: Nee, nee! Ich mach das schon. Ah so, also dann geh ich zum Zoo zurück, steh so fünfzehn Minuten, kommt ein Fettsack an, langer schwarzer Ledermantel, getönte Brille, Glatze, ich seh gleich, der hat Kohle. ›Gehn wir ein bißchen spazieren, ich war schon seit Jahren nicht mehr im Tiergarten‹, sagt er, Mann, und das bei der Kälte. Der latscht dahin, bis fast zum Brandenburger Tor, da glotzt er rum wie ein Tourist, quatscht blöd: ›Ich kann es immer noch nicht fassen, daß wir jetzt hier überall...‹, und dann zieht er mich ins Gebüsch, sagt immer: ›Hier noch nicht, hier kann man uns vom Weg aus sehen.‹ Ich sag dir, ich bin fast erstickt beim Blasen! Vor lauter Schiß, daß jemand was sieht, hat er seinen Ledermantel über mir zugehalten. Die Knie frieren dir am Boden fest, wenn einer so lange braucht, alles nur aus Schiß... und dann schreit er wie ein abgestochenes Schwein! Ich versteh das nich. Aber egal, einen Fünfziger hatte ich schon, da holt der die Brieftasche raus — so fett, sage ich dir —, fischt 'nen Hunni raus und sagt: ›Gut gemacht! Kauf dir 'nen Weihnachtsmann. Und jetzt geh vor und ruf mir ein Taxi!‹ Ich scheiß doch auf dem sein Taxi, weißte, dann bin ich gleich gekommen, ich wollte dich nicht zu lange warten lassen wegen dem Arschloch.

G: Das ist nett. Sag mal, nimmst du Präservative?

M: Guten Appetit!

G: *lacht* Du kannst es mir auch nach dem Essen erzählen.

M: Wegen mir isses nicht, ich dachte, dir kommt die Kotze hoch.
G: Mich ekeln ganz andre Sachen.
M: Ich habe fast immer ein Gummi. Wenn ich gute Kohle mache, kauf ich mir unten im Laden was auf Vorrat. Im Moment steh ich auf Kiwi. Den meisten Typen isses egal, solang du ihnen nur einen runterholst. Beim Blasen gibts immer welche, die sind scharf drauf, daß du ihren Saft schluckst, da gibts dann so Tricks ...
G: Tricks?
M: Ja, du steckst dir heimlich 'nen Gummi in den Mund, da kannste noch gut mit reden, da merkt der nix. Und dann isses nur wichtig, daß du ihn im richtigen Moment mit den Lippen so festhältst, daß er sich von allein auf den Schwanz rollt, wenn er in den Mund reingeht. Hinterher läßte das Ganze unauffällig verschwinden. Beim richtigen Verkehr — anal mach ich nur mit festen Freiern — mal so, mal so, das kommt auf die Kohle an, die sie abdrücken.
G: Deine Kunden selbst, die kaufen kein Präservativ?
M: Spinnst du? Das gehört mit zum Service! Außerdem wollen ja fast alle ohne. Schuld daran sind die Ausländer, die Polacken und Rumänen, die lassen sich für einen Zwanziger durchziehn, ohne! Uns versaun sie die Preise; und die Freier. Wenn sich da einer von denen auch nur von weitem blicken läßt, dem schlagen wir sofort die Zähne ein, das wissen die Wichser ganz genau. Die Foto- und Videojobs haben sie uns auch weggenommen...
G: Was sind das für Jobs?
M: Da gibts so 'nen Typen, der handelt mit Knabenpornos. Da macht der die fette Kohle mit. Also der hat auch ein Studio, mit Kameramann und so, es werden Filme gedreht und Fotos gemacht. Ein Kumpel hat mich zuerst mit hingenommen, auf so eine Party, voriges Jahr. Der Typ hat 'ne irre Wohnung, im Penthouse, du kannst rundum auf einer Terrasse gehen und über die ganze Stadt schaun, total stark. Innen ist auch alles vollkommen abgefahren, runde Betten, Neonschriften an der

Wand, Fernseher mit Riesenbildschirm, da laufen dann seine ganzen Pornos ab. Du kommst da nicht so ohne weiteres rein, wirst erst gecheckt, ob du vielleicht irgendwie Spitzel bist oder so, aber mein Kumpel hat gesagt: ›Den kenn ich gut, der is sauber, ich verbürge mich dafür.‹ Da gabs keine Probleme. Das ist alles deshalb, weil auf den Partys auch Promis sind.
G: Was für Prominente?
M: Ich kannte die alle nicht. Irgendwelche Wichser: Ärzte, Rechtsanwälte, Architekten, Politiker, sogar ein Richter war mal da, alles schwerreiche Säcke. Die waren nicht kleinlich, das muß ich zugeben. Ich hab die Kohle nur so abgeschleppt, damals — ich war elf — und hatte unten noch kein einziges Haar. Da standen die total drauf. Von mir gibts neun Filme. Willste mal einen sehn?
G: Nein.
M: Du stehst eben nicht auf Knaben, na egal, jedenfalls haben sich jetzt die Ausländer da reingedrängt in die Jobs, da kannste fast vom Säugling an alles haben für deine Kohle: blonde Polen, Zigeuner mit Locken, seit kurzem kommen auch Jugos ... das ganze Scheißpack, für ein bißchen Kohle lassen die sich den Arsch aufreißen bis zu den Ohren ... schreibste das auch auf?
G: Soll ich nicht?
M: Doch, klar, alles! Vielleicht merken die Freier mal was.
G: Also ich hab nicht den Eindruck, daß die auch nur das Geringste bemerken. An dir fällt ihnen ja auch nichts auf.
M: Was meinstn? Was soll ihnen denn auffallen an mir?
G: Beispielsweise, daß du ziemlich minderjährig bist, nicht in die Schule gehst, auf der Straße herumstreunst, keinen hast, der sich um dich kümmert.
M: Ahhhch Scheiße! Alles Quatsch, was du da redest! Ich kümmere mich um mich selbst. Ich bin fast seit zwei Jahren auf Trebe, nur zweimal haben mich die Bullen aufgegriffen und ins Heim gebracht — einmal sogar nach Westdeutschland —, aber so schnell konten die gar nicht hingucken, da war ich schon wieder geflitzt, mich kann kein Erzieher halten, das läuft nicht! Ich laß mich

nicht mehr einsperren, das hab ich lange genug kennengelernt, nee danke, du. Und soll ich dir mal noch was sagen?
G: Ja.
M: Weil du denkst, die Freier sollen Mitleid mit mir haben...
G: Nicht Mitleid meinte ich, das wäre zu wenig...
M: Is mir ja egal, kann ich alles nicht brauchen, die Scheiße. Du mußt das so sehen: Ein guter Freier ist einer, mit dem du vielleicht nett ins Kino gehst, oder mal was essen, der dich einlädt, der die Kohle abdrückt, die du haben willst, den du bedienst wie du's haben willst. Die schlimmsten Freier sind die, die dir mit der moralischen Tour kommen. Kaum sind sie fertig, gehts schon los: ›Junge, hast du denn keine Eltern? Du ruinierst dir ja dein ganzes Leben, du kannst doch nicht ewig auf den Strich gehen. Denk doch mal über deine Zukunft nach, aus dir könnte noch was Tüchtiges werden, am besten, du gehst ins Heim zurück, machst deine Schule fertig und lernst ein Handwerk, Handwerk hat goldenen Boden... Ich, in meiner Position, kann leider nichts für dich tun, aber ich will dein Bestes, mein Junge, das kannst du mir glauben.‹ Das nervt so, du kriegst Lust, das Arschloch in die Eier zu treten.
G: Ich verstehe *dich*, aber nicht deine Freier...
M: Die besten sind die Homos, da gibts keine Probleme. Die schlimmsten sind die älteren Familienväter, die Heteros, die braven Bürger, Geschäftsleute... unter diesen Freiern kannste dann solche Wichser finden — Perverse, Sadisten —, die dir die Ohren vollabern mit ihrer Scheiße, aber keiner fragt dich mal: ›Wo schläfst du denn heute nacht?‹
G: Und, wo schläfst du?
M: Bei einem Kumpel, im Moment. Der is ein Ossi, aber ein echt guter Kumpel, ganz ehrlich! Vorher bin ich mit den Obdachlosen rumgezogen, hab mal bei Freiern gepennt oder im Tiergarten, aber das ist alles Mist! Du saust dich ein, holst dir Sackratten, bist immer erkältet. Und immer mußte sehn, daß dich die Bullen nicht kassieren, ich hab ja keine Papiere und nichts. Jetzt penne ich richtig im

Bett, bei meinem Kumpel — der ist drei Jahre älter, aber da läuft nichts, nee, nur so —, ist alles wunderbar, nur die Oma macht uns manchmal fertig.

G: Die Oma?

M: Na das is so. Die Wohnung gehört eigentlich der Oma, drei Zimmer, Küche, Klo halbe Treppe. Der Sascha ist bei ihr aufgewachsen, und seit sein Opa gestorben ist, liegt die Oma im Bett und steht nicht mehr auf, nix zu machen. Die is schon Rentnerin, aber irgendwie ist die Rente auch zu niedrig oder so, jedenfalls macht der Sascha alles für seine Oma, echt alles. Der wäscht sie sogar, holt ihr den Nachttopf, macht sauber, bringt was zu essen mit, kauft Tabletten ... aber sie nervt eben immer. Nachts geht das: ›Sascha, Sascha! Kinder, seid ihr da? Ich kann meine Tabletten nicht finden, Sascha, gib mir doch bitte meine Tabletten‹ usw., oder sie muß mal. Keine Nacht ist Ruhe. Weil sie ja den ganzen Tag schläft, während wir weg sind, ist sie nie müde. Aber andererseits isses warm und sauber, und ich hab nicht den Streß mit den Bullen oder mit Skins oder so. Es ist nur eine Oma. Aber jetzt, Weihnachten ausgerechnet, muß ich raus, weil eine Tante vom Sascha zu Besuch kommt für eine Woche. Durch Zufall hab ich für die Zeit was anderes gefunden, bei einem ehemaligen Erzieher, den ich aus dem Heim kenne. Den treff ich neulich in der U-Bahn, er hat mich zum Essen eingeladen — da waren wir bei einem Italiener, das war auch nicht schlecht —, ich erzähl ihm also alles, und er sagt: ›Komm doch zu mir über Weihnachten, ich hab nichts weiter vor, kannst dir auch was wünschen.‹

G: Und was hast du dir gewünscht?

M: Ganz was Blödes!

G: Sag schon.

M: Schlittschuhe. Kannst du Schlittschuhe laufen?

G: Heute nicht mehr, glaub ich, und du?

M: Nee, keine Ahnung, hab ich noch nie probiert, aber das ist doch irgendwie echt geil, wie du mit denen dahinzischen kannst. Ich lern das schon.

G: Da bin ich sicher.

Deutsche Bräuche

M: Ich hätt mir ja schon selbst welche kaufen können, aber immer geht mein ganzes Geld drauf in der Spielhalle. Am Gerät bin ich der King, da mußt du mich mal sehen. So, jetzt hau ich ab, hab noch zu arbeiten, ciao!

Hell's Devils.
Mitfahrgelegenheit bei den Leibhaftigen

Existenziell unberührt von der alltäglichen Gewalt bleiben hierzulande vorerst noch Einheimische mit besserer Klassenlage, es sei denn, jemand verirrt sich durch einen unglücklichen Zufall und gerät mitten hinein in einen Alptraum, so wie jene Kunststudentin, die mir vor einiger Zeit folgende Geschichte erzählte:

»Ich war mit einem Kommilitonen auf der Kunstmesse in Basel. Auf der Rückfahrt, kurz nach der Grenze, blieb seine alte Ente mit Motorschaden liegen, und da ich dringend nach Hause mußte, aber kaum noch Geld hatte, beschloß ich, per Anhalter zu fahren. Es war bereits später Nachmittag, anfangs kam ich ganz gut vorwärts, doch je später es wurde, um so weniger Glück hatte ich. Die meisten wollten nur bis zur nächsten Ausfahrt, ins übernächste Dorf; die Jugend zur Disko. Ein Pendler, ein älterer Mann, setzte mich bei einbrechender Dunkelheit an einer Tankstelle mit Raststätte ab, ich hoffte, von da aus weiterzukommen, jedenfalls freute ich mich, nicht an irgendeiner Auffahrt stehen zu müssen. Ich zog mir einen Becher Kaffee, wartete, rauchte eine Zigarette und wurde allmählich etwas müde. Zwei Stunden ging ich auf und ab, keiner der Tankenden fuhr Richtung München. Als ich gerade damit anfing, mir ernsthaft Sorgen zu machen, sprach mich ein junger Mann an und fragte mitfühlend: ›Hast wohl kein Glück, was?‹ Zuerst dachte ich, er sei auch ein Anhalter, dann sah ich ihn aber zur Zapfsäule gehen und den Schlauch aus der Tanköffnung eines großen weißen Transporters nehmen. »Wo willste denn hin?« fragte er, und ich erklärte, daß ich im Prinzip nach München, oder zumindest Richtung München wolle. ›Wenn du mitwillst, setz dich ruhig schon rein, ich beiß nicht und fahre fast bis hin‹, sagte er zu meiner Freude, grinste und fügte hinzu: ›Ich muß nur noch schnell zahlen.‹ Ich sah ihm nach, eben begrüßte er eine Art Tankwart mit einer kleinen Pantomime. Offenbar kannte man ihn hier. Sie schlugen die Handflächen aneinander und lachten. Dann verschwand er im Verkaufsraum, ein schlanker junger Mann in Jeans, mit dunklen Locken, der von hinten aussah wie mein Bruder.

Ich stieg sehr erleichtert ein. Es lag ziemlich viel Müll herum, und ich dachte mir, vielleicht irgendein Typ von einer Land-WG. Plötzlich wurde die Tür auf meiner Seite aufgerissen. Der, den ich für den Tankwart gehalten hatte, kletterte herein, warf sich auf die Bank neben mich und rief: ›Rück rüber, Mädel, da will noch jemand sitzen!‹ Er trug nun eine Basketballmütze mit der Aufschrift HELL'S DEVILS, seine Lederjacke war übersät mit Nieten und Aufnähern, irgendwie war mir sein blasses, ausdrucksloses Gesicht spontan unsympathisch. Nun ging die Tür der Fahrerseite auf, der Lockige stieg ein, setzte sich hinters Steuer, lächelte mich an und sagte: ›Schön, daß du mitfährst, das sind meine Kumpels, wir werden uns schon vertragen, was?‹, und noch während er sprach, stieg ein dritter Mann ein, schon älter, etwas grauhaarig, die Arme voller Bierbüchsen. Mein Nebenmann rückte eng an mich heran, der Alte setzte sich, fast gleichzeitig schlugen er und der Lockige die Türen zu, und sofort fuhren wir los.

In dem Moment, als die Türen ins Schloß fielen, so, als wären die Männer gut aufeinander eingespielt, da wußte ich irgendwie: das ist eine Falle. Und während ich noch überlegte, machte ich bereits den zweiten Fehler, denn ich hätte sagen sollen: ›Halten Sie sofort an, ich steige aus!‹, aber ich saß stumm da, wir scherten bereits aus der Ausfahrt auf die Autobahn aus. Während der Lockige hochschaltete, legte der Blasse den Arm um mich und sagte nahe an meinem Ohr: ›Ein bißchen eng, was? Aber du wirst dich schon dran gewöhnen.‹ Dann befingerte er mein Halskettchen. Ich wehrte ihn unzweideutig mit dem Ellbogen ab, er rief: ›Ah, so eine ist das‹, wandte sich plötzlich um, hämmerte mit der Faust gegen die Trennscheibe zum Laderaum und brüllte: ›He, du Vieh, alles klar dahinten? Wir ham was für dich mitgebracht!‹ Dann griff er nach meinem Haar und lachte höhnisch. Ich rutschte auf der Sitzbank nach vorne und zündete meine letzte Zigarette an, er ließ von mir ab, aber nun hatte ich permanent das Gefühl, von hinten durch die Luke hindurch angestarrt zu werden. Der Lockige kurbelte seine Fensterscheibe runter und kippte den vollen Aschenbecher hinaus, die frische Luft schien alle für einen Moment zu ernüchtern. Der Alte riß Bierbüchsen auf und reichte sie weiter, ich lehnte ab. Alle drei tranken in großen Zügen.

Als ich gerade dachte, mein Nebenmann hätte weitere plumpe Versuche nun aufgegeben, da faßte er schon wieder nach meinem Halskettchen und fragte: ›Na, hat dir das dein Freund geschenkt, ja? Was hat er denn dafür gekriegt? Fickt er dich gut, na, treibt ihr's oft? Wie oft? Sag schon, biste geil auf ihn? Du machste es gern, was, das seh ich doch! Machst du's ihm mit dem Mund? Du schluckst wohl immer alles, geile Sau!‹ Er faßte mir ins Gesicht, ich war wie versteinert, und er fuhr fort: ›Du hast ja ganz heiße Backen, du bist wohl geil auf mich, oder vielleicht auf uns alle? Komm, zieh das Hemd aus oder am besten gleich alles!‹ Als er meine Knöpfe öffnen wollte, schlug ich seine Hand weg, dann faßte er mir zwischen die Beine, und während ich ihn unten abwehrte, griff er mir blitzschnell durch den Halsausschnitt grob an die Brüste, zog die Hand sofort wieder zurück und meldete dem Lockigen: ›Knackige Titten, aber unten isse bestimmt schon etwas ausgeleiert‹, woraufhin er an meinem Reißverschluß zu zerren begann. Ich schlug wild um mich, ließ die Zigarette fallen, Glutstückchen flogen umher, der Alte sagte irgendwas, sank dann aber wieder mit seiner Bierbüchse zurück in die Fensterecke. Der widerliche Blasse wühlte gebückt und fluchend im Müll zu seinen Füßen, um die Glut zu suchen. Als er sich mir wieder nähern wollte, schrie ich ihn an: ›Du tust das alles wohl nur, um deinem Chef zu imponieren!‹ Zum Lockigen sagte ich: ›Sie haben mich eingeladen mitzufahren, jetzt sorgen Sie gefälligst auch dafür, daß sich Ihr Freund nicht wie ein Schwein benimmt.‹ Er schaute mich ohne jedes Mitgefühl an und brummte: ›Das ist ja wie im Kindergarten!‹, schnippte dann mit den Fingern, woraufhin ihm der Blasse sofort eine Zigarette reichte.

Ich weiß nicht, weshalb ich das sagte mit dem Chef, irgendwie hatte ich instinktiv das Gefühl, daß es da eine geheime Hierarchie gab und daß der Blasse um Beachtung buhlte beim Lockigen, während ich den Alten in seiner Ecke gar nicht einschätzen konnte. Mir kam vor, er war ohnehin schon zu betrunken, um für irgendwas oder -wen Partei zu ergreifen. Und dann gab es auch ein merkwürdiges Phänomen bei der Selbstbeobachtung: Am Anfang, als die Türen zuschlugen, hatte ich noch eine ziemlich klare und richtige Einschätzung der Situation, je mehr sich aber meine Befürchtungen bestätigten, verlor sich diese Klarheit. Je mehr sich die Dinge zuspitzten, um so mehr verlor ich den Überblick. Je berechtigter meine Panik wurde, um so weniger konnte ich adäquat reagieren. Dieser Mann nahm sich Unglaubliches gegen mich heraus, eben grade, und im nächsten Moment fing ich an, die positiven Zeichen zu deuten, die gegen all das sprachen. Ich selbst wiegelte meinen Haß und meine Angst ab. Man lechzt nach jeder Illusion in so einer Lage.

›Ein bißchen Spaß muß sein!‹ sagte der Lockige. ›Du bist Studentin, richtig? Ich habe auch mal studiert, Maschinenbau.‹ Er machte eine Pause, schon glaubte ich mich gerettet, sagte irgendwas Freundliches in der irrwitzigen Hoffnung, ihn auf meine Seite ziehen zu können, aber diese Art Konspiration mit dem Feind bringt Konflikte, man kann das Vorgefallene ja nicht auf sich beruhen lassen. Schon fuhr er fort: ›Der Arsch dort versteht nichts von Studentinnen, verkehrt nur mit Fotzen, aber du als kluge Frau solltest doch wissen, daß man nachts nicht zu Fremden ins Auto steigt! Und du weißt auch, daß das so nicht weitergeht bis morgen, gute Manieren erwarten und so, schöne Konversation bis München, daran glaubst du doch selber nicht! Das solltest du schon wissen beim Trampen, daß nachts auf den Straßen Krieg herrscht. Ich an deiner Stelle hätte eine richtige Scheißangst.‹ ›Und ich an eurer Stelle‹, habe ich geantwortet, ›hätte überhaupt kein Vergnügen daran, eine wehrlose Frau einzuschüchtern — und auch noch zu dritt!‹ Er schaute mich an, und plötzlich sah ich im spärlichen Licht ganz genau, daß sein Gesicht gar nicht mehr so jung war, aber vielleicht habe ich mir das auch nur eingebildet. Nun grinste er und belehrte mich: ›Ich verspreche dir, es wird beim Einschüchtern nicht bleiben, es kommt immer schlimmer, als man denkt.‹ Dann klopfte er dreimal auf die Rückwand. Als ich schwieg, griff er ganz plötzlich nach meinem linken Arm und preßte meine Hand zwischen seine Beine: ›Jetzt ist Schluß! Du siehst was du gemacht hast, er ist ganz hart, mach den Reißverschluß auf!‹ befahl er. Ich wußte nicht, was ich sagen sollte. Eine Weile fuhren wir stumm so dahin, ich mit schraubstockartig umklammertem Handgelenk, pathetisch abgewandt, mit verdrehtem Arm, vor uns im Dunkeln die Rücklichter eines großen Lastwagens in immer gleichem Abstand. Es war grotesk, ich in einer solchen Situation, in der man automatisch alles falsch macht. Ich wünschte mir von ganzem Herzen eine weniger peinliche Pose zu finden, eine, die mehr Stolz und Souveränität hätte ausdrücken können. Aber schon hatte mich der Blasse, kaum daß meine Hand wieder frei war, an den Haaren gepackt und mit dem Kopf in den Schoß des Lockigen gedrückt. ›Du sollst ihm einen blasen!‹ schrie er und schüttelte mich. Der Lockige drückte auf die Hupe und brüllte ihn an: ›Du hältst dich da raus, kapiert?!‹; woraufhin ich sofort losgelassen wurde.

Ich blieb irgendwie in gebeugter Haltung sitzen, hatte einen richtigen Widerwillen, mich aufzurichten, ich wollte nicht wie ein normaler Mitfahrer zwischen ihnen sitzen und erneut Hoffnung schöpfen müssen. Dieses Hoffen ist es, das am meisten zermürbt. Nach einer Weile richtete ich mich dann doch auf, weil ich mich in gebückter Haltung zu demütig fühlte — auch wenn sie ja Ausdruck der Demütigung war. Ich versuchte einfach nur mutig zu wirken. Niemand sprach. Ich begann mir doch wieder Hoffnungen zu machen, weil der Blasse in seine Schranken verwiesen worden war vom Chef. Nun, schien mir, kam alles darauf an, wie stark die Position des Chefs war. Ich studierte die Aufkleber, die das Armaturenbrett bedeckten: blöde Sprüche, Werbung von Tchibo, Reklame für Motoröle. ›Seid ihr Mechaniker?‹ fragte ich plötzlich zu meiner eigenen Überraschung. ›Habt ihr eine Autowerkstatt oder sowas?‹ Lange antwortete niemand, dann seufzte der Lockige und sagte: ›Schau, Mädel, wir reparieren die Autos nicht, wir fahren sie zu Schrott! Wir machen Crash-Rennen, und dann verdienen wir unsere Kohle als Auto-Artisten, machen auch Stunts, fahren durch Feuerwände, Rampen rauf, auf zwei Rädern, mit Vollgas Frontalzusammenstoß, sowas machen wir, sind dauernd unterwegs, im Ausland, vielleicht hast du uns sogar schon im Fernsehen gesehen. Hier‹, er zog einen Zettel aus der Ablage, ›das sind wir, die *Hell's Devils*‹, sagte er voller Stolz. Ich las den Schriftzug, konnte aber im Dunkeln keinen Heimatort und keine Telefonnummer erkennen. Er steckte den Zettel wieder weg und schnippte mit den Fingern, woraufhin sich das Ritual von vorhin wiederholte. Im Nu hatte er eine Zigarette im Mund, zündete sie an und rauchte, was mich, als Raucherin, die vor Ewigkeiten ihre letzte geraucht hat, natürlich zusätzlich quälte. ›Zigarette?‹ fragte er mit jener Intuition, die Folterer haben, und wahrscheinlich klang mein ›Ja‹ sehr dankbar. Er blies mir den Rauch ins Gesicht, beleckte obszön den Filter und reichte sie mir. Ich nahm sie, ohne zu zögern, riß den Filter ab und rauchte gierig. Meine Hände wurden eiskalt. Es ist idealistischer Kitsch, zu glauben, daß man in einer solchen Lage so oder so sein muß, tapfere Gegenwehr zu leisten hat, sauber dastehen muß bis zum Schluß. Besonders perfide dabei ist, daß man insgeheim später so weit geht, zu glauben, man hätte sogar eine gewisse Mitschuld, weil man kein moralisch korrektes Verhalten an den Tag gelegt hat.

   Der Blasse kicherte, der Alte schien zu schlafen, der Lockige schaute mich an und sagte nach kurzem Schweigen mit vollkommen veränderter, irgendwie heiserer Stimme: ›Und jetzt, verehrte Dame, wirds ernst, jetzt fahren wir zu unserem Stützpunkt.‹ Der Blasse stieß den Alten mit dem Ellbogen an, der murmelte ein ›Menschenskinder‹ und schlief weiter. ›Wir haben hier nämlich ein altes Gehöft, mußt du wissen‹, fuhr der Lockige fort. ›Einsame Lage, da kannste jede Anlage voll aufdrehen, da ist rundum niemand, den das stört. Wir haben dort einen Schuppen für unseren Kram, altes Zeug, Motoren, Werkzeug, Wracks, Hebekran, all sowas, in den kommst du rein, Fotze!‹ malte er mir mit vor zunehmender Erregung immer brüchiger werdender Stimme

aus. Wohl um sich ein wenig zu beruhigen, machte er eine
Pause, schaute nervös in den Rückspiegel, dann ging es
weiter: ›Wir reißen dir die Kleider runter und dann ficken
wir dich erst mal alle ordentlich durch von allen Seiten,
zuerst ich, dann das Vieh, das hinten schläft, und das kann
ich dir sagen, wenn der dich in der Mangel hatte, dann bist
du gefügig, ja, und dann kommen die beiden Wichser auch
noch dran, was?‹ Der Blasse machte ein schmatzendes
Geräusch. ›Na?‹ fragte der Lockige lauernd und starrte mich
an, ›macht dich das geil? Keine Angst, wir bringen dich
schon hoch! Es geht ja noch weiter, das ist noch nicht alles,
was wir mit dir vorhaben.‹ Er drückte aufs Gaspedal. ›Wir
haben nämlich noch so einen Flaschenzug mit Ketten und
Haken, da wirst du drangepackt, Ketten an die Füße, dann
ziehn wir dich hoch und reißen dir die Fotze auf, bis zum
Hals, wenn wir wollen, aber vorher wird dir das Vieh dahinten
— das leider etwas sadistisch veranlagt ist — den Kitzler
rausreißen. Die Nippel. Die Titten. Mit so einer Spezialzange.‹
Der Blasse kicherte und rieb sich die Hände, der
Alte blieb stumm. ›Da findet dich niemand‹, versicherte mir
der Lockige, ›und wenn wer nachfragt, Bullen oder so, dann
haben wir dich aussteigen lassen auf dem Parkplatz der
nächsten Raststätte und nie mehr was von dir gehört. Das
können alle hier bezeugen.‹

Ich saß da, während er sprach wie jemand, der konzentriert
Musik hört, vornübergebeugt, mit aneinandergelegten
Fingerspitzen, und versuchte, nicht verrückt zu werden.
Mein Herz schlug so fest, daß es mich in Schwingungen zu
versetzen schien, die Angst brannte sich mit viel Säure in
meine Mund- und Magenschleimhäute, ich hatte Probleme
mit dem Atmen, sicherlich habe ich gezittert, ich weiß es
nicht, bei all den Empfindungen fühlte ich mich gleichzeitig
wie versteinert. Dieses Gefühl war so übermächtig, daß ich
Gegenwehr oder gar Flucht nicht einmal in Erwägung zog.
Ohnehin waren ja alle Auswege durch diese Männer versperrt.
Es schien mir immer wahrscheinlicher, daß sie das
alles tatsächlich mit mir machen würden — daß sie es vielleicht
mit anderen Frauen bereits getan hatten. Das bin nicht
ich, der das passiert, sagte ich mir, sowas passiert immer nur

den anderen, und dann wird es in den Medien breitgetreten; jeder kennt das, niemand rechnet je damit, selbst in sowas hineinzustolpern. Und dann sagte ich mir, so geht mein Leben also zu Ende, in einer halben Stunde vielleicht schon werde ich tot — oder fast tot sein. Im Grunde ist es unmöglich, sowas wirklich zu denken.

›Scheiße!‹ rief der Lockige plötzlich, schaltete zurück und ging auf Schrittempo runter. Vor uns erschien ein großer blinkender Pfeil, wir wechselten in die linke Spur hinüber. Ein Polizist mit Leuchtkelle winkte alle Fahrzeuge, so auch unseres, an der gesperrten Spur vorbei. ›Straßensperre!‹ rief ich triumphierend, ›jetzt schnappen sie euch‹. Aber der Lockige korrigierte mich kalt: ›Unfall!‹ Schon passierten wir eine mit Scheinwerfern beleuchtete Stelle voller Feuerwehr- und Krankenfahrzeuge, Verkehrspolizisten standen rum, Leute in orangefarbenen Overalls, ich sah — und es war, als würde ich träumen — da fehlte ein Stück Leitplanke, die Böschung muß steil gewesen sein, denn unten, ganz klein und weit weg, lag ein Lastwagen, die Räder nach oben, und daneben was Kleineres, brennend, genauer gesagt, flackernd. Schon war die Szenerie in der Nacht verschwunden. Ich kann nicht erklären, weshalb ich mich den Polizisten nicht bemerkbar gemacht habe, nicht an die Scheibe trommelte, zum Fenster hechtete, gellend um Hilfe rief.

›So, Mädel, damit du Bescheid weißt‹, sagte der Lockige und gab Gas, ›da vorne kommt eine Ausfahrt. Gradeaus geht es in deine Richtung, die Ausfahrt führt zu unserem Stützpunkt, was glaubst du wohl, wie wir fahren werden?‹ Wir näherten uns der Ausfahrt, und als ich schon fest daran glaubte, daß wir gradeaus weiterfahren würden, zog er den schweren Transporter im letzten Moment nach rechts. Schleudernd fuhren wir in die Ausfahrt, ich wurde zum Lockigen hin gedrückt, er betätigte die Hupe und machte plötzlich eine Vollbremsung, bei der alle nach vorne gerissen wurden. Wir standen. ›Und jetzt raus mit dir, bevor ich es mir anders überlege!‹ brüllte er. Ich spürte einen frischen Windhauch, der Alte hatte die Tür geöffnet. Schnell kletterte ich über die beiden Männer zum Ausgang hin, sie zerrten an mir und stießen mich dann hinaus ins Freie. Meine Reisetasche warfen sie hinterher. Ich lag auf den Knien im Splitt, sah, wie die Rücklichter sich entfernten.

Zuerst spürte ich nichts, dann kam ein erschreckender Haß in mir hoch. Ich nahm meine Tasche und rannte querfeldein davon, weg, nichts wie weg, damit sie mich nicht finden.«

Wunderbare Gefühlswelt

Eines späten Nachmittags klingelte mich das Telefon aus tiefer Versunkenheit heraus. Eine muntere Frauenstimme stellte sich als Prof. M. vor. Sie rufe an, weil sie gerade in meinem Buch *Deutsche Sitten* die Geschichte »Falsch verbunden« gelesen habe. Darin nun gebe es überaus merkwürdige Parallelen zu einer Geschichte, die *sie* vor einem halben Jahr erlebt habe. Es folgte eine lange, verwickelte Erzählung, die mir seltsam bekannt vorkam. Sie ging mir den ganzen Abend und auch in den folgenden Tagen im Kopfe herum wie ein Mühlrad. Zunehmend zweifelte ich am Wahrheitsgehalt, an meinem Geisteszustand, an der Existenz der Professorin. Also überwand ich meine misanthropischen Empfindungen und lud sie mit der Bitte ein, mir alles nochmal zu erzählen. Sie sagte ohne jedes Zögern zu.

Am vereinbarten Sonntag nachmittag kam sie tatsächlich, vollkommen pünktlich, eine Frau mit schulterlangen blonden Haaren, Anfang Vierzig, in bunter Strickjacke, Rock und blickdichten Strümpfen. Ohne Tee und Kuchen anzutasten, begann sie zu erzählen:

»Das Ganze spielte sich im August 93 ab. Die Schule hatte am 5. begonnen, ich habe ja zwei Kinder, insofern erinnere ich mich genau. Am 9. August also, das war ein Montag, klingelte so gegen 22 Uhr das Telefon, und es meldete sich eine Kinderstimme, die keinen Namen nannte, sondern nur sagte: kann ich meine Mama sprechen? Und ich erklärte, hier ist deine Mama nicht, hier ist der Anschluß M., wahrscheinlich hast du dich verwählt, sag mir doch mal die Nummer, die du gewählt hast. Alles ganz ähnlich, wie in der Geschichte in Ihrem Buch. Sie sagte meine Nummer, es war also klar, da mußte ein Irrtum vorliegen. Wo ist denn deine

Mutter, fragte ich, und sie erzählte, die ist zu einer kranken Frau gerufen worden, weil sie Ärztin ist, die Nummer soll ich anrufen, wenn was ist, hat sie gesagt, ich bin ganz allein zu Hause, jetzt habe ich Angst. — Na, ich versuchte das Kind zu beruhigen, fragte nach Namen und Alter, und sie sagte, sechs Jahre, ich heiße Sarah und bin grade in die Schule gekommen, die anderen Kinder haben gelacht, als ich meine Adresse gesagt habe. Ich frage, ja wieso denn, und sie erklärte, weil die Schule doch genauso heißt wie unsere Straße, Conradschule. Ich plauderte noch eine Weile mit dem Kind, es wurde allmählich müde und war bereit aufzulegen, wobei ich ihm anbot, falls es ganz schlimm komme, könne es ja wenigstens mich telefonisch erreichen.

Um halb eins in der Nacht klingelte das Telefon. Wieder das Kind, ja, ich bin so allein und trau mich nicht einzuschlafen. Ich fragte, ob denn sonst niemand im Haus sei, nein, sagte sie, da war mal jemand, mein Vater, und mein Bruder David, der immer bei mir gewesen ist, aber die sind gestorben. — Sie können sich vorstellen, das, nachts um ein Uhr! Ich fragte also nach dem Grund, und sie erzählte, daß Vater und Bruder vor einiger Zeit einen tödlichen Autounfall hatten, daß der drei Jahre ältere Bruder sofort und der Vater zwei Tage später im Krankenhaus gestorben sei. Ein betrunkener Lastwagenfahrer sei frontal aufgeprallt. Ich erfuhr auch, daß der Vater als Professor gearbeitet habe, in einem blau-roten Haus in Charlottenburg. Na, das ist vielleicht die TU, dachte ich. Nach einer Weile war sie bereit, schlafen zu gehen.

Am nächsten Morgen um zehn klingelte das Telefon — es war ja vorlesungsfreie Zeit, und ich konnte zu Hause arbeiten —, eine Frau meldete sich. Damals verstand ich den Namen Kohl. Es war die Mutter des Kindes, die sich herzlich dafür bedankte, daß ich in der vergangenen Nacht so nett mit ihrer Tochter gesprochen hätte. Das mit der Nummer sei ein Übertragungsfehler gewesen, ein glücklicher. Ich sagte, nichts zu danken. Wir haben aufgelegt, und ich dachte, das wars. Doch kurze Zeit später läutete das Telefon, das Kind, ganz außer Atem, es kam gerade aus der Schule, sagte, es wolle mich gerne mal besuchen. Ich hab erst mal geschluckt, dachte, an sich ist das etwas übertrieben. Ich hab mein eigenes Leben, meine eigenen Kinder, aber ich sagte, gut, nicht heute und nicht morgen, aber vielleicht am Sonntag, gib mir doch mal deine Mama. Ja, das mit Sonntag, das könne man so ins Auge fassen, sagte die Mutter, allerdings, es könne sein, daß was dazwischenkommt, denn — die Tochter habe mir doch sicherlich erzählt, daß sie nur noch eine Niere habe und eventuell zur Nachuntersuchung ins Krankenhaus müsse? Es sei nichts Ernstes, aber sicher ist sicher, fügte sie hinzu. In dem Moment habe ich mich zwar gewundert, aber nicht weiter darüber nachgedacht, was das bedeutet, *eine* Niere. Dann erbat ich ihre Telefonnummer, falls bei mir zwas dazwischenkäme. 8052350. Hier habe ichs mir aufgeschrieben, dann buchstabierte sie mir auch noch den Namen, C-O-H-E-N, genau wie Leonard Cohen, sagte sie, Conradstraße 2, in Wannsee.

Ich glaube, es war dann am Dienstag abend, das Kind rief an und sagte ganz aufgelöst, ich kann dich gar nicht besuchen, ich muß wieder ins Krankenhaus. Nun drehten sich alle Gespräche ums Krankenhaus, die Angst davor, Spritzen zu bekommen, brechen zu müssen — übrigens, das mit dem Brechen, das kommt ja bei Ihnen auch vor, im Zusammenhang mit dem Autofahren. Sie hatte eine solche Angst, daß sie mich sogar fragte, ob sie sich bei mir verstecken könne, ich erklärte ihr, weshalb das ganz unvernünftig wäre. Insgesamt waren das vier, fünf Anrufe, mal von der Mutter, mal vom Kind, alles drehte sich ums Krankenhaus. Es war dann klar, daß die Einlieferung ins Krankenhaus auf den Donnerstag fallen würde, die Mutter informierte mich auch darüber, daß das Kind eine seltene Art von Nierenkrebs habe, also ich kann das jetzt nicht so genau wiedergeben, die medizinischen Begriffe waren mir fremd, sowas geht einer Ärztin ja leicht von der Zunge, ich mußte sie immer bremsen, dazwischenfragen, sie erklärte dann einiges. Diese Nachuntersuchung nun sei schon vor 14 Tagen fällig gewesen, aber sie habe dem Kind die Einschulung nicht verderben wollen, es hätte sich so unbändig auf die Schule gefreut. Aber irgendwie deutete die Mutter schon an, daß es keine Routineuntersuchung werden würde; diesen Eindruck hatte ich. Wie gesagt, am

Donnerstag sollte also die Einweisung ins Klinikum Steglitz erfolgen.

Und so war es dann auch, das Kind rief mich aus dem Klinikum an, beschrieb sein Zimmer, ein Einzelzimmer, offenbar mit Telefon. Ich glaube, an diesem Donnerstag erfuhr ich dann auch, daß das Kind jüdisch ist. In Ihrer Geschichte ist das Kind ja schwarz, nicht? Es ging also um den verstorbenen Bruder David, der hätte bald auf eine andere Schule kommen sollen, und zwar entweder aufs Braune Kloster oder ins Jüdische Gymnasium, er sei ja auch im jüdischen Kindergarten gewesen. Ich sagte jüdischer Kindergarten? Ja, sagte sie, irgendwie vorwurfsvoll, hast du denn nichts gemerkt? Der Name Cohen ist doch ein jüdischer Name. Na wissen Sie, ich bin da ganz leidenschaftslos, darüber habe ich nicht weiter nachgedacht, ist auch nicht naheliegend. Sie erzählte mir dann, der Vater sei Jude — gewesen —, und die Großmutter lebe in Jerusalem, zu Besuch sei sie auch schon mal dort gewesen. Das war also die Sache mit dem Judentum und dem Braunen Kloster. Ich weiß nur noch, ich dachte, logisch, die Eltern haben überlegt, soll der Sohn nun Griechisch und Latein lernen, was er ja bei einem späteren Dissertationswunsch benötigt, oder soll der Schwerpunkt mehr im Hebräischen liegen, das ist sicher schwer zu entscheiden. Und dann gabs weitere Gespräche über Vater und Bruder, in denen erfuhr ich dann auch, daß beide auf dem Zehlendorfer Waldfriedhof begraben liegen — auf dem ja auch Willi Brandts Grab ist. Wir sprachen über Lieblingsblumen, und ich höre es noch genau, wie sie sagte, ihre Lieblingsblumen seien *Stiefmütterchen*. Ach, da war so viel, was sie mir erzählt hat in diesen Tagen, daß es jetzt schwer ist, nichts zu vergessen. Jedenfalls, sie bat mich an diesem Donnerstag, ob ich ihr nicht einen Brief schreiben könne ins Krankenhaus, in schönen großen Buchstaben, und bitte, ganz schöne Briefmarken aufkleben!

Das hat mich veranlaßt, eilends zur Post zu gehen und besonders schöne Briefmarken zu besorgen. Ich schrieb einen kurzen Brief, und währenddessen sollte eine kleine Operation stattfinden, bei der gewisse Gewebeproben … jedenfalls nichts Ernstes. Ich warf den Brief am Abend ein, und am Freitag morgen rief die Mutter an, sagte, es hätte sich eine Sepsis gebildet, das Kind habe Fieber und brauche Ruhe — also auch keine Besuche —, was ich natürlich sofort akzeptierte. Das Kind rief auch an, und es hechelte in einer Weise, daß zu spüren war, da ist ein sehr krankes Kind, das alle seine Kräfte zusammennimmt — entsprechend mütterlich und liebevoll habe ich mich dann auch verhalten, und im Grunde jedes Gesprächsthema akzeptiert. Es waren viele kleine und etwas längere Anrufe, auch abends, so bis 23 Uhr etwa. Wir machten beispielsweise Rechenspiele, im Zehner-Bereich, das war für sie kein Problem, lediglich bei den Minusaufgaben mußte sie etwas länger überlegen. Wir haben auch darüber gesprochen, daß — wenn sie wieder zu Hause ist — endlich der Besuch bei mir nachgeholt wird und daß sich mein jüngerer Sohn — er ist neun und heißt Bennet, der ältere, Simon, war ja damals schon sechzehn —, daß sich Bennet also schon freuen würde auf sie. Und sie fragte mich, hast du denn keinen Mann, und ich sagte, ja aber sicher hab ich einen Mann, aber der muß in einer anderen Stadt arbeiten, so daß wir uns alle, also die ganze Familie, immer nur an bestimmten Wochenenden und in den Ferien zusammenfinden. Und ob ich auch ein Auto habe, ja, sagte ich, auch ein Auto hab ich, und das war ganz putzig, weil sie mir sagte, daß bei ihrem Auto die Nummer so anfinge wie auch die Mama heißt, B - C, Barbara Cohen. So haben wir quasi den Freitag verbracht, mit solchen Gesprächen. Ich sagte ihr dann auch noch, daß ich am Samstag leider nicht zu Hause wäre, weil ich mit meinen Kindern zum Segeln fahren würde, hab ihr vorher schon erzählt von unserem Segelboot und daß die Kinder, jetzt, wo es so warm ist, viel draußen auf Schwanenwerder in unserem Verein seien. Das war also der Freitag.

Am Samstag morgen kam mein Brief an sie zurück, mit dem Stempelvermerk, der Empfänger sei unbekannt. Ich ärgerte mich sehr, schließlich hatte ich mir enorme Mühe gemacht damit.«

Die Professorin nimmt ein graues DIN-A 5 Kuvert aus ihrer Tasche, deutet auf die drei farbenfrohen großen Marken und die durchgestrichene Anschrift, zeigt den Brief, der mit ausgeschnittenen Fotos von ihr und ihrem Jüngsten verziert ist, umrahmt von freundlichen Worten in Großbuchstaben.

»Ich habe also meine Kinder zum Segeln rausgefahren, ihnen die Sache erklärt und bin dann zurückgefahren, um den Brief selbst im Krankenhaus abzugeben, dachte, das arme Kind wartet so, und ich habs ja hoch und heilig versprochen. Und die Kinder segeln auch ohne mich wunderbar. Das Wochenende war sehr warm, ein schönes Wochenende, und ich fuhr zum Klinikum, aber nichts war zu machen, an der Pforte, auf der Station, nirgendwo war was zu erfahren, man sagte mir, wenn jemand über die Notaufnahme z.B. reinkommt, dann ist er nicht im Computer, dann war sie ja verlegt worden, ich ging sogar zur Chirurgischen, Intensivstation, vergeblich. Also ging ich wieder, es war mir auch der Gedanke peinlich, vielleicht zufällig der Mutter zu begegnen, die mich ja gebeten hatte, das Kind nicht zu besuchen.

Und dann am Sonntag, da sagte mir das Kind ganz aufgeregt, du, dein Brief ist nicht angekommen, und ich erklärte, daß er zurückgekommen ist zu mir, weil der Postbote im Krankenhaus dich nicht finden konnte. Damit hat sie sich zufriedengegeben. Von meiner Suche nach ihr sagte ich nichts. Ja, und sie erzählte mir dann, daß sie gebrochen habe, und — jetzt kam eine neue Information — die Mama sei rausgelaufen aus dem Zimmer, weil sie ja schwanger ist und sowas nicht sehen könne. Ich dachte, noch ein Schicksalsschlag, gut, es hält andererseits die Frau vielleicht auch ein Stück aufrecht, da ich ja wußte, der Papa ist im März verunglückt, das wird also nur mal so gerade vor dem Unglück passiert sein, und tatsächlich, die Mutter sagte mir später am Telefon, sie bekäme im November ihr Kind. Sie sagte mir auch noch, daß man ein Versagen der einen, übriggebliebenen Niere befürchten müsse, daß Sarah einen Dauerkatheter gelegt bekommen hätte und sie darüber ziemlich traurig sei. Das Kind selbst hat mir nur gesagt, weißt du, ich hab da jetzt so eine Tüte, in die das Pipi reinläuft.

Am Montag sagte mir das Kind, daß nun doch noch mal operiert werden muß, es Angst davor hat, ja, und es soll am

Mittwoch stattfinden. Die Mutter wiederum bei ihrem Anruf berichtete, daß die ganzen Werte gar nicht gut aussähen und die Operation deshalb so bald wie möglich gemacht werden müsse, was das Kind aber nicht wisse. Ein netter Anästhesist habe die Kleine mit viel Mühe von der Notwendigkeit des Operierens überzeugen müssen. Am Mittwoch, frühmorgens um sieben, rief mich das Kind an, schon mit schwacher Stimme, es habe gerade eine Spritze bekommen — das kannte ich ja auch von den Polypen meines Sohnes, daß man vorher diese Spritze bekommt — das war also grade geschehen, und nun sollte es gleich losgehen. Ich sagte allerhand Beruhigendes, und mir schien, sie war dann ganz gefaßt. Wir saßen beim Frühstückstisch, ich und meine Kinder, haben auch mitgezittert — der Große vielleicht nicht so, der hatte schon bei der Schwangerschaft der Mutter etwas genervt gesagt, Mann, das sind aber viele Schicksalsschläge. Na ja, man wartet, und Sie beschreiben das ja auch, daß man eigentlich nicht arbeiten kann mit dem Kopf. Der Anruf kam dann relativ spät, so gegen halb zwölf, die Mutter sagte, nun sei die Operation vorüber, es habe lange gedauert und Komplikationen gegeben, u. a. einen Herzstillstand. Sie warte jetzt, daß die Tochter aus der Narkose aufwacht, es müsse jeden Moment soweit sein, und sie wolle dann am Bett stehen, darum die Kürze des Anrufes. Um ein Uhr kam dann ein weiterer Anruf: Ich wollte Ihnen nur sagen, daß meine Tochter tot ist, sie ist soeben verstorben. Na, ich war wie versteinert, forschte in meinem Kopf nach Worten, die ich ihr hätte sagen können. Ich sagte dann so das Übliche, sie war irgendwie sehr ruhig und sachlich, ich dachte mir, wenn jemand so viel hintereinander erlebt hat, der schottet sich ganz ab, sonst wird er verrückt. Sie erklärte, der Krebs sei in einem solch fortgeschrittenen Stadium gewesen, daß die Konstitution des Kindes schon ganz geschwächt gewesen ist. Und nun: Aus und vorbei! Sie wolle zuerst mal zu einer Freundin gehen und dort bleiben.

Am nächsten Tag kam ein Anruf von ihr, die Beerdigung sei auf den ersten September festgelegt, finde auf dem Waldfriedhof Zehlendorf statt. Sie bat mich, hinzukommen und am Grabe etwas vorzulesen, von Marie-Luise Kaschnitz —

der Titel war, glaube ich, *Einst waren wir Kinder* — kenne ich nicht. Zuerst dachte ich, gut, das machst du, dann aber stellte ich mir das vor, der Kindersarg, bestimmt würde ich weinen müssen, also habe ich abgelehnt, mein Kommen aber natürlich zugesagt. Beim nächsten Anruf äusserte sie dann den Wunsch, mich kennenzulernen. Wir gingen mehrere Termine durch, mal gings bei mir nicht, mal bei ihr, endlich fand sich ein Dienstag, das war der 24. August. Um 18.30 Uhr wollte sie zu mir kommen, vorher hatte ich einen Termin mit einer Studentin.

Wie ausgemacht, kam sie um halb sieben, an jenem Dienstag, die Studentin war noch da, ging aber gleich. Ich war von der Frau, die da hereinkam, sehr irritiert, weil ich auf alle Fälle gedacht hab, sie käme in Schwarz, oder zumindest in gedeckter Kleidung, und — ja — die Gattinnen meiner Kollegen sehen alle ganz anders aus, und auch von der Sprache am Telefon her hatte ich mir ein ganz anderes Bild gemacht. Ich dachte eben, ja, sie ist eine Frau, so Mitte Dreissig, irgendwie zierlich, gepflegt. Es kam aber eine sehr korpulente Frau. Gut, sie war schwanger, aber andere Frauen haben dann diesen Kugelbauch und sind sonst wie immer, ja, dann trug sie mittelblaue Stretchhosen, sehr eng, darüber ein T-Shirt und solche Schlappen. Die Haare irgendwie kurz, aber nichts, was man eine Frisur hätte nennen können. Der ganze Typus war irgendwie farblos und plump, also sie war irgendwie insgesamt... äh... eben doch, ja, wie soll ich sagen, nicht das, was man sich unter einer praktizierenden Ärztin vorstellt. Und das ganze Gespräch war auch irgendwie peinlich. Ich wusste nicht, was ich sagen sollte. Sie holte ein Foto aus der Tasche von der Tochter, es war ein Kind abgebildet, recht zierlich, mit halblangen blonden Haaren, in relativ leichter Kleidung. Das sei im Mai gemacht worden, sagte sie. Und nun sprachen wir über das Kind, seine Intelligenz und Freundlichkeit. Es habe so am Vater gehangen, dann kam sie auf das Ungeborene zu sprechen, es werde ein Junge, den sie Simon nennen wolle, der Name gefalle ihr sehr gut — Simon heisst auch mein Ältester — ja, und dass eben nun alles aus und vorbei sei, und nichts mit einer Familie. Es dauerte geschlagene sechzig Minuten, bis sie wieder ging. Ich war froh, als sie fort war, sie war mir überhaupt nicht sympathisch. Es lagen einfach Welten zwischen meiner Beziehung zum Kind und zu dieser Frau. Während — so am Telefon, da war sie immer ganz sympathisch in dem, was sie sagte und wie sie's sagte, das klang alles durchaus gebildet. Von einer solchen Ärztin stellt man sich aber nicht vor, daß sie nach dem Tod ihres Kindes in bunten Sachen herumgeht, die billig bei Woolworth oder Bilka gekauft sind.

In dieser Woche hörte ich dann nichts mehr von ihr. Ich habe nachgedacht, was schreibe ich dieser Frau, wie drücke ich meine Anteilnahme aus, ich bin sogar — um solche Feinheiten miteinfließen zu lassen — in die Bibliothek gegangen und habe ein langes Gespräch mit der Bibliothekarin geführt über irgendwelche Zitate, die sich für einen solchen Todesfall eignen. Ihr wollte auch nichts Rechtes einfallen. Ich habe diverse Bücher durchgeschaut. Auch bin ich eigens zur Friedhofsgärtnerei nach Zehlendorf gefahren, um ein Trauergesteck zu bestellen, ich dachte, dann ist es ganz frisch, die Beerdigung sollte ja am Mittwoch morgen um zehn Uhr sein. Erst wollte ich was mit Stiefmütterchen, dann fand ich das aber doch zu merkwürdig und überließ den Fachleuten die Sache. Für diesen Mittwoch habe ich übrigens eigens eine Sitzung umgelegt, ich bin nämlich auch noch Dekanin meines Fachbereichs, habe also — das nebenbei bemerkt — keinen Mangel an Terminen.

Am 31. kam dann ein Anruf der Mutter aus einem Krankenhaus, in dem sie nicht beruflich sei, sondern als Patientin. Überraschend hätten die Wehen eingesetzt, nach längerem Herumplagen mußte ein Kaiserschnitt gemacht werden. Sie sei außer Lebensgefahr jetzt, und auch dem Kind gehe es soweit gut, es habe aber ins Rittberg-Krankenhaus gebracht werden müssen, in eine spezielle Station für Frühgeburten. Sie selbst müsse noch eine Weile im Krankenhaus Waldfrieden bleiben, könne also auch nicht zur Beerdigung kommen, sie bat mich deshalb besonders dringlich, doch bitte in jedem Fall auf dem Friedhof zu sein, es kämen auch noch ihre Mutter und ihre Freundin. Die Trauerfeier mit der Schulklasse und der Lehrerin hingegen habe sie verschoben.

Wunderbare Gefühlswelt

Der kleine Simon wöge übrigens tausendzweihundert Gramm, sagte sie zum Schluß noch. Ich gratulierte und versprach natürlich, pünktlich auf dem Friedhof zu sein.

Am Mittwoch also habe ich beizeiten mein Blumengebinde abgeholt, sehr schöne rosa Röschen und anderes Drumherum und machte mich dann auf den Weg. Sie hatte mir ja alles genau beschrieben: auf die weiße Kapelle zugehen und dann ... ich sah drei alte Leute in Schwarz und fragte, ob sie auch zur Beerdigung Cohen wollen, nein nein, sie wollten zu XY. Ich wartete und wartete, nichts tat sich. Falsche Stelle, dachte ich. In der Kapelle fand ich zwei Totengräber, fragte nach der Beerdigung Cohen, nein, sagten sie, wir haben heute nur *Stille Urnen*. Stille Urnen? Ja, keine Beisetzungen, ich solle in der Friedhofsverwaltung nachfragen. Dort erfuhr ich dann, daß es weder auf diesem noch auf den umliegenden Friedhöfen die gesuchte Beerdigung gebe, auch die Gräber von Vater und Bruder seien hier nicht verzeichnet.

Nun wollte ich es wissen, ich warf mein Gesteck ins Auto und fuhr zur Conradstraße 2. Ein stattliches Haus, kein Namensschild, so wie eben die Reichen wohnen. Auf mein Klingeln kam dann ein distinguierter Herr heraus und erklärte, daß Cohens hier nicht wohnten und auch nie gewohnt hätten. Er war etwas unfreundlich. Ich fuhr in die nahe gelegene Schule. Dort dasselbe. Im Sekretariat sagte man mir definitiv, daß ein Kind dieses Namens nie bei ihnen eingeschult wurde, und von solch einem traurigen Fall, hätte er sich ereignet, wüßte dann auch gleich das ganze Lehrerzimmer. Ich dachte, jetzt fahre ich noch ins Krankenhaus Waldfrieden. Bereits an der Pforte fand sich keine Frau Cohen im Verzeichnis, ich ging hoch auf die Entbindungsstation und fragte, ob vorgestern eine Entbindung durch Kaiserschnitt stattgefunden habe bei einer Frau Mitte Dreißig, und erfuhr, sie hatten seit acht Tagen keinen Kaiserschnitt mehr gehabt, und Frühgeburten würden auch niemals von ihnen ins Rittberg-Krankenhaus verlegt. Insofern bin ich dann dorthin gar nicht mehr gefahren. Ich dachte mir, wenn ich jetzt nach Hause komme, dann ist dein Haus ausgeräumt. Ich fuhr also erst mal heim. Dort war aber alles vollkommen in Ordnung. Interessehalber wählte ich dann auch noch die Telefonnummer, die ich hatte, und es meldete sich der Anrufbeantworter irgendeiner Teppichbodenfirma. Eine Männerstimme sagte: ›*Verlegeservice* sowieso‹, und: ›wie so oft, bin ich im Kundenauftrag unterwegs . . .‹

Ich war dann auch nochmal im Klinikum Steglitz. Der Schwester auf der in Frage kommenden Station habe ich in Umrissen meine Geschichte erzählt, die war beeindruckt und schaute sofort in ihren Krankenakten nach, fand aber absolut keinen Hinweis auf ›mein Kind‹. Ich fuhr dann nach Zehlendorf zur Polizei — an sich wegen einer eingeschlagenen Scheibe an meinem Auto, und in diesem Zusammenhang habe ich dann auch die Geschichte erzählt — und gesagt, tun Sie mir den Gefallen, sehen Sie mal nach, ob es in Berlin überhaupt jemanden gibt mit dem Namen Cohen, Barbara Cohen. Im aktuellen Telefonbuch gibt es zehn Cohens, aber keine Barbara. Der Beamte bestätigte, was ich ohnehin ahnte, es gibt keine, und auch keine Sarah Cohen. Er versprach, die Sache weiterzuleiten, an den Psychosozialen Dienst. Es hätte ja sein können, es ist ein Kind in Gefahr.

Danach habe ich dann diejenigen meiner Kollegen angerufen, die Psychologen sind, weil ich eben dachte, da wird ein Kind unter Druck gesetzt. Ich erfuhr von einem Kollegen — der's wiederum von einer anderen gehört hatte — daß es so einen Fall schon mal gab, ganz ähnlich. Dieses Kind nun war weggelaufen von zu Hause und führte die Anrufe von unterwegs, mit einer Frau. Und wieder abwechselnd, Mutter-Anrufe, Kind-Anrufe, dramatische Entwicklung. Es wurde vermutet, daß es sich um ein und dieselbe Person handelt, also, die Mutter spricht beide Stimmen . . . Und das Grundmuster ist immer gleich; zuerst die Beziehungsknüpfung, und dann überstürzen sich bald die Ereignisse, wird die Sorge um das arme Wesen das bestimmende Gefühl im Spiel. Allerdings, in diesem Fall war die Mutter nicht aufgetaucht. Ja, und was Ihre Geschichte betrifft, so hatte ich ja gedacht, sie sei 1993 geschehen, es hätte also der Säugling auf dem Arm ›Ihrer‹ Mutter, das womöglich tatsächlich geborene Kaiserschnittkind sein können, Ich wußte nicht, daß das Buch zum ersten Mal 91 rauskam, und nun sagten Sie mir ja, die Geschichte liege fast sieben Jahre zurück, aber dennoch, ich bin sicher, es handelt sich um dieselbe Frau. Deshalb ging mir das auch so unter die Haut, als ich Ihre Geschichte las.

Nun zurück zu ›meiner Mutter‹. Einmal, so nach drei Wochen etwa, rief jemand von der Kripo an: ob ich mal vorbeikommen könne, sie hätte ein paar Fragen. Dort erfuhr ich dann von der Beamtin, sie hatte einen anderen, ähnlichen Fall auf den Tisch bekommen. Eine Anzeige wegen Kindesmißhandlung war erstattet worden. Als die Polizei zur angegebenen Adresse gefahren sei, habe man dort kein solches Kind ausfindig machen können. Also diesmal wurde eine Frau in einer sozial etwas anders gearteten Gegend, im Wedding, glaube ich, angerufen. Die Beamtin hat mir nun nicht alle Einzelheiten anvertraut, aber diese Frau wurde von einem Kind, namens Sarah-Maria angerufen. Diesen zweiten Namen hatte mir die Mutter übrigens für den Friedhofsbesuch auch genannt. Der Frau wurde von dem Kind mitgeteilt: ›Dein Mann ist mein Papi!‹ Das war die einleitende Geschichte, die Mutter sei Prostituierte, und immer wenn ein Freier oder Gast käme, dann werde das Kind eingesperrt oder bekäme sogar Tabletten, es sei sogar schon im Dunkeln auf die Straße geschickt worden. Es machte Angaben über Kita, Spielplatz, Wohnung, Geschwister. Es hatte auch erwähnt, daß vom Fenster aus, unten an der Straße, ein Schuhgeschäft zu sehen sei. Wieder solche Ortsangaben, die absolut zutreffen. Und bedenken Sie mal, diese Geschichte ist fast zeitgleich mit meiner abgelaufen. Sie hat sie vorher abgebrochen, wohl weil meine intensiver verlief, und die Anzeige unmittelbar bevorstand. Wir haben dann, die Kriminalbeamtin und ich, die ganzen Daten nochmals abgeglichen, und die Beamtin deutete auch an, daß es natürlich zu starken Krisensituationen zwischen den Eheleuten gekommen war. Insofern, so vollkommen harmlos ist das dann auch nicht mehr, wie bei mir oder bei Ihnen, wo ja keinerlei kriminelle Handlung nachweisbar ist. Die Betroffene jedenfalls soll gesagt haben: ›Nie wieder spreche ich mit einem Kind am Telefon!‹ Aber wir wissen ja ganz genau, daß es diese Frau gewesen sein muß, die bei uns war, offenbar sind wir bis jetzt die einzigen, denen sie sich gezeigt hat, und das war dann auch der Grund, weshalb mich die Kripobeamtin gebeten hat, eine Phantomzeichnung anfertigen zu lassen.

Eine gewisse Warmherzigkeit

Es war fast wie beim vorigen Mal; wieder rief eine Frau an. Auch sie habe etwas Ähnliches erlebt wie Frau Prof. M., erzählte sie. Nur durch Zufall sei sie an den Text gekommen. Eine Bekannte hätte ihr die Zeitungsgeschichte gebracht und gefragt, weshalb sie sich als Professorin ausgebe. Sie sei sich natürlich keinerlei Schuld bewußt gewesen, und erst nach dem Lesen wäre ihr alles klarer geworden. Als ihr und ihrem Mann Anfang 93 das alles passiert sei, habe man natürlich mit den Freunden über die Angelegenheit gesprochen, immer in der Annahme, man sei Augen- und Ohrenzeuge eines furchtbaren Kinderschicksals geworden. Und nun das! Wir verabredeten uns für den Sonntag.

Das Paar empfängt mich herzlich in seiner großzügig ausgebauten Dachwohnung. Hanne ist Übersetzerin, Ende Fünfzig und trägt einen silbernen Davidstern um den Hals, eine gediegene Kunstschmiedearbeit. Bodo ist etwas jünger, lehrt als Politologe an der Uni und ist Mitherausgeber und Redakteur einer sozialwissenschaftlichen Zeitschrift. Wie bei fast allen Apo-Opas und -Omas ist der Wohnung eine gewisse Treue dem einmal Erworbenen gegenüber anzumerken. Es gibt Mobiliar und andere Dinge von früher, daneben kostspieligere Neuerwerbungen von tadelloser Ästhetik. Der geräumige Livingroom wirkt großzügig, mit integrierter offener Küche und Sitztheke fast ein wenig amerikanisch. Von der Decke hängt ein riesiger Ventilator, es gibt schöne alte Gemälde, teils mit zierlichem Kind und Windspiel, aus dem Familienbesitz des Mannes. Ansonsten aber scheint der Raum von der Frau geprägt zu sein. An der Südseite ist zwischen geblümtem Sofa und festgepolsterten Sesseln ein rundes Tischlein gedeckt, mit weißem Porzellan, bauchiger Teekanne und Marmorkuchen. Das alles auf hohlsaumgefaßter Tischdecke aus feinem Leinen. Ich bin für sowas anfällig. Wir nehmen Platz, und die beiden beginnen mit der Erzählung ihrer Geschichte:

H: Vorweg gesagt, das Ganze dauerte vom 26.2. bis zum 9.3.93. Es war halb elf abends, ich weiß das deshalb, weil ich grade Tagesthemen geguckt hatte, da klingelte das Telefon; *ein Kind!* Zuerst war alles wie bei Frau Prof. M., nur wars bei mir die Babysitterin, die zu früh wegging, und nun war die Kleine — Katharina hieß sie bei uns, wie ja auch bei Ihnen — allein zu Hause, mit einer brüllenden kleineren Schwester namens Sarah, und hatte Angst. Sie sagte, den Nuckel hab ich ihr schon gegeben, und nun muß ich aufs Klo und hab Angst, im Klo ist ein Geist, und da kam dann mein Vorschlag, mach die Tür auf, ich bleibe am Telefon. Das klappte perfekt. Angst hatte sie immer noch, wir redeten ein bißchen, und ich erfuhr, daß sie in Wilmersdorf wohnt — die genaue Adresse sagte sie nicht, weil ich ja eine Fremde war, aber ihren Namen sagte sie: Katharina Cohen — sie buchstabierte es sogar —, und die Mama heißt Barbara. Und nun weiß ich nicht mehr, wars beim ersten oder erst beim zweiten Telefonat, daß sie vom Papa erzählte. Ich hab ihr von meiner Tochter Franziska erzählt, Nina-Franziska, und daß die aber schon groß ist, und dann ging sie endlich schlafen.

Eine dreiviertel Stunde später rief sie wieder an. Die Mama ist noch nicht da, und die kleine Sarah weint immer noch, und ich bin sowieso traurig. Und dann kam spontan die Geschichte vom Unfall des Vaters, der nun im Himmel ist, vom betrunkenen Lastwagenfahrer auf der Kreuzung in Reinickendorf, und der Papa saß im VW...

B: *dazwischenrufend* Kindlich detailliert erzählte sie das, er war mit dem Auto unterwegs, er war Professor für Kernphysik... oder Raumfahrt... irgend sowas, ja, Professor für Atomphysik, also wahnsinnig nett war er und klug, und jetzt ist er eben im Himmel, leider, er war viel

witziger als die Mama ... schon bald kamen Wertungen.
H: Also, sie hatte offenbar ein sehr enges Verhältnis zu ihm. Sag ich, das ist ja furchtbar, von was lebt ihr denn nun — also da wußte sie: die Mama hat Gehalt, ist ja ihrerseits Ärztin ...
B: Eine Lebensversicherung gabs auch noch, davon war die Rede.
G: Also, ich hätte mit sechs über Lebensversicherungen nichts sagen können!
B: Die war überhell! — Sie war durch den permanenten Druck einfach sehr intelligent geworden.
H: Ja, das stimmt, sie interessierte sich auch sehr für all das, was ich tue. So kurz nach Mitternacht ging sie ins Bett, ich auch — erfüllt! Ich hatte aber gleich am andern Tag, als ich ihm davon berichtete — er war ja in Hannover —, das Gefühl von einer Novelle. Nun, ich bin auch Romanistin, Anglistin, hab Literatur studiert, und mir gefiel das unheimlich. Und bis du dann von Hannover zurückkamst, da hatte ich schon drei, vier weitere Telefonate gehabt. Die Mutter von Katharina hat ja schon morgens um neun angerufen, um sich zu entschuldigen für die Belästigung, und da dachte ich, nun ist der Fall erledigt. — Um elf rief Katharina an, sagt, ich würde dich so gern sehen, komm mich doch besuchen. Ich hörte die Kleine, wie sie's der Mutter zurief — Mama war in der Küche —
G: Eine Zwischenfrage, Frau M. erwähnte, daß sie zu keiner Zeit die Stimme von Mutter und Kind durcheinanderredend gehört hat ...
H: Das war hier auch nicht der Fall, aber es war, man kann sagen, sekündlich versetzt. Wir haben also einen Termin vereinbart, Katharina freute sich wahnsinnig, aber der Termin wurde gleich wieder umgestoßen von der Mutter mit der Erklärung, das Kind müsse am Montag ja in die Klinik zu einer kleinen Operation. Die Katharina ist schwer krank, sagte sie, hat Nierenkrebs, ist vor einem Jahr operiert worden, und nun ist da was nachgewachsen ... Und das hat mich natürlich wahnsinnig betroffen

gemacht — die arme Kleine. Nach einer Weile rief Katharina wieder an, also bis abends hatte ich vier, fünf Telefonate, und dir erzählte ich dann: Stell dir vor, das arme Wurm hat Nierenkrebs, hat nur noch eine Niere. Dann kam der Sonntag mit dem Anruf von ihr: Kannst du mich *retten,* ich muß ins Krankenhaus, ich will nicht! Ich habe dann natürlich sehr sanft und ernst mit ihr gesprochen, dann war es etwas besser. Und dann am Abend, glaub ich, hast du ja mit ihr gesprochen ...

B: Ja, ich sagte — ah, du bist es, Katharina, ich weiß, wer du bist — ich wurde sofort akzeptiert. Und auch für mich war das kein Problem, ich sah, die Hanne ist engagiert, also gehe ich voll mit! Die Katharina hat mich natürlich um den Finger gewickelt, sofort, aber ich ließ mich auch gerne wickeln.

H: Dabei wars bisweilen ja so, daß die Anrufe in diesen vierzehn Tagen durchaus störend waren. Normalerweise würden wir uns nicht derart aus unserer Arbeit rausreißen lassen, denn wenn ich einen Satz weglege, dann muß ich nachher wieder zurück in den Paragraphen, und das kostet mich furchtbar viel Zeit, das hasse ich!

B: Gleichzeitig waren wir messerscharf drauf, das ist die Wahrheit!

H: Und ab dem 1.3., das war ein Montag, war sie ja dann in der Klinik und rief von dort aus an, da wurde es dann sehr intensiv.

B: Nicht nur intensiv, sondern auch interessant. Wir wurden detailliert informiert über den Gesundheitszustand, fast aus dem OP heraus, möchte ich sagen. Man merkte, sie hängt am Tropf und ihr Leben an einem seidenen Faden ...

H: *Zunehmend* an einem seidenen Faden. Die Mutter meldete, daß die Operation doch schwerer verlief als erwartet, der neue Tumor war mandarinengroß, mußte chemotherapeutisch behandelt werden.

B: Es gab drei Stufen des Schocks: Erste Stufe war die Operation selbst, wo es ja nur noch die eine Niere gab, zweitens war eine Nachoperation notwendig, wegen starker Blutungen, und der dritte Schock: die anlaufende

Chemotherapie — daß man also ein Kind mit 40 Grad Fieber auch noch in einen chemotherapeutischen Ofen steckt, das war eine schreckliche Tatsache.

H: Sie hat quasi alles mitgeteilt, morgens um acht fing der Tag an, um elfe, um zwölfe gings weiter, und dann ...
B: verstarb sie quasi vor unseren Ohren.
H: Immer ein bißchen.
B: *lacht haltlos* Sie hatte in unserem Beisein zwei Herzstillstände!
H: Die Mutter rief an, erzählte was von 40 Minuten, von Sauerstoff, Wiederbelebung, bereits eine Stunde später sprach sie schon wieder mit uns.
B: *hingehaucht* Aber mit *so* 'nem Stimmchen.
H: Und ich sagte zu ihr, weißt du denn, daß dir die Ärzte grade Atemluft eingegeben haben? Sie sagte, ja, das steht alles hier, jetzt gehts schon besser, die Mama ist da und bleibt über Nacht. Und um elf abends riefen sie an zum Gutenachtsagen, alle beide, nacheinander.
B: Zunehmend haben ja wir die Gespräche bestritten, denn de facto wurde sie schwach und schwächer, das Stimmchen erstarb, nach der Operation sagte sie — hallo ... *ahmt das ersterbende Stimmchen nach* — das ist für mich *der* dominierende Resteindruck ... hallo ... ich bins ... Katharina ... Das hör ich noch ganz genau, und es fehlt mir auch, bis heute!
H: Sag mir was, sagte sie immer.
B: Und wir haben auf Teufel komm raus erzählt.
G: Das ist ja eine Liebesgeschichte!
Beide: Unbedingt!
B: Und aufgrund dessen, kann ich mir nun gut vorstellen, weshalb ehrbare Frauen einen Lebenslänglichen heiraten, der im Gefängnis sitzt.
H: Wir haben eine ganz intensive Beziehung zu ihr aufgebaut, wir haben ihr, als es ihr schlechtging, ausgemalt, was wir alles mit ihr machen, wenn sie wieder gesund ist, ich hab ihr von unserer Terrasse hier erzählt, sagte, da kannst du in der Sonne sitzen und dich erholen, spielen. Das fand sie ganz wunderbar.
B: Ein zweites wichtiges Thema war: Besucht ihr mich?

G: Und wie wurde das abgewehrt?
B: Durch den Tod.
H: Nein! — Ja, letztlich schon, aber zunächst einmal durch die Mutter, Zutritt auf der Intensivstation nur für enge Angehörige, und sowieso, bei *der* Schwäche ... Einmal sagte sie: Heute sind die Zwillinge dabei! Die hatte sie mitgeschleppt, samt Sarah, und sie sagte, die sind furchtbar, sie müssen jetzt wieder raus auf den Flur.
B: Mehr und mehr schaffte es die Mutter, uns deutlich zu machen, es steht auf Messers Schneide, ob sie überleben wird. Es wirkte so, als wären wir der äußerste Halt, den sie hat, als würden wir das Kind gleichsam an der Hand festhalten ...
H: Und deshalb sagte die Mutter auch: Bitte kommen Sie ins Krankenhaus.
B: Sie sagte es nicht wortwörtlich, daß wir die letzte Chance sind für Katharina, aber sie hats uns so hingespielt.
H: Deshalb ja auch unsere Überlegung später, als sie sich überhaupt nicht mehr meldete, daß sie Hals über Kopf nach Israel gezogen ist — denn sie hat ja vorher intensiv mit uns sich ausgetauscht, und ich hatte viele Gespräche mit ihr, so von Frau zu Frau, und sie rief immer an, wenn sie nach Hause kam, wenn sie bei der Katharina gewesen war — also ich sag das so, als gäbs das Kind, aber ich kann nicht anders! Wir sprachen auch viel über politische Geschehnisse, sie war so *unglaublich belesen* — und als sie dann hier war, war sie so sprachlos! So am 8. oder 9.3. kam sie nachmittags zu Besuch. Es war eine andere Person als die, die ich am Telefon kannte. Dort war sie toll, hier auf dem Stuhl war sie dröge.
B: Verbal war sie prima, am Telefon, hier war sie schüchtern ... verklemmt, hatte diese Made auf dem Schoß, wie Sie es auch beschreiben.
H: Hier war sie wahrhaft tief verklemmt.
B: Enttäuschend! Am Telefon war sie so souverän, so voller Distanz, auch zu ihrer eigenen Mutterrolle. Um so überraschender war, daß sie eigentlich mehr einem ...
H: Muttchen ähnelte. War ein Muttertyp irgendwie, sie war zugedeckt mit dem Kind.

B: Bilka-Hausfrau, oder so, eindeutig!
G: Das ist ihr wohlkalkuliertes Outfit, wenn sie leibhaftig erscheint.
B: Es ist das Tolle, daß sie nicht versucht hat, als schlanke, jüdische, schwarzhaarige Intellektuelle aufzutreten!
H: Nein.
B: Und alle unsere Vorurteile zu bedienen, sondern, daß sie einen Schock einbaut.
G: Einen wirklichen Schock offenbar, denn wer käme schon auf die Idee, das genaue Gegenteil zu bedienen?
H: Das ist es. Aber ihre Sprache ...
B: Eben! Und vor allem, ihre Augen waren so flach.
H: Ihr sprachliches Outfit am Telefon war perfekt, das war eben die totale Diskrepanz! Hier war sie sprachlos und dröge, ja, ich wollte sehr bald, daß sie wieder geht.
G: Andererseits, die Erwartungshaltung und die Klischeevorstellungen, die sich daran knüpfen — das ist ja nichts, womit derjenige, der erwartet wird, irgendwas zu tun hat.
H: Überhaupt nicht, nein! Er ist wirklich nicht dafür verantwortlich.
B: Insofern wars auch keine Hollywood-Geschichte, das Kind war auch kein schönes Kind. Aber so sehen Kinder eben aus, die Schulen sind voll davon.
H: *holt ein in der Mitte durchgerissenes Farbfoto vom Kind* Das gab uns die Mutter, er hats dann später versehentlich durchgerissen. Also, ich fand sie ganz fremd ... allerdings, das mit den israelischen Bergen im Hintergrund war dann natürlich wieder überzeugend. Aber was hier abgebildet ist, ist nicht jenes weiche, differenzierte Wesen, das am Telefon war.
G: Bei mir war das Kind ja schwarzhäutig.
H: Das find ich ja auch hoch überraschend.
B: Besonders bemerkenswert finde ich im nachhinein die Inszenierung des Finales. Unser Besuch stand ja bevor, Katharina sagte: einmal werde ich noch wach ...
H: Um halb elf abends rief sie noch an, am 12. März, einmal schlafen, und dann seh ich euch!
B: Wir hatten ein Stofftier gekauft. Und dann am nächsten Tag, ein Samstag, so gegen halb neun, kommt der Anruf

der Mutter mit der Todesbotschaft. Punkt, Ende, aus! Sie ließ uns roh, *roh* runterfallen aus dem 4. Stock — platsch!

H: Und zwar sagte sie zum ersten Mal nicht mehr Katharina, sondern sie sagte: Meine Tochter ist heute nacht gestorben. Da ringt man nach Worten, nicht? Das war ja unendlich traurig. Und ich fragte, was machen Sie jetzt, sie sagte: Ich bin noch in der Klinik, gehe jetzt nach Hause. Ich melde mich wieder. Das war das letzte, was wir von ihr gehört haben. Die angegebene Telefonnummer brachte nichts, niemand hob je ab, Post an Frau Cohen in die Holsteinische Straße blieb unbeantwortet. Wir dachten, sie hat Berlin verlassen in ihrem Kummer. Nach zwei bis drei Wochen suchten wir das angegebene Haus auf, eine Familie Cohen war nicht verzeichnet.

G: Also, das Auftauchen der Mutter scheint mir etwas zu kurz gekommen zu sein in der Geschichte, sie ist ja die Hauptperson.

H: Stimmt. Also sie kam eigentlich, um sich zu bedanken und vorzustellen, sie hat das Wort *vorstellen* benutzt. Sie sagte das nicht wörtlich, aber machte andererseits auch deutlich, daß jetzt, wo wir so einen intensiven Kontakt zu ihrer Tochter haben, sie natürlich auch hochgradig daran interessiert ist zu wissen, mit *wem* sie es zu tun hat.

G: Also Überprüfung des Umgangs ihrer Tochter.

H: Das war es, und deshalb fanden wir sie auch so souverän...

B: Nein, nein, sie machte das nicht nur souverän, sondern voller Verantwortungsbewußtsein.

H: Sicher, nur, als sie dann hier saß, war das eben alles wie weggeblasen, erst mal tat sie mir natürlich wahnsinnig leid — du warst anfangs auch dabei und mußtest dann weg, hattest ja Vorlesung an diesem Nachmittag.

B: Ehrlich gesagt, ich habe an Ort und Stelle versucht, meine Vorurteile zu bekämpfen, es gelang aber nicht.

H: Ich fragte mich, wie kommt *die* Frau zu so einem Kind... und zu dem Professor — das habe ich vorurteilsvoll gedacht, gebe ich zu —, denn sie fiel vollkommen raus aus dem Muster der Professorengattinnen, von denen ich natürlich eine Phalanx kenne. Sie hatte, wie ich vorhin schon sagte, mehr was von einem...

G: Muttertier?

H: Eindeutig!

B: Das ist der präzise Begriff. Ich dachte, das ist bei Naturwissenschaftlern offensichtlich anders, gut, so ist das Leben, Hauptsache, sie war mit ihren Kindern beim verstorbenen Mann anerkannt...

H: Er hat sich dann verabschiedet, weil er ja zur Lehrveranstaltung mußte, und *sie* blieb — und wäre ewig geblieben, fürchte ich, wenn ich sie nicht hinauskomplimentiert hätte.

B: Sie hat uns ja dann später schließlich *auch* brutal fallenlassen. Also dieses Ende der Geschichte ist etwas, was mir Interpretationsschwierigkeiten macht, ihre Befriedigung kann doch unmöglich in der Schadenfreude liegen, das würde ja voraussetzen, daß sie uns — grad nach der Todesnachricht — hätte beobachten können. Es muß etwas anderes sein!

H: Es geht ihr mehr um die Nähe, die sie herstellen kann, sie war mit uns — regelrecht befreundet, möchte ich mal sagen, ich hatte sogar überlegt, ob wir die arme Witwe nicht ab und zu einladen, wenn wir Leute dahaben zum Essen...

G: Dem hat sie entgegengewirkt.

H: Genau, das ist ihr gelungen!

G: Eine solche Geschichte *geht* nicht zwischen Erwachsenen, wahrscheinlich nicht mal zwischen Liebenden. Es braucht dieses Hirngespinst, ein Kind ohne Arg und Falsch, das ist die einzige Konstruktion, die so eine Intimität und Nähe, auch Liebe und Zärtlichkeit erlaubt, sowas läßt sich ja sonst kaum herstellen, schon gar nicht auf Distanz.

B: Ich glaube, die Offenheit und Intimität, die vorherrschte, die fand ich eher begrenzt, denn wir zeigten uns ja von unserer höchst normativen, wohlanständigen Seite.

H: Aber wir habens doch *so* heftig empfunden — du hast doch sogar schon, wenn du von der Uni kamst...

B: ...Psst... Ich wills mal so formulieren, ich glaube, sie

hat es verstanden, in uns das Gute lockerzumachen, in einer ungeahnten Weise. Das, was Sie meinen, das kenne ich eher aus einer anderen Situation: Als ich früher noch per Anhalter gefahren bin, oder dann auch selber Anhalter mitgenommen habe, da gabs immer wieder diese Situation, daß man überraschenderweise für eine ganz kurze Zeitspanne es mit Leuten zu tun hatte, die wußten, man sieht sich nie wieder, also erzählten sie sich alles — sei es, einer hatte fünf Frauen gleichzeitig oder gar keine —, jedenfalls gabs diesen merkwürdigen Geständniszwang, basierend nicht auf intimer Bekanntheit miteinander, sondern im Gegenteil, auf extremer Fremdheit und Unkenntnis.

H: Aber wir wußten ja gar nichts von der begrenzten Zeitdauer der Beziehung. Nein, die Frau war unwahrscheinlich differenziert, z. B. als sie als Katharina anrief und sagte: die Mama hat grade geweint an meinem Bett, jetzt ist sie mit dem Doktor auf dem Flur, ich muß dich was fragen, was die Mama nicht wissen darf, weil sie sonst wieder weinen muß — können kleine Kinder auch sterben? Also, wir führten da unglaublich tiefe, jenseitige Gespräche, und daß sie das machte — als Katharina —, während sie sich selber auf den Flur stellt, das beweist doch grade, daß *so* ein Gespräch mit der Mutter zum Scheitern verurteilt wäre.

G: Was mich jetzt noch interessieren würde, das ist in der abstrakten Zusammenfassung, die Sie gemacht haben, etwas untergegangen, nämlich *Ihr* Part am Telefon.

B: Es fällt mir schwer, den etwas konkreter wiederzugeben. Also... es war wie gesagt so, daß sie es verstand, in mir eine **Welle** des Entgegenkommens und der Mildtätigkeit, eine des Interesses und Wohlwollens lockerzumachen.

G: Aber wie hat sie sich geäußert, diese Welle?

B: Also, sie ist am Telefon: Hallo, ich bins, Katharina. Bin grade operiert worden. — *Sag mal! und wie gehts dir?* — Nicht gut, kannst du mir was erzählen? — Also mußte ich was erzählen, hab irgendeine Geschichte erfunden, aus dem Stand. Auch Gutenachtgeschichten. — *Hörst du mich noch?* — Ja, ich höre dich noch. — Und dann spielte sie mir freundlich das eine oder andere Wort zurück und stellte mir persönliche Fragen, die ich wahrscheinlich nur zu gern beantwortet habe. Sie war ironisch, und was mich besonders anzog, sie hatte zu allem, was sie machte, eine erstaunliche Distanz, freute sich über jeden kleinen Witz. Ganz typisch für sie ist, sie sagte häufig: Das ist doch komisch. Wenn ich eine Geschichte erzähle, dann ist die mindestens doppelbödig. Also erstens erzähle ich eine Geschichte, die zweitens niemand glaubt, drittens aber natürlich um so wichtiger ist. Das machte sie nur zu gerne mit. Also eine Gutenachtgeschichte, von mir erfunden, mit einem Igel. Die war in der Intension erzählt, daß sie einschläft, aber da sie intelligent ist, blieb sie natürlich wach.

G: Wie ging denn die, ich möchte sie auch mal hören.
H: Er kann sie nicht mehr!
G: Na ungefähr, das wird doch gehen ...
B: Ungefähr ... aber ... ich muß sie neu erfinden: Also der Igel hat ja 'ne ganz besondere Eigenart, er ist erstens sehr zutraulich, wohnt in der Nähe des Menschen und kann darüber hinaus etwas ganz Großartiges, nämlich schlafen. Schlafen kann er ganz einmalig, er fällt in den Winterschlaf, vorher hat er sich einen dicken Bauch angefressen. Und ich erzähle also vom Winterschlaf, wie lang das geht, und sie solle sich das einmal vorstellen. Sie sagte, sie zieht die Decke etwas ran und rollt sich ein, gleich schläft sie. Und ich sag, denk mal, du schläfst jetzt nicht fünf Minuten, nicht eine Stunde, nicht eine Nacht, du schläfst den ganzen Winter, und wenn du wieder aufwachst, hast du keinen dicken Bauch mehr, sondern einen dünnen usw. Und dann schlief sie ja immer brav ein am Ende. Mir zuliebe machte sie das perfekt.
H: Aber von dem Igel muß man noch mehr erzählen. Wir haben doch einen gekauft, ein Stofftierchen, ein wunderschönes. Das hatten wir bis vor zwei Monaten, jetzt ist es verschenkt, da hat jemand Zwillinge gekriegt.
B: Die ganze Katharina-Geschichte hat so eine ... doppelbödige Barmherzigkeit ...
H: Ja, und unsere normativen Vorstellungen ... andrer-

seits, dazu stehe ich schon, daß sie mir am Telefon so sehr gefiel und nachher dann nicht mehr. An der Erwartung, die ich ihr entgegenbrachte — finde ich —, daran war *sie* ja heftig beteiligt. Wenn sie am Telefon *so* differenziert mit mir spricht, und hinterher ist sie dann wie eine Kartoffel im Gespräch...

G: Und wie würden Sie das jetzt unter einem fachlichen Blickwinkel betrachten?

B: Keine Ahnung, habe ich noch nicht überlegt. Bislang haben wir es abgetan, mit dem Stichwort Schizophrenie. Es hat mich auch nicht interessiert, sowas gibts halt. Ich war mehr am literarischen Gesichtspunkt interessiert, so wie Sie auch, also: wie ist das darzustellen — und Darstellung hat ja auch immer was mit der Frage nach der Wahrheit zu tun — was ist die Wahrheit an dieser Geschichte? Mir scheint, die Frau taucht in drei Rollen auf: als Kartoffel, als Mutter und als sterbendes Kind.

G: Nicht nur, denn sonst wären wir ja gar nicht so sehr darauf eingegangen, sie taucht auch als intellektuelle, emanzipierte Akademikerin auf...

H: ... als Partnerin...

B: Wohl wohl...

G: ... eine Rolle, die nicht zu unterschlagen ist.

H: Richtig, sie geht nicht in der Mutter auf.

G: Auch nicht in der Kartoffel.

H: In der Kartoffel schon gar nicht, die Kartoffel geht eher in der Mutter auf, oder umgekehrt. Aber die vierte Rolle scheint mir schon auch irgendwie... dazu muß ich eine kleine Geschichte erzählen: Ich kannte mal einen Studenten in Frankfurt — als ich bei Adorno und Horkheimer studierte, und die waren ja nun unser großes Vorbild, unerreichbar. Dieser Student, der war unzulänglich. Er konnte bei ihnen nicht fertigstudieren, weil er den Stoff und das alles einfach nicht beherrschte. Aber dieser Student konnte eines, er konnte sie in einer wunderbaren Weise imitieren, *alles,* bis hin zum Schreiben, daß es geradezu erschreckend war. Das war eben ein pathologischer Fall, und das Ganze ging schief — es gibt ja viele, die imitieren, aber er war kein Imitator, sondern er ist zerschellt an der Geschichte, das war hart! ... Und bei ihr nun kann ich mir vorstellen, sie kann die Imitation der Akademikerin perfekt ...

G: Wir auch!

B: *lachend* Das kann man sagen ...

H: So isses!

B: Wir legen so großen Wert auf ein individuelles Ego, sind aber so primitiv wie die sogenannten einfachen Leute, *leichtest* auszurechnen, ein paar Stichworte genügen, und schon kann man bei uns nach dem Schema Reiz und Reaktion alles lockermachen ...

H: Und andererseits ist sie natürlich, wenn man sie sich mal nicht als Schizophrene vorstellt, die in drei, vier Rollen auftritt, ganz unglaublich, ganz großartig, denn sie entwirft ja eine ganze Dramaturgie mit exakten Handlungsabläufen, ein psychologisch ausgeklügeltes Stück, bis hin zu einer Professorin, die mit einem Trauergebinde auf den Friedhof kommt ...

B: Und analog, da sie uns eine ganze Menge zugemutet hatte und wir immer mehr liebesduselig wurden — wie ich finde —, seh ich sie richtig grinsen und sagen — Da geh ich hin mit meinem Bilka-Outfit ...

G: Denn das ist eine der schlimmsten Kränkungen ...

B: ... sie sieht, die sind bereit, eine x-beliebige Göre mit vollen Projektionen auszustatten, eine Mutter für eine Ärztin zu halten, obwohl sie aussieht, als käme sie grade vom Volksfest. Gut, man kann sich irren. Ich hab unlängst einen Studenten als Anhalter mitgenommen, der trug Sweatshirt, Haare bis dahin, Bart, und nach 'ner Weile stellte sich heraus, er ist ein Bereitschaftspolizist! *allseits herzliches Lachen* Wir sind natürlich nicht davor gefeit, selber doof zu sein, auch wenn wir eine fertige Geschichte durchschauen.

H: Das hätte Horkheimer auch gesagt, dieses Recht hätte er für sich selber auch reklamiert. Es ist ihm zwar nicht so arg oft passiert, später, aber das hätte er im Seminar sehr gut dargestellt ...

B: Bei aller Neigung zur Selbstkritik, ich bin irgendwo auch ...

Deutsche Bräuche

H: Stolz auf dich?

B: Nein, also: ich kenne viele Leute, die sind vom Leben enttäuscht oder haben nur für ihre Karriere Zeit, die würden sich auf so ein Kind niemals einlassen wollen, die lassen sich von nichts beeindrucken... Also eine gewisse Warmherzigkeit von der Hanne — die gefällt mir an ihr schon sehr gut...

H: *etwas gequält* Wenn man das nicht so ganz verliert, ist es ja nicht schlimm, oder?

Glockenläuten mit Constanze.
»Pseudologia Phantastica«, letzter Teil

Kurz vor Ostern rief eine Frau an, nannte ihren unglaublichen Namen — den ich leider hier nicht wiedergeben kann — und erklärte, auch sie habe Anrufe bekommen vom »Telefonkind«. Jetzt, wo sie um den Hintergrund wisse, sei sie zwar erleichtert darüber, daß niemand zu Schaden gekommen sei, finde aber dennoch die Erinnerung an das alles beklemmend. Wir verabredeten ein Treffen nach den Feiertagen.

Ebenso wie Hanne und Bodo aus der vorhergehenden Geschichte wohnt auch Ursula S.-E. in Charlottenburg, mit dem Unterschied allerdings, daß in diesem Teil des Bezirkes die Mietshäuser schlicht, die Wohnungen klein, die Straßen schmaler sind. Im Treppenhaus hängt ein altes Schild mit der Aufschrift »Frisch geölt«, das hölzerne Treppengeländer beginnt mit einem wild verzierten Drachenkopf, von den Wänden blättert der Anstrich. Im Hinterhof, wohl in einer ehemaligen Werkstatt, scheint jemand Bildhauerei zu betreiben, auf dem bemoosten Kopfsteinpflaster stehen einige Skulpturen. Im dritten Stock empfängt mich Frau S.-E. sehr freundlich, stellt mir ihre vierzehnjährige Tochter Else und den zwölfjährigen Sohn Tilman vor und bittet mich dann in die Küche. Der Anblick ist vertraut, selbstgebastelte Regale voller Gewürze, Teebüchsen und anderem Kleinkram, Marmeladengläser, aufgehängte Becher. In der Ecke steht einer jener typischen weißgekachelten Berliner Küchenherde. Der Raum ist schlauchförmig, quer vor dem Fenster steht der Tisch, an dem wir alle Platz nehmen. Tee wird verteilt und Hefezopf, die Kinder strahlen eine altmodische Ruhe und Friedlichkeit aus, selbst die Osterdekoration auf dem Tisch wirkt, wie aus einer anderen Zeit übriggeblieben. Ursula S.-E., 1945 geboren, ist Bewegungs- und Atempädagogin. Sie hat bei der »damals schon weit über Siebzig gewesenen unorthodoxen Frieda Goralewski gelernt«, wie sie betont.

S.-E.: Also ich habe hier mein Notizbuch, 15. April 1990, wir waren im Schloßpark, zum Osterhase suchen. Ich hab auf der Insel Eier versteckt, und da erwischten sie mich *lacht,* die Kinder. Später haben sie dann gesagt, so, jetzt wissen wir's, wir haben alles gesehen. Die Kinder waren damals, na, acht und zehn. Am nächsten Tag mußten wir unsere Sachen packen, wollten wegfahren, und dann, um 17 Uhr, 16. April 1990, am Ostermontag, ruft ein Kind an und möchte seine Mutter sprechen. Sag ich, ja, hier isse nicht! Schluß, gleich hat sie aufgelegt. Nach 'ner Weile klingelts wieder. Auweia, sagt sie, als sie mich hört. Das klingt mir heute noch in den Ohren, das war ganz hell und unsicher. Ich sagte, na, du hast ja schon wieder — aber nein, sie hatte sich nicht verwählt, sie hatte *meine* Telefonnummer. Sie sagte, die Mutter ist weggegangen, die ist Ärztin und macht Notdienst.

Else: Und ich hab sogar vorher noch einen Notarztwagen gesehen hier in unserer Straße, das war das Komische.

S.-E.: Sie suchte also die Mutter. Zwei Brüder hatte sie auch noch, und sie sagte ihren Namen, Constanze. Fünf Jahre alt sei sie, und ... sie hat ein bißchen gezögert, die Mutter sitzt im Rollstuhl. Aber wie geht das, Notdienst im Rollstuhl, wie geht denn das? Ja, da sind solche Einrichtungen, bei den älteren Menschen, zu denen sie fährt, extra für Rollstühle. Ich weiß nicht, ob's das wirklich gibt. Jedenfalls, wir haben ein bißchen länger geredet, ich erzählte, daß ich auch Kinder habe, sagte, wie ihr heißt, wie alt, und sie sagte, sie käme auch bald in die Schule. Ich erzählte von eurer Schule, von der Waldorf-Schule in Reinickendorf — und sie sagte freudig, da kommt sie auch hin, ist schon angemeldet in der Waldorfschule. Und in dem Moment machts bei uns dann *so!* Ich hab nicht weiter gefragt, man will ja ein fremdes Kind nicht aushorchen. Das darf man auch nicht. Aber sie hat von sich aus alles erzählt, vor allen Dingen, daß die Mutter es nicht gerne hat, wenn sie vom Rollstuhl erzählt, weil ... sie hat es dann gesagt: Papa und Simon sind nämlich gestorben, im November. Das wußte sie noch ganz genau, es war am Tag vor der Maueröffnung gewesen, und am nächsten Tag hätten sie dann ferngesehen, obwohl man das ja nicht macht, wenn man so traurig ist. Der Vater hatte einen Autounfall, der Simon war erst drei Jahre alt, die Mutter und die restlichen drei Kinder waren nicht drin ...

Else: Doch — die Mutter war drin im Auto, deswegen hat sie ja im Rollstuhl gesessen, nachher!

S.-E.: Richtig! Wir haben dann mit dem Telefonieren bald aufgehört, und zwei Stunden später rief die Mutter an, sagt, sie ist gerade erst nach Hause gekommen und hat von dem Fehler erfahren, bedankt sich; sie war in Ordnung, so lieb, dezent, freundlich, vornehm, schön. Ich erzählte dann, daß wir wegfahren wollen, das wollte sie auch, so für eine Woche. Jedenfalls, *wir* fuhren dann weg damals, nach Pisselberg, und da hat der Tilman sich das Bein gebrochen. Ach, das war 'ne größere Geschichte, wir fuhren früher zurück. Ich hab ja damals im Hort mitgearbeitet, war aber dann wegen Tilman zu Hause und deshalb auch telefonisch erreichbar. Da meldete sich zu meiner Überraschung die Constanze zurück, ich hatte nicht damit gerechnet. Auch die Mutter meldete sich, und wir haben überlegt, daß wir uns mal treffen. Hier gehts ja nicht bei uns. Ich dachte, am besten beim ›Chocker‹, so nennen wir's unter uns, das Café am Lietzensee, wegen dem Hund der heißt so — Chocker.

Else: Der ist gestorben.

S.-E.: Ja? Ich hab ihn letztes Jahr noch gesehen. Dort ist es schön, man guckt auf den Funkturm. Ein altes

	Café am Wasser, der Boden ist noch ganz erdig, früher konnte man einen Kahn mieten ...
Tilman:	Das ist fast wie eine Bude.
S.-E.:	Ein einfaches Häuschen, mit einfachen Tischen, gegenüber vom Amtsgericht. Wenn das Wetter heute schön wäre, hätten wir alle dahin gehen können. Gut, da wollten wir uns treffen mit der Frau Mandelbaum, aber dann rief sie an, es findet kein Treffen statt. Der Termin sei für sie selbst auch überraschend gekommen, sie müßte nochmal nach Köln zur Operation fahren, wegen dem Bein, irgendwie wollte man versuchen, Nerven wieder anzuschließen oder ähnliches. Das habe ich dann dem Diethardt erzählt, meinem Mann. Wir fanden das traurig, so ein kleines Kind, das Vater und Bruder verloren hat, und die Mutter gelähmt ... Er hat ja auch mit Constanze telefoniert, an sich isser ja eher schwer zu erreichen abends, aber er war zufällig mal drangegangen. Sie haben sich ganz gut verstanden, ein bißchen unterhalten, Constanze war interessiert. Aber *er* wollte es nicht, im Grunde. Das war ihm viel zu kompliziert, er verhält sich so in allen Bereichen, wenn ihm was zu dicke kommt, dann geht er nach innen, verschließt sich. Sich austauschen und sprechen, nach vorn und rückwärts, das macht er auf keiner Ebene, da fehlts eben, leider ... Am nächsten Tag sollte ein Krankentransport kommen und Mutter und Tochter abholen. Constanze rief am Vormittag an, sagte, wir sind immer noch da, er sollte um sechs Uhr morgens kommen! Hier in meinem Büchlein steht: Erst um dreizehn Uhr. Constanze mehrmals gesprochen. Abends um neun waren sie dann endlich in Köln angekommen. Am nächsten oder übernächsten Tag fand dann die Operation statt. Constanze hatte große Angst. Danach ist sie gleich ans Bett der Mutter und hat das Bein angefaßt, aber die Mama hat nichts gespürt. Also war die Empfindung nicht zurückgekehrt, die Operation mißglückt. Con-

stanze ist ganz geknickt, sagt, also, sie muß *doch* im Rollstuhl bleiben. Dann will die Mutter mit mir sprechen, übernimmt den Hörer. Ja, sagt sie, leider, die Operation ist nicht gelungen, alles sei nun sehr schwierig, Constanze pullert ins Bett, und die Oma macht darüber ein großes Theater, dabei müsse man doch nachsichtig sein, nach allem, was geschehen ist. Also, ich hatte den Eindruck, daß die Großmutter von Constanze ein bißchen schwierig ist. Sie saß in Köln, und es kam bei uns immer irgendwie so an, da ist *viel* Geld im Hintergrund; wir haben uns oft gefragt, wieviel das Kind allein verteletoniert. Aber man hat sie offenbar nicht gehindert. Ja, und die Mutter selbst hatte mir noch erzählt, daß Constanze ganz große Angst hätte, nun auch noch ihre Mutter zu verlieren. Sie habe zwar Schmerzen in der Brust, aber so leicht stirbt man nicht, sagte sie. Constanze hat mir später berichtet, daß die Mama Fieber hat. So, dann sind wir hier, eins, zwei, drei, vier, fünf, sechs — am 27. April, da kommt ein Anruf von Constanze, sie sagt, es ist was Schreckliches passiert, stockt, die Elke ist da, die solls dir sagen! Und Elke teilte mir dann mit: Meine Schwester, die Mutter von Constanze ist in der Nacht verstorben, an Embolie. Da patschte es uns natürlich alle ganz schön hin.

Else: War Elke nicht die Tante?

S.-E.: Die Schwester von der Mutter ist die Tante, ja, na und später am Tag rief die Constanze nochmal an, sagt, sie hat gepullert und gebrochen den ganzen Tag. Und ich bin fast am Weinen, da sagt sie zu mir, ich soll nicht weinen, was ich sofort kapiert hab, ist ja klar, das kann ich auch nachher machen. Wir waren hier alle auch ganz fertig. Dann, am Sonntag, Anruf von Constanze. Also immer abends um sechs, wenn die Glocken läuten, haben wir aneinander gedacht, das war so ausgemacht. Ich hab gesagt, guck mal, beim Glockenläuten sitzen wir hier in der Küche um den Tisch herum zum

Essen und sind immer gedanklich auch bei dir. Sie rief also an, und es war schrecklich, das ganze Plappern war weg, sie holte Luft, konnte kaum sprechen, im Hintergrund hörte ich bei ihr die Vögel zwitschern. Sie erzählte, daß ein Bruder plötzlich stottert; das hat er vorher nicht gemacht. Und sie erzählte vom Vater, daß sie mit ihm immer Lieder gesungen hat und er für jedes der Kinder eine eigene Strophe gedichtet hat. Sie hat mir das alles vorgesungen, ich hätte es aufschreiben sollen, nun weiß ich's nicht mehr. Es waren so wunderschöne Lieder! Und wie sie gesungen hat, also MAN WAR WIRKLICH — MAN WAR SOWAS VON BESCHENKT — ES WAR WIRKLICH SCHÖN. Und ich habe auch mit ihr Lieder gesungen, gemeinsam, und ihr das vorgesungen, was sie nicht kannte. Sie sagte auch, sie kann nicht schlafen, und so hab ich gesungen: ›Schlaf Kindlein schlaf, der Vater ist ein Schaf, die Mutter schüttelts Bäumelein‹ — und da dachte ich, in diesem Zusammenhang hab ich das vorher nie gesungen, also, daß die da beide so von oben ... Da war dann eben auch die Frage, wieweit kann ich gehen, ist es hilfreich, zu reden vom Leben nach dem Tode — vom Körper, der nur eine Hülle ist, wurde sie in so einer Form erzogen, hilfts ihr oder zerstör ich was? Also war ich lieber etwas abwartend. Dann, drei Tage später, rief sie wieder an, war sehr bedrückt, die Brüder waren mittlerweile auch bei der Großmutter, vorher hatte man sie ja vorübergehend in Berlin gelassen und bei einer befreundeten Familie untergebracht. Sie sagte mir wortwörtlich: NIEMAND HAT MICH LIEB — ich werd nie mehr jemanden lieb haben, dann kann mir auch keiner weh tun — und außerdem find ich das gar nicht gerecht, daß Vati, Mami und Simon oben im Himmel sind und wir müssen hier unten bleiben. Sie sagte auch noch, sie und die Brüder könnten ja in die Badewanne gehen, untertauchen, und dann sind sie weg. Sie haben der Elke davon erzählt, aber die hat gesagt, der Mami wär das nicht recht. Ich habe dann auch mit der Elke gesprochen, und sie teilte mir mit, daß die zwei Jungs für die Zukunft in Berlin-Zehlendorf unterkommen könnten, bei der befreundeten Familie, aber weil da schon vier Kinder sind, können sie die Constanze nicht auch noch dazunehmen, Elke war alleinstehend, machte irgendwas mit Pädiatrie, und bei der Großmutter wars ja auf die Dauer auch nichts, nun, wohin mit ihr? Das ist DER PUNKT, DER UNS AM ALLERMEISTEN GESCHAFFT HAT. Wir haben überlegt, sind *wir* damit gemeint? Man muß doch helfen! Dann hieß es, die Elke kommt nach Berlin, muß mit der Wohnung einiges klären, sie auflösen, da haben wir uns dann verabredet und auch getroffen. Das war am 1. Mai. Ich bin mit Else hingegangen, Tilman blieb zu Hause mit Diethardt, wegen seinem Gipsbein, die Sache war nicht so ohne — und übrigens, DEN ARZT hatte mir noch die Mutter Mandelbaum empfohlen, das war auch so eine Sache, er war in der Bleibtreustraße; ich sage nur: GELD, alles schnieke, teure Sachen, nicht *mein* Ding. Wir waren ganz unglücklich dort, medizinisch auch ...

Tilman: Einfach den Gips nur abgemacht, und neu drauf. Der saß auch nicht.

Else: Direkt auf die Haut, ohne was drunter!

Tilman: Das war aber dann die Schwester, die das gemacht hat.

S.-E.: Das war nichts, nee, aber der paßte auch zu der ganzen Sache, der Arzt; *lacht plötzlich laut und hektisch* na ja, dann haben wir uns also mit der Elke getroffen, es war ein schöner Maientag und in dem Café, wo ich gern mit Ihnen heute auch sitzen würde, wir warteten auf die Frau, und ich fühlte plötzlich, SIE KOMMT NICHT AUS DER ECKE, WOHER SIE SAGTE, DASS SIE KOMMEN WÜRDE, also geographisch, meine ich jetzt. Irgendwas stimmte nicht mit der Zeit, mit dem Weg. Dann kam eine blonde

Dreißigjährige. Eine ruhige Frau. Sie war hell im Gesicht, freundlich, für mich so ein Bild von: Westdeutsche vom Lande, mit Bildung und studiert. Aber ES SPRANG NICHTS ÜBER. Ich dachte, klar, sie hat Probleme. Wir haben ihr unser Brotkörbchen überreicht für Constanze, das Püppchen hatten wir reingetan.

Else: Mit so 'nem Schleier drumrum.
G: War sie dick, die Elke, mehr so wie ich?
S.-E.: Na, sie war so in der Mitte von uns beiden, ich bin rund, also, etwas mehr vielleicht, sowas, so könnte man sagen...
Else: Also sehr dünn war sie nicht, nicht schmal, also ich weiß kaum noch, wie sie aussah, aber doch mehr so wie du, Ursel.
S.-E.: Jedenfalls erzählte sie von all den Problemen jetzt, eben auch von dem mit Constanzes Unterbringung. Das war schon ein starker Druck für mich, aber ich habe mir gesagt — hier im Kalender stehts: LOSLASSEN! Urselchen, laß los! Das ist nicht deins. Das ist der allerwichtigste Punkt für mich. Es war mir klar, eine Großmutter steht dahinter, und da ist GELD, EINE MENGE GELD, das hatte Elke dann sogar wörtlich gesagt, dann war da ISRAEL, also — LEUTE MIT GELD UND BILDUNG, mit wirklich ganz anderen Interessen und Bedürfnissen, als wir sie haben, ja, und mit einem kleinen Kind, das ganz einfach nicht reinpaßt in unsere bescheidenen Verhältnisse. Aber so war es wiederum nicht, sie hat mit keinem Hauch was gesagt davon, ob Constanze eventuell zu uns, oder so ... nein, SIE WAR GAR NICHT INTERESSIERT AM KONTAKT mit uns, diese Elke. Was sie eigentlich von uns wollte, weiß ich nicht...
Else: Sehen — sehen, mit wem man spricht.
S.-E.: Das glaub ich auch. Vorgestellt hab ich mir eine ganz andere Frau — DISTANZIERT, ABER TROTZDEM EINE VERBINDUNG ZU UNS AUFNEHMEND. Das fand nicht statt. Sie kam, man sprach ein wenig,

	dann ging sie wieder. Innerlich habe ich bereits gemerkt, als sie mir das Foto und die Zeichnung von Constanze gab, da stimmt was nicht. Ich versteh was von Kindern, ich habe zwanzig Jahre mit Kindern gearbeitet, u.a. als Kinderkrankenschwester und als Kindergärtnerin, also dieses Kind da, *tippt auf das Foto* das ist ein Kind, das man natürlich sehr gerne haben kann — sofort — ich habe keine Abwehr, aber DAS IST EIN MODERNES KIND, dieses Kind, und dann die Elke zusammen mit der Großmutter, Israel, mit dem Geld, zusammen mit der Bildung — das alles, dieses Milieu ...
G:	Haben Sie sich das Kind dunkelhaarig vorgestellt, jüdischer?
S.-E.:	Nee, das Blonde störte mich nicht, und dieses Jüdischsein, das hat mich nicht weiter interessiert — außer DER PUNKT ISRAEL. Wenn ich das sagte, ›Israel‹, dann hab ich's umwoben mit der Geschichte des Vaters, vielleicht hat er was Geheimes gemacht, wo man die Telefonnummer hat verbergen müssen, die wirkliche. Man wußte ja nicht, ob vielleicht Leute NACH SEINEM LEBEN GETRACHTET haben, vielleicht war der Unfall gar keiner? Hhm. — IRGENDEIN WICHTIGER MENSCH! Jedenfalls, ich habe das Foto von Constanze gesehen, und da hats bei mir in meinem Herzen *so* gemacht, ich habs nicht gezeigt, WEIL MAN DAS EINFACH NICHT MACHT, IN DER FORM.
G:	Und das haben Sie alles auf Grund dieser Fotografie gewußt?
S.-E.:	Wie gesagt, ich habe früher sehr viele Kinder betreut, und da gibt es diese ... da war ich oft erschüttert über Vierjährige, ich habe getobt und gesagt DAS SIND ALLES SOLCHE ABGEKLÄRTEN, AUFGEKLÄRTEN Kinder, mehr abgeklärt. Wenn sie diese Spiele, *wird schrill* SEI ES MIT DEM OSTERHASEN, oder andere, nicht einmal mehr im Scherz mitgespielt haben, von vorneherein alles nur über den Kopf geklärt haben. So ein Kind ist dann

flach an mancher Stelle, es ist SEELISCH FLACH! Und die Zeichnung von der Constanze war, was das angeht, eine richtiggehende Enttäuschung. DIE SEELISCHE TIEFE von Constanze am Telefon mußte ein ganz anderes Bild ergeben, nicht so eine vollkommen uninteressante Zeichnung, unkindlich gradezu. Also Loslassen von Constanze! Denn selbst wenn ich das Kind zu uns nehmen würde, wir es adoptieren würden, wäre das 'ne Hilfe für das Kind? Es wäre keine Hilfe!

G: Wie kam es denn überhaupt zu dieser Überlegung mit der Adoption?

S.-E.: Na, weil so ein kleiner Mensch alleine in der Welt ist...

Else: Und auch wegen der Schule, daß, wenn sie in die gleiche Schule geht, wir dann alle gemeinsam... weil wir ja Fahrgemeinschaft haben...

S.-E.: Genau, genau! Also mit der Constanze allein hätte es wohl keine Probleme gegeben, aber ich hatte Sorge, daß die Erwachsenen intervenieren. Die ERWACHSENEN! Die Großmutter hätte mir mit Sicherheit...

G: Haben Sie mit der Großmutter eigentlich jemals...

S.-E.: ... hab ich nie telefoniert, nee. Aber das konnte denen gar nicht passen, so wie ich den Rahmen und das alles kennengelernt hatte, und die Großmutter wollte ja auch die Kinder gar nicht loslassen! Und, äh — es gab ja auch noch andere Gründe dagegen, Diethardt — zum Beispiel wohnt er jetzt gar nicht mehr hier bei uns, und das zeichnete sich alles schon sehr stark ab, damals, aber das ist eine andere Geschichte, die gehört nicht hierher. Jedenfalls ist es doch so, wenn man selbst in Not ist, sich bedrückt fühlt und existentiell bedroht, dann kann man sicherlich nicht auch noch für einen fremden Menschen die Verantwortung übernehmen.

Else: Aber überlegt haben wir schon, sie war dann ja auch so entsetzt, daß sie von ihren Brüdern getrennt werden sollte.

S.-E.:	Ja, Ach, das war ein schrecklicher Konflikt für uns. Und am Telefon wurde die Constanze immer stiller, ich dachte, mein Gott, das Kind kann bald gar nicht mehr sprechen vor Kummer, so schlimm war alles. Und nun wieder zurück, mal sehen, was haben wir da ... den 4. Mai, da steht eingetragen: 18 Uhr GLOCKENLÄUTEN MIT CONSTANZE, da hatten wir grade telefoniert miteinander, während die Glocken läuteten. Dann, am nächsten Tag war Samstag, in der Schule war Frühlingsfest, sehr schön, da steht nichts weiter, und dann, am 11. Mai, einem Freitag: BEERDIGUNG VON BARBARA MANDELBAUM! Die Constanze rief an, sie war ganz gefaßt und sagte nur: Nun ist sie weg. UND DA HABEN WIR ›SHALOM‹ GESUNGEN MIT ALLER INBRUNST, das war am Abend und sehr schön.
G:	Und sie, sang sie mit?
S.-E.:	Ja — ja — ja, und wie sie gesungen hat! Sie konnte den Text. Und dann sagte sie mit diesem Stimmchen: Du, die Jungen haben mich doch bestimmt immer lieb, ja?, dann gab sie mir Gunnar, ich hab kurz mit ihm telefoniert ...
G:	Wer ist Gunnar?
S.-E.:	Der Bruder von ihr. Das hatte sie ja gesagt, der stottert jetzt seit neuestem. Und tatsächlich, da war eine Knabenstimme. Er stotterte und sagte, er geniert sich ja so schrecklich dafür, aber es hört nicht auf, unglaublich! Also der Gunnar ging in die zweite Klasse, war also acht bis neun Jahre alt, und Christoph, der ältere Bruder, ging in die vierte, die wären heute übrigens genauso alt wie ihr, nicht? Na, ich habe ihm gesagt, du, ich bin die und die, du weißt es ja schon, und wie gehts euch. Was man eben so redet, und dann war Constanze wieder dran, sie sagte was, das ist mir unvergeßlich: Du, MEIN HERZ GEHT TOT! — um mir zu verstehen zu geben, ich kann nicht mehr, ich weiß nicht weiter. Es war kaum auszuhalten für uns. Aber weiter: Also, unsere Else, die hat ja am 13. Mai Geburtstag,

und denken Sie mal, die Constanze rief an, das hatte
sie sich gemerkt, sie hatte einen Kloß im Hals, dann
aber trotzdem der Else zum Geburtstag gratuliert,
was ich unheimlich dufte fand. Den Geburtstag von
Constanze hab ich mir auch vermerkt, der war am
5.6.1984. Und dann, am 14. Mai, einem Montag,
da mußte Tilman mit Fieber zu Hause bleiben,
siehste, da bin ich gar nicht in den Hort gegangen
an diesem Tag. Constanze rief am Abend erst an
und sagte mit so einer komischen Stimme, daß sie
jetzt ein Geheimnis hat von einem ollen Walter, und
erst etwas später, als sie wieder anrief, sagte sie: Ich
hab gekotzt — der hat mich geküßt — ich bin doch
ein Mädchen, — und: Ich kriege Haue, wenn ich
was sage! Und dann sagte sie noch: Aber der ist
jetzt weggefahren. Ich war ganz entsetzt, sage, du
mußt das der Elke erzählen — es war ja der Freund
von der Elke —, aber sie sagt, nee, das darf ich nicht,
ich kriege sonst Haue, und dann hat sie mich richtiggehend angefleht: WENN DU MEIN GEHEIMNIS
VERRÄTST, DANN HAB ICH DICH NICHT MEHR
LIEB! Und am nächsten Abend, da bin ich von
meiner abwartenden Haltung abgewichen und habe
gesagt, du *mußt* es der Elke sagen, es geht nicht
anders, ich glaube, ich bin richtig dringlich geworden und streng. Das war der 15. Mai, ein Dienstag,
es war zugleich der letzte Abend mit Constanze.
Danach steht immer nur im Notizbuch: Kein Anruf
von Constanze ... kein Anruf ... kein Anruf ...
Dann habe ich natürlich gemacht, was alle gemacht
haben, habe die Telefonnummern angerufen, die ich
hatte, von der Großmutter, von Elke, meldete sich
niemand. Ach, und das hab ich ganz vergessen zu
erzählen, zwischendurch mal, als die Constanze
auch Fieber hatte, DA HAB ICH IHR DIE FIEBER-
ZÄPFCHEN GESCHICKT, DIE UNS SO GUT GE-
FALLEN — und ich habe ihr am Telefon von Engelein erzählt gehabt und ihr halt eine Karte geschickt,
WO DIE ENGELEIN AUF LAUTER ZÄPFCHEN

Glockenläuten mit Constanze

ZU IHR HINFLIEGEN. Die Karte kam zurück, mitsamt den Zäpfchen. Gut, dachte ich damals noch, hat man sich irgendwie vertan, das hat mich nicht irritiert. Aber diese Situation schon, daß ich niemanden erreichen konnte. Dann habe ich mich in der Schule erkundigt, den ganzen Waldorf-Einrichtungen, unsere Sekretärin gefragt, wieder nichts! Dann, weil Gunnar ja in die zweite Klasse ging, in der Clayallee angerufen, Hildebrandtheim — das sind die Einrichtungen für die Kinder — auch nichts. Danach hatte ich eigentlich Lust, es aufzugeben. Wir sind aber doch noch zu dem Haus hingegangen, am Lietzensee, wir hatten keine Nummer, nur die Straße, wo die ganze Familie Mandelbaum mal gelebt hatte. Wir wußten, das hatte die Constanze uns erzählt, die Mutter kann mit dem Rollstuhl zum Hauseingang reinfahren, muß nur *eine* Stufe überwinden. Wir sind in jeden Hauseingang reingegangen, haben geguckt, WO IST NUR DIESE STUFE? WIR HABEN SIE NICHT GEFUNDEN.

Über die Autorin

Gabriele Goettle, geboren 1946 in Aschaffenburg, lebt in Berlin und arbeitet als Journalistin vor allem für die *tageszeitung,* in der ihre Reportagen zum größten Teil abgedruckt worden sind. *Deutsche Sitten,* ihr erstes Buch, ist 1991 in der Anderen Bibliothek erschienen. Im selben Jahr hat sie einen Essayband unter dem Titel *Freibank* veröffentlicht.

Inhalt

Leninstraße. Eine Magistrale ins Nichts 5
Stasi-Kaufhaus 15
Abfall. Bericht von einer Müllkippe 28
Hinter dem Kaninchendraht 37
Für Recht und Gesetz. Ansichten eines jungen
   Mannes zum Schußwaffengebrauch 49
In medias res. Ein Amtsarzt erzählt 56
Seitenblicke 66
Aufschwung der Abrißbirnen 77
Mangel an Deckung 88
Veteranen der Arbeit 98
Erotic-Shop in Meuselwitz 112
Strahlenschutz 120
Schwarzweiß-Prinzip 131
Schloß Havelland 140
Bauernland in Junkerhand! 155
Ritt auf dem Phantom 161
Harzung. Die Kunst, alte Wunden aufzureißen . . . 169
Sterbenswörtchen über Honecker 173
Außer Reichweite 182
Justine S. 191
Mumifiziertes Trauma 198
Militärischer Nachlaß 209
Die neue Friedhofsordnung 219
Herr und Frau Mob 228
Volksmusik. Stammesritual der Eingeborenen . . . 235
Hessentag 241
Kriegskrüppel 254
Geschichte für taube Ohren 263
Herrenloses Gut 270
Rote Arbeit 287
Versuch einer Fallstudie 293

Staatsakt an einer Kloakenmündung 300
Mittelstand in geistiger Umnachtung 309
Zeitgenössische Musterbriefe 318
Michael 324
Hell's Devils. Mitfahrgelegenheit bei den Leibhaftigen 331
Wunderbare Gefühlswelt 340
Eine gewisse Warmherzigkeit 353
Glockenläuten mit Constanze. »Pseudologica
    Phantastica«, letzter Teil 367

DEUTSCHE BRÄUCHE, Gabriele Goettles Ermittlungen in Ost und West, sind im August 1994 als einhundertelfter Band der ANDEREN BIBLIOTHEK im Eichborn Verlag, Frankfurt am Main, erschienen.

Die Photographien dieses Bandes stammen von Elisabeth Kmölniger.

Das Lektorat hat Roswitha Gerlach übernommen.

Dieses Buch wurde in der Buchdruckerei Greno in Nördlingen aus der Borgis Garamond Monotype gesetzt und auf einer Condor-Schnellpresse gedruckt. Das holz- und säurefreie mattgeglättete 100 g/qm Bücherpapier stammt aus der Papierfabrik Niefern. Den Einband besorgte die Buchbinderei G. Lachenmaier in Reutlingen.

1. bis 8. Tausend, August 1994. Einmalige, limitierte Ausgabe im Buchdruck vom Bleisatz. ISBN 3-8218-4996-7. Printed in Germany.

Von jedem Band der ANDEREN BIBLIOTHEK gibt es eine Vorzugsausgabe mit den Nummern 1–999.